dtv

20 Tage im 20. Jahrhundert

Herausgegeben von
Norbert Frei
Klaus-Dietmar Henke
Hans Woller

Dietrich Beyrau

Petrograd, 25. Oktober 1917 Die russische Revolution und der Aufstieg des Kommunismus

Deutscher Taschenbuch Verlag

Ein Überblick über die gesamte Reihe findet sich auf S. 307/308

Originalausgabe
Oktober 2001

www.dtv.de

Umschlaggestaltung: christof berndt & simone fischer
Umschlagfoto: © AKG, Berlin
Satz: Oreos GmbH, Waakirchen
Druck und Bindung: C. H. Beck'sche Buchdruckerei, Nördlingen
Gedruckt auf säurefreiem, chlorfrei gebleichtem Papier
Printed in Germany · ISBN 3-423-30602-5

Inhalt

Petrograd, 25. Oktober 1917 7

Der Zerfall der bürgerlichen Welt in Petrograd 9 · Die revolutionäre Intelligenz und die Bolschewiki 13 · Massenbewegung und bolschewistische Camouflage 19 · Die Stimmungslage der Völker in den Wahlergebnissen zur Konstituierenden Versammlung 24

Kapitel 1
Die Arbeiterschaft und die Revolution 27

Kapitel 2
Der Kampf um den Boden und um die Ernte 39

Zur Struktur des ländlichen Rußlands 39 · Die Revolution der Bauern 43 · Antonowschtschina 50

Kapitel 3
Die Geburt des Sowjetstaats im Bürgerkrieg 56

Politische und militärische Kämpfe 56 · Die Gründe für den Erfolg der Bolschewiki 62 · Die Folgen für die Partei und die Bevölkerung 67

Kapitel 4
Der Bolschewismus als Kult und Heilslehre 76

Die Revolution setzt sich in Szene 78 · Der Raub des Himmels 81 · Führerkult 92

Kapitel 5
Alte und neue Welt: vom Dorf in den Kolchos 103

Die »Liquidierung des Kulakentums als Klasse« und die Kollektivierung 109 · Kulaken-Agitprop und Kulakenterror 117 · Der Übergang in die neue Welt 120 · Das neue Dorf – der Kolchos 123

Kapitel 6
Ökonomie und sozialistische Lebensweise 133

Macht und Fiktion 133 · Die neue Arbeiterschaft 142 · Die Verteilungswirtschaft 147 · Das Paßregime 150

Kapitel 7
Die Partei in der Gefangenschaft Trotzkis 154

Die Partei im Belagerungszustand 154 · Aufbruch und Konsolidierung 159 · »Worte sind Masken« (Stalin) 163 · Die Regeln des Terrors 166 · Die Partei als Armee und ihre »Verbindung zu den Massen« 177

Kapitel 8
Die sowjetische Unterwelt: das Lagersystem 180

Das System der Lager und Zwangsarbeit: Strafe und »Umschmiedung« 180 · Die Gesellschaft und ihre Unterwelt 194

Kapitel 9
Das sowjetische Imperium und die Konstruktion seiner Nationen 197

Das Erbe des Zarenreiches und die nationale Mobilisierung 197 · Das bolschewistische Projekt und die nationale Frage 199 · Elitenwechsel 201 · Die Konstruktion der UdSSR 205 · Korenisazija: Aufbau und Zerstörung 208 · Eliminierung 211 · Nationale Abweichung 213 · Betätigungsfelder des Nationalen 216 · Die Sprachenfrage 219 · Sowjetpatriotismus als Reichsideologie 225 · Das Nationale und das Imperiale 228

Kapitel 10
Sowjetmacht und internationaler Kommunismus 231

Einführung und Überblick 231 · Die Geburt der Kommunistischen Internationale 239 · Hoffnung auf Sowjetdeutschland 241 · In der geschlossenen Welt der Komintern 245 · Außenpolitik bis 1941 249 · Der Pakt 252

Anmerkungen 259
Abkürzungen 292
Literatur 294
Personenregister 303
Der Autor 306
Die Reihe ›20 Tage im 20. Jahrhundert‹ 307

Petrograd, 25. Oktober 1917

Das populäre historische Gedächtnis an die Oktoberrevolution inner- wie außerhalb Rußlands macht sich fest an Sergei Eisensteins Film ›Oktober‹ von 1927. Die Helden sind die Arbeiter, Matrosen und Soldaten, die das Winterpalais in Petrograd stürmen, symbolische Festung des Zarenregimes und Sitz der Provisorischen Regierung. Die Inspiration hierzu erhielt Eisenstein weniger durch die historischen Ereignisse des 25. Oktober (a. St.) bzw. 7. November 1917 (n. St.)[1] als vielmehr durch ein inszeniertes Massenspektakel von 1920, das diesen Tag nachspielte: Tausende zorniger Rotgardisten, angetrieben von Jahrhunderte währender Unterdrückung, erobern mit zornigen Gesichtern und aufgerissenen Mündern, mit gezückten Bajonetten und zielgerichteten Gewehren das Palais. Das Drama spielte unter Flutlicht. Während der theatralischen Aufführung gab es vielleicht ebenso viele Verletzte wie bei der realen Besetzung des einstigen Sitzes der Zaren in der Nacht vom 25. auf den 26. Oktober 1917[2].

Wenn in den zwanziger Jahren der kollektive Held gefeiert wurde und in den späten dreißiger Jahren Stalin zum Organisator der Revolution aufstieg, so war nach der Entstalinisierung vom »Triumphzug der Sowjetmacht« und in unzähligen Büchern und Broschüren von der »Planung und Durchführung der Großen Sozialistischen Oktoberrevolution« die Rede. Hier geriet sie fast zu einem bürokratischen Akt, von der Partei befohlen und von den Massen vollzogen. Seit dem Zusammenbruch der Sowjetunion gilt der bolschewistische Umsturz nicht mehr als jene viel verheißende Epochenwende, als die er von vielen Generationen von Kommunisten und Sympathisanten gedeutet worden ist, sondern als Teil jener Kette von Katastrophen und Fehlentwicklungen, die der Erste Weltkrieg ausgelöst hat.

Jenseits der historischen Bedeutung, die der Oktoberrevolution zugeschrieben wird, war sie auch längst nicht so himmelstürmend, wie es die kommunistische Mythenproduktion der Welt weismachte. Es ist zu vermuten, daß der »Sturm auf das Winterpalais« als russische Fortsetzung des Sturms auf die Bastille verstanden werden sollte. Die realen Vorgänge jener »zehn Tage, die die Welt erschütterten« (John Reed) waren zwar voller politischer Dramatik, aber sie waren zugleich prosaischer, auch mürrischer und grauer, als es der Film von Eisenstein suggerieren wollte.

Bereits am 23. Oktober (a. St.) bzw. 5. November 1917 (n. St.) hatte sich das Militär-Revolutionäre Komitee (MRK) des Petrograder Sowjets der Arbeiter- und Soldatendeputierten die Garnisonstruppen Petrograds unterstellt. Daraufhin ließ die Provisorische Regierung die Redaktionen bolschewistischer Zeitungen schließen, ein Vorwand, der es dem MRK erlaubte, einmal mehr das Gespenst der Konterrevolution an die Wand zu malen. Am 24. Oktober und in der folgenden Nacht besetzten die vom MRK befehligten bewaffneten Einheiten, Arbeitermilizen, Matrosen und Garnisonstruppen, etwa 15000 bis 20000 Mann, die strategisch wichtigsten Stellen der Stadt.

Alexander F. Kerenski, der Ministerpräsident der Provisorischen Regierung, verließ, nachdem er mühsam zwei Autos aufgetrieben hatte, am frühen Morgen des 25. Oktober Petrograd. Die zurückbleibenden Minister versammelten sich gleichwohl tapfer im Winterpalais. Ihnen blieb nicht viel mehr als zu warten: Entweder würden sie von loyalen Truppen entsetzt werden, wie Kerenski versprochen hatte, oder die bolschewistischen Einheiten würden sie vertreiben.

Während die Minister, beschützt von nicht sehr motivierten Truppen und einem Frauenbataillon, ausharrten, ließen Wladimir Iljitsch Lenin, der Inspirator des Oktoberumsturzes, und Lew Dawidowitsch Trotzki, sein Organisator, den Sturz der Provisorischen Regierung verkünden. Wie sicher sich die Bolschewiki ihres Erfolges waren, zeigte sich, als um 15.00 Uhr am gleichen Tag »ein gewisser Menschinski«, bald stellvertretender Volkskommissar für Finanzen, im Finanzministerium auftauchte. Er zitierte die Abteilungsleiter ins Kabinett des Ministers und forderte sie auf, ihre Arbeit fortzusetzen[3]. Die Beamten dieses und der meisten anderen Ministerien traten bald in einen unbefristeten Streik, der seit Dezember 1917 jedoch unterlaufen wurde.

Das Epizentrum des Oktoberumsturzes befand sich im Smolny, einst ein von Katharina II. errichtetes Pensionat für adlige Mädchen, jetzt Sitz des Exekutivkomitees des Petrograder Arbeiter- und Soldaten-Sowjets, des von ihm ernannten MRK und der Bolschewiki. In der Nacht vom 25. auf den 26. Oktober besetzten bolschewistische Einheiten das Winterpalais, nachdem sich die Bewacher entweder verdrückt hatten oder sich widerstandslos entwaffnen ließen. Gleichzeitig hatte das MRK den Panzerkreuzer »Aurora« in der Newa so in Stellung gebracht, daß er das Winterpalais hätte sturmreif schießen können. In der Tat sind Schüsse gefallen – mit leichten Beschädigungen des Palais. In der Stadt-Duma bildeten die Anhänger der Provisorischen Regierung und Vertreter verschiedener Parteien ein »Komitee zur Rettung der Heimat und Revolution«, das unter den Augen der Bolschewiki konspirierte. Kerenskis Bemühungen, loyale Truppen gegen das bolschewistische Petrograd zu führen, scheiterten am 27. Oktober vor den Toren der Stadt. Bezeichnenderweise wurden Kerenskis Truppen ebenso durch militärische Aktionen wie durch die Agitation der Bolschewiki überwältigt. Kerenski floh schließlich ins Ausland.

Ganz so reibungslos wie in Petrograd verlief die bolschewistische Machtübernahme in den anderen Zentren Rußlands nicht. In Moskau kam es zu blutigen Kämpfen, die am 3. November zugunsten der Bolschewiki entschieden wurden. In Kiew scheiterte am 30. Oktober ein Aufstand. Auch in Helsingfors konnten sich die Bolschewiki nicht behaupten, und im Gebiet der Don-Kosaken formierte sich bald erster Widerstand.

Der Zerfall der bürgerlichen Welt in Petrograd

Die Euphorie über den Sturz der Monarchie hielt im bürgerlichen Petrograd nicht lange an. Die bürgerliche Gesellschaft spürte sehr bald, daß die Provisorische Regierung die Kontrolle über das öffentliche Leben und nicht nur über die politischen Institutionen verloren hatte. Die Stimmung der vermögenden und gebildeten Schichten in der Stadt und in Rußland insgesamt wird als ängstlich und depressiv beschrieben. Diese Milieus konnten nicht mehr jene stürmischen Aktivitäten entfalten wie noch zu Beginn der Revolution von 1905. Dies hing zum einen mit den Bedingungen des Krieges, zum anderen mit der Angst vor unkontrollierbaren Bewegungen in der Bevölkerung zusammen[4]. Die Revolution wurde als Zerstörung der eigenen Lebenswelt, als Verlust von Besitz und Sicherheit und als Entwertung eigener Normen erfahren. Spätestens mit der Nationalisierung der Banken (17./30. November 1917) verloren der Adel, das Bürgertum, aber auch das wohlhabende Bauerntum die Verfügung über Wertpapiere, Einlagen aller Art und Erspartes[5]. Die Revolution brach im übertragenen wie im wörtlichen Sinn in die öffentlichen Räume ebenso ein wie in die privaten vier Wände.

Am auffälligsten veränderten sich zunächst die öffentlichen Räume der bürgerlichen und sozial gemischten Stadtteile Petrograds. Sie waren bereits im Februar 1917 der Schauplatz von Demonstrationen und bewaffneten Auseinandersetzungen gewesen. Nach der feierlichen Bestattung der Opfer der Februarrevolution auf dem Marsfeld (23. März/5. April) erschienen die Straßen dem bürgerlichen Blick bereits völlig verändert: »Das Bild ist nicht sehr freundlich. Die Straßen sind bedeckt mit Papier, Staub, Mist und Schalen von Sonnenblumenkernen. ... In den ausgebrannten Räumen sind die offenen Einschußlöcher an den Wänden zu sehen. In den Parks sind Bäume und Sträucher rücksichtslos zerstört, und jede freie Wand ist vollgeklebt mit Plakaten, Nachrichten und politischen Proklamationen. Soldaten und Prostituierte in jeder Nebenstraße benehmen sich mit empörender Unverschämtheit. ›Kamerad! Laß sich die Proletarier aller Länder vereinigen. Komm zu mir nach Hause‹, lud mich eine bemalte Kreatur ein. Eine höchst originelle Anwendung der revolutionären Losung.«[6]

Der bolschewistische Aufstand spielte sich im Umkreis weniger Quadratkilometer ab, im eigentlichen Herrschaftszentrum der Stadt, während schon in den benachbarten Straßen das Leben seinen fast normalen, kriegsbedingt etwas eingeschränkten Lauf nahm. Die Theater spielten, die Straßenbahnen fuhren, die Telefone funktionierten, die Straßen waren mal beleuchtet, mal lagen sie im Dunkel. Die Preise stiegen und ebenso die Kriminalität. Auch sie konzentrierte sich im Zentrum der Stadt mit ihrer gemischten Bevölkerung, mit den Angehörigen der privilegierten und reichen Klassen, ihrer umfangreichen Dienerschaft und den Angehörigen dienstleistender Berufe – von den Angestellten über die Handwerker bis zu den Prostituierten.

Während des Krieges war die Kriminalität in Petrograd rückläufig gewesen. Nach dem Februar 1917 stieg sie an. Gründe hierfür waren die Öffnung der Gefängnisse im Februar, die Diskreditierung der alten Polizei, die wegen ihrer Zusammenarbeit mit der Ochrana (Geheimpolizei) ebenso kompromittiert war wie die Hauswarte und Pförtner. Die reformierte Justiz war ineffizient wie die neue Polizei (Miliz). Letztere war schlecht bezahlt, unzureichend ausgestattet, auch mit Waffen, obwohl es daran in der Stadt eigentlich nicht mangelte. Ausgangspunkt der Kriminalität waren gewöhnliche Kriminelle, Deserteure und demoralisierte Soldaten und manchmal auch die Miliz. Die Boulevardpresse hatte bereits ihre festen Rubriken über alle Arten von Vergehen. Sie reichten von Mundraub, Diebstählen, Einbrüchen, »Expropriationen«, oft von Kriminellen begangen, die sich als Anarchisten ausgaben, über Haus- und Wohnungsbesetzungen, antijüdische Pogrome, Morde bis hin zu Lynchjustiz der aufgebrachten Menge.

Wenn man den Berichten der Presse trauen darf, waren die Fabrik- und Arbeiterviertel Petrograds weniger von Diebstählen, Raub und Mord geplagt als das Zentrum. Dort war die Arbeitermiliz besser organisiert als die der Stadtverwaltung unterstehenden Polizeikräfte. Auch wenn ihre vornehmliche Aufgabe in der Abwehr der Konterrevolution gesehen wurde, so hatte sie ebenso wie die sie bezahlenden Unternehmen ein vitales Interesse am Schutz der Fabrikanlagen. Seit Juli kam es allerdings auch hier zu Brandstiftungen.

Während des Krieges war der öffentliche Ausschank von Alkohol verboten. Als das Winterpalais von den bolschewistischen Einheiten besetzt worden war, entdeckte man die dortigen Weinkeller. Hier wie an anderen Orten der Stadt kam es daraufhin zu Alkoholexzessen und ordinären Bacchanalien[7].

Für die wohlhabenden Einwohner waren die von bewaffneten Einheiten durchgeführten Hausdurchsuchungen, Beschlagnahmeaktionen und formellen Enteignungen von gewöhnlicher Kriminalität kaum noch zu unterscheiden. Als Anfang November der Befehl erging, daß alle reichen Wohnungsinhaber warme Sachen für die Armee abliefern sollten, galt dies als ein Freibrief für willkürliche Durchsuchungen und Plünderungen[8]. Die Welle der teils kriminellen, teils politischen oder sozialen Gewalt schien immer weiter zu steigen. Ein viel beachtetes Signal setzte am 7. Januar 1918 die Ermordung der ehemaligen Minister A. I. Schingarjow und F. F Kokoschkin. Sie waren Delegierte der Konstitutionellen Versammlung und prominente Angehörige der Konstitutionellen Demokraten. Die Morde wurden ohne Befehl »von oben« von ihren Bewachern in der Peter-Paul-Festung verübt, wo sie vor dem amtlichen Zusammentritt der Konstituante mit anderen Delegierten festgesetzt worden waren. Bereits am 9./22. Dezember war als Folge der zahllosen Ausschreitungen der Belagerungszustand über die Stadt verhängt worden, was offiziell mit dem deutschen Vormarsch begründet worden war. Bürgerliche Einwohner träumten hier – wie bald darauf auch in Moskau – davon, daß deutsche Schutzleute statt der »verdammten Rotgardisten« auf den Straßen patrouillieren sollten[9].

Die Revolution veränderte nicht nur die öffentlichen Räume. Sie drang auch in die Privatsphäre der besseren Viertel Petrograds (und anderer Städte) ein. Die Besetzung der Datscha des ehemaligen Innenministers P.P. Durnowo durch Anarchisten wurde zu einer *cause célèbre*, weil die Provisorische Regierung diese räumen lassen wollte. Auch die Bolschewiki hatten bis zu ihrer vorübergehenden Illegalisierung im Juli eine Villa besetzt, die der einstigen Primaballerina Kseschinskaja gehörte. Der Hauswart soll die bewaffnete Truppe mit den Worten begrüßt haben: »Kommt herein, kommt herein! Der Vogel ist ausgeflogen.«[10] In den großen Häusern hing die Verteidigung der Wohnungen von den Pförtnern und Hauswarten, später von spontan gebildeten Hauskomitees ab. Nach dem Oktober kam es zu verschiedenen, zunächst wenig koordinierten Initiativen der Fabrikkomitees und des Stadtsowjets, das Wohnraumproblem zu lösen. Im November wurden die Mieten eingefroren und der Anspruch auf Wohnraum normiert: Eine Person sollte nicht mehr als ein Zimmer bewohnen. Zur Kontrolle der Wohnraumverteilung wurden schließlich im September 1918 die vielfach spontan entstandenen Hauskomitees durch solche der Armen, also in der Regel der Kellerbewohner, ersetzt. Sie hatten ein besonderes Interesse an der Umverteilung des Wohnraums. 1918/1919 sollen insgesamt 65000 Arbeiterfamilien umgesiedelt sein, d. h. aus Baracken, Schlafecken, Kellern zogen sie in ehemals bürgerliche oder manchmal gar herrschaftliche Wohnungen ein und erhielten dort Zimmer oder Zimmeranteile[11]. In Petrograd sollen über 18 Prozent aller enteigneten Wohnungen und Häuser Organisationen der Partei, der Gewerkschaften, der Sowjets und diversen Komitees übergeben worden sein. So entstanden die für die Kulturgeschichte des Bürgerkrieges und der frühen NEP-Zeit legendären Häuser der Gelehrten, Künstler und Literaten. Dort lebten diese in halbwegs beheizten Zimmern und erhielten Lebensmittel und Sachzuteilungen[12].

Mit der Umverteilung des städtischen Wohnraums entstand die bis in die sechziger Jahre für die Masse der städtischen Bevölkerung so typische *kommunalka*, nur euphemistisch als »Gemeinschaftswohnung« zu übersetzen. In einer Wohnung mit gemeinsamer Toilette, manchmal Bad, mit gemeinsamer Küche, mit geteilten und notdürftig abgetrennten oder aufgeteilten Zimmern und Ecken hausten oft mehrere Familien und Mietparteien. Es waren Orte, in denen »Beengungstraumata« entstanden, sich Obsessionen auslebten, unerbittliche Kämpfe um ein Minimum an Privatheit und Intimität ausgefochten wurden. In Zeiten der Bedrängnis konnten hier Solidargemeinschaften entstehen, ebenso oft waren sie aber auch Schauplätze von Klassenkämpfen und nationalen Auseinandersetzungen, der politischen Kontrolle und Denunziation – nur um ein paar Quadratmeter mehr Raum zu erhalten, wenn der Klassen- oder Volksfeind verschwinden würde. Die *kommunalka* wartet noch auf ihre ethnologische Erforschung[13]. Die proletarische Revolution zeitigte hier ihre egalitären Folgen bis in die Privatsphäre hinein. Sie zerstörte ein zentrales Element von Bürgerlichkeit, die bürgerliche Privatheit, um sie nach und nach als Privileg für gehobene Funktionäre und die dienstbaren Eliten der Intelligenz wiederherzustellen.

Die revolutionäre Intelligenz und die Bolschewiki

Erst die Unmöglichkeit und Unfähigkeit der bürgerlichen und gemäßigt sozialistischen Gruppierungen, die Situation seit dem Februar 1917 zu stabilisieren und den Zerfall der staatlichen Strukturen aufzuhalten, bot den Bolschewiki und ihrem militanten Anhang die Chance, die Macht zu übernehmen. Die Bolschewiki bildeten den radikalen Flügel der Sozialdemokratie Rußlands.

Die Bolschewiki waren, wie ihre Konkurrenten im sozialistischen Lager, die Erben einer langen Diskurstradition, in der sich die Deutung und die Ablehnung der Realitäten Rußlands mit politischem Aktivismus verbanden. Die großen Fragen, welche die radikale Intelligenz seit den 1860er Jahren umtrieb, drehten sich um die russische Feldgemeinschaft (*obschtschina*), um die Zukunft des Kapitalismus, um die Rolle der Intelligenz und ihre Befreiungsmission gegenüber dem Bauerntum und dem entstehenden Proletariat. Unter den politisch repressiven Bedingungen des Zarenreiches entstand auf diese Weise eine unbehauste Intelligenz. Ihr Kennzeichen waren Untergrundtätigkeit, abgebrochene Karrieren, ständig wechselnde Arbeitsplätze, Polizeiaufsicht, Haft, Verbannung oder Emigration, dazu politische Obsessionen, doktrinäre Rechthaberei, feste Feindbilder und oft genug das Abgleiten in Terror und Kriminalität in Form der sog. Expropriationen[14]. Dies alles geschah angeblich nicht in eigenem Interesse, sondern immer in bezug auf das zu befreiende Volk. Der hier implizit angelegte Paternalismus tradierte eine revolutionär gewendete Praxis absoluten Herrschaftsanspruchs. Die Bolschewiki sollten dieses Spiel auf die Spitze treiben, indem sie sich mit dem Konzept der Partei als Avantgarde des Proletariats zu Siegelbewahrern eines »wissenschaftlichen« Sozialismus stilisierten. Das Proletariat figurierte hier zugleich als aufzuklärendes Objekt wie als Subjekt der Geschichte, von der Partei substituiert[15].

Mit der anlaufenden Kommerzialisierung und der Ausweitung des tertiären Sektors seit der Jahrhundertwende boten sich nun auch jenseits des Staatsdienstes für intellektuelle Berufsgruppen neue Tätigkeitsfelder, so daß die revolutionäre Intelligenz innerhalb der intellektuellen Professionen spätestens seit der Revolution von 1905 zunehmend marginalisiert wurde und auch ihre Diskurshegemonie verlor[16]. Aber insbesondere die Bolschewiki verzeichneten stattdessen einen wachsenden Anhang unter der jungen Arbeiterschaft.

Die Geschichte der Sozialrevolutionäre wie auch der Sozialdemokraten ist über die Revolution von 1905 hinaus eine Geschichte erbitterter Auseinandersetzungen und Spaltungen. Konfliktpunkte waren die Einschätzung der Autokratie, der Bourgeoisie und ihrer Bündnisfähigkeit, die Rolle des Proletariats in einem vergleichsweise rückständigen Land, die nationale und nicht zuletzt die Bauernfrage.

Die marxistischen Sozialisten hatten sich seit den 1880er Jahren aus der Tradition der revolutionären Agrarsozialisten (*Narodniki*, Volkstümler) gelöst. Im Unterschied zu den Sozialdemokraten, die auf das Industrieproletariat setzten, stand für die Sozialrevolutionäre die Bauernfrage im Zentrum ihres Interesses und ihrer Programme, auch wenn sie nicht ohne Erfolg unter der Arbeiterschaft agitierten. Seit den sechziger Jahren beseelte sie der Wunsch, die Feldgemeinschaft als Anknüpfungspunkt für eine sozialistische Transformation zu nutzen. Seit den Reformen P. A. Stolypins, durch die die Feldgemeinschaft rechtlich aufgelöst wurde, ging es ihnen um eine gerechte Bodenverteilung, um den Schutz des Kleinhandwerks, um den Einsatz für eine »werktätige« Demokratie und eine Dezentralisierung des Staates. Der Begriff des »Werktätigen« sollte später in den kommunistischen Wortschatz eingehen[17].

Die Sozialdemokraten hingegen akzeptierten den Industriekapitalismus als fortschrittliches Durchgangsstadium zum Sozialismus. Aber schon auf ihrem zweiten Parteitag (1903) war es vor allem in der Frage der Parteiorganisation zur Spaltung in Bolschewiki (Mehrheit) und Menschewiki (Minderheit) gekommen. Trotz gelegentlicher Ausgleichsbemühungen erwies sich dieser Bruch als dauerhaft und, wie sich 1917 zeigen sollte, als unversöhnlich. Die wesentlichen Differenzen, die 1917 wieder aktuell werden sollten, lassen sich folgendermaßen zusammenfassen: Die Menschewiki hielten am Konzept einer proletarischen Revolution fest, die erst in einem weiter fortgeschrittenen Stadium des Kapitalismus, als er in Rußland existierte, Chancen auf Erfolg besitze. Fürs erste, so ihre Doktrin, blieb das Proletariat auf die Kooperation mit der Bourgeoisie angewiesen, um die bürgerlich-demokratische Revolution in Rußland zu vollenden. Dies schloß weder die Organisation proletarischer Gegenmacht in Form der Sowjets noch staatliche Eingriffe in die Wirtschaft aus[18].

Damit befanden sich die Menschewiki in einem fundamentalen Gegensatz zu den Bolschewiki und vor allem zu Lenin, ihrer maßgeblichen Autoritätsperson. Lenin ist in mancher Hinsicht typisch für eine ganze Generation intellektueller Revolutionäre[19]. Als Wladimir Iljitsch Uljanow wurde er 1870 in Simbirsk als Sohn eines Adligen, eines höheren Beamten im Bildungsressort, geboren. Er absolvierte das Gymnasium, studierte an der Juristischen Fakultät der Universität Kasan, von der man ihn 1887 relegierte. Im selben Jahr wurde sein Bruder wegen Beteiligung an einem mißglückten Attentat auf Alexander III. hingerichtet. Seit Anfang der neunziger Jahre begann Lenin seine Karriere als politischer Publizist, indem er die Narodniki einer fundamentalen marxistischen Kritik unterwarf. Nach seiner

Verbannung (1895–1900) wegen politischer Aktivitäten bei der Organisation von Arbeiterzirkeln lebte er mit Ausnahme der Jahre 1905 bis 1907 ununterbrochen im Ausland. Sein privates Leben stellte er ganz in den Dienst der Revolution. Biographische Darstellungen Lenins wissen daher auch nur von seinen Ideen und unentwegten politischen Auseinandersetzungen zu berichten. Nicht zufällig gehörte N. G. Tschernyschewskis Roman ›Was tun?‹ mit einem seiner Helden, dem asketischen Revolutionär Rachmetow, zu Lenins Lieblingslektüre, ein Kultroman der radikalen Intelligenz, mit dem spätere Generationen sowjetischer Schüler gequält werden sollten. Man gewinnt den Eindruck, als ob Lenin diesen Helden geradezu gelebt hat[20]. Er hatte sich einen Decknamen zugelegt und damit gleichsam eine neue Identität angenommen, desgleichen viele seiner Kampfgenossen: Trotzkis Familienname lautete Bronstein, der von G. J. Sinowjew, dem späteren Parteichef von Petrograd/Leningrad, Radomylski, L. B. Kamenew, wie Sinowjew ein Kritiker des Oktoberaufstands, hieß eigentlich Rosenfeld, W. M. Molotow, einer der engsten Mitarbeiter Stalins, hieß Skrjabin, und schließlich Stalin, dessen Name Dschugaschwili war.

Daß Lenin trotz seiner langen Emigration und trotz der Rückkehr aus der Schweiz unter verdächtigen Umständen – in einem plombierten Waggon, den die deutsche Seite für die Fahrt durch Deutschland zur Verfügung gestellt hatte – sofort zum unumstrittenen Führer der Bolschewiki werden konnte, belegt seine ungeheure Autorität in bolschewistischen Kreisen. In zahllosen Polemiken hatte er ein Konzept revolutionärer Strategie entwickelt, die von der Militanz des Kommunistischen Manifests ebenso beflügelt war wie von der der frühen russischen Narodniki. Lenin formulierte das Konzept der Partei als Organisation von Berufsrevolutionären, später als Kader bezeichnet. Es ging hierbei sowohl um die Schlagkräftigkeit einer revolutionären Partei unter repressiven Bedingungen als auch darum, die Partei von »Abweichungen« und von jener »Kleinbürgerlichkeit« freizuhalten, die Lenin an den westlichen Sozialisten so sehr verachtete. Schon früh warfen ihm Kritiker aus den Reihen der Sozialdemokraten – u. a. Rosa Luxemburg und Lew Trotzki – vor, die Partei an die Stelle des Proletariats zu setzen. Einerseits lag Lenins Parteikonzept ein zugleich elitärer und militanter Organisationstypus zugrunde. Gesellschaft und Partei sollten im Sinne des

18. Jahrhunderts als Maschine funktionieren. Andererseits war sein Konzept auf fatale Weise innovativ. Es entkoppelte mit modernen Methoden der Organisation und Mobilisierung Herrschaft von demokratischen Verfahren. Der Streit um die Organisation der Partei trennte ihn nicht nur von den Menschewiki, sondern spaltete mit langfristigen Wirkungen auch die internationale sozialistische Bewegung in einen demokratischen und einen totalitären Flügel.

Die Glaubwürdigkeit Lenins und der Bolschewiki ergab sich 1917 aber nicht aus seiner Parteitheorie, die in den revolutionären Turbulenzen der Masse seiner Anhänger kaum bekannt gewesen sein dürfte. Damals war sie mehr Theorie als politische Praxis. Überzeugend wirkte hingegen die unerbittliche Polemik gegen den imperialistischen Krieg. Was in der Öffentlichkeit als Antikriegs-Propaganda wahrgenommen wurde, entsprach nicht dem pazifistischen Antimilitarismus der sozialistischen Linken, sondern war eingebettet in Lenins Aufforderung, den Weltkrieg in eine Weltrevolution, den imperialistischen Krieg in einen internationalen Bürgerkrieg hinüberzuführen. In gleicher Weise doppelbödig war seine Klassenkampfrhetorik. Sie knüpfte an die marxistisch konnotierte Begrifflichkeit an, fügte sich aber unter den Bedingungen des untergehenden Zarenreiches in einen Kulturkampf »von unten« gegen die Herrenklassen und ihre (verwestlichten) Wertvorstellungen ein.

Spätestens seit der Revolution von 1905 hatte Lenin Elemente einer revolutionären Strategie entwickelt, die durch die Ereignisse bestätigt wurden. Statt auf die »Reife« des Kapitalismus in Rußland zu warten, erkannte er in den nationalen Bestrebungen der nichtrussischen Völker, in der Unrast der landhungrigen Bauern und nicht zuletzt in der bemerkenswerten Militanz der Arbeiterschaft jene revolutionierenden Faktoren, die das Zarenreich zum Einsturz bringen könnten. Um die Revolution über ihr bürgerlich-demokratisches Stadium hinauszutreiben, mußten die – noch nicht revolutionären – Bauern als Bündnispartner des Proletariats gewonnen und dem Einfluß der Bourgeoisie entzogen werden. In der Formulierung der berühmten Aprilthesen von 1917 war das Ziel: »Nicht die parlamentarische Republik ..., sondern eine Republik von Arbeiter-, Landarbeiter- und Bauerndeputiertenräten im ganzen Land, von unten bis oben«[21]. Dies war als Kampfansage an die Provisorische Regierung wie an die Mehrheit in den Sowjets zu verstehen. Im Frühjahr

1917 ließ sich Lenin noch vom Modell der Pariser Commune von 1871 (in der Lesart von Marx) inspirieren.

Die Revolution in Rußland war für Lenins globales Denken aber nicht Selbstzweck. Schon seit 1905 war die Vorstellung verbreitet, daß von Rußland als schwächstem Glied unter den imperialistischen Mächten eine weltweite Revolution ausgehen könnte. Mit Rückgriff auf ein analoges Schema, das Karl Marx und Friedrich Engels 1848 für Deutschland entworfen hatten, entwickelte Trotzki ein Konzept von der »permanenten Revolution«, das auch 1917 den maßgeblichen Bolschewiki durchaus präsent war: Angesichts der Schwäche der russischen Bourgeoisie falle dem Proletariat die politische Führungsrolle zu, anfangs im Bündnis mit, dann im Gegensatz zum »kleinbürgerlichen« Bauerntum. Die Selbstbehauptung der proletarischen Revolution wurde abhängig gemacht von ihrer Initialzündung für eine europäische bzw. eine weltweite Revolution, andernfalls würde sie vom Bauerntum erstickt werden. Unter dieser Perspektive ist auch Lenins Aufstandskurs zu sehen. In den bitteren Worten Maxim Gorkis: Das russische Proletariat werde »von seinen Führern als Brennmaterial benutzt, um eine allgemeine europäische Revolution zu entfachen«[22].

Neben Lenin war Lew Dawidowitsch Trotzki die zweite herausragende Persönlichkeit der Revolution. 1879 als Sohn eines jüdischen Landwirts und Pächters im Gouvernement Cherson geboren, durchlief er bis 1917 ebenfalls die typische Karriere eines intellektuellen Revolutionärs. Nach seiner Schulzeit verbrachte er vier Jahre in der Verbannung, floh ins Ausland und beteiligte sich dort an sozialdemokratischen Zirkeln. In den Flügelkämpfen nahm er eher eine vermittelnde Position ein. 1905 gehörte er zum Führungsstab des Petrograder Arbeitersowjets. Aus den Erfahrungen der Revolution von 1905 entwickelte er das Konzept der permanenten Revolution. 1917 kehrte er aus den USA nach Petrograd zurück. Die früheren Auseinandersetzungen mit Lenin waren vergessen. Ende Juli trat Trotzki mit seiner Gruppe der bolschewistischen Partei bei und wurde zu einem der wichtigsten Organisatoren des Aufstands und später der Roten Arbeiter- und Bauernarmee[23].

Massenbewegung und bolschewistische Camouflage

Unter technisch-organisatorischem Blickwinkel läßt sich der Oktoberumsturz als ein Staatsstreich klassifizieren. Diesen Aspekt haben Gegner und Kritiker der Bolschewiki zu Recht immer betont. Denn Lenin ging es darum, vor dem Zusammentritt des Zweiten Allrussischen Sowjetkongresses vollendete Tatsachen zu schaffen. Die passive und aktive Loyalität der Garnisonstruppen und der Matrosen ebenso wie die eher passive Zustimmung der diversen Arbeitervertretungen, der Milizen, Fabrikkomitees und vieler Gewerkschaften waren den Bolschewiki sicher. Sie konnten zudem auf die Kriegsmüdigkeit der Soldaten im allgemeinen und der Petrograder Garnisonstruppen im besonderen setzen.

Aus der Sicht selbst sympathisierender Intellektueller repräsentierte der Zweite Allrussische Sowjetkongreß eine dumpfe Masse, unaufgeklärt, vor »Klassenhaß keuchend«, eine Menschenansammlung, deren Stimmungen die Bolschewiki jenseits aller Doktrinen des Sozialismus durch zündende Parolen einfingen[24]. Dem soeben zusammengetretenen Sowjetkongreß wurde als neue Regierung ein rein bolschewistischer »Rat der Volkskommissare« vorgesetzt. Er wurde zwar nach dem ungeschickten Taktieren der Menschewiki vom Kongreß bestätigt, war im eigentlichen Sinn aber nicht gewählt worden. Da mit der Parole »Alle Macht den Räten« agitiert worden war, hätte eigentlich ein vom Sowjetkongreß zu wählendes Organ die Regierungsgewalt übernehmen müssen. Ein Zentrales Exekutivkomitee des Allrussischen Sowjetkongresses (ZEK) wurde tatsächlich gebildet, aber es führte von vornherein ein Schattendasein.

Das Verwirrspiel, das die Bolschewiki von Anfang an betrieben, bestand in einer teils bewußten, teils unbewußten Camouflage: Die Macht, die sich die Bolschewiki aneigneten, wurde umstandslos als Rätemacht ausgegeben, ohne daß sie es war. Zudem wurde sie zur Diktatur des Proletariats (wahlweise im Bündnis mit den armen Bauern) stilisiert. Seit ihrer Machtübernahme operierten die Bolschewiki mit einer Gleichsetzung von Proletariat (im Bündnis mit der armen Bauernschaft), von Sowjetmacht, die keine war, und der Partei, die faktisch alle Macht in ihrer Hand konzentrierte. In der politischen Rhetorik bildete sich bereits hier eine Unio mystica heraus, die zu einem festen Stereotyp und einer Legitimationsfigur werden sollte. Sie zerbrach erst 1991.

Trotzkis zündende Rede auf dem Sowjetkongreß brachte diese Gleichsetzung vielleicht zum ersten Mal in einer breiten Öffentlichkeit auf den Begriff: Hier fungierten die Bolschewiki als Inspiratoren der Massen und damit auch als ihre Repräsentanten und Führer. Sie durften deshalb die Macht nicht teilen: »Der Aufstand der Volksmassen bedarf keiner Rechtfertigung. Das was geschehen ist, ist ein Aufstand und keine Verschwörung. Wir haben die revolutionäre Energie der Petersburger Arbeiter und Soldaten gestählt. Wir haben den Willen der Massen offen für einen Aufstand geschmiedet.« Und wer sich dieser Wucht der historischen Gewalten entgegenstellte, gehörte, wie die opponierenden Menschewiki, auf den Müllhaufen der Geschichte[25].

Am 26. Oktober beschloß der Zweite Sowjetkongreß auf bolschewistische Initiative hin das Dekret über den Frieden ohne Annexionen und über die Abschaffung der Geheimdiplomatie. Ebenso wurde das Dekret über Grund und Boden verabschiedet[26]. Es ging auf Instruktionen lokaler Bauernversammlungen zurück und nahm in wesentlichen Zügen das Agrarprogramm der Partei der Sozialrevolutionäre auf, die sich nicht zu Unrecht als die eigentlichen Repräsentanten des Bauerntums sahen. Aber ihre Vertreter in der Provisorischen Regierung waren vor einem so radikalen Programm zurückgeschreckt und hatten die Lösung der Agrarfrage auf die Konstituierende Versammlung verschieben wollen. Lenin zeigte hier einmal mehr sein sicheres Gespür für populäre Stimmungslagen. Auf einen Schlag schien er zwei zentrale Probleme gelöst zu haben: die Forderung nach Frieden und nach Land.

Der bald zusammentretende Außerordentliche Kongreß der Bauerndeputierten (11.–25. November) war bereits gespalten. Linke (radikale) und rechte (gemäßigte) Sozialrevolutionäre hielten sich ungefähr die Waage. Aber die Linken Sozialrevolutionäre und die hier ebenfalls vertretenen Bolschewiki nutzten ihre Mehrheit im Exekutivkomitee, um die Verschmelzung des Bauernsowjets mit dem der Arbeiter- und Soldatendeputierten zu betreiben. Die Bauernvertreter bildeten seither eine Sektion im gemeinsamen Allrussischen Sowjetkongreß und verloren in dieser ohnehin nicht sehr bedeutenden Einrichtung an politischem Gewicht. Die Verfassung der Russischen Sozialistischen Föderativen Sowjetrepublik (RSFSR), auf dem Dritten Allrussischen Sowjetkongreß (10. Juli 1918) angenommen, benachteiligte die ländliche Bevölkerung weiterhin. Auf 25000 städtische Wähler, aber auf 125000 ländliche Wähler entfiel je ein Deputierter zu den Sowjets. Das Klassenwahlrecht, ein Merkmal der untergegangenen bürgerlichen Welt, feierte im angehenden Sozialismus seine Wiederauferstehung.

Sehr viel schwerer taten sich die Bolschewiki mit der Organisation des proletarischen Interesses. Denn hier konkurrierten die Fabrikkomitees, die eigentliche Machtbasis der Bolschewiki in den Industriebetrieben, mit den Gewerkschaften. Das Dekret über die Arbeiterkontrolle vom 14./27. November[27] verband die betriebliche Arbeiterkontrolle mit einer Art berufsständischer Repräsentation aller Unternehmen auf nationaler Ebene. Vor dem Hintergrund der zusammenbrechenden Wirtschaft erwies sich diese Konstruktion als nicht lebensfähig. Den vielen Dekreten und Erlassen, sei es des Rats der Volkskommissare, sei es des ZEK, kam zunächst ohnehin nur appellative Funktion zu. Sie zeigten die Richtung der bolschewistischen Politik an, ohne konkrete Probleme lösen zu können.

In den Losungen der Massenbewegungen erfüllte sich das von Lenin entwickelte Konzept einer Verbindung von der Spontaneität des Proletariats und seiner Inspiration durch die Partei als seine Avantgarde. Die Sowjets hatten aus bolschewistischer Sicht nur dann eine Existenzberechtigung, wenn sie sich dem bolschewistischen Willen fügten. Dieser taktische Umgang mit den Sowjets sollte sich auch im Bürgerkrieg zeigen. Wenn sich die Sowjets den Anordnungen der Bolschewiki nicht beugten, wurden sie auseinandergejagt und durch Militär-Revolutionäre Komitees (MRK) ersetzt, die das »wahre« Interesse des Proletariats repräsentierten. Das markanteste Beispiel hierfür lieferte der Aufstand der Matrosen von Kronstadt (2.–18. März 1921): Ihre Forderung nach Räteherrschaft ohne bolschewistische Diktatur galt Lenin als Einfallstor für »kleinbürgerliche« Stimmungen und Interessen, die gnadenlos zu bekämpfen waren[28].

Im Erfolg der Bolschewiki 1917 verband sich mithin die hohe Kunst der Politik mit Stimmungen und Sehnsüchten in der Bevölkerung. Eine Bedingung dieses Erfolges war das unübersehbare Scheitern der Provisorischen Regierung und jener bürgerlichen und gemäßigt sozialistischen Parteien und Gruppierungen, die sie trugen. Sie hatten zentrale Erwartungen der Bevölkerung nicht erfüllt. Sie waren von großartiger Schlichtheit und widersprachen dem komplizierten Regelwerk von Politik und Interessensausgleich. Die Politik hatte sowohl die internationale Konstellation im Blick zu behalten als auch die disparaten Bestrebungen des riesigen Landes zu koordinieren. Der unmittelbaren Erfüllung der Forderungen nach Brot, Land und Frieden hatten die bürgerlichen und gemäßigt sozialistischen Parteien das Beharren auf einem Minimum an geregelten Verfahren und auf Wahrung eines Konsenses entgegengestellt. Die Konstituierende Versammlung sollte die Probleme wenigstens in Angriff nehmen. Darauf hatten die Sozialisten gesetzt, während das bürgerliche Lager die Rettung der Situation wohl nur noch von einer autoritären Lösung erwartete. Die sogenannte Staatskonferenz und der gescheiterte Kornilow-Putsch im August 1917 wiesen in diese Richtung. Sie kompromittierten die bürgerlichen Kräfte und die Provisorische Regierung. Jedenfalls verloren sie in den Großstädten und in der Armee jede aktive und organisierte Unterstützung. Seither lag die Macht auf der Straße, und die Bolschewiki brauchten sie nur aufzulesen.

Angesichts der Zentralisierung des Russischen Reiches gab Petrograd – ähnlich wie Paris in der Französischen Revolution – den Rhythmus und die Richtung des revolutionären Prozesses vor, denen insbesondere die russische Provinz und der Nordwesten des Reiches folgten. Dennoch kulminierten im bolschewistischen Aufstand zugleich zentripetale und zentrifugale Bewegungen: Einerseits zerfielen die alten sozialen und politischen Strukturen, welche die Provisorische Regierung in demokratisch transformierter Form weitergeführt hatte, andererseits entstanden neue Institutionen, die sich vor allem um die Sowjets kristallisierten. Für die Zeit zwischen Februar und Oktober 1917 ist dieser Übergangszustand vereinfacht als Doppelherrschaft gekennzeichnet worden. Die Bolschewiki konnten sich seit dem Kornilow-Putsch auf die neuen Autoritäten stützen. Die Instanzen der Provisorischen Regierung hingegen, die Ministerien und ihre Agenturen vor Ort, das Justizwesen, die Semstwa wie auch die Stadt-Dumen verloren an Autorität und Kompetenz, weil sie die alten Gewalten zu repräsentieren schienen. Sie wurden – nicht ganz zu Unrecht – für die Fortsetzung des Krieges, für die Versorgungsmängel, für die verzögerte Neuverteilung von Grund und Boden und nicht zuletzt für den hinhaltenden Widerstand gegen die Autonomieforderungen der nicht-russischen Nationalitäten verantwortlich gemacht.

Als die Bolschewiki die Macht übernahmen, konnten sie in den strategisch wichtigsten Zentren, in Petrograd und Moskau, an den Fronten vor allem des Nordwestens und Westens, in der Flotte und in den Garnisonen auf eine mehrheitliche Zustimmung rechnen. Ihre »Geographie« deckt sich weitgehend mit dem hier dominanten proletarischen Element (in Zivil oder in Uniform), das auch Handwerker und Arbeiter zwischen Feld und Fabrik einschloß.

Zustimmung ist dabei nicht in dem Sinne zu verstehen, daß die Masse der Arbeiter und Soldaten das bolschewistische Programm gekannt oder gar verstanden hätte. Bolschewisierende Stimmungen, die weit über die eigentliche Anhängerschaft der Bolschewiki hinausgingen, aktivierten Stereotype und Handlungen, die sich um den Gegensatz zwischen unten und oben, zwischen Volk und Herren drehten, um Ausbeutung, Unterdrückung, um ungerechtfertigtes Leiden und eindeutige Schuldzuweisungen. Es dominierte ein dichotomisches Denken mit polarisierenden Stereotypen und der Neigung zu Schwarzweißmalerei. Die wichtigste Richtschnur waren hierbei soziale Kategorien, Klassen in einem sehr weiten Verständnis. Was die Aristokraten in der französischen, waren die Plutokratie oder die Bourgeoisie und ihre russische Spielart, die *burschui*, in der russischen Revolution. Sie repräsentierten einen Abgrund an Boshaftigkeit, Geldgier, Kriegsgewinnlertum und Verrat. Die Achse konnte sich aber auch schnell hin zur ethnischen Seite verschieben, dies besonders in ethnisch gemischten Gebieten an der Peripherie.

Die Agitation der Bolschewiki hat diese Stimmungen bestenfalls bestätigt und verstärkt. Quantitativ bildete ihre Presse sowohl in den großen Städten als auch in der Armee nur einen Bruchteil des Medienangebotes[29]. Aber die Bolschewiki nutzten als Agitatoren Soldaten, Matrosen und Arbeiter, während die Provisorische Regierung über Offiziere, Kommissare, zuletzt auch über Geistliche und die bürgerlichen Medien Einfluß zu nehmen suchte. Dies geschah zu einem Zeitpunkt, als die Arbeiter in den Großstädten, aber auch die Soldaten und Matrosen bürgerlichen Argumenten nicht mehr zugänglich waren. Sie bildeten geschlossene Kommunikationsgemeinschaften, die von außen kaum aufzubrechen waren.

Welche Breitenwirkung bolschewisierende Stimmungen gegen Ende 1917 bereits erzielt hatten, zeigte sich an der politischen Neuorientierung in jenen Gewerkschaften, die eigentlich als Bollwerk der Sozialrevolutionäre bzw. der Menschewiki galten. Das prominenteste Beispiel hierfür liefert die Eisenbahnergewerkschaft (Wikshel). Sie war deshalb von strategischer Bedeutung, weil sie die Kommunikation (Eisenbahnen und Telegraphen) im Reich kontrollierte. Daher konnte ihre Führung im Dezember 1917 noch durchsetzen, daß Lenin widerstrebend Vertreter des linken Flügels der inzwischen gespaltenen Sozialrevolutionäre in den Rat der Volkskommissare aufnahm. Gleichzeitig hatte die Gewerkschaftsführung zunehmend an Einfluß auf die Basis verloren. Schon im Oktober waren Eisenbahner maßgeblich daran beteiligt gewesen, die Bewegung antibolschewistischer Verbände vor Petrograd und um Moskau zu behindern. In einer für die Bolschewiki typischen Verbindung von Agitation, Organisation und Zwang gelang Anfang 1918 die faktische Spaltung der Eisenbahnergewerkschaft. Der Protest ihrer Führung gegen die Auflösung der Konstituierenden Versammlung (19. Januar 1918) verhallte schon wirkungslos[30].

Die Stimmungslage der Völker in den Wahlergebnissen zur Konstituierenden Versammlung

Obwohl die Bolschewiki die Konstituierende Versammlung am 6. Januar 1918 umstandslos und ohne größere Widerstände auflösten, hatten sie die Wahlen im November/Dezember, deren Sabotage sie der Provisorischen Regierung vorgeworfen hatten, nicht weiter behindert. Die Resultate der Wahlen waren sicherlich nicht mehr als eine Momentaufnahme instabiler Stimmungen, aber sie bestätigten grundsätzliche Beobachtungen, wie sie auch im Verlauf der Revolution und des Bürgerkrieges gemacht werden konnten: Die Russen wählten nach »Klasseninteressen«. Bei den meisten nicht-russischen Völkern überschnitten sich Klassenlagen und nationale Aspirationen. Die russischen Arbeiter und die ländlichen, aber gewerblich geprägten Regionen des russischen Zentrums und Nordwestens wählten mehrheitlich bolschewistisch. Ebenso gewannen die

Bolschewiki Mehrheiten an der Nord- und Westfront wie in den meisten Garnisonen im Innern Rußlands und an der Peripherie. In den größeren Städten scharten sich die Mittelschichten um die Konstitutionellen Demokraten, die hier oft nach den Bolschewiki den zweit- oder drittstärksten Stimmenanteil erhielten. In den Großstädten Rußlands zeigte sich die Polarisierung der Politik und der Klassen am deutlichsten. Die Bauern der Schwarzerde-Gebiete wie im Ural gaben ihre Stimmen hingegen mehrheitlich den Sozialrevolutionären, die bekanntlich in der Konstituante die stärkste Partei bildeten. Außerhalb des russischen Kernlandes erzielten die Bolschewiki beachtliche Stimmengewinne entweder in Frontnähe – wie in den Gouvernements Tschernigow, Minsk, Witebsk, im nicht-besetzten Livland und in Estland oder in Industriegebieten wie dem Donezbekken. Da Riga bereits von den Deutschen besetzt war, lag das Wählerreservoir für die Bolschewiki unter den Esten und Letten bemerkenswerterweise in der Landbevölkerung. Überraschend war zweifellos der Erfolg ukrainischer Parteien. In der Ukraine konnten sie mehr als die Hälfte der Stimmen auf sich vereinigen. Dies galt vor allem für die zentralen und westlichen Gebiete. Aber selbst im Industriezentrum Jekaterinoslaw verbuchten nationale Parteien knapp die Hälfte der Stimmen für sich. Die Bolschewiki errangen in den ukrainischen Gouvernements lediglich einen Stimmenanteil von 10 Prozent. In den belorussischen Gouvernements hingegen spielten Parteien, die als national zu identifizieren wären, keine Rolle. Im Unterschied zu anderen Streunationalitäten zeigte sich unter den Juden eine auffällige Zersplitterung im Wahlverhalten. Im Gouvernement Poltawa verteilten sich die als jüdisch identifizierbaren Stimmen auf sechs, im Gouvernement Witebsk immer noch auf zwei Listen. Viele Juden müssen sich für russische Parteien entschieden haben.

Während unter den Ukrainern – ebenso wie unter den Russen – Parteien sozialistisch-kommunistischer und sozialrevolutionärer Orientierungen dominierten, zeigte sich unter den muslimischen Parteien – hauptsächlich an der Wolga – zwar auch eine Bewegung nach links, aber nationale Reformparteien konnten sich ebenfalls behaupten. Bemerkenswert am Stimmverhalten der Muslime an der Wolga war, daß Tataren und Baschkiren bereits stärker national als muslimisch wählten. Auch in den transkaukasischen Gebieten zeigte sich eine deutliche Orientierung hin zu Parteien, welche die jeweiligen Ethnien repräsentierten. Hier folgten Nomaden, Bauern und Städter, sofern sie überhaupt zu den Wahlen gingen, ihren Autoritäten und Clanchefs. Die armenischen Eliten und ihre Gefolgschaft scharten sich um die Daschnaken, die muslimischen Repräsentanten und ihr Anhang um die Musavat-Partei. Die Georgier wählten die Menschewiki, die ebenso national wie sozialistisch waren. Auch in Baku wählten die Einwohner offensichtlich Parteien ihrer Nationalität bzw. Religion. Die Bolschewiki rekrutierten ihre Anhänger unter den zumeist russischen Soldaten der Garnison[31]. An der kaukasischen Front wählte die Mehrheit der Soldaten noch die Sozialrevolutionäre, d. h. die Bolschewiki wie die Sozialrevolutionäre repräsentierten hier – wie in Mittelasien – das russische bzw. europäische Element.

Die Wahlergebnisse bestätigten Lenin in der Einschätzung der russischen Bauern. Die agrarischen russischen und nicht-russischen Zonen mit landwirtschaftlicher Überschußproduktion waren identisch mit jenen Regionen, in denen die Bolschewiki die geringsten Wahlerfolge zu verzeichnen hatten. Sie hatten auch den Schauplatz des Bürgerkrieges und der Interventionen gebildet. In den Wahlerfolgen vor allem der ukrainischen Sozialrevolutionäre erkannte Lenin die Virulenz des dortigen Nationalismus und seine Mobilisierung durch Krieg und Revolution. Deshalb dürfe die nationale Frage in der Ukraine nicht unterschätzt werden, eine Sünde, der sich »oft die Großrussen (und wohl nur etwas weniger oft als die Großrussen auch die Juden)« schuldig machten. Die Kommunisten könnten aber in der nationalen Frage wie bei den Problemen der Grenzziehung großzügig sein, da es sich hier für Internationalisten um Probleme »zweiten, wenn nicht zehnten Ranges« handele[32].

Kapitel 1

Die Arbeiterschaft und die Revolution

Die »junge« Arbeiterschaft des Russischen Reiches entwikkelte eine bemerkenswerte politische und organisatorische Aktivität. Ohne diese Militanz ist der Aufstieg der Bolschewiki nicht zu verstehen. Dabei hatte sich die Industrialisierung im engeren Sinne, d. h. die Entstehung industrieller Massenfertigung in Großbetrieben sowie von Bergbau und Hüttenwesen, erst in einigen wenigen Regionen und Ballungszentren durchgesetzt. Zu den wichtigsten zählen der Industriekomplex Petersburg mit seinen Schwerpunkten in Rüstung, Schwerindustrie und Schiffsbau, die stärker den Konsum bedienende Industrie Moskaus und des zentralrussischen Gewerbegebietes, Bergbau und Hüttenwesen im Uralgebiet mit dem Zentrum Jekaterinburg, später Swerdlowsk, sowie das erst in den 1880er Jahren entstandene Bergbau- und Hüttengebiet am Donez, kurz als Donbas (Donez-Bassin) bezeichnet. Hinzu kamen industrielle Zentren in den nicht-russischen Gebieten, hier insbesondere die Ballungszentren in Kongreß-Polen sowie Riga und die Ölförderung in Baku am Kaspischen Meer.

Unter den lohnabhängig Beschäftigten (1913: 17,8 Millionen Personen) machten Arbeiter in Großbetrieben, Bergbau und Hüttenwesen circa 3,1 Millionen, Transportarbeiter 1,3 Millionen und Landarbeiter 4,5 Millionen Personen aus[1]. Kennzeichnend blieb, daß Fabrik-, Berg- und Hüttenarbeiter eine Minderheit unter den lohnabhängig Beschäftigten bildeten. Aber die Arbeiter und Handwerker in Groß- und Kleinbetrieben der Hauptstädte bestimmten seit 1912 die Dynamik der sozialistischen und später der bolschewistischen Arbeiterbewegung. Dieser Eindruck entsteht jedenfalls in der Retrospektive, zumal sich die Historiker der letzten Jahrzehnte insbesondere auf die Arbeiter-

und Arbeiterbewegungsgeschichte und ihr Verhältnis zur Revolution konzentriert haben.

Die russischen Großstädte, die Bergbau- und Hüttenregionen umfaßten immer einen hohen Anteil unstetiger, migrierender Bevölkerung. Dies dürfte vor allem an den oft extremen Arbeitsbedingungen gelegen haben. Schon aus Gründen des physischen Überlebens war besonders bei un- und angelernten Arbeitern und Tagelöhnern der saisonale Wechsel zwischen Gruben-, Hütten- oder Fabrikarbeit und landwirtschaftlicher Tätigkeit auf dem eigenen Hof notwendig. Angesichts niedriger Löhne, unwirtlicher Lebensbedingungen in Baracken, Sammelunterkünften aller Art oder in isolierten Gruben und Fabriken auf dem Lande war es offenbar vorteilhafter, die Familie zurückzulassen und im Fall von Arbeitslosigkeit, Krankheit oder Invalidität im Dorf, in der Landwirtschaft oder im handwerklichen Nebengewerbe ein soziales Sicherungsnetz zu finden[2]. Nach 1900 wurden in den Dörfern im Durchschnitt pro Jahr etwa neun Millionen Pässe ausgegeben, mit denen »Bauern« ihre Wanderarbeit und ihren befristeten Aufenthalt außerhalb ihrer Gemeinden legalisierten. Im Durchschnitt der zentralrussischen Gouvernements bedeutete dies, daß zwischen 20 und 50 Prozent der Einwohner unterwegs waren, in zunehmendem Umfang auch Frauen[3]. Die Arbeiter in städtischen wie ländlichen Großbetrieben waren zwar vielfach ländlicher Herkunft, kamen aber aus Dörfern oder Familien, die auf eine längere handwerkliche Tradition zurückblicken konnten. Dies hing zum einen zusammen mit der noch nicht rigide vollzogenen Entmischung von handwerklicher und landwirtschaftlicher Tätigkeit in den Dörfern, zum anderen mit der seit Ende des 18. Jahrhunderts vollzogenen gewerblichen Verdichtung, der »Protoindustrialisierung« vor allem im zentralen Gewerbegebiet um Moskau[4].

Das ist der Hintergrund, wenn vom russischen Arbeiter »zwischen Feld und Fabrik« (Th. v. Laue) oder von sozialen »Amphibien« (O. Anweiler) die Rede ist[5]. Landbesitz und Dorfbindung der Arbeiter liefern daher nur sehr ungefähre Hinweise auf den Grad der Qualifikation, auf die Verankerung im Fabrikmilieu oder die Zugehörigkeit zum »erblichen Proletariat« – wie es in der sowjetischen Terminologie hieß. Bei anhaltendem Zustrom und fortgesetzter Fluktuation in diesen Bevölkerungsgruppen läßt sich seit der Jahrhundertwende gleichwohl die Entstehung von Stammbelegschaften insbesondere unter den Facharbeitern feststellen, erkennbar an Familiengründungen und der Wahl eines ständigen Wohnsitzes[6].

Wenn das Netz der Herrschaftskontrolle in den Dörfern bis 1917 vergleichsweise locker geknüpft war, so bedeutete die Arbeitsaufnahme in Fabriken und Gruben den Übergang in ein rigide kontrolliertes Regime mit seinen Ansprüchen an Arbeitsdisziplin und einer Praxis täglich erfahrener autokratischer und oft genug recht willkürlicher Herrschaft. Die Großbetriebe in der Provinz wurden nicht zufällig als Fabrik-Güter (*sawod-wotschina*) bezeichnet. Manchmal nahmen die oft isolierten Hütten- und Grubenbezirke im Ural wie im Donbas Merkmale einer »totalen« Institution an. Produktion, Entlohnung, Versorgung, Unterbringung, Bestrafung durch Lohnabzüge bis hin zu körperlicher Züchtigung (in den Gruben) – alles konnte sich im engen Raum der Berg- und Hüttenwerke oder in den Fabriken unter einem gestaffelten Kontrollsystem vollziehen[7]. Es gab auch patriarchisch geführte Betriebe, wie es manchen Fabrikanten der Moskauer Region nachgesagt wird, die Schulen, Sanitätseinrichtungen und Kirchen für ihre Arbeiter errichteten. Aber dieser Patriarchalismus dürfte spätestens seit 1905 von seiten der Arbeiter kaum noch anerkannt und spätestens seit dem Ersten Weltkrieg kaum noch existent gewesen sein.

Mit Blick auf die Ereignisse 1917 läßt sich mit guten Gründen von der Existenz einer Arbeiterklasse im marxistischen Sinne sprechen. Dennoch darf dieser unter Aspekten des Klassenkampfes geprägte Begriff nicht die Unterschiede und Hierarchien, die differenten Erfahrungs- und Lebenswelten innerhalb der Arbeiterschaft unterschlagen. Der Typus des Facharbeiters in der Metallverarbeitung oder Druckindustrie distanzierte sich vom un- und angelernten Arbeiter, der seinen bäuerlichen Habitus noch nicht abgelegt hatte. Es gab gravierende Unterschiede in den Generationen. Die Branche, der Status innerhalb der Fabriken, landsmannschaftliche Herkunft, der Wohnbezirk, Abgrenzung zwischen den Werksabteilungen, die informellen Autoritätsbeziehungen in den Gemeinschaften (*arteli*) der Wanderarbeiter, die als solche oft auch in den Betrieben erhalten blieben, schufen sehr unterschiedliche Bedingungen und Erfahrungen. In den Textilfabriken behinderten Männer den Aufstieg von Frauen[8]. In der multinationalen Peripherie der westlichen Gouvernements gab es einen ethnisch gespaltenen Arbeitsmarkt: Dort wurden Juden, obwohl sie oft die Mehrheit und den Kern der (klein-)städtischen Population ausmachten, selten in den größeren Fabriken mit besseren Verdienstmöglichkeiten zugelassen[9]. In Baku herrschte auch unter den Ölarbeitern eine ethnische Hierarchie zwischen den (russischen und armenischen) Fachkräften und den (azeri-türkischen) an- und ungelernten Arbeitern. Diese Differenzen sollten 1917/18 politische Bedeutung gewinnen[10].

Verglichen mit der Masse der stationären ländlichen Bevölkerung war die Industriearbeiterschaft stärker in das öffentliche Leben eingebunden. Ein Gradmesser hierfür ist der Stand der Alphabetisierung. 1917 waren im Durchschnitt des Reiches 50 bis 90 Prozent der Arbeiter und zwischen 20 und über 50 Prozent der Arbeiterinnen alphabetisiert, d. h. sie hatten mindestens eine dreijährige Grundschule absolviert[11]. Für Petersburg und andere Industriezentren dürfte gelten: Je länger die Verweildauer in der Industrie, desto höher lag die Alphabetisierungsrate und desto geringer war wohl auch die Gefahr, das Erlernte wieder zu vergessen.

Sehr viel schwieriger als Prozentangaben über die Lesefähigkeit ist zu ermitteln, was sie eigentlich bedeutet hat und wie sie genutzt worden ist. Sie war sicher notwendig für den Arbeitsprozeß und hat darüber hinaus in erster Linie wohl der Rezeption von Unterhaltungsstoffen aller Art gedient. Über die Neigung zur Ablenkung durch triviale Literatur – wenn nicht durch viel gröbere Vergnügungen – ist von »bewußten« und aktivistischen Arbeitern viel geklagt worden. Sie litten oft genug unter der Vulgarität, der Unbildung und den »dumpfen« Vergnügungen ihrer Standesgenossen. Es mangelt auch nicht an Anekdoten über das Mißverstehen der politischen Sprache und ihrer Schlagworte, noch an Zeugnissen über den Bildungseifer einer Minderheit, die vom Aufstieg oder vom Ausbruch aus der Welt der Fabriken und Gruben durch Bildung träumte[12].

Die politische Durchsetzungskraft der Arbeiterschaft im Jahre 1917 ergab sich einerseits aus ihrer Zusammenballung in den Zentren des Landes, andererseits aus ihrer großbetrieblichen Konzentration vor allem in Petrograd und Moskau. In einem Land mit einer immer noch schwachen Infra- und Technostruktur fiel der Arbeiterschaft daher im Konfliktfall eine strategische Position zu, wie sich schon in der Revolution von 1905/06 gezeigt hatte. Dies galt um so mehr, als sie kein adäquates Gegengewicht in einer Mittelklasse wie in West- und Mitteleuropa hatte[13].

Die Revolution von 1905 ist in der sowjetischen Historiographie als »Generalprobe« bezeichnet worden. Dies dürfte insbesondere für die Arbeiterschaft gelten, für die sie eine Art von politischer Schule gebildet hatte. Die folgenden Proteste, Streiks, Aufstände und Pogrome, die aus der Arbeiterschaft hervorgingen, brachten Organisationsformen hervor, die auch für die Revolution von 1917 wichtig werden sollten: Fabrikkomitees mit Anspruch auf Mitbestimmung und Arbeiterkontrolle, Räte (Sowjets) der Belegschaften als Organe der revolutionären Selbstverwaltung oder Selbstverteidigung und schließlich die zahllosen Gewerkschaften als Zusammenschluß gerade auch der in Kleinbetrieben und Werkstätten beschäftigten Lohnabhängigen[14].

Die zweite große Streikwelle, welche Rußland seit dem Frühjahr 1912 erfaßt hatte, läßt bereits erhebliche Unterschiede zu den Aktionen von 1905 erkennen. Die Streikintensität war besonders hoch in Petersburg, beschränkte sich aber keineswegs auf die Hauptstadt, wo die Streiks oft schon den Charakter von Aufständen annahmen. Im Unterschied zu 1905 blieben die Arbeiterstreiks aber isoliert. Sie fanden kaum Resonanz und Unterstützung in den Verbänden und Institutionen der Intelligenz. Stattdessen zeichnete sich eine Symbiose mit den seit 1906 teils legal, teils wieder illegal agierenden sozialistischen Parteien ab. Dabei konnten insbesondere die Bolschewiki Positionsgewinne erzielen[15].

Den Kristallisationskern der Streikwellen seit 1912 und erneut seit 1915/16 in den beiden Hauptstädten bildeten die qualifizierten Arbeiter und Handwerker staatlicher wie privater Groß- und Kleinbetriebe, vornehmlich die jüngeren, im urbanen Umfeld aufgewachsenen Arbeiter und die Stammbelegschaften. Sie lieferten in vieler Hinsicht das Muster für Inhalte und Formen der Mobilisierung. Dies galt auch für 1917, obwohl die soziale Zusammensetzung der Arbeiterschaft während des Krieges in den großen Fabriken, in Hütten und Bergwerken erheblichen Veränderungen unterlag.

Dennoch blieben trotz erheblicher Neuzugänge die Stammbelegschaften als Kern erhalten. Als Wehrpflichtige unterlagen die rückberufenen oder zurückgestellten Beschäftigten aber besonderen Auflagen, die manchmal zwangsarbeitsähnlichen Charakter annehmen konnten: überlange Arbeitszeiten, Verbot des saisonalen Abzugs in die Dörfer, exzessive Strafandrohung und die ständig mögliche Abkommandierung an die Front. Das soziale Klima vor allem wohl in den Bergbauregionen veränderte sich durch den massiven Einsatz von Flüchtlingen und Kriegsgefangenen. 1917 waren im Donbas 26 Prozent der im Bergbau tätigen Arbeitskräfte Kriegsgefangene, im Ural waren es vereinzelt bis zu 44 Prozent, in der Hüttenindustrie des Donbas sogar 59 Prozent[16]. Die Zahl der Fabrikarbeiter Rußlands stieg im Krieg von ca. 2,6 Millionen (1913) auf 3 Millionen Personen (1917)[17].

Die bestimmende Rolle Petrograds und Moskaus für den revolutionären Prozeß sollte sich – im Unterschied zu 1905 – aus der einfachen Tatsache ergeben, daß die westlichen Gebiete entweder verloren waren oder als Etappe unter Kriegsrecht standen. Der Donbas und das Uralgebiet vollzogen weniger gut organisiert eher nach, was in den Zentren vorgegeben wurde, und in Baku paralysierten ethnische Konflikte den Klassenkampf.

Der Krieg hatte im Zarenreich einen weiteren Industrialisierungsschub und eine Beschleunigung von Proletarisierungsprozessen bewirkt. Der Zusammenbruch aktivierte erneut einen über ökonomische Gegensätze hinausgehenden soziokulturellen Dualismus zwischen dem städtisch-plebejischen Rußland und der Zensusgesellschaft, der Gesellschaft von Besitz und Bildung. Bis zur Februarrevolution wurde in der Zensusgesellschaft um Zukunftsperspektiven gestritten, die sich an bürgerlichen Entwicklungen orientierten, wie sie in autoritärer Variante das deutsche Kaiserreich und in eher liberalen Varianten Frankreich und Großbritannien repräsentierten. Seit dem Februar stand dieses bürgerliche Projekt in Frage. In Gestalt sozialistischer Parolen sollte sich eine »plebejische« Moderne durchsetzen. Sie erhielt ihre Chance allerdings nur vor dem Hintergrund eines beispiellosen zivilisatorischen Zusammenbruchs, der durch den imperialistischen Krieg verursacht worden war.

Aus der Sicht der Arbeiterschaft war es die Zensusgesellschaft, die nicht nur die Schuld am Kriegselend trug, sondern aus der Not, aus dem Stillstand in den Fabriken, aus den Versorgungsmängeln ihren Profit schlug. In diesen Affekten trafen sich bald die Arbeiter mit der Masse der Soldaten und der Landbevölkerung. Diese Vorwürfe wirkten um so überzeugender, je mehr die Provisorische Regierung und die gemäßigten Sowjetführer an der Fortführung des Krieges festhielten, ohne das zunehmende Chaos aufhalten zu können. Im Fall der Arbeiterschaft bestätigte sich auf diese Weise das Stereotyp von den Unternehmern (und ihrem Personal, nicht zuletzt auch von den Ingenieuren) als Ausbeuter, als Tyrannen, als Blutsauger, als Spinne, kurz: als Repräsentanten von *expluatazija*[18]. Diese Stereotypen mochten viele Anknüpfungspunkte in der Realität finden, besonders wenn man an das harte Regime in Fabriken und Bergwerken denkt.

Der konfrontative Antagonismus zu den Herren fand seinen Ausdruck in vielfältigen Formen. Man muß hier unterscheiden zwischen unmittelbaren, oft gewalttätigen Aktionen, einem plebejischen Diskurs unter Rückgriff auf sozialistische Parolen und daraus resultierenden politischen Programmangeboten, die sowohl aus der Arbeiterschaft selbst als auch aus dem Spektrum der sozialistischen Parteien kamen. Konfrontationen in den Betrieben drückten sich zunächst darin aus, daß verhaßte Vorarbeiter, Ingenieure und Leiter aller Art gedemütigt oder vertrieben wurden. Das Spektrum solcher Aktionen reichte von der systematischen Überprüfung bis zu physischer Bedrohung. Ein altes Mittel der Rache war, verhaßte Personen in Säcke zu stecken, im Fabrikgelände herumzukarren und sie auf Straßen, Müllkippen, in Teichen oder Flüssen zu »entladen«[19]. In den rasch wechselnden Situationen des Jahres 1917 übernahmen Streiks und die vielen Versammlungen, die immer mit einer Resolution endeten, vielfältige Funktionen. Zuerst ging es um konkrete Forderungen, hier vor allem um den Achtstundentag, Respektierung der

Würde der Arbeiter, um Mitbestimmungsrechte und um politische Forderungen. In den Resolutionen wurden zudem die für die Arbeiter zentralen Probleme der Politik verhandelt: die Fragen von Krieg und Frieden, die Kriegsanleihe (im April 1917), die Rolle der Fabrikkomitees und der Sowjets. Von diesen beiden Institutionen wurde in zunehmendem Maße die Lösung der ökonomischen und politischen Probleme des Landes erwartet. Nach dem Kornilow-Putsch ist ein weiterer Polarisierungsschub in den Resolutionen zu beobachten. Nun sprach man sich für die Bildung von Arbeitermilizen aus, für weitere Aufgabenübertragung an die Fabrikkomitees und insbesondere für die Losung: »Alle Macht den Räten!« Der hierin enthaltene Ruf nach Entmachtung der Provisorischen Regierung ist nur in den seltensten Fällen als Mandat für die Bolschewiki zu deuten, auch wenn von einer allgemeinen Bolschewisierung der Stimmung unter der aktivistischen Arbeiterschaft seit dem Herbst 1917 auszugehen ist.

Streiks, Meetings und Resolutionen müssen auch als Medien der Belehrung, der Information, der Selbstaufklärung und Mobilisierung begriffen werden – kurz als plebejische Gegenöffentlichkeit, zumal die eher bürgerlichen Zeitungen immer noch den Markt beherrschten. Die in den Meetings der Betriebe in der Regel einstimmig verabschiedeten Resolutionen knüpften zweifellos an die Tradition der Dorfversammlungen (*selski schod*) an, deren Entscheidungen ebenfalls manipuliert sein konnten, aber doch einen verbindlichen Charakter besaßen und auf diese Weise Konsens herstellten. Klassensolidarität zeigte sich zudem im Engagement für die Fabrikkomitees, die Arbeitermilizen, die Gewerkschaften, die Sowjets und nicht zuletzt für sozialistische Zeitungen[20].

Aus der Arbeiterschaft formierte sich eine plebejisch-proletarische Öffentlichkeit als geschlossene Gemeinschaft, die gegen alle Arten von »burschui« zusammenhielt. Obwohl sich der bildungsfähige und aktivistische Typus des »Arbeiter-Intelligenzlers« (*rabotschi-intelligent*) häufig am Habitus des radikalen Studenten orientierte[21], stand doch der Vorwurf im Raum, die Intelligenzija habe die Arbeiterklasse verraten[22] – ein Vorwurf, den die Statistiken über die Mitgliedschaft in der bolschewistischen

Partei nicht unbedingt stützen. Wichtig an diesem Vorwurf ist nicht sein Wahrheitsgehalt, sondern das Gefühl der Distanz zu anderen Gesellschaftsgruppen, Gefühle, die leicht in Sabotage- und Verratsvorwürfe umgemünzt werden konnten, von den Klassenkampf-Parolen der Bolschewiki immer wieder unterstützt. Die »implizite Militanz«[23] der Arbeiterbewegung zeigte sich auch in den Artikulationsversuchen dichtender Arbeiter. Ihre soziale Befindlichkeit fand Ausdruck in einer christlichen Metaphorik vom Leiden in der Finsternis der Betriebe, vom Martyrium, von Auferstehung und Erlösung[24].

Abgrenzung und latente Militanz, wie sie auch unter den Soldaten an der Front und in den Garnisonen (gegen die Offiziere) zu beobachten ist[25], zeigte sich auch in der Verwendung des Demokratie-Begriffs, mit dem die russische Gesellschaft des Jahres 1917 sehr unterschiedliche Vorstellungen verband[26]. In den Resolutionen der Arbeiter – auch der Soldaten – haben wir es kaum mit einem Verständnis im Sinne von demokratisch legitimierter Gewaltenteilung, von Pluralität und Rechtsstaatlichkeit zu tun, sondern – sicher in Anlehnung an den Begriff »Sozialdemokratie« – mit einer Vorstellung von sozialer Demokratie als »Macht« des Volkes oder der »Werktätigen« (*trudjaschtschiesja*), ein Terminus, den die Bolschewiki leicht variiert von den Sozialrevolutionären übernehmen sollten. »Demokratie« findet sich in den Resolutionen in der Regel mit den Zusätzen »revolutionär«, »sowjetisch«, »werktätig« und artikulierte den Gegensatz zur Plutokratie, zur Zensusgesellschaft, zur Bourgeoisie, vulgär zu den *burschui*, und selbstverständlich zu den Unternehmern und ihrem Anhang[27]. Von daher war es kein Widerspruch, wenn der Moskauer Rat der Arbeiterdeputierten nach dem Kornilow-Putsch die »Ausrufung der Diktatur der revolutionären Demokratie und der demokratischen Republik« forderte. Dies sollte einhergehen mit der Verhaftung »der Anführer der bürgerlichen Konterrevolution«, der Auflösung der Reichsduma und der Schließung der bürgerlichen Presse[28]. In der Konfrontation waren bolschewistische Rhetorik und Stimmungen in der aktivistischen Arbeiterschaft fast ununterscheidbar geworden. In den Aktionen wie in der Sprache sowohl der vergleichsweise straff organisierten Arbeiterschaft der Hauptstädte als auch der stärker anarchistisch und »lokalistisch« orientierten Bergarbeiter des Donbas dominierten Vorstellungen eines *absolutisme populaire*, ein rousseauistisches Verständnis von direkter Demokratie. Ihre Realisierung schien nur an der Bourgeoisie und ihrem Krieg zu scheitern[29].

In welchem Maße haben wir es hier mit einem »kindlichen Verständnis von Politik«[30], mit dem Aufstand einer »native tradition« oder eines revolutionär gewendeten Traditionalismus gegen die Moderne zu tun[31]? Die ältere Forschung hat die Arbeiterbewegung den anarchischen, den Aktionsformen der Dorfgemeinschaft verbundenen Traditionen zugeordnet[32]. Hierfür spricht die Meeting-Demokratie der Betriebe wie der Soldaten- und selbst der Bauernkomitees.

Gegen die Überbetonung der anarcho-syndikalistischen Tendenzen und bäuerlichen Traditionen in der Arbeiterschaft läßt sich auf die vielfältigen Organisationsformen verweisen, welche die Arbeiterschaft teils aus sich selbst heraus, teils mit Hilfe von Aktivisten aus den sozialistischen Parteien entwickelt hat. In den Sowjets der Arbeiter- und Soldatendeputierten entstand sehr schnell eine Gegen- und Vetomacht gegen die Provisorische Regierung. Als betriebsnahe Einrichtungen gewannen die Fabrikkomitees bald ebenfalls politische Bedeutung. Sie entsprangen in Petrograd einer Vereinbarung zwischen dem Petrograder Sowjet und den Unternehmern[33]. Die Fabrikkomitees übernahmen in der Praxis sehr unterschiedliche Aufgaben: Sie »säuberten« das Leitungspersonal, aber besonders in den Staatsbetrieben arbeiteten Belegschaft und Leitung im gemeinsamen Interesse der Versorgung und ungestörten Produktion zusammen – dies zunächst im Geiste der Vaterlandsverteidigung[34]. In den privaten Betrieben ging es häufiger um die Kontrolle von Einstellung oder Entlassung von Beschäftigten. Im Herbst 1917, als die Ernährungslage in Petrograd bereits äußerst kritisch war, kümmerten sich die Fabrikkomitees um die Beschaffung und Verteilung von Nahrungsmitteln. Zunehmend versuchten sie auch, die Beschaffung von Rohstoffen zu organisieren, und sie kontrollierten die Produktionsabläufe dort, wo sie Sabotage der Unternehmer oder Betriebsleitungen am Werke sahen. Es ging hier vor allem um den Erhalt der zunehmend gefährdeten Arbeitsplätze. Zudem verstanden sich die Fabrikkomitees auch als Erzieher der an- und ungelernten Arbeiter.

Da die Bolschewiki von Anfang an in den Fabrikkomitees sowohl Petrograds als auch Moskaus dominierten, sind sie ganz im Sinne der taktischen Wendungen Lenins, der im Sommer das Interesse an den Sowjets verloren hatte, als politische Machtbasis verstanden worden[35]. Tatsächlich sind die Fabrikkomitees eher ein Beleg dafür, daß dem bürgerlichen Staat – hier der Provisorischen Regierung und der gemäßigten Sowjetführung – Auswege aus dem ökonomischen Chaos nicht mehr zugetraut wurden. In demselben Maße, in dem sich die Fabrikkomitees immer stärker in die Produktion und Distribution einmischten und für den Erhalt der Betriebe und der Arbeitsplätze kämpfen mußten, wandelte sich der Inhalt der Forderung nach »Arbeiterkontrolle« zu einem Appell an die Sowjets, »die Macht« zu übernehmen und die Wirtschaft im Interesse der Arbeiterklasse zu regulieren. Dabei blieb unklar, welchen Anteil die Fabrikkomitees, welchen die Gewerkschaften und welchen schließlich die Sowjets und ihre exekutiven Organe bei der Wirtschaftssteuerung übernehmen sollten. Die Vorstellungen, die in den Fabrikkomitees entwickelt wurden, paßten eher in das menschewistische Konzept staatlicher Kontrolle der Wirtschaft. Bolschewistisch waren sie nur in dem Sinne, daß »die Bourgeoisie« an und für sich als Bösewicht fungierte, während sich die Menschewiki eine Machtausübung unter Ausschluß der bürgerlichen Kräfte nicht vorstellen konnten. Die bolschewistische Führung hatte außer demagogischen Leerformeln ohnehin nichts anzubieten. Die Bolschewisierung der Fabrikkomitees, der Gewerkschaften und schließlich der Sowjets bewies ihnen nur, daß die *stichiinost*, d. h. Klasseninstinkt und Militanz der Arbeiterschaft, in die richtige Richtung wiesen[36].

Mit dem Autoritätsverlust und dem Verfall der alten Institutionen wuchsen den Sowjets immer mehr Kompetenzen zu, die – jenseits aller politischen Ansichten ihrer Mitarbeiter – ein Interesse am Erfolg der Revolution hatten. Die politischen Auseinandersetzungen glichen dabei immer mehr einem Schattenspiel, an dem das Publikum das Interesse verlor, da die Lösung der Alltagsprobleme in immer weitere Ferne rückte[37].

Die Ernährungsfrage war der entscheidende Faktor, welcher der defensiven Militanz in der Arbeiterschaft zum Durchbruch verhelfen sollte. Zunächst war es die Angst vor dem inneren Zusammenbruch und vor dem Hunger gewesen, die seit dem Winter 1916/17 die Kritik aus dem bürgerlichen Lager und den Aktivismus unter den Arbeitern mobilisierte. Als sich der Zusammenbruch seit dem Sommer 1917 real vollzog und Lebensmittelknappheit zum akuten Problem wurde, kam es zur ersten Konfrontation zwischen den bürgerlichen Kräften und der plebejisch-proletarischen Öffentlichkeit in den Städten und in der Armee. In der Arbeiterschaft nahm nun einerseits die Militanz der Aktivisten zu, die all ihre Vorurteile gegen die Zensusgesellschaft bestätigt sahen, andererseits wuchs die Passivität der Masse der städtischen Bevölkerung und der Arbeiterpopulation. Das Ausmaß und die Intensität der Proteste und der plebejischen Militanz lassen sich zugleich als hilflose Reaktionen auf den drohenden Hunger und auf die Inflation deuten.

Kapitel 2

Der Kampf um den Boden und um die Ernte

Zur Struktur des ländlichen Rußlands

Die Bauernrevolution war ein Faktor, der die politischen Bestrebungen der wichtigsten Konkurrenten um das Erbe der Monarchie durcheinanderbringen sollte. Die Versorgungskrisen hatten die Autorität des alten Regimes wie der folgenden Kabinette der Provisorischen Regierung unterminiert. Beide stürzten über das Gespenst des Hungers. Mit der Demokratisierung der lokalen Institutionen verloren jene an Gewicht, auf welche die bürgerlich-liberale Opposition seit 1905 ihre Hoffnungen gesetzt hatte. Dies galt insbesondere für die Semstwa, die formal allständischen, de facto vom lokalen Adel kontrollierten und vom dritten Element (ländliche Intelligenz und Angestellte) bedienten ländlichen Selbstverwaltungen. Auch die nationalen Bewegungen im europäischen Teil Rußlands konnten ihre Hoffnungen auf Autonomie oder gar auf Unabhängigkeit nur dann verwirklichen, wenn sie die Wünsche der Bauern erfüllten. Ebenso sollten diese für die Bolschewiki ein Störfaktor bleiben, da sie sich den Notwendigkeiten »proletarischer« Diktatur nicht ohne weiteres fügten. Schlimmer noch, sie ließen alle Visionen von einer sozialistischen Gesellschaft sehr schnell zuschanden werden. Denn Rußland war trotz aller Fortschritte in der Industrialisierung und Urbanisierung immer noch ein Bauernland. Etwa 80 Prozent der Bevölkerung lebten auf dem Lande, allerdings waren nicht alle Landbewohner Bauern. Sie bildeten jedoch die überwältigende Mehrheit.

In der marxistischen Theorie waren die Bauern eigentlich ein Fossil, eine durch den Kapitalismus immer noch nicht beseitigte Restgröße, nicht Bourgeoisie und nicht Proletariat. Die Zukunft der Landwirtschaft sah man im agrarischen Großbetrieb, nach dem Modell der Fabrik organisiert. Dem bäuerlichen Familienbetrieb gab man hingegen keine Überlebenschance. Nach Lenins Analyse zerfiel die Bauernschaft zwar schon in ein Dorfproletariat und eine Dorfbourgeoisie, aber die marxistischen Klassenbegriffe mußten schon sehr gedehnt werden, um die ländliche Welt des Zarenreiches in diese Kategorien zu pressen[1]. Die Bauern figurierten in der leninistischen Terminologie als Kleinbürger, die werktätig und zugleich besitzend waren. Aus diesem Klassenmerkmal ergab sich ihre »schwankende« politische Einstellung. Sie waren revolutionär, solange sie die Überreste des Feudalismus bekämpften; sie stellten eine Gefahr dar, weil sie mit ihrem Besitz an Produktionsmitteln immer nur den Kapitalismus reproduzieren würden. Aber nach den Erfahrungen von 1905/6 bildeten die Bauern einen festen Bestandteil der Revolutionsstrategie Lenins. Da die Bolschewiki unter ihnen aber kaum Anhänger hatten, nutzten sie 1917/18 nicht ganz erfolglos die landsmannschaftlichen Verbindungen von Arbeitern und Bauernsoldaten, um das Dorf zu beeinflussen.

Das sozialrevolutionäre, von Lenin übernommene Programm einer Sozialisierung des Landes war im Grunde nur die intellektuelle und moderne Übersetzung der im Bauerntum verbreiteten Hoffnung auf eine »schwarze Umteilung«. In den bäuerlichen Instruktionen von 1905/6 und 1917 hieß es poetischer: »Das Land ist ein Geschenk Gottes wie Luft und Wasser« oder »Das Land ist die wahre Mutter aller, es ist nicht Sache der menschlichen Hände, der Heilige Geist hat es geschaffen, und deshalb soll man es nicht kaufen und verkaufen«.[2] Wegen der Landknappheit hatte der Gutsbesitz in den Augen der Bauern seine Existenzberechtigung verloren. Im Vergleich zu 1861, dem Jahr der Bauernbefreiung, war sein Umfang bis zum Ersten Weltkrieg auf 46 Prozent geschrumpft. Aber Kirchen-, Staats- und Gutsland sowie anderes nicht-bäuerliches Land – in den Statistiken als Privatland geführt – machten immer noch 65 Prozent des Bodenfonds aus. Der Anteil landwirtschaftlicher Nutzfläche war allerdings viel geringer. Die Separation des Adels- und des Bauernlandes nach 1861 hatte nicht die enge ökonomische Verflechtung zwischen beiden aufgehoben. 1913 wurden immer noch 80 Prozent der Güter mit bäuerlichem Inventar bearbeitet, d. h. im Durchschnitt des Reiches bildeten weniger als 20 Prozent der Güter selbständige landwirtschaftliche Unternehmen im Sinne der preußischen Gutswirtschaft. Der Einsatz bäuerlicher Arbeit und bäuerlichen Inventars auf den Gütern erfolgte entweder durch Pacht, durch die arbeitsrepressive »Abarbeit« (*otrabotka*) oder durch Teilung der Ernteerträge. Zudem ergab sich der Landhunger der Bauern, insbesondere in den Schwarzerdegebieten, aus der immer noch relativ extensiv betriebenen Landwirtschaft, aus der Überbevölkerung und dem Mangel an alternativen Arbeitsplätzen. Ein großer Teil der Bauernwirtschaften befand sich in einer prekären Situation. Das Verhältnis zwischen Aussaat und Ernte zeigte zwar nach 1900 eine ständige Verbesserung, es blieb aber bei 30 bis 50 Prozent des west- und mitteleuropäischen Durchschnitts. Ebenso waren periodische Mißernten zu gewärtigen, unter denen nach 1900 mehrere Male vor allem die Regionen an der Wolga und die östliche Ukraine litten, auch wenn es nicht mehr zu einer katastrophalen Hungersnot kam wie 1891/92 an der Wolga. Zudem wurden Stadt und Land nach wie vor von Epidemien geplagt, 1910 von einer großen Cholera-Epidemie, die über 100 000 Opfer forderte[3].

Der Streit um die Agrarfrage war einer der maßgeblichen Gründe dafür, daß in einem Staatsstreich vom 3. Juni 1907 das demokratische Wahlrecht, das Bauernabgeordneten in der Reichsduma ein großes Gewicht verliehen hatte, aufgehoben und durch ein kompliziertes Kurienwahlrecht ersetzt worden war. Es begünstigte den Adel, die Geistlichkeit und die gehobenen Schichten, also eher konservative Gruppierungen, die eine andere Art von Agrarreform befürworteten. Dem neuen Ministerpräsidenten P. A. Stolypin ging es in erster Linie um die Zerstörung der ländlichen Feldgemeinschaft (*obschtschina*). Aus seiner Sicht stand sie mit ihren periodischen Umteilungen, mit ihrem nivellierenden Effekt und mit der kollektiven Steuerhaftung dem »Wandern des Bodens zum besseren Wirt« entgegen. Außerdem hatte sie sich als eine Institution erwiesen, innerhalb derer sich die bäuerliche Militanz gegen den Gutsbesitz und die Staatsmacht organisierte. Mit der Auflösung der *obschtschina* sollten Individualbesitz auch unter den Bauern verankert sowie Flurbereinigungen und Meliorationen durchgeführt werden.

Auch wenn die Bauernwirtschaften nach wie vor den Regeln einer auf Subsistenz hin orientierten Hauswirtschaft folgten, entwickelten sie doch vielfältige Strategien, um sich den kommerziellen Bedingungen anzupassen. Dies galt auch für die in der Feldgemeinschaft verbliebenen Höfe. Ein wichtiger Indikator für die Kommerzialisierung der Landwirtschaft ist der ständig wachsende Anteil vermarkteten Getreides. Vor dem Krieg betrug er im Durchschnitt 30 Prozent. 1914 waren immerhin schon circa 10 Millionen Bauernbetriebe Mitglieder von Konsum-, Vertriebs- oder Kreditgenossenschaften. Dies alles sind Anzeichen dafür, daß ein erheblicher Teil der Landbevölkerung in die Kommerzialisierung des Landes einbezogen war. Einen analogen Effekt hatte die zunehmende Durchmischung von Hausgewerbe, Wanderarbeit und Landwirtschaft, die manchmal fast schon zu einer Nebenwirtschaft werden konnte. Dies galt insbesondere für das sogenannte Zentrale Gewerbegebiet, das Nicht-Schwarzerdegebiet. Der bäuerliche Hof wurde dabei oft von Frauen und den Alten bewirtschaftet. Insgesamt war auch auf dem Lande eine Verlagerung der Einkommen hin zu gewerblichen Einkommen zu beobachten[4].

Das Herrschaftsnetz auf dem Lande war schon immer sehr locker geknüpft. Neben den staatlich sanktionierten Strukturen hatte es sich auf eher informelle Beziehungen von Autorität und Abhängigkeit stützen können. Seit den Agrarreformen von 1861 hatten die Gutsherren ihre patrimonialen Rechte über die einst leibeigenen Bauern verloren. Was blieb, waren ökonomische Abhängigkeiten, aber wohl nur noch wenig Patronage. Das Amt des adligen Landhauptmanns (*semelny natschalnik*), 1889 eingeführt, sollte mit seinen richterlichen und administrativen Funktionen diese Lücke schließen. 1902 waren etwa 2300 Landhauptleute im Einsatz. Der Adel in den russischen Gebieten zog sein Prestige und seine Einkünfte mehr aus dem Staatsdienst als aus den Gütern. Trotz einer allmählichen Umorientierung auf die Landwirtschaft war er – im Unterschied zum polnischen Adel der westlichen Gouvernements oder zu den deutschen Ritterschaften in den Ostseeprovinzen – kein ländlicher Unternehmer. Seit der Jahrhundertwende traten neben den alten Autoritäten Vertreter der modernen Welt in vermehrten Kontakt zur Bauernschaft: die Angestellten der Semstwa, Lehrer, Sanitäter, Agronomen und Angestellte der Genossenschaften. Seit 1900 unternahmen zudem der Staat, die Kirche und die Semstwa vermehrte Anstrengungen zur Alphabetisierung der Landbevölkerung.

Nicht nur die Zeitgenossen waren sich im unklaren, was der soziale Wandel und die vermehrten Kontakte zur urbanen Welt für die Landbevölkerung bedeutete. Die Revolution auf dem Lande 1905/06 hatte zwiespältige Eindrücke hinterlassen: destruktive Gewalt auf der einen Seite, Ansätze zu politischer Organisation wie vor allem im Bauernbund und längerfristig in den Genossenschaften auf der anderen Seite, die immer auch als eine Zivilisierungsinstanz gesehen wurden. Auf diese Sichtweise sollte Lenin nach Ende des Bürgerkrieges in dem viel beschworenen Kooperativplan zurückkommen. Wie die Aktionen 1905/6 und 1917/18 zeigten, waren die politischen Erwartungen der Mehrheit der Bauernschaft auf die Landfrage fixiert, damit verbunden waren auch Vorstellungen einer russischen Variante von einer »moralischen Ökonomie« (E. P. Thompson): Gerechtigkeit, Egalität und Arbeit. Arbeit durfte nicht fremde Arbeit ausbeuten, sie schloß marktkonformes Handeln nicht aus, ging aber nach merkantilistischem Denken von der begrenzten Verfügbarkeit der Güter aus. Reichtum konnte so immer nur auf Kosten anderer erworben sein und stand im Verdacht des Unrechtmäßigen. Intellektuelle und organisatorische Arbeit wurden kaum als solche anerkannt. Arbeitsteiligkeit und Regelhaftigkeit blieben unbekannte Größen; statt dessen galten informelle Autorität wie in den Dorfversammlungen (*selski schod*) und Patronage, ein Vorrecht, das der Adel schon lange verloren hatte[5].

Die Revolution der Bauern

1917 dienten die Dorfgemeinschaften wieder als Basis bäuerlicher Aktionen. Dabei suchten die Bauern bzw. die Bauern-Soldaten bei jenen Gruppen Autorität und Unterstützung, bei denen sie auf Rückhalt für ihre Forderungen hoffen durften. Die Übereignung des Adels- und Kirchenlandes bildete auch dieses Mal ein zentrales Element der bäuerlichen Aktionen und Resolutionen. Mit Blick auf die Landumteilungen im Herbst und Winter 1918 überrascht allerdings, daß im Frühjahr 1917 weder die Frage des privaten Eigentums an Grund und Boden, noch die der *obschtschina* an erster Stelle rangierten. Neben der Landfrage stand im Frühjahr 1917 die Forderung nach Senkung der Pachtpreise im Vordergrund sowie der Streit um den Einsatz der Kriegsgefangenen, die zum größten Teil auf den Gütern arbeiteten. Mehr als bei den Arbeitern wurden auch politische Fragen angeschnitten. Dazu gehörte in erster Linie die Forderung nach Frieden, die möglichst rasche Einberufung einer Konstituierenden Versammlung, Dezentralisierung der Verwaltung und mehr Kompetenzen für die lokalen Institutionen. Die Resolutionen lassen zwar erkennen, daß die Intelligenz vor Ort an ihrer Formulierung beteiligt war, aber auch hier dürfte wie bei den Beschlüssen der Arbeiter- und Betriebsversammlungen gelten, daß gegen den Willen der dörflichen Autoritäten kaum etwas verabschiedet werden konnte[6].

Die Kabinette der Provisorischen Regierung waren nicht bereit und in der Lage, die Agrarfrage sofort im Sinne der bäuerlichen Forderungen zu erfüllen. Statt dessen wurde wegen der Versorgungsprobleme am 11./24. April das Getreidemonopol verkündet, d.h. die staatliche Kontrolle über den Ankauf und Vertrieb der Ernte, am 21. April/4. Mai folgte ein Erlaß zur Gründung von Landkomitees in den Gouvernements, die Material für eine künftige Bodenreform aufzubereiten hatten. Die Entscheidungen hierüber sollte allerdings erst die Konstituierende Versammlung treffen. Den Autoritätszerfall der zentralen, aber auch der lokalen Instanzen nutzten die Bauerngemeinschaften und unter ihrem Druck lokale Komitees dazu, die Agrarfrage auf ihre Weise zu lösen. Die Methoden, sich nicht-bäuerliches Land anzueignen, waren sehr unterschiedlich. Am destruktivsten waren die Zerstörung von Herrensitzen, die Demolierung oder Verteilung des Inventars und die Vertreibung oder gar Ermordung von Gutsbesitzern oder Verwaltern. Diese Vorkommnisse wurden nicht ganz zu Unrecht als ein Aufstand gegen die Herrenkultur gesehen. Besonders symbolträchtig war auch die Zerstörung von Gärten und Obstbäumen bei Herrensitzen. Solche Ereignisse bestätigten die Ängste der Zensusgesellschaft und eines Teiles der Intelligenz vor dem »bösen Tier in der Volksseele« und Befürchtungen, daß das zivilisierte Rußland »wie eine Handvoll Salz in den abgestandenen Sumpf des Dorfes geworfen und sich in ihm spurlos auflösen« werde (Maxim Gorki)[7]. Gewaltakte dieser Art machten nach den Statistiken der Polizei sieben bis zwölf Prozent aller registrierten illegalen Akte aus. In der Nähe der Front und von Garnisonen ist dabei oft von der Beteiligung von Soldaten und Deserteuren auszugehen. Den regionalen Schwerpunkt der Unruhen bildeten wie 1905/06 der stark agrarisch geprägte und übervölkerte Gürtel vom Westen der Ukraine (Podolien, Wolhynien) über die Zentren der Schwarzerdegebiete (die Gouvernements Woronesch, Tambow) bis zur Wolga. Zwölf von fünfzig Gouvernements im europäischen Rußland waren in besonderer Weise von Agrarunruhen betroffen.

Zu den häufigsten Formen eigenmächtiger Aktionen, die durch formelle Beschlüsse oder häufiger durch einen stillschweigenden Konsens der Dorfgemeinschaften legitimiert waren, gehörten die Nutzung von Weiden, Wäldern und Gewässern, das Pflügen von Herrenland, die Vertreibung des Gutspersonals, der Kriegsgefangenen, manchmal auch von Lohn- und Saisonarbeitern. Dort, wo Lohnarbeit verbreitet war, wie in der südlichen Ukraine oder in den Ostseeprovinzen, kam es zur Organisation und zu Streiks der Landarbeiter. Bis zum Oktober 1917 dürften schätzungsweise bis zu 15 Prozent der Güter besetzt und manchmal zerstört worden sein[8].

In der Regel aber bevorzugten die Bauern Aktionen, bei denen sie sich auf legale Vorgaben berufen konnten, indem sie diese recht eigenwillig auslegten. So erzwang man die Senkung der Löhne für Saison- und Lohnarbeiter, oder man vertrieb die Kriegsgefangenen, um dann behaupten zu können, die Gutsherren ließen die Äcker brach liegen oder die Ernte verkommen.

Das Gouvernement Tambow war typisch für das Verhalten der Bauerngemeinschaften im Schwarzerde-Gebiet. Bis zum Oktober 1917 war es hier in dem besonders militanten Bezirk (*ujesd*) Koslow zu über hundert gewalttätigen Übergriffen gekommen. Da die Unruhen allein durch militärischen Einsatz, zu dem es hier kam, nicht unter Kontrolle zu bekommen waren, gingen die lokalen Boden- und Beschaffungskomitees dazu über, niedrige Pachtpreise festzulegen oder Güter und privates Land zu sequestrieren. Dies geschah unter Berufung auf ein Gesetzesprojekt des Landwirtschaftsministers Wiktor M. Tschernow, das vorsah, alles Privatland zur vorläufigen Verwaltung den Landkomitees zu übergeben[9].

Man hat parallel zu den Vorgängen in den Städten die Situation auf dem Lande seit dem Sommer 1917 als »Diktatur der Bauern«[10] bezeichnet, eine zugleich zutreffende und doch auch wieder falsche Zustandsbeschreibung. Einerseits charakterisiert sie die bemerkenswerte Hilflosigkeit der staatlichen Organe und der Gutsbesitzer vor Ort. Trotz punktuellen Einsatzes von Militär und Kosaken war die Zerstörung der alten Ordnung nicht aufzuhalten, ein Beleg dafür, wie schwach sie auf dem Lande verankert war, wenn die Bauern den Gehorsam verweigerten. Der Begriff geht aber an der Realität insofern vorbei, als sich aus den Aktionen der zahllosen Bauerngemeinschaften, ihrer Versammlungen, der diversen Komitees, seit dem Herbst 1917 auch schon Sowjets genannt, keine auch nur halbwegs stabile politische Organisation formierte. Die Komitees oder Sowjets der Bauern in den Gemeinden und Amtsbezirken (*wolosti*) waren »Eintagsfliegen«, die sich zu kurzfristigen Aktionen zusammentaten, um sich dann wieder aufzulösen. Bäuerliche Interessenvertretungen wie der Allrussische Sowjet der Bauerndeputierten ließen sich daher ohne große Schwierigkeiten von den Bolschewiki ausmanövrieren, nachdem sie die wichtigsten Forderungen der Bauern übernommen hatten.

Lenin hatte keine Angst vor der »Elementargewalt« (*stichiinost*) der Bauern. Das Dekret über den Boden vom 26. Oktober 1917[11] sanktionierte in rechtlich unklaren Formulierungen, was die PSR mit dem Begriff der Sozialisierung des Landes und die Bauern mit dem Schlachtruf: »Das Land denen, die es bebauen!« immer schon gefordert hatten. Mit Sozialismus im marxistischen Sinne hatte das nicht viel zu tun, auch wenn später von der Nationalisierung des Bodens die Rede sein sollte.

Das Landdekret beschleunigte die weitere Umverteilung von Grund und Boden, es trieb aber auch die Zerrüttung der Beziehungen zwischen Stadt und Land weiter voran. Denn die im Winter 1917/18 einsetzende Flucht aus den Städten und die Heimkehr der Soldaten hatten negative Konsequenzen für die

Versorgung der Städte. Unter Einziehung der marktorientierten Güter, aber auch vieler seit der Stolypin-Reform separierter Höfe kam es zu einer »schwarzen Umteilung«. Die Äcker wurden je nach Zahl der Esser oder Arbeitskräfte neu verteilt. Im Ergebnis kam es zu einer Nivellierung der bäuerlichen Besitzstruktur. Die Einbeziehung der separierten Höfe erfolgte zum Teil schon 1917, dieser Trend dürfte sich durch die seit dem Winter beginnenden Requisitionen weiter verstärkt haben. Formal sollte die Neuverteilung unter Kontrolle der Landkomitees der Amtsbezirke (*wolosti*) erfolgen. Rechtlich hatte jeder einen Anspruch auf Landzuteilung im Sinne der Nutzung, aber nicht des Eigentums am Land. Damit wurde die Stolypin-Reform rückgängig gemacht und die Feldgemeinschaft älteren Typs, also die *obschtschina*, wiederhergestellt. Insgesamt siegte ein revolutionär gewendeter Traditionalismus. Denn die Not stärkte vorkommerzielle und überkommene Strukturen: den Rückzug auf die Subsistenz, auf nicht-kommerzielle Transaktionen (Tausch und Nachbarschaftshilfe), auf den Familienzusammenhalt, besonders wichtig für Frauen mit Kindern und Alte, auf die Solidarität der obschtschina und ihre normative, nicht unbedingt reale Egalität. Die Bolschewiki mußten also einen Zustand sanktionieren, den sie schon Jahrzehnte zuvor für historisch überholt und durch den Kapitalismus für erledigt erklärt hatten. Eine Perspektive für eine sozialistische Gesellschaft im marxistischen Verständnis ließ sich daraus nicht ableiten.

Der Landhunger der Bauern dürfte durch die Umverteilung nur zu einem geringen Teil befriedigt worden sein. Die globalen Daten über das an die Bauern übergegangene Land (17 bis 24 Millionen Hektar je nach Kriterien) besagen wenig, da es sich hier zu einem erheblichen Teil um unzugängliches und nicht nutzbares oder um zuvor von den Bauern gepachtetes Land handelte. Der Zugewinn variierte zudem von Region zu Region zwischen drei und fünfzig Prozent in den weißrussischen und manchen zentralrussischen Schwarzerde-Gouvernements. Die Zunahme der Anzahl der Höfe infolge von Teilung und durch Neueinrichtung, infolge des Zustroms von Stadtflüchtlingen und Soldaten muß insgesamt dazu geführt haben, daß für die einzelnen Betriebe wenig gewonnen wurde, ganz abgesehen von der Frage der Ausstattung und des Inventars. Wichtiger als der Zuwachs an Land dürfte die Entlastung von Pachtzahlungen, die Befreiung von allen Formen abhängiger Arbeit auf den Gütern und die jetzt großzügigere Nutzung von Wald, Weiden und Gewässern gewesen sein. Das Glück über den auf 15 Millionen Höfe verteilten Gewinn wurde allerdings durch eine endlose Flut von Streitigkeiten getrübt, Auseinandersetzungen, die teils informell geregelt wurden, teils durch Anrufung der lokalen Gerichtsinstanzen recht und schlecht zu lösen waren. Diese Auseinandersetzungen zogen sich bis weit in die zwanziger Jahre hinein[12].

Die Bauernrevolution befriedigte im Grunde den Landhunger nicht, da er weniger eine Folge des Landmangels als der Extensität der Landwirtschaft war. Zudem verschärfte sie das Problem der mangelnden Versorgung der Städte und gewerblich verdichteten Regionen. Die seit dem Sommer 1918 verkündete Versorgungsdiktatur war eine hilflose Reaktion auf diese Situation. Versorgungsdiktatur hieß die Beschlagnahme der Überschüsse an Getreide, später auch an anderen Nahrungsmitteln, und die administrative Verteilung aller industriellen Waren. Diese Politik läßt sich als eine radikalisierte Fortsetzung jener Maßnahmen sehen, die bereits im Krieg begonnen und von der Provisorischen Regierung fortgeführt worden waren. Was die Bolschewiki dieser Politik hinzufügten, war das Element des Klassenkampfes. Hierbei bezog man sich fast schon habituell auf Lenins Klassenanalyse des Dorfes: Es waren nicht der Krieg, nicht der Zusammenbruch der Industrie, auch nicht die regionalen Egoismen, wenn regionale Komitees den Export von Getreide und Lebensmitteln aus den von ihnen kontrollierten Gebieten verboten, sondern die Sabotage der Kulaken, der Dorfbourgeoisie, welche die proletarische Macht in den Städten aushungern wollte. Während die getreidearmen Gouvernements hungerten, so hieß es im Dekret über die Versorgungsdiktatur vom 13. Mai 1918, horte die Dorfbourgeoisie Getreide und verkaufe es zu Wucherpreisen[13]. Versorgungsdiktatur in der bolschewistischen Lesart bedeutete folgendes: Die Bauern sollten zu Festpreisen Getreideüberschüsse abliefern, die nicht zur Aussaat und zu eigenem Konsum verbraucht wurden. Die Normen hierfür waren vor Ort festzulegen. 1919 wurde die Versorgungsdiktatur zu einer allgemeinen Distributionswirtschaft, die alle Waren administrativ verteilen wollte und die Bürger in »Konsumkommunen« zusammenfaßte und registrieren ließ[14]. Am 21. Mai 1918 folgte ein erster Aufruf an die Arbeiter Petrograds, sich für Beschaffungskommandos zur Verfügung zu stellen[15]. Um den Klassenkampf aufs Land zu tragen, rief man schließlich zur Bildung von Komitees der Dorfarmut auf (11. Juni 1918)[16], die an der Beschaffung beteiligt und bei der Verteilung begünstigt werden sollten. Sie hatten als lokale Organe der Diktatur des Proletariats zu dienen. Dies war ein ziemlich unverhüllter Appell im Sinne des »Raubt das Geraubte!«, allerdings mit bemerkenswert geringem Erfolg, so daß diese Komitees gegen Ende 1918 in den russischen Gebieten wieder aufgelöst wurden. In der Ukraine blieben sie allerdings bis 1923 bestehen, oft genug als russische Kontrollinstanzen gegenüber den widerspenstigen ukrainischen Bauern.

Insgesamt appellierten die Bolschewiki an antikommerzielle Affekte, die in der Bevölkerung verbreitet waren. Der Begriff des Kulaken, abgeleitet von *kulak*, die Faust, knüpfte an den älteren, ebenfalls negativ besetzten Begriff des *mirojed*, des Gemeindefressers, an, der die Gemeinde beherrschte und ausbeutete. Auch wenn die Dorfgemeinschaft weder vor noch nach der Revolution egalitär war und hier sicherlich auch materiell unterfütterte Autoritäts-, Macht- und Ausbeutungsverhältnisse existierten, so wurde die rigorose Beschaffungskampagne doch eher als Angriff von außen erlebt und, so gut es ging, abgewehrt. Es verstieß gegen das Geflecht innerdörflicher Beziehungen, ausgerechnet die »Armen« zu Herren über die Überschüsse zu machen. Denn die Armen waren oft Außenseiter im wörtlichen wie im übertragenen Sinne: Säufer, Faulpelze, Pechvögel oder oft unvollständige Familien, die von den Wohlhabenderen und Erfolgreichen abhängig waren. Unter den Requisitionen besonders in den Überschußgebieten litten alle Bauern[17].

So baute sich wieder ein gefährlicher Antagonismus auf, der auf beiden Seiten fatale Folgen zeitigen sollte. Den Bauern begegnete die Staatsmacht erneut als feindliche, wenn nicht gar räuberische Instanz, als militärische und administrative Gewalt, die nur forderte und nichts gewährte. Dies konnte die den Bauern immer unterstellte anarchische Haltung nur bestärken. Und aus der Sicht der Bolschewiki bestätigte sich das Stereotyp von den Bauern als »dunkler Masse«, als unverständig und wegen ihrer Klassenlage schwankend. Zugleich wurden sie im Grunde als Objekte tributärer Ausbeutung wahrgenommen, aus denen sich Überschüsse »herausschlagen« ließen.

Antonowschtschina

Die Politik der Versorgungsdiktatur provozierte zahllose Bauernaufstände. Sie figurieren in der Literatur oft auch unter dem Begriff der grünen Bewegung, ebenso gegen die Weißen wie gegen die Roten gerichtet. Ihre größte Ausdehnung und höchste Intensität entfalteten sie in den südlichen und südöstlichen Gebieten, welche die Getreideüberschüsse für das hungernde Zentrum und den Nordwesten zu liefern hatten. 1919 bis 1921 befanden sich weite Teile der Ukraine im Aufruhr, hier maßgeblich unter dem schwarzen Banner des Anarchismus Nestor Machnos. Gleiches galt für die westliche Ukraine, Westsibirien, Dagestan, Turkestan mit der Basmatschen-Bewegung und nicht zuletzt für das Wolgagebiet und die Gouvernements Woronesch und Tambow[18].

Hier soll als Beispiel für das Schwarzerde-Gebiet der Bauernaufstand im Gouvernement Tambow ausgewählt werden. Es galt als das »bäuerlichste« Gouvernement Rußlands. Auf 3,25 Millionen ländliche Einwohner kamen 250000 Städter, etwa acht Prozent der Bevölkerung. Bis 1917 hatte der Gutsbesitz hier wohl seine größte Ausdehnung. Insgesamt hatten die Bauern durch die Revolution einen erheblichen Landzuwachs zu verzeichnen. Dabei hatte die gutsherrliche Landwirtschaft in Tambow vor 1917 im Durchschnitt als relativ modern gegolten. Mit ihr war ein wichtiger Überschußproduzent vom Markt verschwunden. Über zehn Prozent des ehemaligen Gutsbesitzes waren um 1919/20 in wenig rentablen, aber privilegierten Sowchosen (Staatswirtschaften) organisiert. Wegen Inventarmangels waren auch Kolchosen (kollektive Wirtschaften) entstanden, in die arme Bauern mehr der Not gehorchend als freiwillig eingetreten waren.

Die Versorgungsdiktatur artete im Gouvernement Tambow in »Requisitionsbacchanalien« aus[19], so daß in einzelnen Kreisen die Bauern bereits 1920 an Unterernährung oder schon blankem Hunger litten. Besonders provozierte, wenn beschlagnahmtes Getreide, Kartoffeln oder sonstige Nahrungsmittel an irgendwelchen Sammelplätzen verkamen, weil es an Transportmitteln fehlte. Eine zusätzliche Belastung bildete der Zwang zu Fuhrleistungen, Holzbeschaffung und ähnlichen Naturalleistungen. Die oft willkürlichen Beschlagnahmungen hatten im Gouvernement zwischen 1918 und 1920 zu einer Halbierung der Aussaatflächen geführt, so daß das Gouvernement 1920 gar nicht mehr in der Lage war, Überschüsse abzugeben. Hinzu kam 1920 eine Trokkenheit, welche die Erträge weiter reduzierte. Die zentralen und lokalen Instanzen setzten aber unbeirrt die Lieferquoten herauf, mit den voraussehbaren Folgen von Gewalt und Gegengewalt.

Auch wenn in den Berichten der Bolschewiki die Landbevölkerung einmal mehr als »dunkle Masse« figurierte, angestachelt von den Kulaken und Sozialrevolutionären, so läßt der Aufstand doch erkennen, daß die Bauern ihre Situation sehr wohl verstanden und sich zur Verteidigung zusammenschlossen. Die Organisationen blieben lokal begrenzt, gingen nicht über das Gouvernement hinaus, obwohl es auch in den benachbarten Regionen Aufständische gab. Der bolschewistischen Organisationsmacht gegenüber blieben diese Ansätze immer unterlegen. Das Gouvernement war seit jeher eine Hochburg der Sozialrevolutionäre. Die Bevölkerung hatte 1917/18 zu 72 Prozent für die PSR gestimmt. Kommunistische Parteiorganisationen existierten nur in den Städten[20].

Widerstand und bewaffnete Zusammenstöße hatte es seit 1918 gegeben. Sie wurden zum Teil zu Recht als »Banditismus« abgetan, da das Gouvernement seit 1917 von Deserteuren überschwemmt worden war. Eine der bewaffneten Gruppen, die seit 1919 im Bezirk (*ujesd*) Kirsanow operierte, bildete die Gefolgschaft A. S. Antonows (1889–1922), der dem Aufstand im Gouvernement den Namen geben sollte. Antonow war in Moskau als Sohn eines Feldwebels geboren worden, lebte seit seiner Jugend im Bezirk Kirsanow, besuchte dort die Schule, arbeitete als Schreiber und vielleicht auch als Lehrer. Seit 1907 nahm er als Sozialrevolutionär-Maximalist an Terrorakten und Expropriationen teil, jedenfalls saß er zwischen 1909 und 1917 Haftstrafen ab.

Bis Anfang 1918 war er leitend in der Polizei tätig und baute danach seine kleine bewaffnete Truppe auf. Das Zentralkomitee der Sozialrevolutionäre hatte im Juni 1919 explizit auf Terror und Gewalt als Mittel der Politik verzichtet, es setzte statt dessen auf die schon seit 1905 erprobte Tradition von Brüderschaften und Petitionskampagnen (*prigovory*) der Dorfgemeinschaften, um die Bolschewiki zum Einlenken zu bewegen. Antonow hielt sich nicht an die Absage an Gewalt, aber in Übereinstimmung mit den Vorgaben der Partei – ohne Kontakt zur Parteiführung – organisierte er den Bund der Werktätigen Bauern (STK) mit einem Statut und Programm, die sich im wesentlichen an der PSR orientierten: Der Bund verstand sich als Dachorganisation für die Partisanen bis zur Einberufung einer Konstituierenden Versammlung. Sein Programm sah die Sozialisierung des Landes vor, die Nationalisierung der Großindustrie, die Bildung von Kooperativen im Handel, Preiskontrollen für industrielle, nicht aber für landwirtschaftliche Produkte (!), forderte Grundrechte und politische Gleichheit für alle Bürger des Landes und auch die Selbstbestimmung für die Völker des ehemaligen Zarenreiches[21].

1920 entstanden große Verbände, teils als Partisanengruppen, teils als reguläre Regimenter und Brigaden organisiert. Auf dem Höhepunkt der Bewegung im Februar 1921 sollen die bewaffneten Streitkräfte bis zu 40000 Mann erfaßt haben, daneben eine Innere Wache und ein verzweigtes Spionagesystem mit Verbindungen in die Tscheka hinein und mit offensichtlicher Verankerung auch unter den Eisenbahnern. In einzelnen Regionen hatten sich ganze Dörfer und Kreise den Aufständischen angeschlossen. Als die Bolschewiki seit dem Februar/März 1921 die systematische Unterwerfung der Aufständischen planten, sprachen sie nicht ganz zu Unrecht von der Okkupation von Feindesland. In die Bekämpfung der Partisanen brachten die Bolschewiki ihre ganze Erfahrung einer politischen Kriegführung ein. Sie kombinierte militärische Härte mit einer propagandistischen Offensive zur »Differenzierung« der Bevölkerung und Überwältigung der Feinde, auch zur Mobilisierung des eigenen Anhangs. Dies sicherte wenigstens den militärischen Sieg, die Neutralisierung der Mitläufer und des weniger aktivistischen Anhangs Antonows. Denn 1919/20 läßt sich die sowjetische Herrschaft im Gouvernement Tambow bestenfalls als desorganisiert und zum Teil auch als demoralisiert beschreiben. Nach der Vertreibung der Weißen, nach dem absehbaren Ende des polnisch-sowjetischen Krieges und der Niederwerfung des Aufstandes in Kronstadt konnten genügend Ressourcen zur Bekämpfung der Bauernaufstände freigemacht werden. Den Auftrag zur systematischen Besetzung und Unterwerfung übernahm eine Bevollmächtigte Kommission beim ZEK unter Leitung W. A. Antonow-Owsejenkos und unter militärischer Führung M. N. Tuchatschewskis. G. G. Jagoda und I. P. Uborewitsch von der Tscheka waren mit der systematischen Erfassung von Kulaken und Aufständischen befaßt. Militärisch wurden die Partisanen durch Bildung mobiler Kommandos, auch schon von motorisierten Einheiten, durch Stationierung von Truppen und von Rekruten, die ihrerseits wieder indoktriniert werden mußten, in besonders partisanenverdächtigen Gebieten und Dörfern bekämpft. Die Anzahl der bolschewistischen Streitkräfte stieg von etwa 12000 Mann im Januar auf über 100000 im Sommer 1921. In unzugänglichen Waldgebieten wurden die Partisanen schließlich mit Giftgas bekämpft[22]. In den Befehlen vom 12. Mai bzw. vom 1. Juni 1921 läßt sich die Essenz bolschewistischer Unterwerfungsstrategie und Organisationsmacht erfassen. Sie bestand in der Bestrafung der sogenannten Banditen und ihrer Familien, also der Anwendung von Sippenhaft, sowie in der Begünstigung und Korrumpierung loyaler Bauern durch Verteilung des konfiszierten Eigentums der Partisanenfamilien. Partisanen, die sich innerhalb bestimmter Fristen nicht stellten, galten als vogelfrei, ihre Familien wurden vorübergehend in Konzentrationslager – mit einer Kapazität von 5000 Plätzen – eingeliefert. Später wurden sie in andere Lager deportiert. Von diesen Maßnahmen waren Zehntausende von Personen betroffen[23]. In Höfen, in denen Waffen und Partisanen gefunden wurden, sollte jeweils der älteste arbeitsfähige Mann erschossen werden. Anschaulicher Terror spielte eine große Rolle, denn »ohne Erschießungen erreicht man nichts«[24]. Im Dorf Osinowka hatte man die Dorfbewohner versammelt und vierzig Geiseln genommen. Als die Versammelten die Waffen nicht herausrücken und Banditen nicht anzeigen wollten, wurden 21 Geiseln öffentlich »mit allen Formalitäten« erschossen. Danach erschollen Rufe aus der Menge, daß man wegen dieser »verdammten Banditen« leide, und die Dorfgemeinschaft beteiligte sich aktiv an der Suche nach Waffen und nach Aufständischen[25]. Nach Möglichkeit zwang man die Dorfgemeinschaften zu Beschlüssen, in denen sie der Sowjetmacht ihre Loyalität erklärten, sich zur Partisanenbekämpfung verpflichteten und mit denen sie Banditenfamilien ächteten: »... sie auszuschließen aus der Gemeinschaft und sie der revolutionären Macht zu übergeben, denn wir brauchen sie nicht, damit die Familie und ihre Nachkommen nie in unsere Gemeinschaft zurückkehren«, hieß es in einem solchen Beschluß. Man hatte allen Grund, die Rache der Ausgeschlossenen zu fürchten[26]. So wurde Komplizenschaft hergestellt und formell sanktioniert, Techniken, die übrigens auch während der Kollektivierung angewandt werden sollten.

Ob die Erfassung des Kerns der Aufständischen, die Differenzierung der Bevölkerung und die Herstellung von Komplizenschaft ausgereicht hätten, die Bauern gefügig zu machen, ist schwer zu beurteilen. Denn nicht zuletzt unter dem Eindruck des Antonow-Aufstandes vollzog die bolschewistische Führung eine Kehrtwende in der »großen« Politik. Nach einer Visite in Tambow im Februar 1921 kam N. I. Bucharin auf einen älteren Vorschlag Trotzkis zurück, die Versorgungsdiktatur durch eine regulierte Naturalsteuer zu ersetzen. Denn nicht nur die Landbevölkerung hungerte, sondern auch die eingesetzten Soldaten. Nach Gesprächen mit Lenin beschloß das Politbüro am 2. Februar 1921, einen Aufruf herauszugeben, in dem angekündigt werden sollte, die Versorgungsdiktatur im Gouvernement Tambow aufzuheben und die Beschaffungskommandos aus der Region zurückzuziehen[27]. Gleichzeitig startete man eine große Propagandakampagne, welche die Bauern von der Fürsorge der Sowjetmacht überzeugen sollte. Obwohl die Behörden vor Ort mit Papierknappheit zu kämpfen hatten, wurde eine Masse an Flugblättern und Broschüren mit Titeln wie ›Der Pflüger von Tambow‹, ›Instruktion für die Rotarmisten‹, ›Die Wahrheit über die Banditen‹, auch Zeitungen und Zeitschriften in Auflagen von einigen Tausend Exemplaren verbreitet. Einen besonderen Platz nahm hierbei eine Audienz ein, die Lenin angeblich Bauern aus Tambow gewährt hatte. In Form eines Berichts der Delegation wurde das Gespräch in einer infantilen Sprache, die als bäuerlich galt, in 25000 Exemplaren verbreitet. Diese Botschaft präsentierte Lenin als Freund der Bauern, der ihre Sorgen und Nöte verstand, der auf ihren Sachverstand z. B. in der Frage der Feldumteilung setzte. An ihn könne man sich immer wenden, und er fordere sie auf, ihre besten Vertreter in die Sowjets zu wählen. Man berief tatsächlich auch Bauernkongresse ein, auf denen die Landbewohner recht ungeschminkt ihre Meinungen und Beschwerden vorbrachten.

Diesen und anderen Texten konnten die Bauern entnehmen, sofern sie sie kannten und glaubten, daß die Sowjetmacht fürs erste auf die Versorgungsdiktatur verzichtete. Auf dem X. Parteikongreß (März 1921) wurde die neue Politik schließlich für ganz Sowjetrußland verkündet. Die Bolschewiki feierten ihren Sieg. In einem Aufruf an die Aufständischen und die Bauern von Tambow hieß es, Antonow sei besiegt und verwundet: »Er hat aufgehört herumzuzigeunern. Die eisernen Pferde der Roten Armee triumphieren über die geraubten Pferde der weißen Banditen. Sie sind dreimal schneller als Rennpferde. Ihrer Verfolgung entkommen die weißen Banden nicht.«[28] Die Überlegenheit der bolschewistischen Organisation und Ressourcen war überwältigend, ihre Strategie hatte ein weiteres Mal Erfolg gehabt, allerdings über eine ruinierte, hungernde Provinz und offensichtlich auch um den Preis ihrer Glaubwürdigkeit. Die Partei verlor in der lokalen Bevölkerung – auch in den Städten des Gouvernements – an Rückhalt und Mitgliedern. Anfang 1920 hatte die Partei noch etwa 20000 Mitglieder gezählt, 1921 nur noch 10000, davon 5000 in der Roten Armee. Zu Beginn der Kampagne waren zudem 1000 Kommunisten aus anderen Einheiten der Roten Armee nach Tambow kommandiert worden[29].

Kapitel 3

Die Geburt des Sowjetstaats im Bürgerkrieg

Politische und militärische Kämpfe

Die Unfähigkeit, innere Interessengegensätze geregelt und friedlich auszutragen, macht aus, was pathetisch als »die Tragödie des Volkes« beschrieben wird. Seit der Perestroika hat in der Sowjetunion und in den postsowjetischen Ländern eine Neubewertung der Schuldfrage stattgefunden. Wurde die Verantwortung für die Katastrophen, wenn sie denn von amtlicher Seite überhaupt als solche wahrgenommen werden durften, bis dahin den inneren und äußeren Klassenfeinden zugeschrieben, so sind es seither je nach politischer Einstellung die Bolschewiki, die anderen (Juden, Letten, Freimaurer), oder es werden unterschiedlich fixierte Elemente von Rückständigkeit, von mangelnder Kultiviertheit für die Brutalität des Bürgerkrieges verantwortlich gemacht[1].

Im Folgenden kann nur ein grober Umriß der wichtigsten Ereignisse geliefert werden. Drei Aspekte stehen hierbei im Vordergrund:

1. Wer kämpfte eigentlich gegen wen?
2. Was waren die Gründe für den bolschewistischen Erfolg?
3. Was waren die Folgen für die bolschewistische Seite und für die Bevölkerung?

Die sozialen Komponenten, welche den Gang der revolutionären Ereignisse bestimmt hatten, lassen sich auch im Bürgerkrieg erkennen: die Auflösung des Reiches in seine – oft nicht klar definierbaren – ethnisch-nationalen und regionalen Bestandteile, die auch das russische Kernland in Mitleidenschaft zog, die Auseinandersetzungen innerhalb des linken Lagers, die Landnahme der Bauern und die Verteidigung ihres neuen Besitzstandes sowohl gegen die bolschewistischen Requisitionen als auch gegen die unsystematischen Versuche der Gegenrevolutionäre, der Weißen, zur Wiederherstellung des status quo ante. Hinzu kam die Intervention der ausländischen Mächte, zunächst der Mittelmächte, dann der Entente und Japans.

Den Auslöser des Bürgerkrieges bildeten seit dem Sommer 1918 das Zerwürfnis der Linken Sozialrevolutionäre mit den Bolschewiki. Den hauptsächlichen Anlaß lieferte der Friedensschluß mit den Mittelmächten in Brest-Litowsk (16. März 1918), in dem Sowjetrußland u.a. auf die Ukraine und die baltischen Länder verzichten mußte. Selbst unter den Bolschewiki war dieser Vertrag umstritten. Von den Sozialrevolutionären wie von den Gegnern wurde er als Verrat abgelehnt, und die Linken Sozialrevolutionäre verließen den Rat der Volkskommissare. Hinzu kamen die Auseinandersetzungen um die Zwangsrequisitionen von den Bauern. Damit verschärfte sich die Rivalität innerhalb des linken sowjetischen Lagers, besonders zwischen den Bolschewiki und den Sozialrevolutionären, aber auch zu den eher auf Kompromisse bedachten Menschewiki. Auf mehrere Attentate, u.a. auf den mißglückten Anschlag auf Lenin und auf die Ermordung des Grafen Wilhelm von Mirbach, des deutschen Botschafters (6./7. Juli), reagierten die Bolschewiki mit Panik. Sie verkündeten den »Roten Terror« und erklärten Sowjetrußland zum »Kriegslager«.

Die simple Politik – das Land den Bauern, die Fabriken den Arbeitern, dem Volk den Frieden und alle Macht den Räten – konnte nicht aufgehen. Sie beschleunigte nur den ökonomischen Zusammenbruch, unter dem nicht zuletzt die Arbeiterschaft zu leiden hatte. Daher wandte sich ihr Zorn im Sommer 1918 gegen die Bolschewiki. Dies schlug sich bei den Neuwahlen zu den regionalen Sowjets in Erfolgen der Menschewiki und Sozialrevolutionäre nieder. Der Umgang mit den nun oft mehrheitlich nichtbolschewistischen Sowjets und das Katz-und-Maus-Spiel mit den Menschewiki und Sozialrevolutionären belegen, daß die Bolschewiki trotz gelegentlicher Konzessionen nicht bereit waren, grundsätzliche Kritik hinzunehmen, die Macht zu teilen oder gar abzugeben, so ephemer sie zeitweilig auch war[2]. Die drohende Hungersnot bekämpften sie zunächst durch die Komitees der Dorfarmut, dann durch die effizienteren Beschaffungskommandos (*prodotrjady*), die im September 1920 schließlich eine Armee von 78000 Mann bildeten.

Die Unzufriedenheit unter der Arbeiter- und Bauernschaft und die Zerwürfnisse mit den Sozialrevolutionären erklären den überraschenden Erfolg des Aufstands der Tschechoslowakischen Legion (8. Juni 1918)[3]. Diese Formation ehemaliger Kriegsgefangener war noch von der Provisorischen Regierung ausgerüstet worden, sie hatte bereits an der Kerenski-Offensive teilgenommen und sollte in Zukunft an der Westfront eingesetzt werden. Vermutlich auf deutsches Drängen wollte Trotzki sie entwaffnen lassen, was den Aufstand provozierte. In seinem Schatten formierte sich in Ufa ein Komitee der Verfassunggebenden Versammlung, von Sozialrevolutionären dominiert, die nun den bewaffneten Kampf gegen die Bolschewiki proklamierten und sich erstaunlich widerstandslos in der Wolga-Ural-Region durchsetzten. Aber schon am 18. November 1918 wurde das Komitee von den Truppen des Admirals A. W. Koltschak entmachtet, der sich zum Reichsverweser erklärte.

Wenn 1918 als das Jahr ephemerer Regierungen und Hauptquartiere bezeichnet werden kann, die bestenfalls einige Tausend Mann an bewaffneten Streitkräften aufzubieten vermochten, so war 1919 das Jahr des Bewegungskrieges, in dem riesige Territorien ständigen Regimewechseln unterlagen, begleitet von Requisitionen, Plünderungen und Massenmorden. Das russische Kernland bildete hingegen eine bolschewistische Festung, von drei Seiten bedroht. Vom Osten her operierten die Truppen Koltschaks und stießen bis Wjatka, Perm und Kasan vor, wurden aber im Juli 1919 zurückgeschlagen. Im Don- und Kubangebiet hatten sich 1918 Kosakenverbände unter P. N. Krasnow und die Freiwilligenarmee unter General A. I. Denikin verbündet. Bereits im Sommer und Herbst 1918 hatten die Einheiten Krasnows Vorstöße bis Zarizyn an der Wolga unternommen, sie konnten diese Position aber nicht halten. 1919 stießen die Truppen Denikins in breiter Front nach Norden vor. Diese Aktion hatte auch das Ziel, Verbindung zu Koltschak aufzunehmen. Sie mißlang wegen der Niederlagen des Reichsverwesers im Juli. Die weiteste Ausdehnung des von der Freiwilligenarmee besetzten Territoriums erreichte die Linien von Woronesch über Orjol und Kursk bis nach Kiew. Im Nordwesten hatten nationale Verbände die Bolschewiki aus den einstigen Ostseeprovinzen vertrieben, die sich nun als nationale Republiken Estland und Lettland konstituierten. Die hier auch stationierten gegenrevolutionären russischen Truppen konnten ihre Partner aber nicht zu einer Offensive auf Petrograd überreden. Erst nach englischer Vermittlung gelang eine Koordinierung verschiedener russischer Einheiten unter dem Oberbefehl des Generals N. N. Judenitsch. Das anfängliche britische Versprechen maritimer Unterstützung wurde jedoch noch vor Beginn der Offensive auf Petrograd zurückgenommen. Mitte August 1919 standen die Truppen Judenitschs nur wenige Kilometer vor Petrograd. Hier organisierte einmal mehr Trotzki die Verteidigung der einstigen Hauptstadt, und Judenitsch mußte sich erfolglos zurückziehen.

Die Offensiven Koltschaks, Denikins und Judenitschs bildeten 1919 die wichtigsten militärischen Operationen in den russischen und ukrainischen Gebieten. An der südlichen und östlichen Peripherie unterstützten britische, französische, amerikanische und japanische Land- und Seestreitkräfte die weißen Generäle. Wichtig war die alliierte Parteinahme hauptsächlich in materieller Hinsicht, politisch und militärisch blieb sie immer unentschieden und ohne rechtes Engagement. Im Fernen Osten diente die Intervention ohnehin mehr der Kontrolle Japans als dem Kampf gegen die Bolschewiki. Frankreich und Großbritannien hatten zwar die Einteilung des Zarenreiches in Interessenzonen vereinbart (Absprache vom 13. November 1918), aber der britische Premier Lloyd George folgte dem russischen Abenteuer nur widerstrebend. Er wollte Rußland lieber bolschewistisch als Großbritannien bankrott sehen. Vom Eifer eines Kreuzzuges waren lediglich der französische Marschall Ferdinand Foch und Winston Churchill, 1919 britischer Kriegsminister, beseelt. Ersterem ging es um die Wahrung eines Großmachtstatus für Rußland als Gegengewicht zu Deutschland, letzterem um den Schutz des Empires vor dem antikolonialen Bazillus, den die Bolschewiki von der Türkei bis Persien und Indien, dann sogar bis nach China verbreiteten.

Es entbehrt nicht der Ironie, daß die reaktionäre deutsche Seite (bis zum November 1918) mit den Bolschewiki, die liberale und demokratische Prinzipien vertretende Entente mit den restaurativen Kräften in Rußland zusammenarbeiteten. Die Generäle waren im Grunde nicht bereit, die Folgen der Revolution hinzunehmen, d.h. weder die Folgen der sozialen, noch die der nationalen Bewegungen. Die Parolen vom »einen und unteilbaren Rußland«, die besonders Koltschak, aber auch Denikin und Judenitsch verkündeten, brachten jene Kräfte in der gemischt nationalen Peripherie gegen sie auf, die alle potentielle Verbündete gegen die Bolschewiki hätten sein können. Selbst mit den Kosaken am Don und Kuban war die Kooperation nicht reibungslos, ganz zu schweigen von den nationalen Verbänden von der Ostsee bis nach Mittelasien. Die Herrschaft der Weißen (und der ukrainischen Nationalisten unter dem Hetman S. W. Petljura) zeichnete sich zudem durch einen wüsten Antisemitismus und ungezügelte Pogrome aus.

Eine existentielle Gefährdung für das bolschewistische Rußland gab es 1920 nicht mehr, aber auch in diesem Jahr waren noch weitere bewaffnete Auseinandersetzungen zu bestehen. Im Vordergrund stand hier der polnisch-sowjetische Krieg. Er ging aus den unklaren Grenzverhältnissen im Westen hervor. Der Oberste Rat der Alliierten hatte im Sommer 1919 die polnische Besetzung Ostgaliziens mit dem Zentrum Lemberg anerkannt, als polnische Ostgrenze aber insgesamt die sogenannte Curzon-Linie fixiert. Sie entsprach ungefähr der Grenze zwischen den ethnisch polnischen und ethnisch ukrainisch-weißrussischen Siedlungsgebieten. Nicht zufällig sollte Stalin zwanzig Jahre später diese Linie zum Ausgangspunkt seiner Ansprüche auf die östlichen Territorien der polnischen Republik machen. 1919 standen aber polnische Verbände etwa 300 km östlich der Curzon-Linie. Da es zu keiner Verständigung kam, begann im April 1920 eine neue polnische Offensive – in Absprache mit dem ukrainischen Hetman Petljura –, die bis zur kurzfristigen Besetzung Kiews reichte. Die sowjetische Seite nutzte den Angriff zu einem Gegenschlag. Er mobilisierte ein weiteres Mal weltrevolutionäre Hoffnungen, aber auch patriotische Aufwallungen, die sich mit klassenkämpferischen Parolen gegen die »weißen« Polen und die polnischen Herren (*pany*) verbinden ließen. Der sowjetische Vormarsch nach Westen zeitigte die gleichen Schwächen wie der polnische nach

Osten: Die Operationslinien waren zu lang, die verschiedenen Truppenbewegungen konnten nicht koordiniert werden, die Truppen stießen auf wenig Sympathien unter der »befreiten« Bevölkerung, und beide Länder waren erschöpft. Die sowjetische Strategie einer Zangenbewegung auf Warschau scheiterte am »Wunder an der Weichsel« (16.–25. August 1920), einem militärischen Erfolg, der die Unabhängigkeit Polens sicherte. Der sowjetische Vormarsch unter S. M. Budjonny, Befehlshaber der Ersten Reiterarmee, sollte seinen Niederschlag in Isaak Babels düsteren Erzählungen ›Die Reiterarmee‹ (1926) finden.

Ein in Moskau zusammengestelltes Provisorisches Polnisches Revolutionäres Komitee sollte die polnische Arbeiterschaft für die sowjetische Sache gewinnen, scheiterte aber kläglich. Die Ambivalenz der bolschewistischen Politik gegenüber Polen wurde während der englischen Vermittlungsbemühungen im Sommer 1920 deutlich: Die sowjetische Führung erklärte sich zwar zur Anerkennung der polnischen Unabhängigkeit bereit, bestand aber auf Eingriffen in die politische und soziale Verfassung des Landes, die es auf den Status eines Satelliten der RSFSR gebracht hätten. Die im Oktober 1920 von polnischen und sowjetischen Truppen eingenommenen Positionen bildeten schließlich den Ausgangspunkt für die Fixierung der neuen Grenze, die im Friedensvertrag von Riga (18. März 1921) bestätigt wurde. Zurück blieb auf beiden Seiten der Grenze ein durch den Weltkrieg, den Bürgerkrieg und schließlich auch noch durch die polnisch-sowjetische Kampagne verwüstetes Land.

1920 gab es noch weitere Kriegsschauplätze. Im April hatte Denikin seine geschlagenen Truppen dem Oberbefehl P. N. Wrangells unterstellt. Mit französischer Unterstützung unternahm er eine Offensive, die ebenfalls scheiterte. In Sibirien war im Verlauf des Rückzugs der Truppen Koltschaks nach einem von Sozialrevolutionären geleiteten Aufstand in Irkutsk ein Pufferstaat entstanden, in dem sich bereits im Januar 1920 ein bolschewistisches MRK etablierte. In Absprache mit Moskau hielt man an der formalen Unabhängigkeit dieser fernöstlichen Republik fest, um ihre Besetzung durch japanische Truppen zu verhindern. Diese Republik gab sich sogar eine bürgerlich-demokratische Verfassung, stand aber faktisch unter dem Oberbefehl Moskaus. Als auf amerikanischen Druck die japanischen Truppen die Küstengebiete am Pazifik verließen, hatte sich die Fernöstliche Republik am 10. November 1922 der RSFSR anzuschließen. Zuvor hatten sowjetische Truppen bereits weiße Einheiten unter dem Oberbefehl des Barons F. R. von Ungern-Sternberg aus dem mongolischen Urga vertrieben. Dort etablierte sich mit sowjetischer Truppenhilfe eine sogenannte Volksregierung.

Mit der Niederlage der weißen Verbände setzte eine große Flüchtlingswelle ein. Sie spülte schätzungsweise eine bis anderthalb Millionen Menschen hauptsächlich nach Europa, aber auch nach Asien und Amerika. So entstand ein vielfältiges Rußland jenseits der Grenzen. Russische, russisch-jüdische, ukrainische und viele andere Gemeinschaften fanden sich vor allem in der Türkei, in Jugoslawien, Bulgarien, der Tschechoslowakei, Deutschland und Frankreich wieder – dies waren zunächst die Hauptaufnahmeländer der Flüchtlinge. Da sich unter ihnen große Teile der politischen und intellektuellen Eliten befanden, entstanden vor allem in Prag mit einer russischen Universität und anderen Bildungseinrichtungen, aber auch in Berlin (bis 1933), dann vor allem in Paris und in den USA intellektuelle und politische Zentren der Emigrationskultur. Bis in die zwanziger Jahre hinein gab es noch viele persönliche und intellektuelle Verbindungen in die Sowjetunion. Es kam auch zu Rückkehrbewegungen, und es existierten selbstverständlich viele geheimdienstliche Fäden in die Emigrantenmilieus hinein[4]. Der Exodus bedeutete für ein vergleichsweise rückständiges Land wie Rußland einen großen, wenn auch nicht meßbaren Aderlaß an »Humankapital«, für Westeuropa und die USA hingegen eine Bereicherung vor allem des akademischen Lebens und der Kultur.

Die Gründe für den Erfolg der Bolschewiki

Die Revolution wurde von Politikern, die Konterrevolution von Generälen befehligt. Der Mangel an politischer Programmatik und an zivilen Institutionen sowie die Negierung der wichtigen sozialpolitischen Bewegungen, die das Jahr 1917 charakterisiert hatten, kennzeichnen das Handeln der Generäle. Sozialisten aller Couleur galten hier im Grunde als verkappte Bolschewiki, und auch die liberalen Kräfte konnten sich kaum Gehör verschaffen. Gegen diese Beschreibung der weißen Bewegung ist eingewandt worden, daß auch auf bolschewistischer Seite Chaos und eine Politik dominierte, die von der Hand in den Mund lebte. Zudem mangelte es in den bolschewistischen Gebieten ebenfalls nicht an ungesteuerter Gewalt. Lenins Rede vom Staatskapitalismus (1917/18) und die nachträgliche Etikettierung der Periode 1918 bis 1920 als Kriegskommunismus mit seiner »proletarischen Naturalwirtschaft« kaschierten nur eine permanente Improvisation. Auf beiden Seiten sei es um die nackte Macht und um Territorien gegangen[5]. Diese Sichtweise tut sich schwer, den blutigen Erfolg der Bolschewiki zu erklären. Im Unterschied zu ihren Gegnern, die auf endlosen Linien in oft fremdnationalen Gebieten zu operieren hatten, konnten sich die Bolschewiki auf Zentralrußland stützen, mit inneren Operationslinien, in einem Gebiet, in dem sich der größte Teil der verarbeitenden Industrie, also auch der Rüstungsindustrie befand. Der zeitweilige Verlust wichtiger Rohstoffzentren wie des Donez-Beckens oder Bakus und vor allem der landwirtschaftlichen Überschußgebiete vom Nordkaukasus bis zur Ukraine wurde durch eine brutale Requisitionspolitik kompensiert. Dadurch gelang es – wie notdürftig auch immer –, die Versorgung der Roten Armee, der Machtorgane und der Städte zu gewährleisten. Das bolschewistische Rußland kontrollierte den größten Teil der Einwohner des ehemaligen Reiches, im Winter 1918/19 circa 70 Millionen. Die von Denikin und Koltschak kontrollierten Gebiete umfaßten zu dieser Zeit maximal neun Millionen Einwohner. Dies änderte sich zwar im Laufe des Jahres 1919, die weißen Eroberungen blieben aber immer ephemer und ohne langfristige Wirkungen. Die Bolschewiki konnten mithin auf ein viel größeres Bevölkerungsreservoir zurückgreifen. Dies war wichtig für die Rüstung ebenso wie für die Rekrutierung in die Armee. Im Herbst 1919 hatten die Bolschewiki trotz aller Schwierigkeiten, Desertionen und »toten Seelen« circa drei Millionen Soldaten mobilisiert, die gegnerische Seite höchstens 700000 Mann[6].

Ein weiteres wichtiges Merkmal bolschewistischer Politik war die Erzwingung von Kooperation. Sie verband sich mit der Anwendung von Terror und der Ausnutzung dessen, was hier

Organisationsmacht genannt wird. »Roter Terror« umfaßte zwar alle Formen von Gewalt, von Verhaftungen, Geiselnahme, Folter, Erschießungen bis hin zu Massenmorden mit einem immer hohen Anteil an ungesteuerter Brutalität[7]. Aber im Unterschied zum »weißen Terror« blieb er insofern politisch, als er Einschüchterung und Abschreckung mit dem Zwang zu Gehorsam und Kooperation gegenüber jenen Gruppen verband, die nicht- oder gar anti-bolschewistisch gestimmt waren. Ein klassisches Beispiel hierfür sind die Zwangsrekrutierungen ehemaliger Offiziere in die Rote Armee. Sie wurden manchmal durch Geiselnahme ihrer Familienangehörigen zum Dienst gepreßt und zum Gehorsam gezwungen, oder sie wurden als Abschreckung der Standesgenossen auch umgebracht. Teils dem Zwang, teils der Not gehorchend dürften auf bolschewistischer Seite mehr ehemalige Offiziere und Kommandeure gedient haben als auf Seiten der weißen Generäle[8].

Ein weiteres, eher ungeplantes Instrument zur Erzwingung von Kooperation ergab sich aus der Versorgungsdiktatur oder der Verteilungswirtschaft, die sich 1918/19 etabliert hatte. Mit der sukzessiven Verstaatlichung der Industrie, der Entwertung des Geldes, den Nahrungsmittelrequisitionen und der Unterbindung des Handels entstand eine administrativ gesteuerte Verteilungs- und Versorgungsdiktatur. Da sie nicht funktionieren konnte, bildete sich parallel ein gigantischer Schwarzmarkt heraus. Administrative Distribution und Schwarzmarkt, Spekulation in der bolschewistischen Terminologie, waren zwei Seiten einer Medaille.

Die Tscheka, die »Allrussische Kommission zur Bekämpfung der Konterrevolution, der Spekulation, der Sabotage und des Amtsmißbrauchs«, am 7./20. Dezember 1917 gegründet, verbrauchte eine ungeheure Energie im Kampf gegen den illegalen Kleinhandel. Allein in Moskau wurden zwischen Dezember 1918 und November 1920 fast 27000 Personen als Spekulanten für kürzere oder längere Zeit verhaftet[9]. Die Jagd auf sogenannte Sackträger gehörte zu ihrer Dauerbeschäftigung. Aber der unerlaubte Handel mit allem, was sich verhökern ließ, war damit nicht zu unterdrücken, weil die amtliche Verteilung nicht einmal die minimalen Bedürfnisse befriedigen konnte. Die mit diesem

Kampf verbundene Drohung der Kriminalisierung beträchtlicher Teile der Bevölkerung, einschließlich der Parteigenossen, war ein wichtiges Instrument der Einschüchterung oder Erpressung. Die Folgen von Verteilungswirtschaft und Schwarzmarkt bekamen auch die relativ privilegierten Reste der in den Betrieben noch verbliebenen Arbeiterschaft zu spüren. Überlebenskampf und Unterernährung zwangen zu »Spekulation« und führten zum Verfall der Arbeitsdisziplin und Produktivität. Wenn die Arbeiter gegen unzureichende Versorgung protestierten, wurden sie durch exemplarische Verhaftung von Rädelsführern oder Sprechern, durch Aussperrung, durch Bespitzelung und durch Steuerung der Lebensmittelzuteilung ruhiggestellt. Dabei waren es oft mehr die Mängel bei der Belieferung und die sofort entstehenden Privilegien als die Zuteilungswirtschaft selbst, welche Protest hervorriefen[10].

Ein weiteres Mittel, Gehorsam zu erzwingen und die Arbeitskräfte zu binden, bestand in der Militarisierung der Arbeit. Angesichts der allgemeinen Not, der Einberufungen in die Armee, der Stadtflucht, des verbreiteten Absentismus und ständiger Arbeitsunterbrechungen wegen Rohstoffmangels oder Überlastung der veralteten Maschinen wurde bereits seit 1918 in wechselnden Branchen und zu unterschiedlichen Zeiten die Arbeit militarisiert. Das hieß vor allem, daß Absentismus und unerlaubter Betriebswechsel verboten waren und bei Zuwiderhandlung wie Desertion bestraft werden konnten. Hinzu kamen Zwangsmobilisierungen für Holzbeschaffung. 1920 sollen 5,8 Millionen Personen (!) hierzu zwangsverpflichtet worden sein. Allein in Moskau trafen solche Kampagnen fast 230000 Personen[11]. Vor diesem Hintergrund wirken Trotzkis Ideen, Truppen in Arbeitsarmeen zu verwandeln und das Transportwesen zu militarisieren, nicht mehr ganz so extravagant. Militarisierung und Zwangsmobilisierung sind als Teil der Distributionswirtschaft zu sehen, als Experimente, in denen der verzweifelte Kampf gegen das allgemeine Chaos ebenso zum Ausdruck kam wie die bolschewistische Obsession, die Bevölkerung zu kontrollieren, zu disziplinieren und zu erziehen, da sie als feindlich und zur Sabotage neigend gesehen wurde[12].

Andererseits hatte die Verteilungswirtschaft zur Folge, daß

sich die Apparate aufblähten und daß sich hier viele Esser sammelten, ohne tatsächlich zu arbeiten, weil nur über einen Arbeitsplatz ein Minimum an Lebensmittelrationen und sonstigen Waren ergattert werden konnte. Damit war aber zugleich ein wichtiges Instrument gewonnen, um gegenüber eher antibolschewistisch gestimmten Bevölkerungsgruppen Kooperationsbereitschaft durchzusetzen. Obwohl sich das bolschewistische Rußland als proletarische Diktatur präsentierte, war die Kooperation mit den kleinbürgerlichen Schichten wie mit der bürgerlichen Intelligenz unabdingbar für das Überleben des Regimes. Unter »Kleinbürgertum« (*meschtschanstwo*) wurde fast alles subsumiert, was nicht der Arbeiter- und Bauernschaft und den intellektuellen Berufen angehörte. Diese Kategorie umfaßte ebenso selbständige Händler und Handwerker wie vor allem Angestellte und frühere Beamte, aber auch das sogenannte dritte Element auf dem Lande: Lehrer, Ärzte, Veterinäre, Sanitäter, Statistiker wie im Genossenschaftswesen tätige Angestellte. Das mentale Profil und die politischen Orientierungen all dieser Gruppen lassen sich nicht auf einen Nenner bringen. Dem dritten Element, das die organisierte Bauernbewegung von 1905 und 1917 maßgeblich geprägt hatte, wird nachgesagt, daß es mehrheitlich sozialrevolutionär orientiert gewesen sei. Die einstigen Beamten in den zentralen und lokalen Verwaltungen dürften wenig Sympathien für die Bolschewiki gehabt haben. Gleichgültig wie ihre politischen Stimmungen waren, sie alle sollten sich teils freiwillig, teils der Not gehorchend in den bolschewistischen Behörden im Zentrum wie in der Provinz wiederfinden, sofern sie nicht aus dem sowjetischen Herrschaftsbereich geflohen waren. Gerade den Angehörigen von Fachverwaltungen wie dem Transport-, dem Sanitäts-, dem Ernährungswesen, den Kooperativen oder den technischen Diensten boten sich oft genug sogar Aufstiegschancen, weil die durch Privilegien und Herkunft einst bevorzugten höheren Beamten ihre Posten hatten räumen müssen[13]. In strategisch wichtigen Einrichtungen wurden den sogenannten bürgerlichen Spezialisten rote Kommissare wie in der Armee und rote Direktoren wie in der Industrie als Aufpasser an die Seite gestellt. Zugleich boten die neuen und alten, manchmal in Gänze übernommenen Institutionen viele Aufstiegsmöglichkeiten für Aktivisten aus der Arbeiterschaft, den Gewerkschaften, der Partei oder manchmal auch über die Armee aufsteigenden Angehörigen ländlicher Gruppen[14]. So fand im bolschewistischen Rußland auf der Ebene des politischen Führungspersonals und in politisch-strategisch wichtigen Positionen ein kompletter Elitenwechsel statt, das niedere, mittlere und oft selbst das höhere Personal in den zentralen wie lokalen Einrichtungen bestand aber notwendigerweise nach wie vor zu erheblichen Teilen aus »kleinbürgerlichen« Elementen und nur zu einer Minderheit aus Aufsteigern aus der Partei und ihren Umfeldorganisationen.

Die Folgen für die Partei und die Bevölkerung

Die Partei selbst verwandelte sich im Laufe des Bürgerkrieges in eine Partei der Apparate. Etwa 60 Prozent ihres Mitgliederbestandes waren hier tätig. Die Parteigenossen konzentrierten sich als Generalisten in den politischen Behörden und Führungsstäben, in der Armee, in der Tscheka, den MRK und anderen außerordentlichen Organen. Die MRK und die Tscheka dürften die beiden wichtigsten Institutionen gewesen sein, die – neben der Armee – durch Androhung oder Einsatz von Gewalt Gehorsam und Anpassung erzwangen. Die MRK wurden besonders in der Nähe der Fronten und dort aktiv, wo die Sowjets nicht im Sinne der Bolschewiki funktionierten. Sie konnten auch Kontrollfunktionen im Transport-, Versorgungswesen und selbst in der Produktion übernehmen[15]. Zum Symbol von Terror wurde allerdings die Tscheka. Ihr spiritus rector war Felix Dserschinski (poln. Dzierżyński). Er stammte aus dem polnischen Adel Litauens, schloß sich zunächst der SDKPiL (Sozialdemokratie des Königreiches Polen und Litauens)[16] an und befand sich insgesamt elf Jahre in Haft und Verbannung; 1917 war er bereits ZK-Mitglied der bolschewistischen Partei und aktiv im MRK des Petrograder Sowjets. Bei ihrer Gründung übernahm er den Vorsitz in der Tscheka. Dserschinski teilte mit Lenin eine spartanische Lebensweise, Arbeitswut und einen abstrakten Klassenhaß, der seit 1917 sehr konkret werden sollte. Die Epitheta, die ihm zugelegt wurden, sprechen für sich: der »sowjetische Marat«, der »sowjetische Savonarola«, der »eiserne Felix« u. a. In seiner Jugend soll er obsessiv fromm gewesen sein. Hin und wieder plagten ihn nach 1917 Gewissensbisse. In Einzelfällen ließ er sich erweichen, wenn z. B. Maxim Gorki für prominente Häftlinge intervenierte. Die Massenerschießungen beim Abzug der Truppen Wrangells von der Krim soll er mißbilligt haben. Er leistete sich auch romantische Stimmungen und im Unterschied zu anderen Bolschewiki ein kultiviertes Benehmen. Den engeren Mitarbeiterstab Dserschinskis kennzeichnen jene Merkmale, die generell für die bolschewistische Führung der ersten Generation gelten: Er war ethnisch und sozial außerordentlich gemischt. Hier waren Juden aus Polen, aus dem Ansiedlungsrayon und aus Rußland aktiv, darüber hinaus Polen, Letten, Armenier, Georgier und nicht zuletzt Russen unterschiedlichster sozialer Herkunft. Insgesamt bildeten Personen mit einer Herkunft aus den Mittelklassen die Mehrheit, es gab aber besonders unter den Russen auch Aufsteiger aus dem Arbeiter- und Bauernmilieu. Insgesamt scheint die häufig falsche Klassenherkunft durch das richtige Klassenbewußtsein ersetzt worden zu sein. Ein großer Teil der engeren Mitarbeiter sollte im »Großen Terror« unter Stalin umkommen[17]. Die Masse der Tschekisten, insbesondere ihrer bewaffneten Abteilungen, wurde aus jungen Männern rekrutiert, welche die gleichen privilegierten Zuteilungen erhielten wie die Rotarmisten. Obwohl in den Tscheka-Verwaltungen an maßgeblicher Stelle auch Frauen arbeiteten – eine Frau war es, die als erste den Titel einer »Ehren-Tschekistin« erhielt –, posierte der typische Tschekist eher als proletarischer Mann: in Lederjacke und in Lederstiefeln, sichtbar einen Revolver tragend. Die Anzahl der zivilen und militärischen Angehörigen der Tscheka wuchs von Januar 1919 bis Mitte 1921 von 37000 auf 137000 Mann. Unter den Tschekisten spielten die lettischen Schützenregimenter 1917/18 eine prominente Rolle, als eine der ersten professionellen Truppen der entstehenden Roten Arbeiter- und Bauernarmee, als Polizeitruppe, als Beschützer des Kreml, als Bewacher in der Lubjanka, dem wichtigsten Gefängnis in Moskau, und in vielen anderen repressiven Funktionen. In Kiew sollen 75 Prozent des lokalen Personals der Tscheka Juden gewesen sein[18]. Hier wie an anderen Stellen drängt sich der Eindruck auf, daß die zu erheblichen Anteilen aus ethnischen Minoritäten und aus der Peripherie rekrutierten Tschekisten die Funktion von Söldnern in einer feindlichen Umgebung übernommen hatten. Ihre Loyalität galt allein den Parteiführern.

Die Tscheka war im wortwörtlichen Sinne eine außerordentliche Organisation, außerhalb aller gesetzlichen Normen. Auf der Seite der Weißen stand ihr nichts Vergleichbares gegenüber. Trotz wechselnder formaler Kompetenzen und der selbst aus der Partei heraus unternommenen Versuche, ihre Vollmachten einzugrenzen, war sie Herrin über Tod und Leben, Instrument der Überwachung, Zersetzung und Inhaftierung, Herrin auch über die ersten Konzentrationslager.

Terror und Versorgungsdiktatur sicherten den Bolschewiki den Erfolg. Dies kann nicht ohne prägende Folgewirkungen auf die Führungszirkel und Aktivisten geblieben sein, auch wenn die Fernwirkung des Bürgerkrieges als Formationsphase des bolschewistischen Regimes auf die Partei einerseits und auf die Bevölkerung andererseits bis heute umstritten geblieben sind. Der hemmungslose Einsatz von Gewalt und die Existenz außerordentlicher Institutionen wie der Tscheka und der MRK wurden von der Parteiführung mit dem Bürgerkrieg entschuldigt und beim Übergang zur Neuen Ökonomischen Politik (1921–1927/28) tatsächlich zurückgestuft, aber nicht beseitigt.

Durchaus ambivalent war das Verhältnis der Führungszirkel zu dem, was hier als Organisationsmacht bezeichnet worden ist. In der zeitgenössischen Sprache hieß dies Bürokratismus, wenn ihre kontraproduktiven Wirkungen zur Sprache kamen. Denn das bolschewistische Denken begleiteten auch Vorstellungen von einer basisdemokratischen Selbstverwaltung und Selbstbewaffnung des Proletariats, das sich am Modell der Pariser Commune à la Marx orientierte[19]. Die Roten Garden, die Fabrikkomitees und die Sowjets schienen diesem Ideal sehr nahe zu kommen. Aber die Roten Garden hatten Anfang 1918 bei der Abwehr des deutschen Vormarsches kläglich versagt. Trotzki und andere hatten daraus die Konsequenz gezogen und sich an den Aufbau einer professionellen Armee gemacht, die Wahl der Offiziere abgeschafft und das übliche Subordinationssystem eingeführt, allerdings mit der Kontrolle seitens der Partei in Gestalt von Politischen Kommissaren. Der Traum von der Köchin, die den Staat regiert, war schon 1918 ausgeträumt, als Anspruch aber keineswegs aufgegeben. Daraus entstand eine camouflierende Rhetorik, die das Unvereinbare vereinbaren wollte: Demokratismus und Zentralismus. Dies mündete ein in die widerspruchsvolle und wiederum kaschierende Formel vom »demokratischen Zentralismus« als Strukturprinzip des Aufbaus von Partei und Staat.

Auf dem VIII. und IX. Parteitag (März 1919 und 1920) war der Bürokratismus ein zentrales Diskussionsthema. Obwohl er maßgeblich zum Erfolg der Bolschewiki beigetragen hatte, war er Gegenstand heftiger Kritik. Bürokratismus war das Gegenteil von Demokratismus, von demokratischem Zentralismus, ganz zu schweigen von einer aktiven Beteiligung der Bevölkerung an der Verwaltung. Insgesamt galt er als ein Überbleibsel des Kapitalismus, des Zwangs zur Übernahme kleinbürgerlicher Elemente in die sowjetischen Organisationen, aber auch als Mangel an Enthusiasmus und Organisationskultur der Kommunisten selbst. Bürokratismus begann bei der Dekretierwut der obersten Organe, des Rats der Volkskommissare, des Rats für Verteidigung und Arbeit, des Präsidiums des Zentralen Exekutivkomitees und selbst des Zentralkomitees der Partei und endete bei den oft konkurrierenden lokalen Institutionen und Exekutivinstanzen der verschiedenen Volkskommissariate und außerordentlichen Organe. Es fehlte an Transparenz und Kompetenzabgrenzung an der Spitze wie in den niederen Instanzen. Im Feuer der Kritik stand ebenso der Machtmißbrauch der außerordentlichen Organe wie der Tscheka und der MRK, die Mißachtung der Sowjets und nicht zuletzt die Praxis der Kommandierung, der Ernennung statt der Wahl und die endlosen Fälle von Korruption, Amtsmißbrauch und Patronage. Einerseits wollte man die Massen zur Organisationsarbeit heranziehen, andererseits aber traute man ihnen nicht, selbst nicht den lern- und aufstiegswilligen Arbeitern, da sich diese sofort alle Laster des Bürokratismus aneigneten. Die Sowjets standen ohnehin unter dem Verdikt, den Einflüssen des »schwankenden Kleinbürgertums« (so Lenin auf dem VIII. Parteitag) zu unterliegen. Weder die Instrumentalisierung der Gewerkschaften für Verwaltungsaufgaben in der Wirtschaft und zur »Erziehung« der Arbeiterklasse noch Entlassungen aus den Apparaten noch erste Säuberungen in der Partei halfen gegen die Strukturdefizite des Bürokratismus. Daß sie etwas mit dem selbstgestellten prometheischen Missionsauftrag der Bolschewiki und ihrer daraus resultierenden Kampfstellung gegen die Gesellschaft zu tun haben könnten, kam den Parteiaktivisten nicht zum Bewußtsein. Die elitäre Position, welche die Bolschewiki gegenüber der Gesellschaft einnahmen, wurde als solche nie eingestanden, bestenfalls als Defizit im Grad der Verschmelzung zwischen Partei und Arbeiterklasse unsystematisch thematisiert. Ein Delegierter auf dem VIII. Parteitag: »Wenn wir die Massen nicht zur Arbeit heranziehen, landen wir beim Bürokratismus; alle Arbeit geht in die Abteilungen; die Abteilungen aber hängen von der Partei ab, von ihrer Zustimmung und Kontrolle. Daher kommt der Bruch zwischen der Arbeiterklasse und der Sowjetmacht«.[20] Höhnisch gewendet sollte dieses Mißverhältnis noch einmal von A. G. Schljapnikow, Anhänger der sogenannten Arbeiteropposition, auf dem XI. Parteitag (März-April 1922) formuliert werden, als er der Partei gratulierte, die Avantgarde einer nicht existierenden Klasse zu sein, dies mit Blick darauf, daß von der Arbeiterklasse des Jahres 1917 fünf Jahre später nicht mehr viel übrig geblieben war[21].

Bürokratismus als konstitutiver Teil einer Ordnung, die unentwegt Macht akkumulierte, Gehorsam und Kooperation erzwang, aber wegen ihrer Regellosigkeit immer auch das Chaos schuf, das sie bekämpfte, blieb ein typisches Merkmal sowjetischer Apparate sowohl in der Zeit des Kriegskommunismus als auch in der Stalinzeit seit 1927. Denn als Stalin und sein enger Kreis 1927 zum zweiten Sprung auf dem Weg zum Sozialismus ansetzten, sollten alle Elemente von Bürokratismus wieder auferstehen: Zwangsmobilisierung, Requisitionen, außerordentliche Maßnahmen, ein ungeheurer Verschleiß an Energie und nicht zuletzt exzessive Gewalt.

Die Zeit der Neuen Ökonomischen Politik sah auch Versuche, politisches und bürokratisches Handeln Regeln zu unterwerfen und vor allem die Gewaltapparate einzugrenzen. Die Partei allerdings blieb von normativen Einschränkungen ihrer Macht ausgenommen, auch wenn sie diese nicht mehr so willkürlich handhabte. Sie entkam nicht dem Dilemma, am absoluten politischen Führungsanspruch festzuhalten, die Gesellschaft steuern und formen zu wollen und zugleich deren aktives Mitmachen immer wieder einzufordern. Die vorläufigen Auswege blieben Stückwerk, sie wiesen in verschiedene Richtungen und waren unterschiedlich folgenreich.

Die unmittelbaren Folgen in der großen Politik lagen im Übergang zur Neuen Ökonomischen Politik, in einer begrenzten Wiederbelebung der Sowjets und nicht zuletzt in der Errichtung der Arbeiter- und Bauerninspektion (Rabkrin). Sie sollte, wenn sich die Massen auf dem Weg zum Kommunismus schon nicht selbst verwalten konnten, ihnen doch eine Stimme bei den Auswüchsen des Bürokratismus geben.

Da die Bolschewiki Rußland und seine Bevölkerung als rückständig wahrnahmen, blieb ein Ausweg in der Erziehung und Propaganda, um sie für den späteren Aufbau des Sozialismus zu befähigen. Hier zeigten sich Elemente eines Kulturträgertums, das dem Selbstverständnis der alten Intelligenz und des dritten Elementes sehr nahe kam. In der Zeit des Bürgerkrieges dürfte dieses Konzept wohl am erfolgreichsten in der Roten Armee realisiert worden sein. Sie wurde in gewisser Weise zur sowjetischen Schule der Nationen. Seit Ende 1918, als immer stärker auch auf die Bauern ebenso wie auf das als ein »schwankendes« Element klassifizierte Kleinbürgertum zurückgegriffen werden mußte, wurden große Programme umgesetzt, die militärische Ausbildung mit Alphabetisierung und »politischer Alphabetisierung« (*politgramota*), also mit Indoktrinierung zu kombinieren. Weder in der zarischen noch in den weißen Armeen gab es eine so systematische und umfassende, manchmal auch phantasievolle Unterrichtung und Agitation wie in der Roten Armee. Gemessen am elenden Zustand des Landes setzte man enorme Mittel ein, um, am Bildungshunger der Soldaten ansetzend, Ausbildung und politische Unterweisung ins Werk zu setzen. Trotz harter Disziplin wurde den Soldaten auf diese Weise das Gefühl gegeben, als Bürger ernst genommen und nicht wieder als Untertanen behandelt zu werden. Auch wenn der Effekt dieser Bildungsprogramme für die Zeit nach dem Wehrdienst schwer zu messen ist, so deutet doch manches daraufhin, daß die Entlassenen ein weiteres destabilisierendes Element in der Bauernschaft bildeten, das die überkommene Ordnung in Frage stellte und den Bolschewiki in den –

zunächst einflußlosen – Dorfsowjets oder unter den Dorfkorrespondenten eine Anhängerschaft sicherte[22].

Der Einsatz und die Formung der Roten Arbeiter- und Bauernarmee war Ausdruck einer Militarisierung der Politik und einer Politisierung der Kriegsführung[23]. Eine eher ungeplante Folge des Sieges war die Militarisierung der Sprache und des politischen Denkens. Das bei Lenin, den Bolschewiki wie in den Massenbewegungen des Jahres 1917 ohnehin angelegte polarisierende Verständnis von Politik erfuhr durch den Bürgerkrieg eine weitere Zuspitzung. Die politische Sprache war seither durchsetzt mit militärischen Begriffen, die gesellschaftliche und politische Aktivitäten stimulieren sollten: Es begann bei der Partei als Avantgarde, erfaßte die Kader und die Parteisoldaten; man kämpfte an allen möglichen Fronten und befand sich selbst in den Bereichen der Kultur auf Posten; Arbeitsgemeinschaften sollten bald zu Brigaden werden und das Land von einer Produktions- und vor allem von einer Ernteschlacht zur nächsten stürmen, und der Klassenfeind war bald nur noch mit Sabotage und Diversion beschäftigt. Nicht zufällig wurde diese Sprache seit Beginn der Kollektivierung und Industrialisierung wieder verstärkt aufgenommen und Teil des russischen Sprachschatzes, ohne daß man sich später des militärischen Ursprungs noch bewußt gewesen sein dürfte.

Auch in anderer Hinsicht wurde die Armee zum Modell. Wie die Kader in der Armee sorgfältig ausgewählt werden sollten, so setzte sich schon während des Bürgerkrieges eine kontrollierte und systematische Auswahl und Verwendung der Parteikader durch. Diese Aufgabe hatte das Organisationsbüro und eine Abteilung zum Einsatz von Kadern im Zentralkomitee der Partei zu erfüllen. Bis auf die Ebene der Gouvernements wurden Listen zuverlässiger Parteiangehöriger aufgestellt, denen bestimmte Posten in der Zentrale wie in der Provinz vorbehalten blieben. Dies galt auch für die Besetzung von Wahlämtern im Staats- und Parteiapparat. 1920/21 wurden auf diese Weise bereits 42000 Posten besetzt. Allerdings sollte die häufige Kaderrotation bald auch wieder ihre kontraproduktiven Folgen zeitigen. Dies war der Beginn des Systems der nomadisierenden Nomenklatura. Bestimmte Ämter durften nur mit Zustimmung des ZK bzw. seiner

Kaderabteilung besetzt werden. Daß Stalin, W. M. Molotow und L. M. Kaganowitsch die Stellenbesetzungspolitik seit 1920 bestimmten und kontrollierten, sollte ihnen in den späteren Diadochenkämpfen maßgebliche Vorteile verschaffen. Denn über Personalpolitik und mit Hilfe des viel gescholtenen Bürokratismus ließen sich Machtpositionen okkupieren, Abhängigkeiten schaffen und Patronagesysteme aufbauen. Auf diese Weise entstand schließlich ein auf Stalin fixierter personaler Herrschaftsverband in den Apparaten[24]. Diese Organisationsmacht befähigte dazu, jene Mission zu erfüllen, die gegen eine feindliche und lethargische Gesellschaft durchzusetzen war.

Der Zustand Rußlands am Ende des Bürgerkrieges läßt sich nur als zivilisatorischer Zusammenbruch beschreiben. Auf russischer Seite waren im Weltkrieg 775000 Soldaten gefallen, aber insgesamt hatte die Armee durch Krankheiten bis zu zwei Millionen Soldaten verloren. Im Verlauf des Bürgerkrieges hatten etwa bis zu 1,5 Millionen Menschen das Land verlassen. Über die Gesamtzahl der Opfer der militärischen Gewalt des Bürgerkrieges liegen nur ungefähre Schätzungen vor. Die Zahl der von der Tscheka Getöteten wird mit etwa 280000 angegeben, die der jüdischen Pogromopfer mit bis zu 200000[25]. In der Hungersnot 1921/22 sollen bis zu fünf Millionen Menschen umgekommen sein. Trotz der – nach europäischen Maßstäben – schon ungewöhnlich hohen Verluste im Ersten Weltkrieg hatte die Bevölkerung aber bis 1918 noch zugenommen. Sie betrug auf sowjetischem Territorium des ehemaligen Zarenreiches 1918 etwa 143 Millionen Einwohner, nach Ende des Bürgerkrieges, aber vor Ausbruch der Hungersnot 134 Millionen.

Die De-Urbanisierung machte sich besonders in den Großstädten bemerkbar. Die Einwohnerschaft Petrograds war 1920 auf 33 Prozent, die Moskaus auf 58 Prozent des Standes von 1916 gesunken. Der Anteil der Städter an der Gesamtbevölkerung war von 21 Prozent (1916) auf 15 Prozent (1921) gefallen. Die Industrieproduktion und die Transportkapazitäten machten 1920 etwa 20 Prozent, die landwirtschaftliche Produktion etwa 64 Prozent des Standes vor dem Krieg aus[26].

Die moralischen Folgen für die Bewohner sind nur zu erahnen. Die Gewalt der Revolution und Gegenrevolution war zwar in Gestalt der Streitkräfte, auf bolschewistischer Seite auch der Tscheka und anderer außerordentlicher Organe, institutionalisiert worden, aber dies bedeutete keinesfalls, daß die Bevölkerung nur passives Opfer gewesen wäre. Insbesondere die Bauernaufstände zeitigten ein beträchtliches Maß an Gewalttätigkeit. Im Gouvernement Tambow wird die Zahl der von den Aufständischen getöteten Kommunisten und Sowjetanhänger auf 2000 Personen geschätzt. Zwangsmaßnahmen seitens der Institutionen und populäre Gegengewalt, Sozialbanditentum und einfach Kriminalität dürften oft kaum zu unterscheiden gewesen sein. Den Anstieg der Kriminalität in den Städten hat der Soziologe P. Sorokin in Zahlen zu veranschaulichen versucht. Wenn sie in Moskau im Jahre 1914 mit 100 Fällen angegeben wird, so errechnete er für die Jahre 1918/19 einen Anstieg bei den Diebstählen auf 315, bei den Betrügereien aller Art auf 370, bei einfachem Raub auf 800, bei Morden auf 1000, bei Mordanschlägen auf 1600, bei bewaffneten Raubüberfällen gar auf 28500. Diebstähle und Raubüberfälle auf die Eisenbahn waren 1920 im Vergleich zu 1914 um das 150fache gestiegen[27]. Hinzu kam die Verwahrlosung und Kriminalität von elternlosen oder verlassenen Kindern. Ihre Zahl wird gegen Ende des Bürgerkrieges auf sieben Millionen geschätzt[28]. Ebenso wie auf seiten der Institutionen war die Hemmschwelle zur Gewalt auch auf seiten der Bevölkerung auf ein denkbar niedriges Niveau gefallen.

Zudem grassierten in den Armeen wie in der Bevölkerung Epidemien. In Zentralrußland waren 1919/20 über 2,1 Millionen Personen von Typhus befallen, in der Roten Armee etwa 30 Prozent ihres Personals. Hinzu kamen Cholera, die spanische Influenza und zahllose Krankheiten und Epidemien infolge des Hungers, der Unterernährung und des Zusammenbruchs der ohnehin bescheidenen sanitären Infrastruktur in den Städten. Kriegs- und bürgerkriegsbedingt war auch die Verbreitung venerischer Krankheiten. Bis zu 30 Prozent der Petrograder Bevölkerung und fünf Prozent der Neugeborenen sollen an Syphilis gelitten haben. Für unspezifische psychosomatische Erschöpfungszustände grassierte Anfang der zwanziger Jahre der Begriff der *istoschtschennost* (Erschöpfung), deren Heilung nur eins verlangte: eine Normalisierung der Lebensumstände[29].

Kapitel 4

Der Bolschewismus als Kult und Heilslehre

Die Bolschewiki sahen ihr eigenes Handeln in den wissenschaftlichen Erkenntnissen von Marx und Engels begründet und glaubten, ihre Einsichten schöpferisch anzuwenden. Ob und in welchem Maße Marx' Philosophie und Engels' Handreichungen besonders auf russische Verhältnisse Anwendung finden könnten, war schon unter den zeitgenössischen Anhängern des Sozialismus umstritten und hat bis in die sechziger Jahre des 20. Jahrhunderts die Marxologen umgetrieben. Der Erfolg einer proletarischen Revolution, die den Sozialismus in nicht allzu ferner Zukunft erwartete, aber mit Verhältnissen zu tun hatte, die sich nur als zivilisatorischer Zusammenbruch beschreiben lassen, mußte Dissonanzen hervorbringen, die jeder Rationalität spotteten. Der Abgrund zwischen der sozialen Realität und den himmelstürmenden Absichten konnte, wie das sowjetische Beispiel lehrt, nur zu einem Höchstmaß an Irrationalität führen.

Im Vordergrund der Politik standen die Schuldzuweisung und die Feindmarkierungen. Für die Bolschewiki und ihre Anhänger war es ausgemacht, daß der Kapitalismus bzw. Imperialismus und seine Repräsentanten für die Misere verantwortlich waren. Ihnen galt daher der schonungslose Kampf, auch wenn im Einzelfall taktische Rücksichten genommen wurden. Man war sich andererseits aber der Zukunftsträchtigkeit des eigenen Projektes so gewiß, daß es nur der richtigen Mittel bedurfte, um das Volk, d.h. das Proletariat und die (armen) Bauern, welche die Revolution gemacht hatten, von der Unwiderstehlichkeit der eigenen Visionen zu überzeugen. Hier kam der überwältigenden und polarisierenden Sprache in der mündlichen Agitation, in Texten, Bildern und Inszenierungen aller Art ein zentraler Stellenwert zu[1]. Ihre Aufgabe bestand nach dem Oktober 1917 in der neuen Kodierung von Realität, in der monopolistischen Deutung von

Geschichte, Gegenwart und Zukunft, welche die Moral und die Weltanschauung formen und zum Handeln im Sinne der Bolschewiki drängen sollten. Im Laufe der Jahrzehnte veränderten sich die Codes. Von unterschiedlicher Warte aus hat man die Veränderung in dem Gegensatz zwischen revolutionärem Aufbruch und »großem Rückzug« gesehen[2]. Von der Sphäre der Kultur ausgehend ist von der Kultur Eins und der Kultur Zwei die Rede[3]. Mit dem großen Rückzug ist eine wertkonservative Wende gemeint, beginnend mit der Wiederanerkennung der Familie als Zelle der Gesellschaft, dem Beharren auf Tugenden wie Pflicht, Gehorsam und Leistung, und endend bei der Anerkennung des Staates nicht als absterbendes, vorübergehendes Übel, sondern als positiv besetzte Größe, als Heimat (*rodina*), der man sich sowjetpatriotisch hinzugeben hatte. Das Politische wurde mit hierarchischen, familialen Kategorien kodiert: die Gesellschaft als Gemeinschaft und Stalin als ihr »Hausherr« (*chosjain*). Dem entsprach als Kultur Zwei eine Sakralisierung der öffentlichen Selbstdarstellung, die die eigene Politik in symbolträchtigen Ersatzhandlungen inszenierte und plausibel zu machen suchte. Die Gegenwart wurde als realisierte Utopie suggeriert. In der kulturellen Sphäre drückte sich dies in Formen aus, die mit dem Begriff des Klassizismus, einer statischen, monarchisch-repräsentativen und monumentalen Kultur zu charakterisieren wäre. Handlungsanleitend hierfür sollte die Doktrin des Sozialistischen Realismus in allen Künsten sein, ein Realismus, der immer auch die lichte Zukunft wenn nicht als realisiert auszugeben, so doch perspektivisch in den Blick zu nehmen hatte.

Dem steht die Epoche der Revolutionen bis Anfang der dreißiger Jahre als Kulturtypus gegenüber. Als Kultur Eins bezeichnet, zehrte sie vom revolutionären Aufbruch. Sie war dynamisch, experimentierfreudig, konstruktivistisch, romantisch und visionär. Manche ihrer tonangebenden Künstler und Kulturschaffenden verstanden sich als Demiurgen einer neuen Welt, die konventionelle Grenzen überschreiten sollte. Die Geschichte, zumal die russische Geschichte war überwundene Vergangenheit. Man phantasierte einen totalen Anfang, von dem aus alles neu zu bauen sei – der Mensch, das Alltagsleben ebenso wie Kultur und Politik.

Was hier kontrastierend als Kulturtypen skizziert wird, bildete sich in der Realität in vielen konkurrierenden Strömungen und Milieus ab und kannte viele Übergänge. Im historischen Rückblick wird darüber gestritten, ob Kultur und Politik der Stalinära die Realisierung der Utopien der zwanziger Jahre[4] oder ob sie ihre Verleugnung seien[5]. Auf dem Feld der Kultur wiederholt sich mithin ein Streit, der zuvor schon mit Blick auf die Kontinuitäten und Brüche im Verhältnis zwischen den Regimen Lenins und Stalins ausgefochten worden ist.

Im Folgenden geht es um einen Strang im Übergang von der ersten zur zweiten Kultur, um die Aufladung des Bolschewismus und Stalinismus mit säkular-religiösen, d.h. mit kultischen Elementen, die mehr an Glaubensinbrunst als an rational geleitete Überzeugungen appellierten. Diese kultischen Elemente lassen sich aus der Spannung zwischen nie einzulösenden Erwartungen und sozialer Realität erklären. Und schließlich ist die Schattenseite dieses kosmischen Aufbruchs vorzustellen, der Kampf gegen andere Glaubenssysteme. Sie wurden als Residuen einer dunklen Vergangenheit, aber auch als potentielle Kristallisationskerne alternativer Denkgewohnheiten und Normen ebenso erbarmungslos bekämpft wie konkurrierende politische und weltliche Deutungssysteme. Dieser schwer zu verstehende Haß auf alle Religionen, die im Kommunismus nach marxistischer Lesart von selber verschwinden würden, verweist auf einen totalen und implizit religiösen Anspruch, die Menschen in all ihren Lebensäußerungen zu kontrollieren und zu steuern. Bolschewismus und Stalinismus gehen sicher nicht in ihren säkular-religiösen und kultischen Komponenten auf. Aber sie waren doch so zentral, daß sie den Alltag von Millionen Sowjetbürgern in positiver und negativer Weise prägen sollten und daher auch historisch von Bedeutung sind.

Die Revolution setzt sich in Szene

Der Erwartungshorizont, der sich mit der Oktoberrevolution verband, konnte angesichts einer tristen Gegenwart dem breiteren Publikum nur durch Agitation und Propaganda sichtbar gemacht werden. Trotz aller kräftezehrenden Anstrengungen des

Bürgerkrieges mobilisierten die Kulturfunktionäre und Lenin persönlich hierfür erhebliche Mittel. Sich selbst und dem städtischen Publikum wollten sie die Inhalte ihrer Ziele nahebringen, die mit der bolschewistischen Herrschaft zu assoziieren waren. Regisseure und Künstler wurden in den Theater- und Kunstabteilungen des Volkskommissariats für Bildung (NKPros) erfaßt. Diese wuchsen sich zu veritablen Behörden aus und führten eine »Theaterarmee«. In den Festen, die an die französischen Revolutionsfeiern anzuknüpfen suchten, sollten sich die Massen als revolutionäre Festgemeinschaft erleben. Theater, Säle aller Art und selbst Kasernen, Straßen und Plätze, Automobile, Straßenbahnen und Züge verwandelten sich in Schauplätze von Demonstrationen und Spielen, zu Orten bildlicher, verbaler und mimischer Agitation.

Die öffentlichen Räume nutzte man zur Theatralisierung des politischen Lebens, aber auch des Alltags. Agitationsprozessionen (*agitprozessii*) verhöhnten den Feind und priesen die Macht der befreiten Arbeiterklasse. Eine Pelzfabrik zeigte Puppen in den Masken von Mussolini, Lloyd George und anderen Größen der Entente in einem Käfig mit der Aufschrift: »Felle der Weltraubtiere, gegerbt und verarbeitet von der Pelzfabrik Sorokumow«. Auf diese Weise geriet »revolutionäres Lachen« zu einer furchtbaren Waffe, die den Feind vernichtete. Es gab Begräbnisprozessionen für die von der Konterrevolution »massakrierten Bücher«. Man spielte Prozesse gegen Prostituierte und gegen Konterrevolutionäre[6].

Der Drang, das Alte zu zerstören oder mitleidlos hinter sich zu lassen und etwas ganz Neues aufzubauen, der Traum von einer »proletarischen« Kunst als Organisator des Seelenlebens trieben nicht nur die inzwischen längst zu Zynikern der Macht gewordenen Bolschewiki um. Was diesen geradezu prometheischen Aufbruch verdächtig macht, war die vorbehaltlose Selbstinstrumentalisierung der Künstler, Literaten, Architekten und Regisseure für die Ziele der Macht[7].

Mit dem Sturz der Monarchie und der Provisorischen Regierung wurde ein roter Festkalender eingeführt. Erinnerungs- und Festtage orientierten sich an markanten Ereignissen der internationalen Revolutionstradition. Schon 1918 waren die wichtigsten

Symbole des Roten Oktober sanktioniert: die rote Fahne und der rote Stern, dessen Herkunft unbekannt ist. Er könnte sich auf A. Bogdanows utopischen Roman ›Roter Stern‹ ebenso beziehen wie auf populäre Mythen vom roten Stern als Licht der Wahrheit. Hinzu traten die aufgehende Sonne, Sichel und Hammer, garniert mit der Ährengarbe, bezeichnenderweise eigentlich eher Symbole einer vorindustriellen Zivilisation. Das ebenfalls vorgeschlagene Schwert als Symbol für die Rote Arbeiter- und Bauernarmee lehnte Lenin als zu militaristisch ab. Hammer und Sichel, Bäuerin und Arbeiter wurden bald zu häufig verwendeten Metaphern der Arbeiter- und Bauernmacht[8].

Die zunächst recht unterschiedlichen Vorstellungen von der Revolution lassen sich an den Feiern zum 1. Mai 1918 in Petrograd und zum 7. November 1918 in Moskau ablesen. In Petrograd, wo Brotmangel herrschte und die Angst vor einer Hungersnot umging, wurden eine Demonstration und Volksfeste organisiert, einschließlich der Verteilung von Essensrationen[9]. Die Herrschaftsarchitektur Petrograds, aber auch die Zentren von Provinzstädten wie Witebsk wurden kubofuturistisch verhüllt und damit neu kodiert.

Der Neigung zum Rauschhaften in Petrograd stand in Moskau die Utopie der Ordnung mit eher ungewollten sakralen Effekten gegenüber. Campanellas ›Sonnenstaat‹, 1918 ins Russische übersetzt, mit seinem Erziehungsfuror mag Lenins Idee von der Monumentalpropaganda inspiriert haben. Die Bevölkerung, die zwar die Revolution gemacht, ihren tieferen Sinn aber noch nicht verstanden hatte, sollte mit Büsten großer Revolutionäre und ihren Merksätzen und nicht zuletzt durch Agitation aufgeklärt werden. Zwischen 1918 und 1921 wurden in Moskau über fünfzig Büsten und Denkmäler aufgestellt[10].

Gegen Ende des Bürgerkrieges war es noch einmal Petrograd, das, stärker als Moskau von der Konterrevolution bedroht, als Bühne der revolutionären Visionen fungierte. Angesichts des Elends und einer zunehmend antibolschewistisch gestimmten Bevölkerung hatten diese Massenschauspiele einen ebenso obszönen wie drohenden Charakter. 1920 jagte eine Inszenierung die andere. Am 1. Mai feierte man das »Mysterium der befreiten Arbeit«, am 20. Juni »Die Blockade Rußlands«, am 19. Juli »Zur

Weltkommune« aus Anlaß des Besuches der Delegierten des II. Komintern-Kongresses. Am 8. August folgten zu Ehren der Roten Arbeiter- und Bauernarmee Manöver in den Lagern von Krasnoselsk und am 7. November schließlich »Die Einnahme des Winterpalais«. In all diesen Inszenierungen standen Kollektive, die unterdrückten Klassen und ihre Feinde, im Zentrum. Für die Massenszenen wurden immer Tausende von Rotarmisten mobilisiert, auf den Bühnen agierten Schauspieler. Die Kulissen bildeten die Plätze und Gebäude Petrograds. Auch die Vorstädte wurden einbezogen, durch Chöre und Orchester, Bühnenaufbauten, Schaubuden und »Agit-Trams«. Je erbärmlicher der Alltag, desto raffinierter der Einsatz von Technik, Logistik und Kulissen, desto triumphalistischer die immer gleiche Botschaft vom siegreichen Proletariat, das die inneren und äußeren Feinde bezwingt. Die grandiosen Spektakel lieferten Muster und Schablonen, wie Geschichte, Gegenwart und Zukunft in eine agonale, teleologische Perspektive zu pressen und wie Wendepunkte der Geschichte zu dramatisieren seien. Der zeremonielle Einsatz uniformierter oder ziviler Massen und die Dramatisierung historischer Wendepunkte in volkspädagogischer Absicht wurden ein bleibendes Instrument der Gedächtnisproduktion. Schon 1925 hatten die Massen in genau festgelegten Marschgeschwindigkeiten der Revolution zu huldigen. Proletkultistische Spontaneität wie die kubofuturistischen, imprematistischen und andere »istischen« Inszenierungen verschwanden zugunsten konventionellerer Dekorationen.

Der Raub des Himmels

Der Bolschewismus als säkular-religiöse Bewegung zeigte sich zugleich im erbarmungslosen Kampf gegen die Religionsgemeinschaften und ihre Hierarchien. Religion war ein Aspekt der dunklen Vergangenheit, und sie wurde als feindliche Kraft ausgemacht, die mit erzieherischen ebenso wie mit administrativrepressiven Mitteln zu bekämpfen sei. Die Systematik, mit der sukzessive gegen all ihre Erscheinungsformen vorgegangen wurde, hat offensichtlich damit zu tun, daß der Bolschewismus als Glaubenssystem keine Konkurrenz dulden mochte. Hierin sollten sich die totalitären Ansprüche des Bolschewismus und Stalinismus zeigen.

Eine erste Phase des Kirchenkampfes 1921–1923 richtete sich in erster Linie gegen die Hierarchien der wichtigsten christlichen Kirchen, der russisch-orthodoxen, der georgischen und armenisch-apostolischen wie auch der katholischen. In der zweiten Phase seit 1927 standen die Aktivitäten der Gottlosen-Bewegung im Vordergrund. Ihre Angriffsobjekte waren Geistliche aller Religionen: buddhistische Mönche, Mullahs, Rabbiner, christliche Pfarrer und Priester und zuletzt Schamanen der sibirischen Völker. Dabei ging es schon nicht mehr um die Diskreditierung der geistlichen Hierarchien, sondern um die Auslöschung religiöser Überzeugungen und Glaubenssysteme in der Bevölkerung. Die Gottlosen-Bewegung war ein Teil des zweiten revolutionären Aufbruchs im Übergang zur Kollektivierung und Planwirtschaft, des sogenannten Kulturfeldzuges (*kultpochod*) mit seiner revolutionären Inbrunst und seinem himmelstürmenden Pathos[11].

Bei aller Inbrunst des Kampfes der Bolschewiki gegen die Religionen ist ein profaner Aspekt nicht zu unterschätzen: die mit dem Kampf verbundenen Beutezüge zentraler und lokaler Instanzen gegen das Vermögen sowohl der großen Kirchen als auch der muslimischen Gemeinschaften. Die wichtigsten Aktionen bildeten die Enteignung kirchlichen Vermögens und Grundbesitzes 1918, die Plünderung kirchlicher Wertgegenstände im Zuge der Hungerhilfe 1922 und die Enteignung der *vaqf*, des Eigentums der muslimischen Gemeinschaften an Grund und Boden zum Unterhalt der Moscheen und Bildungseinrichtungen seit 1928. Im Zuge der forcierten Industrialisierung inszenierte man 1930 eine neue Kampagne zur Abnahme der Glocken, dies vor dem Hintergrund des Mangels an Bronze und Buntmetallen. Hinzu kommt die steuerliche Auspressung von Geistlichen und Gemeinden[12].

Alle Institutionen der russisch-orthodoxen Kirche verfügten vor der Revolution über mehr als drei Millionen Hektar Grund und Boden, die 1253 Klöster allein über eine Million. Bis 1921 wurden etwa 827000 Hektar konfisziert. Die muslimischen *vaqf* wurden zwar auch nationalisiert, aber den Moscheen, Bildungseinrichtungen und Gemeinschaften zur Nutzung überlassen. Zum Teil finanzierten sie sich auch über eine Almosensteuer (*sakat*). In ihrer Funktion dürfte sie der jüdischen Schächtungssteuer und anderen Abgaben zur Selbstfinanzierung der jüdischen Gemeinschaften entsprochen haben.

Die Trennung von Kirche und Staat in bolschewistischer Lesart entsprach in mancher Hinsicht dem Modell der Französischen Revolution: Das Familienrecht wurde säkularisiert, die Religionsgemeinschaften verdrängte man aus dem Bildungswesen, ihr Eigentum (einschließlich der Gotteshäuser und Klöster) unterlag der Nationalisierung, auch wenn es zum Teil zur Nutzung wieder zurückgegeben wurde.

Nach der Februarrevolution waren in vielen Gemeinden politisch kompromittierte oder unliebsame Geistliche abgesetzt und vertrieben worden. In der Armee bestanden die Soldaten auf dem freiwilligen Gottesdienstbesuch. Und im Umfeld der Front und Garnisonsstädte waren auch schon Klöster und Kirchen geplündert worden. Für die Bauern war es zudem nicht zweifelhaft, daß Kirchen- und Klosterland ihnen ebenso übereignet werden müsse wie anderes sogenanntes Privatland[13]. Die Geistlichen machte man zu *lischenzy*, d. h. Bürgern zweiter Klasse, denen wie ehemaligen Gutsbesitzern, Adligen, Kaufleuten, Polizisten u. a. das Wahlrecht entzogen war. Mit diesem Status verbanden sich zahlreiche weitere Diskriminierungen bei der Wohnungs- und Lebensmittelzuteilung, den Bildungschancen für Kinder und andere Benachteiligungen.

Das wichtigste Aggressionsobjekt der Bolschewiki waren zunächst die orthodoxen Kirchen in Rußland, der Ukraine, in Georgien und Armenien. Dagegen sahen Teile der Parteiführung in den Altgläubigen und in den Sekten des russisch-orthodoxen Spektrums wie in den – zumeist übernationalen – protestantischen Freikirchen eher vorübergehende Verbündete[14]. Wegen des prekären Verhältnisses zwischen dem russischen Kolonialismus vor 1914 und den muslimischen Völkern hielten sich die Bolschewiki gegenüber dem Islam und anderen nicht-christlichen Gemeinschaften bis Ende der zwanziger Jahre zurück.

Ihre Ablösung vom Status als Staatskirche hatte die russisch-orthodoxe Kirche zwar 1917 durch die Wiederherstellung des

Patriarchats, einst von Peter I. durch eine Synodalverfassung ersetzt, und ihres konziliaren Charakters manifestiert, aber sie beharrte zunächst noch auf ihrer Vorrangstellung unter den Glaubensgemeinschaften, wie sie ihr von den Staatsgrundgesetzen 1906 zugestanden worden war[15]. Zudem war sie – wie alle großen Kirchen – antibolschewistisch: Die Revolutionäre galten als »Wahnsinnige«, die man aufrief, ihr »satanisches Beginnen« einzustellen[16].

Die Militanz der Bolschewiki und ihres Anhanges ist aber kaum allein mit der politisch oft genug kompromittierten Stellung der Kirche und den bolschewistenfeindlichen Sendschreiben des Patriarchen Tichon zu erklären. Die Revolutionäre der ersten Generation bildeten politisch und weltanschaulich den radikalen Flügel der säkularisierten Intelligenzija-Gegenkultur, wie sie seit den 1860er Jahren unter den wechselnden Vorzeichen von Populismus und Marxismus, von Materialismus und Positivismus in Wissenschaft und Kultur bereits hegemoniale Positionen besetzt hatte. Umgekehrt tat sich die Amtskirche schwer, die Rolle eines Dialogpartners wahrzunehmen. Zudem scheint es der Kirche – ähnlich wie den Rabbinern im jüdischen Milieu – kaum noch gelungen zu sein, unter der Handwerker- und Arbeiterschaft, in den Fabrik- und Arbeiter-Stadtteilen der Großstädte wirklich Fuß zu fassen[17]. Die Geschichte der Intelligenz und der Arbeiterbewegung mit ihrer emphatischen Hingabe an Wissenschaft und Aufklärung war zu einem erheblichen Teil die Geschichte einer manchmal militanten Distanzierung von den alten Autoritäten und Traditionen. Dies scheint in gleichem Maße für sozialistische und später bolschewistische Milieus unter Christen, Juden und Moslems zu gelten[18]. Die Kriegserfahrungen mögen die Distanz zu geistlichen Autoritäten noch gesteigert haben.

Nach den Enteignungen und einer ersten, oft wenig organisierten Verfolgung von Geistlichen bestanden die spektakulärsten Aktionen in der Öffnung von Reliquienschreinen und Gräbern von Heiligen und Märtyrern. Diese sollten unter Hinzuziehung von Photographen und Experten den Nachweis des Betrugs an den Gläubigen erbringen[19]. Besonderes Aufsehen erregte die Öffnung der Schreine Alexander Newskis, des Bezwingers des Deutschen Ordens, und Sergeis von Radonesch, des Begründers der Klosteranlage (Lawra) von Troize-Sergiew bei Moskau. 1923 plante man bereits in Moskau »ein rotes Kloster (Lawra) der Götter der ganzen Welt«[20].

Die Initiative, der orthodoxen Kirche wie auch bürgerlichen Kreisen im Zusammenhang mit der Hungersnot von 1921/22 einen weiteren Schlag zu versetzen, ging von der GPU (F. Dserschinski) aus. Sie hatte fast ein Monopol auf die Verfügung über die Kirche und ihren bisher schon beschlagnahmten Besitz. Es waren dann aber vor allem Lenin und Trotzki, die unter dem Schirm der Hungerhilfe einen regelrechten Krieg gegen die kirchliche Hierarchie in Gang setzten. Dabei standen mehrere Aspekte und Optionen im Vordergrund. Die Kirche als Institution sollte entmachtet werden. In den Worten Lenins: »... wir sollten gerade jetzt der reaktionären (Schwarzhundert-) Geistlicheit einen entscheidenden und schonungslosen Kampf liefern ..., so daß sie dies im Laufe mehrerer Jahrzehnte nicht vergißt ...«[21]. Obwohl Patriarch Tichon zuvor den Verkauf kirchlicher Wertgegenstände, die im Gottesdienst nicht notwendig seien, für die Hungerhilfe genehmigt hatte, forderte das Dekret vom 23. Februar 1922 auch die Ablieferung geweihter Geräte. Dabei hegten Lenin und Trotzki völlig übertriebene Erwartungen, was von der Kirche noch zu holen sei[22].

Die Hast, mit der der Kirchenraub betrieben wurde, war offenbar auch mit außenpolitischen Erwägungen verbunden. Mit dem zu konfiszierenden Gut ließen sich vielleicht auf der bevorstehenden Konferenz in Genua die Schuldforderungen der Ententemächte begleichen[23]. Der Umfang der Beute erwies sich aber als viel geringer als erwartet. Statt der erwarteten Milliarden handelte es sich bestenfalls um einige Millionen Goldrubel. Eine Million wurde mit großem Getöse für die Hungerhilfe eingesetzt, mindestens eine Million übergab man diversen Organisationen, vermutlich auch der Kommunistischen Internationale[24]. Die Reaktionen der Bevölkerung auf diese Maßnahmen waren – nach den Berichten der Instanzen – sehr unterschiedlich, insgesamt aber eher indifferent, allerdings unter der Arbeiterschaft auch nicht so positiv, wie man erhofft hatte[25].

Als es zu ersten Zwischenfällen in Schuja (Gouvernement Iwanowo-Wosnessensk) kam, bildete dies den Anlaß und Vorwand, gegen den Klerus und aktive Gemeindemitglieder vorzugehen. In mehreren Städten wurden Prozesse gegen den Klerus angestrengt, auch dort, wo dieser sich gar nicht gewehrt hatte. Hierbei fällten die Gerichte auch viele Todesurteile. Zu den prominentesten Opfern gehörte Weniamin, der Metropolit von Petrograd. Die wichtigsten Prozesse steuerte das Politbüro. Es gab die Urteile vor und entschied über ihren Vollzug[26]. Die Prozesse sollten das Vorspiel bilden, um auch gegen den Patriarchen und den höheren Klerus vorzugehen. Schließlich beschränkte man sich mit Rücksicht auf das Ausland darauf, den Patriarchen festzusetzen und ihn zu »bearbeiten«, d. h. unter Druck zu setzen. Seine vorübergehende Inhaftierung konnte dazu genutzt werden, ihn zu Konzessionen zu bewegen. Im Tausch für seine Entlassung und für den Erhalt der Kirche war er zu einer öffentlichen Reue-Erklärung bereit[27]. Dies war der erste Schritt zur Unterwerfung der Kirche unter den atheistischen Staat. Ihm sollten noch viele weitere folgen.

In einer Frage hatte der Patriarch aber zähen Widerstand geleistet, in der Frage einer Anerkennung der sogenannten Lebendigen Kirche. Denn eine weitere Option der Partei bzw. der GPU hatte darin bestanden, die Hierarchie durch Spaltung zu schwächen. Der GPU war es gelungen, eine Reihe von Geistlichen für sich zu gewinnen oder zu erpressen, um gegen den Patriarchen mobil zu machen und sich als Erneuerer der Kirche zu konstituieren. Unter Anleitung der GPU und der im Oktober 1922 gebildeten Antireligiösen Kommission beim ZK der RKP(B) nutzte die Partei das Potential teils tatsächlich reformorientierter, teils erpreßbarer Geistlicher, um ein sowjetfreundliches Gegengewicht zum Patriarchen und zu seinem Anhang zu schaffen. Sobald die Spaltung der Kirche erreicht sei, sollte die Lebendige Kirche ihrerseits zersetzt werden. Die Berichte der Antireligiösen Kommission enthalten immer einen Absatz über die Zersetzung der Tichon-Kirche wie anderer Glaubensgemeinschaften. 13 von 150 Bischöfen stellten sich der Lebendigen Kirche zur Verfügung. 1927 sollen die Erneuerer zwar 84 Bistümer besetzt, aber nur 6000 Gemeinden kontrolliert haben. Dies kann nur einem kleinen Teil der Gemeinden entsprochen haben. Der höhere Klerus war leichter unter Druck zu setzen als die Gemeinden und die Priester vor Ort, die ohnehin als *lischenzy* bereits zahllosen Schikanen unterlagen[28]. Wie gegen die Kirche wurde in analoger Weise gegen die religiösen Einrichtungen der Juden, die Synagogen ebenso sehr wie das Bildungswesen, die Cheder und Jeschiwas vorgegangen. In den jüdischen Vierteln und in den Schtetl waren es vor allem die aktivistischen Anhänger der Jüdischen Sektion der Partei, welche die Schließung der Synagogen und Schulen, die Raubzüge und auch Schauprozesse gegen Rabbiner inszenierten. Der Versuch, analog zur Lebendigen Kirche eine Lebendige Synagoge zu etablieren, scheiterte an der kommunalistischen Struktur des jüdischen Rabbinats[29].

Nach den Repressalien von 1922 bemühte man sich seit 1923 um weniger provozierende Kampagnen. Karnevalsumzüge und Straßendemonstrationen sollten in Zukunft unterbleiben. Es wurden genaue Regeln für die bevorstehenden Komsomol-Ostern, Komsomol-Passah und Komsomol-Bairam festgelegt. Sie verbanden Unterweisung und Unterhaltung, aber hatten in geschlossenen Räumen stattzufinden. Dabei sollte anstelle von Ostern, Passah und Bairam der 1. Mai als Symbol für revolutionäres Heldentum, kämpferische Romantik und den Frühlingsanfang propagiert werden. Prominente Regisseure und Stückeschreiber hatten Massenspektakel zu entwerfen wie ›Ostern – Fest der Sonne und des Frühlings‹. Im Mittelpunkt aber stand die Unterweisung. Zur Lektüre griff man zunächst auf Übersetzungen aus dem deutschen sozialdemokratischen Schrifttum zurück. Seit 1922 veröffentlichten Parteiaktivisten in Zeitschriften oder in Serien wie ›Die Religion als soziales Übel‹. In dieser Zeit verfaßte Jemeljan Jaroslawski seine ersten Broschüren, die sich um eine materialistische Deutung von Religion bemühten: ›Wie die Götter und Göttinnen geboren werden, wie sie leben und sterben‹ oder ›Die Bibel für Gläubige und für Nicht-Gläubige‹, Bücher, die noch bis in die siebziger Jahre verlegt wurden[30].

Jaroslawski (1878–1943) gehört zu den aktiven, wenn auch immer etwas im Hintergrund bleibenden intellektuellen Aktivisten der Gottlosen-Bewegung. Er repräsentiert jenen Typus des gebildeten Revolutionärs, der vom Parteiaktivisten leninscher Prägung zum Parteisoldaten Stalins mutierte. Sein populärer Schreibstil muß ihn in Stalins Augen zu einem geeigneten Kandidaten gemacht haben, um ihn in jene Kommission hineinzunehmen, welche den ›Kurzen Lehrgang der KPdSU‹ (*Kratki kurs*, 1938) verfaßte[31].

Einen ganz anderen Typus des antireligiösen Kämpfers repräsentiert der Funktionär der Tscheka und der OGPU Jewgeni A. Tutschkow. Er war bäuerlicher Herkunft, hatte eine vierklassige Schulausbildung genossen und war seit 1917 in der Partei. Über die Motive seiner Kirchenfeindschaft ist wenig in Erfahrung zu bringen. Er muß eine steile Karriere absolviert haben, denn schon Anfang der zwanziger Jahre war er an führender Stelle mit dem Kampf gegen die Kirche befaßt. Man zeichnete ihn für die Erfolge bei der Zersetzung der Kirche aus, für die »Liquidierung« der Wahren Orthodoxen Kirche (im Untergrund) und für die Zerschlagung von 300(!) bewaffneten Aufstandszellen. Tutschkow war also ein Spezialist in Zersetzung und Wachsamkeit. Dafür erhielt er einen Revolver, ein Ehrenzeichen der Tscheka, eine amtliche Danksagung und eine goldene Uhr[32].

Die Erschütterungen des Weltkrieges, der Revolution und des Bürgerkrieges mögen einem Prozeß der Entkirchlichung und der Säkularisierung vor allem in der städtischen Bevölkerung sowie einer Pluralisierung der Volksfrömmigkeit Vorschub geleistet haben. Die antireligiöse Propaganda hatte hieran sicher einen nur geringen Anteil[33]. Antireligiöse Propaganda wurde in verschiedenen Medien und in sehr unterschiedlicher Weise betrieben. In Schulen und Hochschulen wurde Marximus-Leninismus als obligatorisches Unterrichtsfach eingeführt. Die Vermittlung wissenschaftlicher Erkenntnisse hatte zusätzlich religiöse Vorstellungen zu widerlegen. Zudem publizierte man speziell der Religion gewidmete Broschüren und Serien. Seit 1921 gab es die Zeitung ›Der Gottlose‹, seit 1922 die Zeitung ›Der Gottlose an der Werkbank‹ (*Besboschnik u stanka*), seit 1926 die Zeitschrift ›Der Antireligiöse‹ (*Antireligiosnik*). Alle diese Organe wurden von Jaroslawski geleitet. ›Der Gottlose‹ hatte in seinen besten Zeiten Auflagen bis zu 500000 Exemplaren. Gleichzeitig entstanden Vereine der Atheisten, die allerdings erst seit 1928/29 zu einer Massenbewegung wurden, 1930 mit angeblich bis zu zwei Millionen Mitgliedern. Im Zuge des Übergangs zum Ersten Fünfjahrplan und zur Kollektivierung bildete die seit 1929 in

»Verband der militanten Gottlosen« umbenannte Organisation eine Art von Mobilisierungsreserve, durch die der Komsomol und Parteiaktivisten für den Kampf gegen alle Religionen, nun auch gegen den Islam, den Buddhismus und die Naturreligionen in Sibirien eingesetzt wurden.

Am 8. April 1929 verkündeten das ZEK und der Rat der Volkskommissare ein neues Gesetz über religiöse Vereinigungen. Das Gesetz legte für die nächsten Jahrzehnte die rechtlichen Grundlagen für die Gemeinden fest. Sie hatten sich bei den lokalen Sowjetbehörden registrieren zu lassen. Vor Ort hatten sich mindestens zwanzig Gläubige zusammenzuschließen, um eine Gemeinde gründen und ein Gottes- oder Gebetshaus mieten zu können. Karitative und wirtschaftliche Aktivitäten blieben verboten. Religiöse Unterweisung wurde auf spezielle Kurse beschränkt, die der Zustimmung des Innenkommissariats bedurften. Die Religionsgemeinschaften existierten rechtlich nur auf lokaler Ebene. Ein Zusammenschluß auf regionaler, nationaler oder gar unionsweiter Ebene war nicht vorgesehen. Überregionale Kongresse und Versammlungen durften nur mit Zustimmung der Behörden stattfinden[34]. Kurz nach Bekanntgabe des Gesetzes wurde beim ZEK eine interministerielle Ständige Kommission für Religionsfragen (Kultkommission) gegründet. Sie setzte sich die Koordination des Umgangs mit Geistlichen, Gläubigen und Gemeinden zur Aufgabe. Allerdings scheinen die Rundschreiben und Mahnungen dieser Kommission die lokalen Sowjetinstanzen wenig berührt zu haben.

In den Städten war die neue Militanz ein Teil des sogenannten Kulturfeldzuges, auf dem Land ein Teil der Entkulakisierung und Kollektivierung und zugleich ein Versuch, ein zentrales Element der Bauernkultur zu zerstören. Die Gotteshäuser auf dem Land stellten nicht nur religiöse Zentren, sondern auch Orte sozialer Gemeinschaftsbildung dar. Von besonderem Symbolwert waren hierbei auch die Glocken, die zum Objekt der bolschewistischen Begierde wurden. Sie läuteten nicht nur zum Gottesdienst, sie signalisierten Gefahr bei Bränden, sie riefen das Dorf zu wichtigen Anlässen zusammen, manchmal auch zum Aufruhr. Sie waren oft das stolze Symbol der Dorfgemeinschaft. In der Schließung der Kirchen und Gotteshäuser, mit der Vertreibung,

Verbannung oder Verhaftung der Geistlichen und der Abnahme der Glocken manifestierte sich die Besetzung des Dorfes durch die proletarische Diktatur. Im Zuge der Kollektivierung 1929/30 entbrannte daher ein heftiger Kampf um die Gotteshäuser. Besonders symbolträchtig war ein Vorfall in einem Dorf im Westen Rußlands, wo Ikonen aneinandergereiht und »erschossen« wurden. Jede Ikone war mit der Aufschrift versehen, daß der auf ihr dargestellte Heilige wegen Sabotage der Kollektivierung zum Tode verurteilt worden sei[35].

Die lokalen Parteiinstanzen wetteiferten 1929/30 darum, möglichst viele Kirchen zu schließen und Glocken zu konfiszieren. Von den über 19700 Massenunruhen auf dem Land, die 1930 gemeldet wurden, bezogen sich fast elf Prozent auf die Schließung von Gotteshäusern, auf Repressalien gegen Geistliche und die Abnahme von Glocken. Daß sich die Frauen auf dem Lande gegen die Schließung von Kirchen wehrten, bestätigte einmal mehr das Stereotyp, daß sie den besonders rückständigen Teil der dunklen Bauernmassen bildeten[36]. Bis 1933 wurden 385000 Glocken requiriert, insgesamt 37000 Tonnen (Bunt-)Metall, zum Teil für die Münzprägung oder – symbolträchtig – für die Ausschmückung der soeben errichteten zentralen Leninbibliothek in Moskau genutzt[37].

Die häufigsten Schikanen, die in den dreißiger Jahren vor Ort gegen Gemeinden und Geistliche angewandt wurden, bestanden in finanziellen Maßnahmen: willkürliche Besteuerung der Gotteshäuser, der Einkommen der Geistlichen und Gemeindemitglieder, Eintreibung von mehr oder minder erfundenen Versicherungssummen, Schließung von Gotteshäusern unter dem Vorwand sanitärer oder baulicher Mängel, Ausweisung von Geistlichen und Kündigung bestehender Verträge unter allen möglichen Vorwänden. Besondere Erbitterung rief hervor, wenn geschlossene Gotteshäuser als Lager benutzt, mutwillig zerstört wurden oder ohne Nutzen verwahrlosten. 1937 hieß es, daß von über 34000 Gotteshäusern 35 Prozent als Lager verwendet würden und 22 Prozent leer stünden und verfielen[38].

Die Bekanntgabe der Stalin-Verfassung 1936 mobilisierte zum Erstaunen und Unwillen der politischen Führung die Gläubigen, die in den Artikeln 124 und 125 zugestandenen Rechte auch aktiv zu nutzen. Im Artikel 124 hieß es, daß die »Ausübung religiöser Kulthandlungen und die Freiheit antireligiöser Propaganda« gewährleistet seien. Artikel 125 sicherte die Freiheit von Versammlungen, Straßenumzügen und Kundgebungen zu, allerdings nur »in Übereinstimmung mit den Interessen der Werktätigen und zum Zwecke der Festigung des sozialistischen Systems«, ein Zusatz, der von vielen protestierenden Gläubigen »übersehen« wurde. Beide Artikel dienten dazu, vom ZEK oder dem Rat der Volkskommissare die Wiedereröffnung von Gotteshäusern und andere mit der Religionsausübung verbundene Rechte einzufordern. Dies geschah sowohl in Form von Petitionen als auch – wie zu Zeiten des alten Rußlands – durch Boten (*chodoki*), die ihr Anliegen mündlich und persönlich vorbringen wollten. Jährlich hatten die zentralen Instanzen, hier vor allem die Kultkommission, mit Tausenden von Bittgesuchen und Boten zu tun. In den ersten acht Monaten 1936 sah sich die Kultkommission mit 12000 schriftlichen und mündlichen Beschwerden konfrontiert, häufig mit Bezug auf die Stalin-Verfassung[39].

Der behördliche Schriftwechsel und insbesondere die Ergebnisse der Volkszählung von 1937, als sich über die Hälfte der Bevölkerung zu einer Religionsgemeinschaft bekannte, lassen erkennen, daß die Parteiführung mit den Resultaten der antireligiösen Politik nicht zufrieden war. Es beunruhigte, daß die Willkür vor Ort und die widersprüchliche Politik des Zentrums die antireligiöse Politik ständig desavouierten. Die Gottlosen-Bewegung war faktisch in sich zusammengefallen und weitgehend inaktiv. Von den 1917 existierenden über 73000 Kirchen sollen nach der Revolution 42000 geschlossen worden sein. Von den 1937 noch verbliebenen etwa 30000 Gotteshäusern seien immer noch ca. 20000 aktiv, also etwa 10000 (befristet) geschlossen. Vor Kriegsausbruch muß es noch einmal zu zahlreichen Schließungen von Gotteshäusern gekommen sein. Denn 1939/40 befanden sich die meisten der noch aktiven orthodoxen Kirchen in den soeben annektierten Gebieten Polens und Rumäniens. Die Anzahl der aktiven Geistlichen war von einst (1917) über 50000 auf einige Hundert zurückgegangen. Der größte Teil von ihnen dürfte abgeschworen, sich in Haft oder Verbannung befunden haben oder ermordet worden sein[40].

Enthusiasmus und Polarisierung, welche die Figur Lenins von Anfang an provozierte, hatten damit zu tun, daß der Bolschewismus eine sozialrevolutionäre Bewegung mit überdimensionierten Heilserwartungen war. Die Polarisierung, die jeder revolutionären Bewegung eigen ist, veranlaßte zur Dämonisierung des Feindes wie zur Überhöhung der eigenen Bewegung. Diese Tendenz läßt sich sowohl in der schriftlichen Agitation als auch in der Bildsprache der Plakate wiederfinden. Kapitalismus, Imperialismus, Krieg und Ausbeutung wurden als Merkmale der Antibolschewisten ontologisiert, wie umgekehrt die Bolschewiki, die revolutionären Arbeiter, der Pöbel und nicht zuletzt Trotzki und die Juden auf der anderen Seite als Repräsentanten von Verworfenheit oder gar als satanische Kräfte dargestellt wurden[41]. Beide Seiten konnten auf ein Arsenal intellektueller Strömungen mit quasi-religiösen Weltdeutungen zurückgreifen. Rhetorik, Propaganda und Bildsprache hatten sich zudem in einem Umfeld zu behaupten oder verständlich zu machen, das in den Städten, an der Front und mehr noch auf dem Lande durch eine zum Teil sehr rudimentäre Schriftkultur geprägt war. Die emotionale Aufladung der Gegensätze verleitete zu alternativloser Polarisierung, zu Losungen, Metaphern, Symbolen und Bildern, die zugleich belehren, informieren, agitieren und mobilisieren wollten. Die Rosta-Fenster, d. h. die Plakatagitation der Telegraphen-Agentur, Agitationszüge, die besonders von bolschewistischer Seite systematisch eingesetzte mündliche Agitation, Gerüchte, Flugblätter, Zeitungen und Broschüren bildeten jene Medien, denen mindestens eine ebenso wichtige Bedeutung zukam wie den Waffen. Nicht zufällig wurde von bolschewistischer Seite das Wort als »Waffe« begriffen. Agitation und Propaganda sollten überzeugen, aber ebenso überwältigen und einschüchtern, sollten die Anhänger mobilisieren wie die Gegner »entwaffnen«.

Seit Lenin in den sozialistischen Zirkeln aktiv geworden war, trat er als Polemiker auf, wirkte er als polarisierende Figur, mit einem Charisma in den ihm hörigen Cliquen. Nach 1917 sollte er immer größere Wirkungen entfalten. Stellvertretend für viele Zeugnisse seien hier ausführlich die ersten Eindrücke zitiert, die

N. N. Suchanow, Menschewik-Internationalist, über Lenins Ankunft in Petrograd (3. April 1917) notierte: »Lenin war ein ... Redner von kolossaler Elementargewalt, der sofort, unter den Augen der Zuhörer, die kompliziertesten Systeme in einfache, allgemein zugängliche Elemente zerlegte und damit auf die Köpfe der Zuhörer ›bis zur Bewußtlosigkeit‹ eindrosch, bis sie ihm untertan waren, bis er sie gefangengenommen hatte.« Lenin dienten seine Jünger »wie die Ritter dem Heiligen Gral«[42]. Lenin verkörperte absolutes Wissen und unumstößliche Gewißheit. Dieses abstrakte Charisma, das sich auf Lenin als Person und auf seine Lehre bezog, strukturierte das Konzept der Revolution, die Rolle der Partei und der »Massen«[43]. Die Partei figurierte als professioneller und arbeitsteiliger Kampfverband unter Leitung einer Doktrin, die im Führer, d. h. in Lenin und später in Stalin, verkörpert war. Das Führungskorps bildete in der Theorie wie in der Praxis nach 1917 ein durch richtiges Wissen bestimmtes Machtkartell. Seine Legitimation ergab sich aus der immer neu zu erkämpfenden Strategie des Führers, aus dem Heroismus und der Hingabe für die Partei, die Revolution und den Sozialismus und nicht zuletzt aus der Fähigkeit, sich in der revolutionären Aktion mit den Massen zu verbinden. Diese Verbindung wurde als ein Prozeß vorgestellt, in dem die ungezielten und unbewußten revolutionären Bedürfnisse der Massen mit in der Partei thesauriertem Wissen verschmolzen. Die als »dialektisch« apostrophierte, tatsächlich eher mystische Vorstellung von der wechselseitigen Willensübertragung enthielt so viele säkular-religiöse Konnotationen, daß sie sich notwendigerweise in der Rhetorik, der Propaganda und in der Bildsprache niederschlagen mußten. Daher lag es nahe, daß sich unabhängig von Lenins eher asketisch-spartanischer Lebensführung bald ein Kult um seine Person herausbildete, der dann vom Stalinkult abgelöst werden sollte.

Schon zum 1. Mai 1918 hatte der bald zum Parteidichter aufsteigende Demjan Bedny ein Gedicht an den »Führer« (*voschdju*) verfaßt. Hier wurde die Partei als »Kampfverband« (*bojewoi otrjad*) gefeiert, »der sich jeden Schritt erkämpfen mußte. ... In böser Zeit erklang allein Deine ferne Stimme ... Auf den steilen Pfaden der Freiheit haben wir unser rotes Banner festgehalten. Unerschütterlich steht es an der neuen Grenze! Und unser Glaube ist groß: Keines Feindes Hand wird das heilige Tuch besudeln!« Als Feinde figurierten bereits: Händler, Polizisten und Kleinbürger, Menschewiki, und die »geheimen Judasse«[44]. Den Widerspruch zwischen »materialistischer« Weltanschauung und kultischer Rede schuf man dadurch aus der Welt, daß Lenin – und später Stalin – als Verkörperung des revolutionären Antriebs im Proletariat und in den Massen vorgestellt wurde. In diesem Sinne war auch das 1920 von M. Tscheremnych und Wiktor Denis gestaltete Plakat zu verstehen: »Genosse Lenin reinigt die Welt vom Unrat (*netschist*).« Zugleich wurde ein anonymes Plakat verbreitet, das Lenin in einer bald kanonisierten Pose zeigte: Mit ausgestrecktem Arm, der die Richtung anzeigt, aber auch als segnende Geste interpretiert werden konnte. Mit strengem Blick, der sich entweder an die Massen wendet oder prophetisch in gebieterischer Mimik über sie hinwegschaut, wird der Führer als Agitator und zunehmend als staatsmännischer Redner porträtiert.

Die kultische Verehrung war zwar im Milieu der Partei entstanden, aber offensichtlich genoß Lenin in maßgeblichen Teilen der Bevölkerung und – überraschenderweise – auch unter der Landbevölkerung Verehrung. Auf die Resonanz, die sein Tod in der Bevölkerung hervorrief, war die Parteiführung zunächst nicht vorbereitet. Seine postume kultische Überhöhung verdankte sich daher sowohl der politischen Instrumentalisierung dieser Stimmungen als auch den schon vor Lenins Tod absehbaren Diadochenkämpfen. Dies begünstigte die Neigung, um den toten Lenin eine manchmal kryptische, manchmal offene sakrale Aura zu schaffen. Unter den Diadochen ging es dabei vor allem um die Aneignung des »Vermächtnisses« des Genies der Revolution.

Glaubt man den Berichten der OGPU über die Reaktionen in der Bevölkerung auf den Tod Lenins, müssen die Briefe, aus denen Sinowjew vorlas, nicht unbedingt erfunden oder bestellt gewesen sein. Dennoch fällt der stereotype Gleichklang der Berichte auf: Die Arbeiterklasse ist, wie es sich gehört, tief erschüttert und trauert. Dabei konnte es vorkommen, daß ganz im Geiste der Tscheka als Strafe für den Tod Lenins die Erschießung inhaftierter Sozialrevolutionäre gefordert wurde, so die angebliche

Resolution eines Klubs der Eisenbahner in Tambow[45]. Aber auch den Bauern und anderen »verbündeten« Gruppen wurde allgemeine Trauer und Erschütterung nachgesagt. Bauerngemeinden und vereinzelt sogar Priester sollen darum gebeten haben, für Lenin Gedenkgottesdienste (*panichida*) abzuhalten[46]. Dabei verschwieg man nicht, daß materielle Probleme und die Steuerlast die Bevölkerung möglicherweise mehr beschäftigten als der Tod des Führers. Im Vordergrund der Berichterstattung standen allerdings Ängste vor einer Intervention, die Sorgen und Gerüchte über schon stattfindende oder bevorstehende Nachfolgekämpfe in der Parteiführung. Auffällig ist die Massierung antisemitischer Äußerungen in der Bevölkerung bzw. in der Berichterstattung. Sie laufen alle darauf hinaus, vor Trotzki als Nachfolger Lenins zu warnen: Mit Trotzki würden die Juden »das russische Volk endgültig ersticken«. Ob diese Berichte authentische Stimmungen wiedergeben, ob sich in ihnen die Vorurteile der Berichterstatter spiegeln oder ob sie informellen Weisungen »von oben« folgten, ist hier nicht zu entscheiden.

Die Erschütterung und Beunruhigung wußte Stalin auf jeden Fall für sich am besten zu nutzen. Er hatte sich den Auftrag verschafft, im Namen des Zentralkomitees die amtliche Trauerrede zu halten. Er intonierte seine Rede als Schwur, in dem er stellvertretend für die Kultgemeinde der Kommunisten das politische Vermächtnis Lenins autoritativ definierte. Damit stilisierte er sich zum anerkannten – und wie sich später zeigen sollte – zum einzigen Jünger und Nachfolger Lenins. Stalin kondensierte Lenins Erbe zu sechs Direktiven: die Reinheit und Einheit der Partei, die Diktatur des Proletariats, das Bündnis zwischen Arbeitern und Bauern (*smytschka*), die Union der Sowjetrepubliken und die Kommunistische Internationale. Jedem dieser Punkte folgte der Refrain: »Wir schwören Dir, Genosse Lenin, daß wir auch dieses Dein Gebot in Ehren erfüllen werden.« In dieser Rede fiel auch der ominöse, später immer wieder zitierte Satz: »Genossen, wir Kommunisten sind Menschen von besonderem Schlag, wir sind aus besonderem Material geformt«.[47]

Stalin nahm damit für sich und die Partei jenes prometheische Ethos in Anspruch, das Gorki in Erinnerung an Lenin formuliert hatte, das aber den späteren Zensoren seiner Werke offensichtlich zu anrüchig war und deshalb nicht in Gorkis gesammelte Werke einging: Lenin als »Held der Legende, ein Mensch, der aus seiner Brust das brennende Herz herausriß, um mit seinem Feuer den Menschen den Weg aus dem schädlichen Chaos der Gegenwart, aus dem fauligen, blutigen Sumpf der stickigen, sich zersetzenden Staatlichkeit zu erleuchten«[48].

Den prometheischen Zug verwandelte W. W. Majakowski in eine Gestalt, in der sich Elemente des Heiligen- und des Totemkultes verbanden: Dies jedenfalls in der Version seines endlosen Gedichtes ›Wladimir Iljitsch Lenin‹, das von Gorki 1930 redigiert, von Stalin sanktioniert worden war und in den Lehr-Kanon an Schulen und Hochschulen eingehen sollte. Majakowskis ›Lenin‹ wurde gewissermaßen zur Vulgata des Leninkultes, in der sich alle Gemeinplätze und Metaphern wiederfanden, die in den zwanziger Jahren in Umlauf waren. »Lenin war nun lebendiger als die Lebenden«, denn sein Tod wurde »zum größten Kommunisten-Organisator«. Lenin, der menschliche, der lehrende und führende, der prophetische, der kämpfende und eiserne Lenin, der Händler und ganze Imperien von der Landkarte wischte:

»Das Hirn der Klasse
die Sache der Klasse
die Kraft der Klasse
die Reihen der Klasse
– das ist die Partei.
Die Partei und Lenin
sind Zwillingsbrüder,
wer wäre der Mutter-Geschichte wertvoller«.[49]

Das bald errichtete Mausoleum an der Mauer des Moskauer Kreml wurde zur Pilgerstätte[50]. Symbolträchtig und zugleich sehr real schufen sich die Erben Lenins im Mausoleum eine Tribüne, von der sie – buchstäblich über Lenin stehend – die Huldigungen der Werktätigen entgegennahmen. Der Leninismus wurde auf diese Weise visuell. Er erhielt einen zeremoniellen Raum für die Massen, in dem das Vermächtnis Lenins immer wieder neu inszeniert werden konnte.

Bezeichnend für das himmelstürmende Pathos der dreißiger

Jahre war der Entwurf für einen 415 Meter hohen Sowjetpalast. Ihn sollte eine 70 Meter hohe Lenin-Statue krönen. Lenin wurde damit zur gottähnlichen Figur, die gleichsam aus dem Jenseits die »sozialistische Rekonstruktion Moskaus« begleitete[51]. In dieser Entrückung und Erstarrung Lenins mag man bereits die Folge seiner »Verstaatlichung« sehen. Spätestens seit 1924 bedurfte die Herstellung und Verbreitung von Photos, Bildern und Denkmälern Lenins der Zustimmung einer speziell hierfür beim Zentralkomitee eingerichteten Kommission[52].

Die zunehmend monotone Verehrung Lenins zeigte sich besonders in der Namensgebung. Petrograd wurde auf Initiative der Parteiführung in Leningrad umbenannt. Damit begegnete man der verbreiteten Forderung nach der Bestattung Lenins in der »Hauptstadt der Revolution«. Seither hatte sich die Partei dem Ansturm von Anträgen auf Umbenennung von Städten, Regionen, Betrieben oder Kolchosen zu erwehren. Aber der Name Lenins sollte nicht entwertet werden. »Es wäre eine Schande, wenn sich Gebiete den Namen Lenins zueignen, die von Samogon (Selbstgebranntem) und Syphilis überschwemmt werden«.[53] Dennoch hatte bald jede Republik eine Stadt mit dem Namen Lenin vorzuweisen, jeweils in nationaler Variante.

Der Stalinkult konnte an die inzwischen ritualisierte Führerverehrung und an die bemerkenswert unbefangene Selbstglorifizierung auch der zweiten Garde anknüpfen. Bereits 1925 wurde Zaryzin an der Wolga in Stalingrad umbenannt. Bald sollte auch jede Republik ihre Stalinstadt erhalten. Der Bogen reichte wieder von Stalinsk über Stalinogorsk, Stalino bis Stalinabad und Staliniri. Weil sein »Verstand höher als der Pamir und die Sterne« war, erhielt der höchste Berg des Pamir Garmo seit 1932 den Namen Pik Stalina (Stalin-Berggipfel), seit 1962 allerdings noch himmelstürmender: Pik Kommunisma.

Als eigentlicher Auftakt des Stalinkults gilt der 50. Geburtstag des Generalsekretärs der Partei am 21. Dezember 1929[54]. Stalin war seither der engste, bald der einzige Mitarbeiter Lenins, nachdem im Terror die »Leningarde« im wahrsten Sinne des Wortes von der Bildfläche verschwunden war. Ihre Mitglieder wurden nicht nur umgebracht, sondern in antiker Manier verschwanden auch ihre Fotos, Bilder und Redebeiträge aus allen Medien und

Bibliotheken[55]. Stalin als der »Lenin von heute« avancierte in der öffentlichen Präsentation, in Geschichtsbüchern, Erzählungen und Filmen zur einzigen maßgeblichen Figur neben Lenin. Seinen Höhepunkt sollte der Kult um Stalin dann nach 1945 erleben, als er zum Demiurgen der Revolution, des Sozialismus, der Heimat und des privaten Glücks stilisiert wurde. Der Führer Stalin und die Mutter Heimat gingen eine unauflösliche Ehe ein[56].

Aber schon vor dem Krieg war aus der Trias das Quartett (Marx – Engels – Lenin – Stalin) geworden. Dabei wuchs Stalin zu Überlebensgröße, die Mitbegründer des »wissenschaftlichen Sozialismus« hingegen wurden immer kleiner und entrückter. Es gab kaum noch Ereignisse von größerer Bedeutung, die nicht unter dem Zeichen Stalins standen. Die Plakate, gleichgültig aus welchen Anlässen, verwiesen auf die allgegenwärtige Präsenz des Führers: »Stachanow trägt eine rote Fahne mit Stalins Gesicht; eine rote Fahne mit Stalins Profil wird von einer Sportlerin im Badeanzug auf einem Motorrad hochgehalten; ein marschierender Sportler trägt Stalins Bild auf einem roten Banner; drei Flieger lächeln Stalin an, der gütig auf sie herabschaut; eine Fahne mit einem Seitenprofil Stalins flattert über dem Moskau-Wolga-Kanal; ein Banner mit Stalins Portrait überwölbt Statuen eines typisierten Kolchos-Ehepaares«.[57]

Seit Mitte der dreißiger Jahre etablierte sich das Ritual, in Versammlungen, auf denen Stalin auftrat, in nicht endenden »stürmischen Applaus« auszubrechen. Bei der Revolutionsfeier von 1935 scheint dieses Ritual zum ersten Mal voll ausgekostet worden zu sein: »Sobald Stalin auftauchte« – in einem Saal mit riesigen Portraits Stalins und Lenins, die in einem Blumenmeer versanken – »brach man stehend in Ovationen aus. Schreie. ›Es lebe Stalin!‹ ›Es lebe das Genie der Revolution Stalin!‹ ›Hurra‹ usw. Nach seinem Vortrag eine noch stürmischere Ovation.«

Einen weiteren Höhepunkt bildeten seit 1935 die diversen Feiern zu Ehren von Fliegern, welche in Nonstop-Flügen die Sowjetunion und schließlich auch den Pazifik in Richtung USA überquert hatten. Neben die Bild- und Monumentalpropaganda war seit 1936 die Tonpropaganda der Lautsprecher in den Straßen und Plätzen des Landes getreten. Am Wahltag zum ersten Sowjetkongreß (12. Dezember 1937) »ertrank ganz Moskau im

Schall der Lautsprecher«, die Stalin und die »Stalinsche Verfassung« bejubelten[58]. Die Überhöhung Stalins war eingebunden in eine sakrale Atmosphäre. Sie appellierte an ein Politikverständnis, das – ganz vorrational – auf persönliche Treue und persönliches Vertrauen setzte. In dieser Semantik spiegelte sich das klientelistische System, das von den politischen über die Wirtschaftsmilieus bis hinunter in die Alltagsbeziehungen der »normalen« Menschen reichte.

Am Heldenmythos sollten auch »einfache« Menschen teilhaben können. Seit 1935 waren es die Stachanowisten, deren Nimbus erneut den Stellenwert der Arbeiterklasse und der Kolchosbauern beim Aufbau des Sozialismus heben sollte. Heldentum wurde gewissermaßen zur Staatspflicht: »Wenn das Land befiehlt, Held zu sein, wird bei uns jeder zum Helden«.[59] Die Helden der Arbeit und die vermutlich viel populäreren Helden der Lüfte, »Stalins Falken«, bewegten sich in einer »panheroischen Familiengemeinschaft« zwischen dem väterlich erziehenden Pol Stalin und dem wärmenden Pol der »Mutter-Heimat« (*mat-rodina*). Volk und Heimat figurierten als das weibliche, die kämpfende Partei unter Stalin als das männliche Prinzip. Die Helden posierten als Söhne, Zöglinge und Lehrlinge der Partei und Stalins[60].

Der sechzigste Geburtstag Stalins 1939 bildete einen weiteren Höhepunkt des Kultes und setzte zugleich neue Akzente. Im Rahmen dieser Feiern wurden nicht mehr nur das Volk, die Arbeiterklasse und die Partei zelebriert, sonden diese Feier diente auch dazu, den Stalinpreis für besondere Leistungen in Wissenschaft und Technik, später auch in Kultur zu verleihen. Stalin-Preise und Stalin-Stipendien waren das Signal, daß nunmehr die als sowjetisch definierte, neue und alte Intelligenz offiziell in den Kosmos des Stalinlandes integriert, ihr Beitrag zum Aufbau des Sozialismus gewürdigt und geradezu zum Vorbild werden sollte.

Nach den Turbulenzen des Terrors und den zahllosen Kampagnen gegen Abweichungen aller Art stand seit 1938 im ›Kurzen Lehrgang der KPdSU‹, von Stalin persönlich redigiert, ein Kanon von Lehrmeinungen zum dialektischen und historischen Materialismus und vor allem zur Parteigeschichte auf Abruf zur Verfügung. Mit einer Auflage von zwölf Millionen Exemplaren in russischer, von drei Millionen Exemplaren in den anderen Sprachen der Sowjetunion (bis 1940) lieferte er der Masse der immer noch unzureichend gebildeten und geschulten Parteigenossen einen orientierenden Halt und ein »kugelsicheres« Weltbild[61]. Die Vergangenheit der Partei wurde nun stalinistisch besetzt. Stalins Name fiel hundertmal, die Konflikte der zwanziger und dreißiger Jahre wurden in die Frühgeschichte der Partei projiziert. Nach manichäischem Muster – als historischer und dialektischer Materialismus ausgegeben – bewegte sich die Partei in aufsteigender Linie im Kampf mit dem Gegner, den Kapitalisten und der Bourgeoisie, ebenso wie im Kampf mit Verrätern und Abweichlern. So figurierte Trotzki seit Beginn seiner politischen Tätigkeit als »unbeständig«, als Fraktionsmacher und Opportunist, denn der »Judas Trotzki« konspirierte – auch nach Meinung Lenins – unentwegt gegen den »Block« Lenin und Stalin[62].

Die Gründe für die Entstehung des Führerkults in der Sowjetunion und die Frage nach seiner Wirkung in der Bevölkerung bleiben bis heute umstritten. Setzt eine Schule auf das Weiterleben vermeintlich religiöser Bedürfnisse in der Bevölkerung und erklärt damit Entstehung und Resonanz kultischer Verehrung, so betonen andere Autoren mit größerer Überzeugungskraft, daß sich insbesondere die Entstehung des Leninkultes auf ein säkular-religiöses Arsenal von Strömungen und Stimmungslagen in der Partei-Intelligenz selbst zurückführen läßt: Gotterbauertum in den kommunistischen Emigrantenzirkeln, von Lenin heftig bekämpft, Gorkis transformierter Nietzscheanismus und nicht zuletzt die kulturellen Aktivitäten im Umfeld des Proletkult lieferten jenes Repertoire an Rhetorik und Bildsprache, dessen sich der Kult in den folgenden Jahrzehnten bedienen sollte[63]. Die quasi-religiösen Formen, in denen sich die Partei der Bevölkerung verständlich machen wollte, kamen nicht »von unten«, sondern aus den Sphären der Macht und ihrer Vorstellungen von Volkstümlichkeit. Sie instrumentalisierte, was sie für die Sprache und das Verständnis des Volkes hielt. Zunächst ging es vor allem um die Selbstinszenierung der Partei. Sie blieb – je länger je mehr – ein Monolog der Macht, dessen Vokabeln das Fußvolk der Partei zu erlernen und denen »das Volk« zu akklamieren hatte.

»Bolschewistisch zu reden«, d. h. der Umgang mit dem Kult in der langen Zeit von den zwanziger Jahren bis zum Tode Stalins 1953 (und darüber hinaus), dürfte unendliche Varianten gekannt haben. Selbst innerhalb der den Machtsphären nahestehenden Kreise waren seine Deutung und Nutzung extrem unterschiedlich: War der Kult insbesondere um Stalin nur als Symbol für die höhere Weihe und Unerschütterlichkeit der Partei und ihrer Ziele zu verstehen oder – wie die Praxis zeigte – als Ausdruck für die Etablierung despotischer Beziehungen innerhalb der Machtsphäre? In den Kult eingebettet waren die ständigen Kampagnen. Der Kult mochte zur Routine werden, aber seinen Jargon hatte man sich anzueignen, ihn zu nutzen, um eigene Interessen durchzusetzen. Resignation, oft auch Ekel, besonders in der älteren Generation, ebenso wie übereifrige Anpassung ehemaliger Abweichler wie Radek, Pjatakow und vieler anderer koexistierten mit »echtem« Enthusiasmus und einer geradezu religiösen Inbrunst v. a. in der nachwachsenden Generation, die ihre Sozialisation innerhalb dieser Konventionen erlebte und keine andere Sprache und keine anderen Normen kannte[64]. Die nachstalinsche Revitalisierung des (stalinistischen) Leninkults ohne Stalin belegt die prägende Kraft dieses allerdings zunehmend in Ritualen erstarrenden Enthusiasmus.

Der parteilosen Intelligenz dürften der Kult und die hinter ihm stehende hierarchische Ordnung nach den bitteren Erfahrungen in Revolution und Bürgerkrieg, der Schädlingskampagnen und Stachanow-Bewegung jene Brücken gebaut haben, um in die neuen Strukturen hineinzuwachsen. Eine stabile Führung mochte den ohnehin autoritären Neigungen am ehesten entsprechen, sofern die neue Ordnung vor dem egalitären Furor aus der Arbeiterschaft schützte.

Unter der städtischen und ländlichen Bevölkerung dürften die kultischen Aspekte des Parteilebens eher eine untergeordnete Rolle gespielt haben. Innerhalb eines dichotomischen Denkens zwischen »denen da oben« und »uns unten« hingen Gläubigkeit, Hinnahme, routinierter Umgang, aber auch Spott und Widerspruch offenbar sehr stark von den materiellen Nöten ab: In Bettelbriefen, Beschwerden und Petitionen wußte man sich ebenso wie in öffentlichen Verammlungen des Parteijargons und der Sprache des Kults zu bedienen, ihn manchmal freiwillig oder unfreiwillig zu mißbrauchen – aus sprachlicher Unbeholfenheit ebenso wie aus Berechnung. In Briefen und Schreiben an höhere Instanzen dominierten aber traditionalistische Formen des Klagens und Bittens von Untertanen an ihre Herren, d. h. man fiel zurück in Traditionen aus der Zeit vor den Reformen der 1860er Jahre, als es ebenfalls keine funktionierende Justiz gegeben hatte[65]. Auch die Berichte des NKWD lassen ein breites Spektrum des Umgangs mit dem Kult und seiner Sprache erkennen. Die Horcher richteten naturgemäß ihre Aufmerksamkeit besonders auf Abweichungen und Entgleisungen aller Art. Die Stalin-Heimat-Panegyrik konnte leicht umgedreht werden: SSSR (UdSSR) konnte auch als »Smert Stalina spasjot rodinu« (Der Tod Stalins rettet die Heimat) gelesen und der »Mann« Stalin als Vergewaltiger der Mutter-Heimat bloßgestellt werden. Der Führerkult provozierte aus naheliegenden Gründen Vergleiche mit NS-Deutschland: Stalin und Hitler konnten gleichgesetzt, Hitler aber auch als Rächer herbeigewünscht werden[66].

Kapitel 5

Alte und neue Welt: vom Dorf in den Kolchos

Die Neue Ökonomische Politik (NEP) zwischen 1921 und 1927/28 ist in Parteikreisen als strategischer Rückzug erlebt worden, da sie auf wichtigen Feldern dem »kleinbürgerlichen« Widerstand hatte Rechnung tragen müssen. Unter Aufrechterhaltung des staatlichen Monopols im Außenhandel mußte der Binnenhandel entstaatlicht werden, zunächst in Gestalt eines vorwiegend privaten, dann eines kooperativ organisierten Handels. Gewerbliche Kleinunternehmen konnten privat oder in Genossenschaften geführt werden. Städtisches Gewerbe und Handel waren die Basis der so verachteten *nepmany*, der NEP-Leute, ein Begriff, der wohl nicht ganz zufällig jüdisch klang. Das bisherige Beschaffungswesen wurde zunächst durch die Naturalsteuer, seit Februar 1924 durch eine Geldsteuer und Aufkäufe von landwirtschaftlichen Produkten, vor allem von Getreide und technischen Kulturen, zu Festpreisen ersetzt. Und die wichtigste Entscheidung: Den Bauern blieb die Nutzung des Landes im Rahmen der Familienwirtschaft erhalten, entweder im Rahmen der Feldumteilung, so vor allem in Rußland, oder in Formen der individuellen Höfe mit privater Landnutzung, so vor allem in Weißrußland und in den westlichen Teilen der Ukraine. Daneben wurden verschiedene Formen kollektiver Landnutzung durch Privilegien und Sonderzuweisungen gefördert. Ihre ökonomische Bedeutung blieb aber bis 1928 marginal.

Die NEP basierte mithin auf den Prinzipien einer gemischten Wirtschaft. Allerdings wuchs im Laufe der Jahre das Gewicht der staatlichen Einflußnahme auf die gesamte Wirtschaft. Dies galt insbesondere für den Handel. Über seine zunehmende Kooperierung, die fast schon seiner Verstaatlichung gleichkam, und über Preismanipulationen insbesondere beim Aufkauf landwirtschaftlicher Produkte entwickelte sich die NEP mehr und mehr zu einer staatlich regulierten Wirtschaft.

Der Begriff, mit dem der strategische Rückzug und die Konzessionen vor allem an die Bauern bezeichnet wurde, hieß *smytschka* (Bündnis, Verbindung). Dieses Bündnis blieb allerdings immer asymmetrisch. Seine Grundlagen wurden von der Partei bestimmt. Deren Selbstverpflichtung konnte auch gekündigt werden, wie sich seit 1928 zeigen sollte. Der Staat präsentierte sich als Arbeiter- und Bauernstaat, die Partei hatte aber proletarisch zu bleiben, auch wenn pro forma einige Prozent Bauern aufgenommen wurden. Diesen blieb zugleich jede organisierte politische Vertretung untersagt. Nach Lenins späten und eher flüchtigen Einsichten über die Genossenschaften, die 1925 im Zuge der Politik des »Gesichts zum Dorf« (*lizo k derewne*) eine gewisse Aufwertung erfuhren, sollte die Landbevölkerung über die Genossenschaften an den Sozialismus herangeführt werden[1]. In der Tradition des Kulturträgertums der alten Intelligenz sah er in den Genossenschaften ein Instrument der Erziehung und Zivilisierung, aber keinesfalls einer autonomen Interessenvertretung der Bauernschaft. Genau dies war es aber, was von den Bauern und Angehörigen der ländlichen Intelligenz hartnäckig immer wieder gefordert, aber von der Partei ebenso hartnäckig verweigert wurde. Die Enttäuschung hierüber artikulierte sich in dem fast schon stereotypen Vorwurf: »Der Arbeiter ist der Sohn des Staates, der Bauer sein Stiefsohn.«[2] Manche Bauern trauten der neuen Staatsmacht nicht. »Es ist, wie wenn man eine junge Stute einfangen will: Man nähert sich ihr sachte, tätschelt sie, und schwupp! hat sie den Zaum um. Und genau so wollen sie es mit uns machen, mit der NEP. Haben sie uns erst einmal fest am Zaum, dann brauchen sie keine List mehr; dann können sie uns schlagen, soviel sie wollen.«[3]

Die NEP ist manchmal als die goldene Zeit des Bauerntums in der Sowjetunion bezeichnet worden. Dies gilt nur insofern, als die Partei zunächst mit der Erholung von den Turbulenzen des Bürgerkrieges und vor allem mit den Diadochenkämpfen seit Lenins Tod beschäftigt war. Wenn die Bauern ihre Steuern bezahlt und die Ablieferungen getätigt hatten, wurden sie in Ruhe gelassen. Denn das Netz der Kontrolle war nach 1921 in ähnlicher

Weise lose geknüpft wie vor 1914. Die unterste Verwaltungseinheit bildete der Landsowjet, der je nach Region sechs und mehr Gemeinden (*semelnoje obschtschestwo*) umfassen konnte. Viele Landsowjets blieben ohne eigenes Budget und mußten sich von den Gemeinden finanzieren lassen. Die Landgemeinde war das eigentliche Zentrum sozialer Aktivität und bäuerlicher Selbstverwaltung. Hier kümmerten sich die Bewohner nicht um Klassendifferenzierung und folgten ihren herkömmlichen Autoritäten. Die Dorfversammlung bildete das öffentliche Forum, auf dem mit viel Streit, Gerede, Intrigen und manchmal auch nicht ganz nüchtern Entscheidungen getroffen und oft auch unterlassen wurden. Die Dorfversammlung kannte so gut wie keine Formalitäten, Protokolle, schriftlichen Beschlüsse oder nachvollziehbare Abstimmungen. Sie waren in vieler Hinsicht typisch für das System einer Bauernkultur mit oft undurchschaubaren Spielregeln. Dies traf ebenso auf die Feldumteilung zu, die sich jeder transparenten Formalisierung entzog. Dies galt auch für die Zeit nach 1921, als das Bodenrecht wegen der unklaren Verhältnisse nur sehr ungenaue Bestimmungen enthalten konnte[4].

Das Interesse der Bauern an den Dorfsowjets war vergleichsweise gering. Trotz der Wahlen waren sie im wesentlichen Vollzugsinstanzen der Partei und des Staates mit ihren ewigen Vorschriften und Steuerforderungen. In den Landsowjets und den Exekutivkomitees der Amtsbezirke (*wolosti*) sammelten sich Angehörige der Partei, vielfach ehemalige Rotarmisten. »Die Mehrheit der Kommunisten verhält sich nachlässig. Sie trinken Selbstgebrannten und schlagen Steuern heraus. ... Wir wissen, daß es bei den Kommunisten eine Parteizelle gibt, aber was sie dort tun, ist unbekannt«, so die Sprüche und Stimmungslagen von Bauern im Bezirk Kimry im Gouvernement Twer[5]. Wie vor der Revolution so blieb das flache Land auch nach 1921 mit den Segnungen der Zivilisation unterversorgt. Auf eine Landbevölkerung von etwa 112 Millionen Einwohnern (1926) entfielen 171 000 hauptberufliche und über 10 000 nebenberufliche Lehrer, 7000 Ärzte und 29 000 Krankenschwestern, Sanitäter etc., 1 855 Veterinäre und etwa 17 000 Agrarfachleute unterschiedlichsten Profils, die hauptsächlich mit Landvermessung, Meliorationen und Flurbereinigung befaßt waren. Im Gouvernement Twer kam ein Arzt auf 2000 Stadt- und auf 35000 Landbewohner. Das ländliche hauptberufliche Verwaltungspersonal vom Bezirk bis zum Landsowjet zählte in der UdSSR knapp 33000 Personen, das nebenamtlich, vermutlich zumeist in Wahlämtern tätige Personal zählte über 55000 Personen. Das Dorf blieb unterversorgt und unterverwaltet[6].

Wie schon vor der Revolution erklärt sich aus dieser Strukturschwäche staatlicher Verwaltung der abrupte Wechsel von informeller Alltagsroutine und außerordentlichen Maßnahmen, vor 1914 zumeist in Gestalt von Militäreinsätzen, nach 1918 und wieder seit 1928 in Gestalt bewaffneter Kader und Bevollmächtigter, die zum »Herausschlagen« von Getreide und Steuern oder seit 1929 zur Reorganisation des Dorfes aufs Land kommandiert wurden.

Von einer grundlegenden Verbesserung der ökonomischen Situation der Bauern im Vergleich zur Zeit vor 1914 wird man kaum sprechen können. Trotz Meliorationen und ständiger Flurbereinigung blieb das Problem extremer Flurzersplitterung, der *mnogopolisiza*, zum Teil auch eine Folge ständiger Teilung der Hofwirtschaft. Der Abstand zu den Einkommen der Stadtbevölkerung blieb beträchtlich, er lag im Durchschnitt bei 40 Prozent. Produktion und Konsum blieben insgesamt unter dem Niveau von vor 1914. 1924 war das Schwarzerde-Gebiet noch einmal von einer Mißernte betroffen, und in vielen Regionen herrschte Hungersnot. Die klassischen Merkmale von Rückständigkeit blieben erhalten: eine Unterausstattung der Höfe mit Vieh und Inventar, von moderner Landwirtschaftstechnik ganz zu schweigen. Das Bevölkerungswachstum und die Teilung der Höfe sorgten für eine Unterbeschäftigung auf dem Lande, verschärft durch die Diskriminierung von Lohnarbeit und Pacht. Die Zahl der Saison-Wanderarbeiter stieg wieder auf drei Millionen.

Die privilegierte und oft monopolistische Stellung des industriellen Sektors sorgte dafür, daß gewerbliche Produkte, wenn sie überhaupt die Dörfer erreichten, im Vergleich zur Zeit vor 1914 überteuert waren. Umgekehrt versuchte der Staat unentwegt, die Aufkaufpreise für Agrarprodukte zu drücken. In der sogenannten Scherenkrise vom Herbst 1923, als die Preise für Industriewaren und landwirtschaftliche Erzeugnisse besonders weit auseinanderlagen, wurde dieses Problem auch lautstark thematisiert, konnte und sollte aber nicht grundsätzlich behoben werden. Obwohl der Umfang der Agrarproduktion, auch von Getreide, insgesamt stieg, galt dies nicht in gleicher Weise für die Produktivität und für die Pro-Kopf-Produktion. Aus staatlicher Sicht war besonders zu beklagen, daß der Export von Getreide ständig sank. Daß dies auch eine Folge des wachsenden Verbrauchs des Binnenmarktes, der Differenzierung in der Landwirtschaft und zwischen den Regionen war, wurde als positives Zeichen nicht erkannt. Über Steuern und durch die seit 1926 fast schon verstaatlichten Vertriebsgenossenschaften mit ihren manipulierten Preisen leistete das Dorf bereits seinen Tribut an den proletarischen Staat[7].

Was die Parteiführung seit 1927 mit Blick auf die geplante forcierte Industrialisierung zur Panik trieb, war der angeblich dramatische Rückgang an vermarktetem Getreide. Als Beleg hierfür diente die berüchtigte Stalin-Nemtschinow-Tabelle. Sie legitimierte die zunehmend gewalttätige Beschaffung. Nach ihren Berechnungen war die Menge an sogenanntem Warengetreide im Vergleich zur Zeit vor 1914 um die Hälfte zurückgegangen. Dies wurde als Folge der Bevölkerungsvermehrung, der Zunahme kleinbäuerlicher Wirtschaften, des wachsenden Eigenverbrauchs und des angeblichen Wohlstands der Landbevölkerung, also – unausgesprochen – als Konsequenz der fehlenden gutsherrlichen Ausbeutung und Zwangsvermarktung bäuerlichen Mehrprodukts gedeutet. Die Kleinbauern bedienten mehr sich selbst als den Staat, lautete der verborgene, aber doch von allen verstandene Text der Botschaft. Nach Stalin war die Anzahl der Bauernhöfe von 21 (1916) auf 25 Millionen (1927) gestiegen. Wenn diese Zahlen überhaupt stimmen, dann bezogen sie auch bäuerliche Nebenerwerbsbetriebe ein. Wie immer die tatsächlichen Relationen zu bestimmen sind[8], die Schlußfolgerungen für Stalin waren eindeutig: Der Staat mußte mehr Warengetreide herausschlagen, und dies erschien nicht möglich, wenn Hofteilung, ländliche Überbevölkerung und steigender ländlicher Eigenverbrauch der Stadt, der Industrie und Armee vorenthielten, was ihnen nach Stalin zustand. In diesen Deutungen lassen sich unschwer sozialistisch drapierte Varianten von Neomerkantilismus und sozialem Darwinismus erkennen, wie sie auch anderswo insbesondere mit Bezug auf die Überbevölkerung zu schrecklicher Geltung kommen sollten[9].

Aus der Sicht der Partei gab es einige unverrückbare Grundsätze, an denen trotz gelegentlicher Aufweichungen und Konzessionen nicht gerüttelt werden durfte. Dazu gehörte die Fixierung auf eine forcierte und geplante Industrialisierung, mit der auch geschaffen werden sollte, was ihr im Bürgerkrieg fast verlorengegangen war: ein Proletariat. Diesem Ziel hatte sich die Landbevölkerung unterzuordnen. Umstritten waren lediglich das Tempo und die Formen, in denen dies zu geschehen habe. Diese Diskussionen bildeten einen Teil der Diadochenkämpfe. Es war die sogenannte linke Abweichung in der Partei, die ständig mit dem Gespenst einer Restauration des Kapitalismus argumentierte, als die amtliche Politik 1925 mit dem Appell N. I. Bucharins an die Bauern »Bereichert euch!« vorübergehend eine bauernfreundliche Politik proklamierte. Entgegen anderen Konzepten eines gleichgewichtigen Wachstums, wie es besonders die mit der Landwirtschaft befaßten Behörden und Expertenstäbe favorisierten, konnte sich die Partei nicht von ihrer negativen Fixierung auf die Kulaken als Inkarnation kapitalistischer Bedrohung von innen lösen. Die große Politik, die Propaganda, die Rechtsvorschriften und insbesondere die Steuerpraxis liefen darauf hinaus, arme und mittlere Bauern zu Produktionssteigerungen anzuhalten, um sie dann als Kulaken zu diskriminieren. Tatsächlich wurde den ärmeren Teilen der Landbevölkerung nicht geholfen, und die bessergestellten Teile wurden auf Schritt und Tritt behindert. Hinzu kamen – wie gegenüber den NEP-Leuten – völlige Rechtsunsicherheit und sich ständig ändernde Vorschriften und Strafandrohungen. Es dürfte diese Seite der administrativen Praxis gewesen sein, die den Alltag im Umgang mit den Instanzen bestimmte[10].

Schon 1923/24 wurde in der Partei darüber gestritten, ob ein Kulak in die Genossenschaften eintreten dürfe. Da Genossenschaften nicht nur aus armen Bauern bestehen konnten, weil sie nichts einzubringen hatten, ließ man Kulaken schließlich zu, verweigerte ihnen aber Führungspositionen. Statt dessen setzte man in diese lieber Parteigenossen mit zweifelhafter Kompetenz ein.

Nach einer Intervention Stalins wurde für die Sowjetwahlen im Frühjahr 1927 beschlossen, Kulaken – Bauern, die in größerem Umfang Lohnarbeit nutzten oder Gewerbebetriebe führten – von den Wahlen zu den Landsowjets auszuschließen. Der Anteil der Landbevölkerung, dem das Wahlrecht entzogen worden war, stieg 1925 bis 1927 in der RSFSR von 1,1 auf 3,3 Prozent. Besonders hoch lagen die Anteile in den Getreideüberschußgebieten. 1929 sollte der Anteil auf 3,9 Prozent steigen[11].

Angesichts der Tatsache, daß sich innerhalb nur weniger Jahre der Umfang und Status einer Bauernwirtschaft wegen der immer noch herrschenden Kapitalarmut, wegen des biologischen Familienzyklus und des wechselnden Bestandes an arbeitsfähigen Familienmitgliedern, wegen Teilung oder auch Zusammenlegung erheblich verändern konnte, erwiesen sich die starren Klassenkriterien als reichlich unangemessen, zumal wenn sie zur Grundlage von Besteuerung und Ablieferung gemacht wurden[12].

Die »Liquidierung des Kulakentums als Klasse« und die Kollektivierung

Die sogenannte Getreidekrise 1927/28 mit ihren fatalen Folgen war tatsächlich eine Krise der staatlichen Beschaffung und einer antiökonomischen Politik im fast schon verstaatlichten Handelssektor. Mehrere Faktoren sollten bis 1932 wirksam werden: Mit der Niederlage der sogenannten rechten Opposition um N. I. Bucharin und A. I. Rykow als ihren bedeutendsten Repräsentanten verlagerten sich die politischen Entscheidungen endgültig in den Kreis um Stalin. Die staatlichen Instanzen mit ihren Expertenstäben, der Rat der Volkskommissare, die staatliche Planbehörde und die einzelnen Volkskommissariate verloren ihren maßgebenden Einfluß auf die Politik und wurden zu reinen Exekutoren der vom Politbüro, d. h. von Stalin und seinem engeren Kreis gestellten Aufgaben. Die Expertenstäbe galten als diskreditiert und wurden als bürgerliche Spezialisten kriminalisiert. Davon wurden insbesondere fast alle Wirtschaftsfachleute erfaßt, die sich dem radikalen Umbruch teils direkt, teils indirekt widersetzt hatten. Der Durchbruch zur forcierten Industrialisierung mit ihren unrealistischen Zielen, ihrer einseitigen Fixierung auf Großprojekte und Demonetarisierung der Wirtschaft verband sich mit einem zweiten revolutionären Aufbruch, der in Politik, Wirtschaft und Kultur alle kapitalistischen Elemente endgültig beseitigen wollte: Dies traf Experten, es traf die NEP-Leute und nicht zuletzt die wohlhabenderen Bauern. Sie alle standen der sozialistischen Rekonstruktion des ländlichen Sektors im Wege, das hieß auch, der unbeschränkten Verfügungsgewalt des Staates über das Getreide. Dabei ging man von völlig übertriebenen Vorstellungen vom Umfang der von den Bauern zurückgehaltenen Mengen aus. Die Beschaffungskampagnen seit 1927 griffen in vieler Hinsicht auf das Instrumentarium des Bürgerkrieges zurück. In der Ukraine läßt sich ohnehin eine Kontinuität beobachten zwischen dem Personal, das während des Bürgerkrieges in der Tscheka und seit 1928 in der OGPU gegen die Bauern im Einsatz war. Hier bedurfte es wenig, um die alte Feindschaft zu aktivieren[13]. 1927 durfte öffentlich weder über die Schwierigkeiten bei der Beschaffung noch über die Höhe der Exporte berichtet werden, da es in vielen Städten schon zu Mangelerscheinungen gekommen war. Forderungen nach Erhöhung der Getreidepreise wurden unter Strafe gestellt[14]. Um dennoch verstärkte Lieferungen durchzusetzen, nutzte die Partei die inzwischen erlangte Kontrolle über das Handels- und Vertriebsnetz. Anfang 1928 wurde die Landwirtschaftssteuer erhöht, es wurde eine Bauernanleihe, faktisch eine Zwangsanleihe, aufgelegt, und schließlich hatten sich die Landgemeinden einer »freiwilligen« Selbstbesteuerung zu unterwerfen[15]. Um die Bauern zu erhöhten und planbaren Ablieferungen zu zwingen, nutzte man seit 1929 die schon seit längerem bestehende Praxis der Kontrahierung. Ursprünglich eine Art der Vorfinanzierung des Anbaus technischer Kulturen, lief sie seither auf eine Selbstverpflichtung der Bauern zur Genossenschaftsbildung und zur Ablieferung hinaus, ohne daß die versprochenen Gegenleistungen von staatlicher Seite – technische Ausstattung oder Saatgut – erbracht wurden. »Aus der Stadt kam ein Lektor und sagte, daß die Bauern ihr Getreide gegen Manufakturwaren hergeben sollten; wenn sie es nicht hergeben, wird es ihnen dennoch genommen.«[16] Wie eine Beschaffungskampagne, die doppelt so viel einbrachte, als ursprünglich geplant, zu organisieren sei, führte Stalin persönlich dem Partei- und Sowjetapparat durch seine Reise im Januar/Februar 1928 in den Ural und nach Sibirien vor. Hier demonstrierte er, was bald als die ural-sibirische Methode gefeiert werden sollte. Die Mittel, um genügend Getreide zu beschaffen, waren vielfältig. Zunächst einmal mußten die lokalen Partei- und Sowjetapparate gesäubert werden. Dann kamen Bevollmächtigte und *troiki*, Dreiergruppen, mit außerordentlichen Vollmachten zum Einsatz, mit der strikten Anweisung, die Aufkaufpreise auf keinen Fall zu erhöhen. In der Molotow zugeschriebenen Version: »Wir müssen den Kulaken so schlagen, daß der Mittelbauer strammsteht.«[17] Nach Anweisung Stalins sollten exemplarisch einige Kulaken ausgesucht und wegen Spekulation, Steuerverweigerung, Nichtbezahlen von Versicherungen oder Ähnlichem angeklagt werden. Außerdem griff man wieder auf ein bewährtes Mittel des Bürgerkrieges zurück. Die Dorfarmen sollten 25 Prozent des konfiszierten Eigentums erhalten[18]. Und nicht zuletzt wurden die letzten privaten Aufkäufer, die immer noch höhere Preise boten, verhaftet und abgeurteilt. Die Folgen seiner Kampagne wurden Stalin nicht vorenthalten: Der absehbare Mangel an Saatgetreide, Selbstmorde unter den Bauern, Teilung der Höfe, um nicht als Kulak zu gelten, Reduktion der Aussaatflächen, Erschöpfung und Demoralisierung der eingesetzten Kader.

Für Stalin ergaben sich jedoch ganz andere Folgerungen. Da die Kleinbauern zu weiterer Steigerung der Produktion und zu Innovationen nicht fähig seien, dem Kulaken aber keine Entfaltungsmöglichkeiten gegeben werden dürften, bleibe als Ausweg nur die landwirtschaftliche Produktionsgenossenschaft. Seine Erfahrungen in Sibirien überzeugten ihn, daß es keine andere Alternative gebe als den raschen Übergang zur Kollektivwirtschaft, der sowjetischen Variante des kapitalistischen Großbetriebs[19]. Diese neuen Einsichten propagierte Stalin bei jeder sich bietenden Gelegenheit seit dem Frühjahr 1928. Er verband dies mit Polemiken gegen Bucharins »rechte Abweichung« und einer scharfen Kritik sowohl an den bürgerlichen als auch an den marxistischen Agrarexperten. Auch letztere hätten nichts zur praktischen Lösung der Agrarfrage beigetragen[20]. Die auf dem XV. Parteitag (Dezember 1927) beschlossene partielle Kollektivierung vor allem in den Getreide-Überschußgebieten und die dort auch ausgegebene Losung von der Offensive gegen die Kulaken mündeten 1929 in einen Kollektivierungsrausch und in die »Liquidierung des Kulakentums als Klasse«[21].

Im Zuge der forcierten Beschaffungskampagne von 1929 gab es zum ersten Mal Versuche einer amtlichen Festlegung, was ein Kulak eigentlich sein sollte. Statistiker und Ökonomen hatten sich seit Beginn der zwanziger Jahre darum gestritten, nach welchen Kriterien eine kulakische Wirtschaft überhaupt zu messen sei, ein schwieriges Unterfangen angesichts der Verarmung und Nivellierung nach 1918. Die Untersuchungen lieferten zwar viele interessante Einsichten in die Unterschiede zwischen den Bauernhöfen und in die Dynamik bäuerlichen Wirtschaftens, aber Klassen im marxistischen Sinne mußten doch mehr erfunden als gefunden werden. Um so schwieriger und willkürlicher war es, wenn zum Zweck der Steuerhebung und Ablieferung für die Kader amtliche Kriterien festgelegt werden sollten. Der Rat der Volkskommissare lieferte schließlich am 21. Mai 1929 eine Definition: Als Kulakenhöfe galten jene, die systematisch Lohnarbeit nutzten, Gewerbebetriebe führten wie Mühlen, Molkereien, Kneipen u. ä., Agrotechnik und Gebäude vermieteten, sich mit Handel und Wucher befaßten und über nicht-werktätige Einkünfte verfügten. Außerdem sollte ihr versteuerbares Einkommen nicht weniger als dreihundert Rubel je Esser oder 1 500 Rubel je Hof betragen[22]. Nachdem am 30. Januar 1930 im Politbüro der Beschluß zur »Liquidierung« der Kulaken als Klasse in den Gebieten der totalen Kollektivierung gefallen war und die OGPU den Auftrag erhalten hatte, diesen Beschluß umzusetzen, fiel unter den Begriff des Kulaken alles, was aus der sozialistischen Landwirtschaft verschwinden sollte. Es ging jetzt schon nicht mehr um wohlhabendere Bauern nach der Definition des Rats der Volkskommissare, sondern um »kulakische Elemente«. Darunter fielen aktive Gegner der sozialistischen Rekonstruktion, Flüchtige und Untergrundkämpfer (!), Banditen, ehemalige Weißgardisten und Polizisten, Aktivisten der Kirchenräte, überhaupt Gläubige aller Richtungen, die offensiv auftraten und zuletzt auch reiche Bauern, Wucherer, Spekulanten und ehemalige Gutsbesitzer.

Diese sogenannten Kulaken wurden vom Politbüro und von der OGPU in drei Kategorien eingeteilt. Die erste sollte in Konzentrationslager eingeliefert, zur Not auch erschossen werden. Die zweite, weniger gefährliche, war zur Deportation in entfernte Gebiete vorgesehen, und die dritte sollte innerhalb des eigenen Bezirks oder Gebiets umgesiedelt werden. In den muslimischen Republiken galten ähnliche Vorschriften. Hier entfiel lediglich die Deportation der einheimischen – nicht aber der europäischen (!) – Kulaken in entfernte Regionen außerhalb der eigenen Republiken. Bei den Bestrafungs- und Deportationswellen zwischen 1930 und 1933 gab Moskau immer genaue Zahlen der zu deportierenden oder umzusiedelnden Kontingente vor. Zumindest bei der ersten Welle 1929/30 könnten sie anhand der Angaben über die Anzahl derjenigen erstellt worden sein, denen seit 1927 das Wahlrecht entzogen worden war. Im Durchschnitt der Sowjetunion waren drei bis fünf Prozent der Bauernhöfe betroffen. Auch die Zielgebiete der Verschleppung wurden vorgegeben. Im wesentlichen waren dies Karelien und das Uchta-Petschora-Becken, fast alle Gebiete Sibiriens einschließlich der neuen Großbaustellen und Erschließungsgebiete (Magnitogorsk, das Kusnezk-Becken, Kolyma) sowie Kasachstan, das im Zuge der Kollektivierung und folgenden Hungersnot schätzungsweise ein Drittel seiner einheimischen Bevölkerung verloren hatte. Insgesamt dürften im Rahmen der »Liquidierung des Kulakentums als Klasse« über zwei Millionen Menschen deportiert worden sein, teils in Konzentrationslager, teils in Sondersiedlungsgebiete, beide unter Aufsicht der OGPU. Etwa zwei Millionen Kulaken wurden innerhalb der näheren Umgebung um- und ausgesiedelt und lebten zunächst als »Einzelhöfer« (*jedinolitschniki*)[23].

Insbesondere die erste Welle der Repressalien gegen die Kulaken im Winter 1929/30 war schlecht vorbereitet und stand unter Zeitdruck. Die örtlichen Organe und auch die Bevollmächtigten wußten weder, wen sie als Kulaken zu identifizieren hatten, noch wohin sie sie eigentlich bringen sollten, so daß sie oft in den nächstbesten Gefängnissen oder Lagern festgehalten wurden. Hinzu kam der Zeitdruck sowohl bei der Beschaffung und Kollektivierung wie bei der Enteignung und Fortschaffung der Kulaken. Aus diesem Chaos, dem sich vereinzelt die offenbar nicht recht informierte Staatsanwaltschaft entgegenstellte, ergaben sich »Übertreibungen« und »Überspitzungen«, wie es nach Stalins Intervention am 2. März 1930 heißen sollte. Denn Gewalt und Gegengewalt, der sogenannte Kulakenterror und Aufruhr, Fluchtbewegungen aus den Dörfern, die massenweise Abschlachtung von Vieh und nicht zuletzt »Bauernstimmungen« in der Roten Armee nahmen Dimensionen an, die Stalin offenbar zur Intervention veranlaßten. Bezeichnenderweise schob er die Schuld in seinem berühmten Artikel ›Vor Erfolgen von Schwindel befallen‹[24] dem Übereifer der lokalen Instanzen zu, obwohl dieser Eifer vom Politbüro ausgegangen war.

Mit diesem Aufruf wurden die Kollektivierung und die Repressalien gegen die Kulaken zwar nicht aufgegeben, aber in ihrem Tempo verlangsamt und im Winter 1930/31 systematischer und besser organisiert wiederaufgenommen. 1934 waren schließlich 70 Prozent aller Bauernwirtschaften und über 87 Prozent der Saatfläche in der UdSSR in Kolchosen (und wenigen Sowchosen) organisiert, vor dem Krieg näherte sich dieser Anteil fast den 100 Prozent.

Da 1929/30 die Kulakenwirtschaften durch Steuern und Sonderabgaben aller Art ausgeplündert worden waren und viele Familien sich selbst »entkulakisiert« hatten durch Hofteilung, durch Abstoßung von Land und Inventar oder durch Flucht, dürften 1930 nicht mehr viele Betriebe übriggeblieben sein, die im engeren Sinne als Kulakenhöfe hätten gelten können. Aber die soziale Kategorie, die vor der Revolution oder in der Zeit der NEP den Status oder Besitz definiert hatte, war in bolschewistischer Sicht schon längst zu einem erblichen, fast ontologischen Kennzeichen geworden, gleichgültig, in welcher Situation sich der Träger eines solchen Stigmas befand oder wie er sich den Autoritäten gegenüber verhielt. Enteignung und die Einnahme einer neuen sozialen Position änderten nichts an der Stigmatisierung. Dies galt für ehemalige Gutsbesitzer, die, obwohl sie als Angestellte zumeist kollektiver Wirtschaften oder als Bauern auf dem Lande überlebt hatten, zum größten Teil wohl zwischen 1925 und 1927 deportiert wurden (insgesamt etwa 50000 Familien)[25]. War die soziale Herkunft einmal fixiert, konnte sie zum Kainsmal werden, dem nur schwer zu entkommen war. Als die Kulaken 1929 und auch später versuchten, in die Kollektivwirtschaften aufgenommen zu werden, galt dies als besondere Infamie. Bis in die Zeit des »Großen Terrors« 1937/38 war die Entlarvung sich verbergender Kulaken oder anderer »sozial fremder« Elemente – in Industriebetrieben, Kolchosen oder selbst in der Partei – ein zentrales Thema zahlloser Wachsamkeitskampagnen. Zudem wurden neben anderen »Ehemaligen« 1936 bis 1938 auch Zehntausende ehemaliger Kulaken summarisch erschossen[26]. Die unentwegte Stigmatisierung konnte gerade bei Jugendlichen, die sich als Enthusiasten verstanden, aber falscher Herkunft waren, zu erheblichen seelischen Turbulenzen führen, zu eben jener Maskierung, die als Signum des besiegten, aber untergründig weiter wühlenden Feindes galt[27]. Der Kulak war zum Sündenbock und Bösewicht schlechthin geworden. Er hatte die Funktion übernommen, welche die Juden im vorrevolutionären Rußland zu ertragen hatten[28].

Der Vorwurf, Kulak zu sein oder seinem Interesse zu dienen, blieb nicht auf die ländliche Sphäre beschränkt. Der Poet Sergei Jessenin und Bauerndichter sahen sich dem Vorwurf ausgesetzt, »Kulakendichter« zu sein. Im Zuge der Kampagne gegen die bürgerlichen Spezialisten konstruierte die OGPU gegen eine ganze Reihe von Ökonomen und Agrarfachleuten, u.a. A. W. Tschajanow und N. D. Kondratjew, den Vorwurf, eine Werktätige Bauernpartei im Dienste der Kulaken und des Auslands gebildet zu haben. Unter diesem Vorwurf wurden 1930 mehr als tausend Personen in den Volkskommissariaten und den ihnen zuarbeitenden wissenschaftlichen Einrichtungen verhaftet. Eigentlich sollten sie für einen öffentlichen Prozeß präpariert werden. Nach den Wünschen Stalins wäre es ihre Aufgabe gewesen, im Gerichtssaal neben ihren Fehlern und Verrätereien vor allem die Richtigkeit der Kollektivierung zu bestätigen. Aus unbekannten Gründen kam der öffentliche Prozeß nicht zustande, aber viele der Verhafteten wurden im Zuge des »Großen Terrors« 1937/38 umgebracht[29].

In den Rastern der Klassenkampfrhetorik war der Kulak eine Figur, mit der alles getroffen werden sollte, was die Bauernkultur ausmachte: Aberglaube und Religion, Naturhaftigkeit, Individualismus und Besitzstreben, Eigenmächtigkeit und Resistenz gegen die Welt der Städte und der Herrschaft. Wenn sich die Bauern der Ausgrenzung von Kulaken und Geistlichen widersetzten, wenn sie sich gegen die Beschaffungskampagnen wehrten, wenn die Bauersfrauen für ihr Vieh, für den Erhalt der Kirchen und Glocken kämpften, erlagen sie der Verführungskunst durch »Kulaken-Agitprop«. Und wenn sie sich der Vernunft bolschewistischer Politik nicht unterordnen wollten, waren sie eben Kulaken-Söldlinge (*podkulatschniki*).

Die semantische Aufladung von »Kulak« und analogen Begriffen – wie »nepman« – hatte die Konflikte im Dorf unter dem Schlagwort Klassenkampf anzuheizen und hatte diejenigen zu motivieren, die Raub und Gewalt ins Dorf hineintrugen. Die Polarisierung war immerhin so wirkungsmächtig, daß sie in der Arbeiterschaft der Städte eine beträchtliche Resonanz fand. Dem Aufruf vom November 1929, sich dem Kampf ums Getreide und der sozialistischen Rekonstruktion des Dorfes anzuschließen, folgten offenbar ohne Zwang immerhin über 27000 Arbeiter, darunter acht Prozent Frauen[30].

Die Arbeiter, die Bevollmächtigten und die lokalen Partei- und Sowjetkader fanden in den Dörfern in der Regel eine kleine Minderheit vor, die sich teils enthusiastisch, teils mehr oder minder freiwillig an der Entkulakisierung und Kollektivierung beteiligte. Es handelt sich hier vor allem um Angehörige des Komsomol, Angehörige der lokalen Intelligenz und um Gruppen, die in den Dokumenten unspezifisch als Dorfarmut bezeichnet werden. Sie bildeten das oft recht unstabile dörfliche »Aktiv«[31]. Sowohl in den forcierten Beschaffungskampagnen als auch bei der Kollektivierung und den Repressalien gegen die Kulaken sollte nicht ausschließlich polizeilich-administrativ vorgegangen werden, sondern Landarbeiter, arme und mittlere Bauern und selbstverständlich der Komsomol waren zu aktivieren und in den Kampf einzubeziehen[32]. Theoretisch war die Zustimmung dieser Gruppen notwendig, um Kirchen zu schließen, Kulaken zu verhaften und die Kollektivwirtschaften einzurichten. Aufgabe der Fünfundzwanzigtausender, der Bevollmächtigten und anderer Agenten, selbst der OGPU, war es, die Mehrheit von den Vorteilen der neuen Ordnung zu überzeugen. In der Praxis geschah dies durch eine Art von Überwältigungsrhetorik, endlose Versammlungen, Zermürbungstaktik, Erpressungen, Bedrohung und nicht zuletzt durch die Verteilung konfiszierten Gutes. Im Sommer 1930 dürfte etwa ein Drittel des Inventars der neuen Kollektivwirtschaften aus konfisziertem Gut der Kulaken bestanden haben, von der Verteilung sonstiger geplünderter Gegenstände ganz zu schweigen[33]. Auf diese Weise wurden Gegensätze aufgebaut. Die spätere Angst vor der Rückkehr von Kulaken und die Verweigerung ihrer Aufnahme in die Kolchosen dürfte mit diesen Vorgängen zusammenhängen. Dort allerdings, wo allein mit polizeilichen Mitteln vorgegangen worden war, hatten Beschwerden bei der Staatsanwaltschaft oder bei Parteiinstanzen gegen einzelne Maßnahmen manchmal Erfolg. Gegenüber den Kulaken durfte zwar ungeniert ökonomischer Druck und auch Gewalt ausgeübt werden, gegenüber anderen Gruppen aber nicht.

Kulaken-Agitprop und Kulakenterror

Da die Kampagnen im Winter 1929/30 so überhastet in Gang gesetzt wurden, provozierten sie viel Chaos, das auch Raum ließ für aktiven und passiven Widerstand und für Solidarisierungen der Dorfgemeinschaften gegen die von außen kommenden Zumutungen. Widerspruch und Widerstand artikulierten sich in traditionellen und in modernen Formen.

Wie immer in Krisen stimulierte die Politik seit 1928 apokalyptische Gerüchte von der Ankunft des Antichrist, vom Ende der Welt, von Wundergeschichten aller Art, aber auch Ängste mit stärkerem Gegenwartsbezug wie die von der Nationalisierung der Frauen und Kinder und – wie schon im Bürgerkrieg – Judenhaß als metaphorische Negierung des Sowjetsystems[34]. Diese Gerüchte geben Auskunft über die Ängste in der Bauernschaft, in manchen Fällen konnten sie auch zu Aktionen mobilisieren. Den Kadern bestätigten sie einmal mehr die Unaufgeklärtheit der Bauern und insbesondere der Bäuerinnen, die zumeist als Träger und Opfer dieser Priester- und Kulakenagitation ausgemacht wurden. Daneben trat eine Flut von Briefen und Beschwerden an Zeitungen sowie an politische und Justizinstanzen. 1929/30 soll

Stalin 50000, M. I. Kalinin, der Allunions-Starosta, 85000 Briefe erhalten haben. Teils in der Mimik des Untertanen, teils entrüstet wurde über die Grausamkeiten in den Dörfern, 1930 auch schon aus den Verbannungsgebieten berichtet. »Wir Proletarier des Dorfes sind so entsetzt über die Lage [der Verbannten], daß wir direkt daran dachten, die Arbeiter in den Städten zu entkulakisieren, so verhöhnt man die Bauern.«[35] Auch die Justizinstanzen wurden so überschwemmt mit Klagen, daß im April 1930 spezielle Staatsanwaltsgruppen gebildet wurden, um diese Fälle zu überprüfen. Von 46000 Beschwerden hatten immerhin zehn Prozent Erfolg, zwölf Prozent wurden als unklar eingestuft[36]. Eine andere Form des Protestes war der Austritt aus der Partei. Obwohl bis Anfang 1933 verstärkt sogenannte arme Bauern, Landarbeiter und Kolchosniki in die Partei aufgenommen wurden, verließen sie zugleich wiederum Zehntausende. Besonders polnische, deutsche und griechische Bauern belagerten die Botschaften und Vertretungen der konnationalen Staaten, um ihre Ausreise durchzusetzen.

Wie schon in der Zarenzeit bildeten Auflauf und Aufruhr bis hin zur Androhung oder Ausübung von Gewalt eine Form des *bargaining by riot*, wenn renitentes Schweigen, Dummstellen, List und Tücke nicht weiterhalfen. In der Regel handelt es sich um Proteste, die auf eine oder bestenfalls wenige benachbarte Gemeinden beschränkt blieben. Die Anzahl dieser Unruhen stieg von 709 (1928) auf 1307 (1929) und schließlich auf 13754 registrierte Fälle im Jahr 1930. Von den letzteren entfielen 8164 auf die RSFSR. Dort gab es etwa 319000 Landgemeinden, so daß es, die Protestfälle auf diese umgerechnet, in etwa 2,6 Prozent der Gemeinden zu größeren Unruhen gekommen ist[37]. Davon richteten sich 54 Prozent gegen die Kollektivierung, 17 Prozent gegen die Entkulakisierung und 11 Prozent standen im Zusammenhang mit der Schließung von Kirchen, der Glockenabnahme und Priesterverfolgung. Neun Prozent lassen sich schon als Hungerunruhen kennzeichnen, drei bis vier Prozent bezogen sich auf die Aussaat und die Zwangsablieferungen. Die höchste Zahl von registrierten Unruhen konzentriert sich wieder auf die Getreide-Überschußgebiete der Schwarzerde, der Ukraine und des Nordkaukasus. Besonders aktiv waren Minderheiten in den ethnisch gemischten Gebieten wie die Polen im Westen oder die Deutschen an der Wolga. Auffällig ist, daß sich die Proteste in den Monaten März bis Mai 1930 (73 Prozent der Fälle) häuften, also nach Stalins Intervention vom 2. März 1930. Die Landbevölkerung nutzte die Irritationen der Politik und die Desavouierung der lokalen Kader für sich aus, konnte sie sich doch auf Stalin berufen. In den Versammlungen wurden die Aktivisten manchmal gezwungen, Stalins Artikel laut vorzulesen. Vereinzelt setzte man die Freilassung verhafteter Kulaken und die Wiedereröffnung geschlossener Kirchen durch.

Im Unterschied zu früheren Aufständen und Unruhen spielten 1929/30 die Frauen eine besondere Rolle. Die sogenannten Weiberaufstände (*babi bunty*) machten etwa ein Drittel aller Proteste aus. Hatten in den vorrevolutionären Dorfversammlungen in der Regel nur (männliche) Haushaltungsvorstände Rede- und Stimmrecht, so waren laut sowjetischer Gesetzgebung in den Dorf- und selbstverständlich auch in den zunächst weniger wichtigen Sowjetversammlungen Männer und Frauen gleichberechtigt. Dies verhinderte nicht, daß insbesondere aus der Sicht der Kader die Bauersfrauen als Inkarnation der dunklen Bauernmassen und der Rückständigkeit galten. Daß in den Aufläufen und beim Aufruhr 1929/30 oft Frauen, manchmal mit ihren Kindern, in der vordersten Reihe standen, läßt sich als die Umkehrung von Stereotypen und als gezielte Nutzung von Vorurteilen verstehen[38]. Da sie als unwissend, abergläubisch und rückständig und als Verführte und Opfer der Priester- oder Kulaken-Agitprop galten, genossen sie eine gewisse Narrenfreiheit. Weder auf den Schauplätzen der Unruhen noch im Gericht wurde mit ihnen so hart und brutal umgegangen wie mit Männern. 1929/30 war zudem noch nicht klar, was eine Kollektivwirtschaft tatsächlich bedeutete, ob sie alles, die Häuser, Gärten und das Kleinvieh, womöglich auch die Frauen und Kinder sozialisieren würde. Die Frauen sahen sich daher in besonderer Weise betroffen. Denn in der russischen und ukrainischen Bauernschaft oblag ihnen in der Regel neben der Sorge um den Haushalt und die Kinder auch die um das Vieh, hier vor allem die Kuh und das Kleinvieh, sowie die Pflege des Gartens, oft auch der Verkauf der Gartenprodukte und manchmal auch der Erzeugnisse des Heimgewerbes. Die

Kollektivierung traf die Bauersfrauen also deutlich unmittelbarer als viele Männer, die zumeist mit der Feldarbeit und außerhäuslichem Gewerbe befaßt waren.

Eine weitere Form des Widerstandes bestand in dem, was die OGPU als Kulakenterror bezeichnete: Morde und Mordanschläge sowie Brandstiftung. 1930 wurden fast 13 800 Fälle registriert. Aggressionsobjekte waren lokale Sowjet- und Parteifunktionäre (15 Prozent), Aktivisten und Bauern von bereits etablierten Kollektivwirtschaften (58 Prozent). Dies deutet daraufhin, daß die Entkulakisierung und Kollektivierung das Dorf bereits zu spalten begann, daß sich der Druck von außen nach innen entlud.

Und schließlich kam es zur Bandenbildung, vor allem in Westsibirien – dort wurden 800 Banden ausgemacht –, in Mittelasien, wo die Basmatschen-Bewegung neuen Zulauf erhielt, und auch in Aserbaidschan explodierte die Gewalt auf den Dörfern.

Der Übergang in die neue Welt

Die Kollektivierung läßt sich als Beginn der Entbäuerlichung der Sowjetunion kennzeichnen, ein Prozeß, der mit der Vergrößerung der Kolchosen unter Chruschtschow und ihrer vielfachen Überführung in Sowchosen unter Breschnew seinen Abschluß finden sollte. Die Kolchosen hatten aus der Sicht der Parteiführung in erster Linie die Aufgabe, den Staat zu bedienen, d. h. die Städte, die Industrie und die Rote Armee. Alles andere, auch das Schicksal der Landbevölkerung, war sekundär. Daher wurde ohne Rücksicht auf die Ernteergebnisse der Anteil staatlicher Beschaffung an Getreide und technischen Kulturen ständig gesteigert und – mit Ausnahme von Baumwolle – zu Preisen aufgekauft, die unter den Gestehungskosten lagen. Der Anteil staatlicher Beschaffung an Getreide stieg von 22 (1927/28) auf 33 Prozent (1932/33). Gegen Ende der dreißiger Jahre sollte er bei etwa 50 Prozent liegen[39]. An der rücksichtslosen Beschaffung, die fast schon Requisitionen glich, wurde auch 1932/33 festgehalten, als in den Getreide-Überschußgebieten Hunger herrschte. Über die Anzahl der Opfer der Hungersnot, die in besonderer Härte die ländlichen Gebiete der Ukraine, des Nordkaukasus, der mittleren und südlichen Wolga- und Uralgebiete sowie Kasachstan betraf, wird bis heute gestritten. Die Schätzungen bewegen sich zwischen vier und sechs Millionen, manche liegen sogar bei zehn Millionen[40].

Die Folgen der Bauernpolitik lassen sich indirekt an den Ergebnissen der Volkszählung von 1937 ablesen. Ihre Organisatoren wurden teils erschossen, teils anderweitig repressiert, weil die von ihnen vorgelegten demographischen Daten die katastrophalen Konsequenzen erkennen ließen. Diese Daten konnten daher auch erst 1991 publiziert werden[41]. Den stärksten Bevölkerungsrückgang – infolge von Hunger und Migration – verzeichneten im Vergleich zur Volkszählung von 1926 ländliche Regionen sowohl im südöstlichen Rußland als auch die ländlichen Regionen der Ukraine (im Durchschnitt auf 80 Prozent) und Kasachstans (auf 69 Prozent). Während die Zahl der ethnischen Russen zwischen 1926 und 1937 von 78 Millionen auf fast 94 Millionen (vermutlich unter Einbeziehung von Ukrainern und anderen ethnischen Gruppen in der RSFSR als »Russen«) angestiegen war, verzeichneten die Kasachen einen Bevölkerungsrückgang von vier auf 2,9 Millionen, die Ukrainer von 31,2 auf 26,4 Millionen Einwohner. Aber entgegen wiederholten Behauptungen von einem ethnischen Genozid vor allem an Ukrainern lassen diese Daten eher ein kriminelles Verhungernlassen agrarischer und nomadischer Bevölkerung ohne Ansehen ihrer ethnischen Zugehörigkeit erkennen[42].

Aus der Sicht der Bauern war es einerseits die ihnen vertraute Gier der Herren und jetzt des Sowjetstaates nach ihrem Besitz und Arbeitsprodukt, andererseits glaubten manche, daß die proletarische Macht sie durch Hunger gefügig machen wollte. Man verglich die Situation mit der eines damals berühmten Zirkusdirektors, der seine Pferde durch Hunger dressierte, eine Sicht, die positiv formuliert auch in der Partei anzutreffen war[43].

Stalin wollte die Hungersnot nicht zur Kenntnis nehmen und frönte nach wie vor Vorstellungen vom Krieg der Klassen, von der Sabotage der Landwirte und dem absoluten Vorrang des Staates. Dies geht jenseits der öffentlichen Reden auch aus seinem inzwischen berühmten Briefwechsel mit dem Schriftsteller M.A. Scholochow hervor. Stalin reagierte auf Scholochows massive Beschwerden nach einem fast schon habituellen Muster. Er gestand dem Schriftsteller Übertreibungen bei der Beschaffung »bis zum Sadismus« zu, wollte aber auch die andere Seite beachtet wissen, »daß die verehrten Landwirte Ihres Rayons (und nicht nur Ihres Rayons) einen italienischen Streik (Sabotage!) durchführten und nicht weit davon entfernt waren, die Arbeiter ... und die Rote Armee ohne Getreide zu lassen. Die Tatsache, daß diese Sabotage ruhig und äußerlich harmlos (ohne Blutvergießen) war, dieses Faktum ändert nichts daran, daß die verehrten Landwirte im wesentlichen einen ›stillen‹ Krieg mit der Sowjetmacht ausfochten, einen Aushungerungskrieg, lieber Genosse Scholochow«.[44] Dieser Vorwurf gegen die Bauern läßt sich als Inversion von Realität beschreiben. Der Angreifer beschuldigt das Opfer anzugreifen. Dahinter stand aber zugleich ein absolutistischer Anspruch auf die volle Verfügungsgewalt über die Menschen und ihre Arbeit und eine nicht eben moderne, vielleicht aber zeitlose Auffassung von Wachstum und Reichtum: Sie können immer nur auf Kosten anderer erkämpft werden. Stalins engster Mitarbeiter bei der Entkulakisierung, W. M. Molotow, war auch noch vierzig Jahre später stolz darauf, daß er 400 000 Kulaken habe deportieren lassen: »Die Kollektivierung haben wir nicht schlecht durchgeführt. Den Erfolg der Kollektivierung halte ich für bedeutender als den Sieg im Großen Vaterländischen Krieg. Und wenn wir sie nicht durchgeführt hätten, hätten wir nicht den Krieg gewonnen«, eine klassische Argumentationsfigur, mit welcher die Kollektivierung und der Terror nach dem Krieg gerechtfertigt werden sollten. Aber nicht nur die Kollektivierung, auch die Requisitionen und ihre Folgen hielt er für legitim: »Damals war das alles gut begründet, der Staat muß schließlich leben. ... Nein, die Hände und Knie dürfen nicht zittern«[45]. In Molotows Altersreflexionen läßt sich noch ein Echo jener bolschewistischen Gnadenlosigkeit und eines sozialen Darwinismus finden, wie sie ein amerikanischer Journalist zur Zeit der Hungersnot beobachtete: »In der Auslandskolonie [Moskaus] rangierten die Schätzungen über die Opfer der Hungersnot von einer Million an aufwärts, unter Russen von drei Millionen an aufwärts. Russen, unter ihnen besonders Kommunisten, neigten dazu, höhere Zahlen zu nennen, in einer Art perversem Stolz auf

Größe; wenn es von bolschewistischer Härte zeugte, eine Million sterben zu lassen, so erforderte es offenbar dreimal so viel Härte, drei Millionen zu beseitigen.«[46]

Das neue Dorf – der Kolchos

Die Fabrikarbeiter, die sich für die Kampagne auf dem Lande hatten gewinnen lassen, sahen sich offenbar als Kulturträger, welche die Kulaken bekämpfen, dem Dorf eine neue Arbeitsorganisation, Technik, Kultur und Aufklärung (gegen die Religion) bringen wollten. Im Enthusiasmus dieser sogenannten Fünfundzwanzigtausender, die mal als Missionare, mal als Kolonisatoren auftraten oder sich im Kampf gegen die rückständige, chaotische, inkompetente oder undurchschaubare Cliquenwirtschaft lokaler Instanzen verzehrten, fand das bolschewistische Ethos der Zivilisierung und Kolonisierung der dunklen Massen wohl seinen reinsten Ausdruck. Vereint oder in Rivalität mit den lokalen Kadern und Bevollmächtigten nahmen sie teil an der Zerstörung dessen, was sich als die alte Welt des Dorfes und des Bauerntums bezeichnen ließe. Sie agitierten für die Vertreibung der Geistlichen und die Schließung von Gotteshäusern. Diese würden ersetzt werden durch Klubs für Kultur und Unterhaltung. Die »roten Ecken« in den Bauernhäusern mit ihren Kerzen, Kandelabern und Ikonen sollten am besten mit Bildern von Lenin, Stalin oder Kalinin bestückt werden. Sie schlossen Bauernmärkte, Kneipen und Mühlen als Kulakenbetriebe, die neben der Kirche zuvor wichtige Orte des sozialen Lebens im Dorf gebildet hatten. Der Kolchosladen sollte hierfür einen Ersatz bieten, aber einen öffentlichen Ort gemeinsamen Trinkens (oder auch Saufens) würde es nicht mehr geben. Sie agitierten und organisierten die arme und mittlere Bauernschaft für den Aufbau der neuen Kollektivwirtschaften. An die Stelle der durch Klima und Natur bestimmten individuellen würde die kollektive Arbeit in Brigaden, womöglich auch noch der Achtstundentag, treten. Die unordentliche Dorfversammlung mit ihren undurchsichtigen Prozeduren würde durch die Kolchosversammlung mit klaren Regeln und eindeutigen Autoritäten abgelöst werden. Sie würden die lokalen Gremien von Kulaken säubern. An die Stelle der informellen Autoritäten träten nun gewählte Vorsitzende und ihre Stellvertreter und eine ganze Hierarchie von Rechnungsführern, Kontrolleuren, Brigadeführern, Truppführern für den Feldbau, Tierwarten, Mechanisatoren usw. Die bisherige Vielfalt bäuerlicher Arbeit in einem Haushalt, die Kombination von Arbeit auf dem Felde, im Haushalt, im Heimgewerbe und auf dem Markt wurde im Kolchos nun ersetzt durch eine formalisierte Arbeitsteilung, in der sich bolschewistischer Organisations- und Kontrollfetischismus ausleben konnte. Da mit der Kollektivierung das Heimgewerbe und Dorfhandwerk weitgehend verschwanden, waren die Dorfbewohner in Zukunft auf städtische Kleidung und Alltagsgegenstände angewiesen. Mit der Kollektivierung beschleunigte sich die Agrarisierung des Landes, d. h. die Entmischung von Landwirtschaft und Handwerk, deren enge Verbindung seit dem 18. Jahrhundert das ländliche Leben nicht nur des Zentralen Gewerbegebietes ausgezeichnet hatte. Und nicht zuletzt trat an die Stelle des Pferdes der Traktor.

Da die Visionen von sozialistischer Rekonstruktion mehr zerstörten als aufbauten, sind die Kollektivwirtschaften als eine neue Form der Leibeigenschaft erlebt worden. WKP, die russische Abkürzung für die kommunistische Partei, ließ sich auch als zweite Leibeigenschaft auflösen (*wtoroje krepostnoje prawo*). Die Kollektivwirtschaften und die 1932 ausgegebenen Inlandspässe befestigten in der Tat eine neue Ordnung, in der ständische Elemente nicht zu übersehen sind. Denn den Mitgliedern der Kolchosen wurden keine Ausweisdokumente ausgegeben, was sie in ihrer Freizügigkeit beschränkte. Sie waren und fühlten sich als Bürger zweiter Klasse. Arbeit außerhalb der Kolchosen bedurfte der Genehmigung, es sei denn, die Landbewohner ließen sich für Arbeitseinsätze auf den Großbaustellen rekrutieren. Im Rahmen dieser organisierten Aushebung (*orgnabor*) wurden jährlich im Durchschnitt zwei bis drei Millionen Landbewohner mobilisiert.

Wie in der Stadt, so war auch auf dem Land der Lebensstandard gesunken, aber das Wohlstandsgefälle zwischen Dorf und Stadt hatte sich nicht verringert, so daß der Drang anhielt, den Kolchos zu verlassen. Ausbildung, Militärdienst sowie Anwerbung durch Betriebe dürften die häufigsten Wege gewesen sein, dem Dorf für immer den Rücken zu kehren.

Die 1935 endgültig fixierte Kolchosordnung mußte allerdings entgegen anfänglichen utopischen Visionen von sozialisierten Agrostädten oder Agrofabriken auf die Realität bäuerlicher Existenz Rücksicht nehmen, zumal die Startbedingungen denkbar schlecht waren. Infolge der Massenabschlachtungen während der Kollektivierung war der Bestand an Großvieh (Rinder, Kühe, Pferde, Schweine) bis 1934 auf 50 bis 65 Prozent des Standes von 1928 zurückgefallen und sollte bis zum Krieg nicht mehr den alten Stand erreichen. Zwar stieg die Bruttoproduktion von Getreide, Zuckerrüben und Baumwolle, aber die Hektarerträge stagnierten. Insgesamt waren mithin nur wenig Produktivitätsfortschritte bis zum Krieg zu verzeichnen[47] (s. Tabelle 1, Seite 135). Verantwortlich waren hierfür einerseits die viel zu niedrigen Aufkaufpreise und andererseits die innere Ordnung des Kolchos. Den Bauernhaushalten wurde ein privat zu bewirtschaftendes Hofland (*priusadebny utschastok* oder *usadba*) im Umfang von 0,25 bis 0,5 Hektar überlassen. Dort durften eine Kuh, ein bis zwei Kälber, ein Schwein und Kleinvieh gehalten werden, aber keine Pferde, deren Besitz einst den Stolz der Bauern ausgemacht hatte. Die nach den Pflichtablieferungen verbleibenden Überschüsse durften zu regulierten Preisen auf den Kolchosmärkten verkauft werden. Hier lagen die Preise in der Regel weit über den staatlichen Kleinhandelspreisen. Die Kolchosniki blieben damit die einzige Bevölkerungsgruppe, die legal Handel treiben durfte. Dieser war oft genug die einzige Geldquelle für die Bauern. 1939 wurden allerdings auch diese Möglichkeiten weiter beschnitten[48].

Die Arbeit im Kolchos selbst, im wesentlichen die Feldarbeit, wurde in Brigaden kollektiv organisiert, aber ganz vorkapitalistisch in Tagewerken berechnet. Die Entlohnung erfolgte dabei in der Regel am Ende der Saison von jenen Resten, die nach Steuern, Versicherungen, notwendigen Rücklagen für den Kolchos und Pflichtablieferungen übrigblieben. Zumeist bestand diese Entlohnung aus Naturalien, Geldlohn bildete eher die Ausnahme. Der Lohn hing also wesentlich vom wirtschaftlichen Erfolg einer Kolchose ab. In den dreißiger Jahren hatten die

Bauern dennoch das Gefühl, angesichts der niedrigen Aufkaufpreise fast umsonst für den Staat zu arbeiten wie einst die Fronbauern für den Gutsherrn. Die Arbeitsmotivation war daher in der Regel schlecht. Die nach wie vor existente versteckte Arbeitslosigkeit zeigte sich darin, daß vielfach nur die Hälfte oder zwei Drittel des Jahres gearbeitet wurde, und auch nicht alle Mitglieder eines Haushaltes Mitglieder im Kolchos waren. Die Arbeitsgänge, in Tagewerken gezählt, wurden nach ihrer Wertigkeit berechnet. Handarbeit wurde dabei relativ niedrig, organisatorische und intellektuelle Arbeit hoch veranschlagt[49]. Im Unterschied zum vergleichsweise egalitären Dorf entwickelte der Kolchos eine hierarchische Gliederung. Etwa sieben Prozent seines Personals lassen sich als Führer und Kontrolleure klassifizieren: der Kolchosvorsitzende und sein Stellvertreter, der Rechnungsführer und diverse Brigadiere. Die Anzahl eigentlicher Fachleute blieb gering. Dafür gab es jetzt auch Chauffeure, Wächter, Wasserträger und Putzfrauen. Das in der Viehzucht und Pflanzenproduktion tätige Personal machte über 60 Prozent der Kolchosmitglieder aus. Manche dieser »Spezialisierungen« hätten sich sicher einfacher erledigen lassen. Wichtig waren aber Führung und Kontrolle, die allerdings nicht besonders gut funktionierten[50].

Die mit dem Kolchos verbundene Absicht einer Technisierung der Landwirtschaft wurde vor allem in den Getreide-Überschußregionen realisiert. Die Technik konzentrierte man in den Maschinen-Traktoren-Stationen (MTS) als Staatsbetriebe mit einer Politischen Abteilung (1933–34), in der auch die OGPU bzw. das NKWD präsent war. Sie bildete bis zur Stabilisierung des Kolchos »Auge und Ohr« der Partei auf dem Land[51]. Ebenso wie der Einzelbauer kein Pferd, durfte der Kolchos keine Technik (Laster, Traktoren und Mähdrescher) sein Eigentum nennen. Sie waren statt dessen von der MTS gegen Entgelt auszuleihen, ebenso wie anfangs die Traktoristen, Mähdrescher-Fahrer usw. vom Kolchos zu bezahlen waren. Die Technisierung hielt sich allerdings zunächst in engen Grenzen. Im Durchschnitt des Landes hatte 1940 eine MTS 36 Kolchosen zu bedienen. Auf jeden Betrieb mit einer durchschnittlichen Aussaatfläche von etwa 400 Hektar entfielen 2,2 Traktoren und je ein halber Mähdrescher. In den Getreide-Überschußgebieten lagen die Relationen sicher günstiger. Bei den großen Entfernungen, den schlechten Wegeverhältnissen, dem späten Frühjahrsbeginn und frühen Frosteinbrüchen lassen sich die organisatorischen Probleme unschwer ausmalen. Die Maschinen waren überlastet, gegen Ende der dreißiger Jahre wegen mangelnden Nachschubs oft veraltet, die »Mechanisatoren« oft nicht gut ausgebildet, sie klagten ständig über Lohnrückstände und flohen in die Stadt, sobald sich eine Möglichkeit bot. Aus all diesen Gründen warfen Pflügen, Aussaat und Ernte große Probleme auf, die bei niedriger Arbeitsmotivation nur im sozialistischen Wettbewerb und in »Schlachten an der Agrarfront« zu bewältigen waren.

Eine der wesentlichen Kampagnen während und nach der Kollektivierung bestand in der »Liquidierung« des Analphabetentums auf dem Dorf. Dies ist in den meisten Teilen der europäischen Sowjetunion vor, in den asiatischen Teilen nach dem Krieg auch realisiert worden. Für Jugendliche boten sich auch Möglichkeiten zur höheren Ausbildung an Fach- und Hochschulen, allerdings immer mit der Gefahr, daß sie als Fluchtweg aus dem Kolchos benutzt wurden. In den 237000 Kolchosen (1940) arbeiteten 1941 29000 Fachleute mit höherer und Fachschulausbildung, davon 19000 Agronomen, Veterinäre und »Zootechniker«, d.h. Tierpfleger. Insgesamt arbeiteten zu dieser Zeit auf dem Lande circa 50000 Fachleute, zum größten Teil offenbar in den Rayonzentren, davon 34000 Agronomen, Veterinäre und Tierpfleger.

Die Versorgung mit Dienstleistungen blieb bescheiden. 1932 kam ein Krankenbett auf 1000 Landbewohner, 1937 waren es 1,6 Betten. Für eine Landbevölkerung von etwa 110 Millionen standen 12000 Ärzte, 54000 Feldschere und 7000 Apotheker, zumeist in den Rayonzentren seßhaft, zur Verfügung[52].

Mit der Kollektivierung war auch das flache Land von der Bewegung der Stoß- und seit 1935 der Stachanow-Arbeiter erfaßt worden. Auf dem ersten Kongreß der ländlichen Stoßarbeit 1933, zur Zeit der größten Hungersnot, stand der Kampf für die sozialistische Rekonstruktion im Vordergrund. Dabei wurde in besonderer Weise die neue Kolchosbäuerin herausgestellt. Auf den seit 1929 massenweise produzierten Plakaten, die für den

Eintritt in den Kolchos warben, rückte sie in Positionen perspektivischer Vergrößerung auf, wie sie zuvor nur männlichen Helden der Arbeit oder Rotarmisten vorbehalten gewesen war. Statt als Bauernweib (*baba*) figurierte sie nun als dominante Gestalt, die fröhlich zum Kolchoseintritt aufrief: manchmal schon als Traktorfahrerin. Der Traktor wurde ohnehin zum Symbol des neuen Dorfes und ersetzte die Sichel.

Mit dem Zweiten Kongreß der Kolchosniki (1935), auf dem auch das neue Kolchosstatut beraten wurde, zeigte sich ein Wandel der Kolchosfrau. Nun wurde sie üppiger, mütterlicher und folkloristischer präsentiert. Es dominierten Bilder von Idylle, Wohlstand und Überfluß – das Leben war fröhlicher geworden (Stalin) –, von städtischem Konsum, und Stalin rückte als väterliche Autorität und Inspirationsquelle ins Bild. Nach der Legende war es Stalin, der auf den Ratschlag einer Aktivistin hörend den Bauernhaushalten ein größeres Hofland zugestand, als eigentlich vorgesehen war. Schon auf dem Kongreß der Stoßarbeiter der Kollektivwirtschaften (1933) hatte er die »Herren Stoßarbeiter« gemahnt, die Frauen nicht zu unterschätzen oder sich gar über sie lustig zu machen: »... das ist ein Fehler, Genossen, ein großer Fehler ... Sie werden erkennen, daß die Frauen schon längst aus Rückständigen zu Fortgeschrittenen aufgerückt sind.« Und in altväterlicher Weise versprach er, daß »die Sache mit der Kuh geregelt« werde[53]. Den vorläufigen Höhepunkt der Ikonographie bildete schließlich Wera Muchinas Skulpturengruppe »Arbeiter und Kolchosfrau« auf der Pariser Weltausstellung 1937. Hier repräsentierte die vorwärtsstürmende Bäuerin, nun wieder mit Sichel, die Metapher für das Kolchosbauerntum überhaupt, während die Arbeiterklasse männlich daherkam und einen Schritt weiter war[54].

Die Plakate dürften vor allem der Selbstverständigung der Kommunisten und ihrer Künstler gedient haben, ob sie auf den Dörfern gezeigt wurden, ist mehr als zweifelhaft. Es handelte sich mithin um eine Blickveränderung der politischen Instanzen, die mit der neuen Frau auch das neue Dorf, den Kolchos, zelebrierten. Hier wie in anderen kulturellen Sektoren sollte die sozialistische Perspektive den Blick auf die vorhandene Realität bestimmen. Zu diesem Zweck wurden ländliche Stoß- und Stachanow-Arbeiterinnen in besonderer Weise herausgestellt, weil sie die Zukunft als bereits in der Gegenwart vorhanden vorzustellen hatten.[55]

Wie in der übrigen Arbeitswelt bildeten diese Vorzeigefrauen eine auf dem Lande oft genug angefeindete Ausnahme. Die realen Wege aus den traditionellen Rollen waren komplizierter und viel schwieriger. Es gab zwar tatsächlich auch auf dem Dorf der dreißiger Jahre Traktorfahrerinnen und Mechanisatorinnen, auch weibliche Kolchosvorsitzende (2–3 Prozent). Ihnen stellten sich aber unendliche Probleme entgegen, bei der die ablehnende Haltung der Männer eine große Rolle spielte. In der Praxis boten sich Auswege in Dienstleistungsberufen: im Sanitätswesen, in den Schulen und Kindergärten, in der Buchhaltung (10 Prozent) sowie auch in der Leitung von Tierfarmen (16–18 Prozent). Die Mehrheit der Frauen arbeitete allerdings in den schlecht entlohnten Bereichen der Handarbeit und als Melkerinnen, eine Tätigkeit, die zu 100 Prozent von Frauen ausgeübt wurde. Im Feldbau konnten sie wohl nur Leiterinnen weiblicher Brigaden werden. Insgesamt stand der Förderung von oben die Augenwischerei von unten und das Spießrutenlaufen für aufstiegswillige Frauen entgegen. Vermutlich nicht nur »alte Männer betranken sich und erschienen aus Gram nicht zur Arbeit«, weil sie es nicht ertragen konnten, sich von Frauen kommandieren zu lassen[56].

Die Ansprüche des Staates an die Landbevölkerung waren zwar gestiegen und hatten einen geradezu tributären Charakter angenommen. Aber das Netz von Herrschaft und Kontrolle blieb weitmaschig, besonders nachdem die zahllosen aus der Stadt entsandten Kader, Bevollmächtigten und die meisten Fünfundzwanzigtausender die Dörfer wieder verlassen hatten. Mitte der dreißiger Jahre kamen auf 40000 bis 50000 Landbewohner 100 bezahlte Funktionäre, davon 40 in Rayonzentren und 60 in den Landsowjets. Die wichtigsten Personen im Rayon waren der Parteisekretär, der Vorsitzende des Exekutivkomitees des Rayonsowjets sowie die für Landwirtschaft zuständige Abteilung im Exekutivkomitee. Jeder Rayon umfaßte im Durchschnitt zwanzig Landsowjets. Vier von fünf Rayonzentren hatten Telefonanschluß, ebenso zwei Drittel der Landsowjets. Diese waren, wie in den zwanziger Jahren, für drei bis zehn Kolchosen zuständig, die in der Regel identisch waren mit den früheren Landgemeinden. Im Unterschied allerdings zu früher verfügte nun jeder Sowjet über ein kleines Budget, von dem der Vorsitzende, ein Polizist und eine Hilfskraft bezahlt wurden. Der Landsowjet war für die Kolchosniki insofern eine wichtige Institution, als er bis 1937 zuständig war für die Steuereintreibung und seit 1933 für die Ausgabe von Inlandspässen[57]. Nachdem bis Anfang 1933 oft recht wahllos Landbewohner in die Partei aufgenommen worden waren, wurden ländliche Kommunisten nach 1933 am stärksten von den wechselnden Säuberungskampagnen betroffen. Hatte der Anteil von Bauern und Kolchosniki an der Parteimitgliedschaft Anfang 1933 18 Prozent betragen, so sank er bis 1936 auf 9 Prozent. Gegen Mitte der dreißiger Jahre dürfte es auf dem Lande mehr ehemalige als aktive Parteigenossen gegeben haben. Unter den Vorsitzenden der Landsowjets und der Kolchosen war 1936/37 nur noch jeder fünfte in der Partei. Parteizellen bestanden vor allem in den Rayonzentren, bei den MTS und in großen Kolchosen[58]. Da sie unter einem ungeheuren Steuer- und Ablieferungsdruck standen, steigerte dies die Konflikte nach innen. Sichtbar wird dies vor allem an der kurzen Amtszeit von Vorsitzenden der Landsowjets und Kolchosen. In den dreißiger Jahren war die Hälfte von ihnen selten länger als ein Jahr im Amt. Die Vorsitzenden der Landsowjets, noch stärker die der Kolchosen, standen unter dem doppelten Druck von oben und von unten: von oben, weil all die Auflagen und Forderungen selten erfüllt werden konnten, von unten, weil die Kolchosmitglieder dem Vorsitzenden und anderen Amtsträgern immer irgendwelche Fehler und Versäumnisse vorwerfen konnten, die einen geradezu konstitutiven Teil der Überforderung bildeten. Als Ausweis von Wachsamkeit, Pflichterfüllung und Aktivität galt in den höheren Instanzen, bei jedem auftretenden Problem zu bestrafen und Positionen neu zu besetzen. Wenn es schon nicht gelang, die Aussaat- und Ernteplâne, die Steuer- und Abgabequoten zu erfüllen, so lieferte man zumindest mit der Anzahl der Köpfe, die rollten – hier im symbolischen Sinne zu verstehen –, einen eindrucksvollen Beweis von Effizienz, 1935 standen im Gouvernement Kursk 150 Kolchosvorsitzende vor Gericht, wegen Körperverletzung,

d. h. Schlagen und Prügeln von Kolchosmitgliedern, 23 Prozent, wegen Unterschlagung 20 Prozent, wegen Nichterfüllung der Ablieferungen 13 Prozent. Als Gründe, die zur Ablösung vom Posten des Kolchosvorsitzenden führten, wurden 1935 im gleichen Gebiet genannt: Amtsmißbrauch, Demoralisierung und Unfähigkeit 47 Prozent, Unterschlagung, Dienstvergehen und Diebstahl 15 Prozent, klassenfremde Herkunft 9 Prozent, Abberufung auf andere Positionen und Schulung 16 Prozent sowie Ablösung auf eigenes Verlangen 8 Prozent[59].

Die Gründe für die Anklagen und Entlassungen deuten ebenso wie die endlose Flut von Beschwerden seitens der Kolchosmitglieder darauf hin, daß die wenig geschulten Kolchosvorsitzenden überfordert waren, daß die formalisierte Hierarchisierung im Dorf offensichtlich mehr Probleme aufwarf als löste und daß der Druck von oben und träge Resistenz von unten in den Kolchosen einen Krieg aller gegen alle in Gang gesetzt hatten. Denn auch die eigentlich ohnmächtigen einfachen Kolchosmitglieder verfügten über Waffen, um sich zu wehren. Formal sollte der Kolchosvorsitzende gewählt werden, denn der Kolchos figurierte im Statut als Produktionsgenossenschaft. De facto wurden die Vorsitzenden zumeist ernannt. Aber durch Beschwerden, Klagen und Denunziationen konnte ihre Absetzung erreicht werden. Darin bestand die Vetomacht der Kolchosniki. Besonders anfällig für Kritik von oben und unten waren Vorsitzende von armen Kolchosen und Sowjets, da sie immer Angriffsflächen boten.

Vor diesem Hintergrund hatten die politischen Kampagnen und auch der »Große Terror« von 1936 bis 1938 andere Wirkungen als in den Parteiapparaten der städtischen Zentren. Entlarvungen, Kritik und schließlich Schauprozesse waren Teil der lokalen Dauerkonflikte und undurchsichtiger Cliquenkämpfe. Bei Bedarf konnten sie politisch etikettiert werden. Wie auch in den Städten traf der »Große Terror« ohnehin stärker die höheren Partei- und Sowjetkader von der Rayonebene an aufwärts. Die Parteibasis spielte hier eher die Rolle des Chores, wenn sie denn überhaupt involviert war. Als 1937 allerdings die Basis inner- und außerhalb der Partei aufgerufen wurde, die Bosse zu entlarven, fiel die Mobilisierung angesichts der aufgestauten Konflikte hier auf ebenso fruchtbaren Boden wie in den Städten. Es war dies eine Sternstunde für jenes Spiel, in dem die Mäuse endlich auch einmal die Katze begraben durften. Die Basis nahm – von oben sanktioniert – Rache an den Bossen der höheren Ränge, von denen sie jahrelang mißhandelt worden war[60].

Der Kolchos war in vieler Hinsicht eine typisch sowjetische Institution. Sein realer Zweck bestand in der staatlichen Verfügung über die Menschen und die Erzeugnisse der Landwirtschaft. Dabei kamen hier Auffassungen von Ökonomie zur Geltung, die von einem fixen Quantum an Ressourcen ausgingen, das nur durch Zwang zugunsten des Staates umverteilt werden müsse – »der Staat muß leben« in den Worten Molotows. Ökonomisch erfüllte er allerdings nur den Zweck einer recht mangelhaften Grundversorgung der Bevölkerung, denn auch die Städter waren gezwungen, sich mit Hilfe von Schrebergärten über Wasser zu halten, da das staatliche Verteilungsnetz zu wenig anbot, die Kolchosmärkte zu teuer waren. Was blieb, war die Simulation von Fortschritt, von Aufstieg und industrieller Arbeitsteilung. Die Situation überforderte die materiellen und wohl auch moralischen Ressourcen des Dorfes. Der nun auch auf dem Lande zum Tragen kommende Bürokratismus schuf mehr Probleme, als er löste. Es entstanden unnötige Hierarchien, die sich auf Kosten der Produzenten unterhielten, ohne angesichts der tributären Steuer- und Ablieferungspolitik Gegenleistungen erbringen zu können. Und Kolchosdemokratie wurde nur simuliert. Sie bildete ein Kontrollinstrument von oben oder mobilisierte sich in einem mehr als problematischen Sinne, wenn die entsprechenden Signale von oben kamen. Echter Bürokratismus und simulierte Demokratie konnten nur alle Seiten korrumpieren.

Kapitel 6

Ökonomie und sozialistische Lebensweise

Macht und Fiktion

Wie der gesamte Bereich menschlicher Aktivität, so ist auch die Ökonomie höchst subjektiven Ansichten und Deutungen unterworfen, selbst wenn die Produzenten und ihre Beobachter um Objektivität bemüht sind. Diese Objektivität wird in Zahlen kondensiert. Aber Historiker, die sich im Falle des stalinschen Rußlands zur ersten Orientierung auf Zahlen stützen wollen, sehen sich einer Vielzahl hoch aggregierter Daten gegenüber, womöglich noch Prozentzahlen ohne klare Bezugspunkte. Sie lassen viele Interpretationen zu, da ihre Veröffentlichung in erster Linie propagandistische Ziele verfolgte. Als politisch wichtigste Bilanz galt der Nachweis, daß sich das sozialistische System der Volkswirtschaft in einem gleichsam unaufhaltsamen Prozeß durchgesetzt hatte, so daß vor dem Krieg Landwirtschaft und Industrie fast zu 100 Prozent als sozialistisch gelten konnten. Die sowjetische – die stalinsche wie die poststalinsche – Statistik nahm in der Regel das Jahr 1913 als Ausgangsbasis, das letzte Jahr kapitalistischer Friedensproduktion, um die Errungenschaften der Sowjetherrschaft zu preisen und den Gegensatz zwischen den Zuständen vor und nach der Revolution zu betonen. Auf dem XVIII. Parteitag (1939) präsentierte Stalin in Form von Tabellen die Erfolge der sozialistischen Rekonstruktion. Dabei stellte er die sowjetischen Wachstumsraten denen der kapitalistischen Länder gegenüber, wie sie sich auch im ›Kurzen Lehrgang‹ eingängig wiederfinden: »Hatte die gesamte Industrie der kapitalistischen Welt Mitte 1937 kaum 95–96 Prozent des Standes von 1929 erreicht, ... so erreichte die Industrie der Sowjetunion in ihrem wachsenden Aufschwung Ende 1937 428 Prozent des Standes von 1929 und im Vergleich mit dem Vorkriegsniveau mehr als das Siebenfache.« Nicht nur das Wachstum der Industrie, auch das der Landwirtschaft stellte Stalin heraus. Die Anbauflächen seien seit 1913 um 30 Prozent, die Flächen für technische Kulturen um das Anderthalbfache und bei Futtermitteln gar um mehr als das Sechsfache gestiegen. Um ein Wachstum beim Viehbestand wie beim Warenumsatz zu suggerieren, wurde allerdings auf den Vergleich mit dem Jahr 1933 zurückgegriffen, bekanntlich einem Tiefpunkt nach den Abschlachtungen im Zuge der Kollektivierung. Auch bei dem, was in der Stalinzeit als Bruttoproduktion bei Getreide und technischen Kulturen ausgegeben wurde – die Ernte auf dem Halm und nicht die wirklichkeitsnähere Speicherernte –, ließ sich noch ein bescheidenes Wachstum im Vergleich zu 1913 (=100) nachweisen: bei Getreide auf 119 Prozent, bei Ölfrüchten auf 217 Prozent und bei Baumwolle auf 364 Prozent. Ganz besonders wurde gelobt, was dem Staat am Herzen lag: die Technisierung der Landwirtschaft und der wachsende Anteil des Warengetreides, d.h. der staatlichen Beschaffung, an der Bruttoproduktion (s. Tabelle 1)[1]. Unstrittig den größten Erfolg – bei nur schwer meßbarem Verschleiß an Menschen und Material – hatte die Sowjetunion beim Aufbau einer Grundstoff- und Schwerindustrie aufzuweisen.

Im Unterschied zum kapitalistischen Westen ließ sich außerdem die Beseitigung der Arbeitslosigkeit feiern. Die in der Industrie beschäftigte Arbeiterschaft wuchs von 3,5 Millionen (1913) auf 8,3 Millionen (1940) Personen. Die Zahl des ingenieur-technischen Personals (Facharbeiter, Techniker und Ingenieure) wuchs von 119000 (1928) auf 932000 (1940)[2]. Darüber hinaus verwies man auf die Erfolge des Bildungssystems: Bis zum Zweiten Weltkrieg war der Prozentanteil der Analphabeten von 72 Prozent (1897!) auf knapp 23 Prozent (1940) gesunken. Bemerkenswert an dieser Angabe ist, daß selbst die Bildungs-Statistiken der Zeit nach Stalin als Ausgangsbasis immer die letzte Volkszählung von 1897 nahmen, nicht – wie sonst üblich – das Jahr 1913 mit nur noch 46 Prozent Analphabeten unter Männern und 74 Prozent unter Frauen[3].

Die Einbeziehung der Frauen in die Arbeitswelt der Städte ließ sich als »Befreiung der Frau« ausgeben. In den Arbeiter- und Angestelltenberufen stieg ihr Anteil von 27 Prozent (1929) auf

Tabelle 1

Getreide (in Millionen Tonnen)			
	Ernte		*Beschaffung*
1922	50,3		6,9
1924–28 (Jahresdurchschnitt)	69,3	1928	10,8
1928–32 (Jahresdurchschnitt)	73,6**	1929/30	16,1*
1932–37 (Jahresdurchschnitt)	72,9**	1937	31,9
1938–40	77,9**	1940	36,4
1945	47,3	1945	20,5
1946	39,6	1946	17,5
1947	65,9	1947	27,5
1946–50 (Jahresdurchschnitt)	64,8	1946–50 (Jahresdurchschnitt)	27,9
1951–55 (Jahresdurchschnitt)	88,5	1951–53 (Jahresdurchschnitt)	34,2

*Quelle: Narodnoe chozjajstvo SSSR 1922–1972. Jubilejnyj statističeskij sbornik. Moskau 1972, S. 216–228; * Merl, S., Die Anfänge der Kollektivierung in der Sowjetunion. Wiesbaden 1985, S. 83; ** Merl, S., Rußland und die Sowjetunion 1914–1980. In: Fischer, W. u. a. (Hg.), Handbuch der europäischen Wirtschafts- und Sozialgeschichte. Stuttgart 1987, S. 686.*

38 Prozent (1940) und kriegsbedingt auf 55 Prozent (1945), um sich nach dem Krieg auf dem hohen Niveau von 45 Prozent (1956) zu stabilisieren. Unter den Fachleuten mit höherer und mittlerer Bildung stieg ihr Anteil von immerhin schon 29 Prozent (1929) auf 36 Prozent (1941)[4]. Der Zweck dieser im triumphalistischen Stil der Stalin- und Nach-Stalin-Zeit präsentierten Zahlen bestand darin, den unaufhaltsamen Aufstieg der Sowjetunion zur Industriemacht und der besonderen Leistungsfähigkeit des sozialistischen Systems vorzuführen.

Besonders stolz war man auch auf den hohen Grad der Konzentration von Produktion und Arbeitskräften in den Industriebetrieben. Hatten vor 1913, so hieß es, 44 Prozent der Fabrikarbeiter in Betrieben mit über 1000 Personen gearbeitet, so waren es nach dem Zweiten Weltkrieg über 60 Prozent[5]. Hier zeigte sich nicht nur die der Stalinzeit eigene Megalomanie und die sowjetische Variante des Amerikanismus, sondern auch die der Planwirtschaft eigene Tendenz zur Konzentration, der Glaube, daß die große Organisation ein Ausweis von Modernität und Rationalität sei. Man ahmte im Grunde nach, was man im Ausland als Monopolkapitalismus kritisierte. Durch Planung sollte er übertroffen werden. Dabei waren Großbetriebe vielfach – wie schon in der Zeit vor 1914 – eine Ansammlung vertikal organisierter Werkstätten, deren Maß an Arbeitsteiligkeit und Mechanisierung sehr unterschiedlich ausfallen konnte. Wenig qualifizierte Handarbeit spielte bis weit in die fünfziger Jahre immer noch eine maßgebliche Rolle.

Ein weiteres Faktum hatten die Zahlen zu belegen. In der Wirtschaftspolitik realisierten sich die zur »Gesetzmäßigkeit« stilisierten, Karl Marx zugeschriebenen Regeln der erweiterten Reproduktion. Sie besagen, daß in der Phase der Akkumulation der Produktionsmittelsektor (Sektor A) schneller wachse als die Konsumgüterindustrie (Sektor B)[6]. Hatte in den Industrialisierungsphasen vor 1927 der Sektor B sowohl in der industriellen Produktion als auch in der Zahl der hier Beschäftigten überwogen, so kehrten sich seit Beginn der Planperiode die Verhältnisse entsprechend der »Gesetzmäßigkeit« um. Rohstoff- und Produktionsgütersektoren sollten bis zum Ende der Sowjetunion die anderen Sektoren ständig überflügeln – im Umfang der Produktion wie im Wachstumstempo (s. Tabelle 2) und bei der Zunahme der Produktivität[7]. Was in den Lehrbüchern als Gesetzmäßigkeit ausgegeben wurde, war eine politische Entscheidung, zeigte den Triumph der Politik und des Plans über die Ökonomie. Sie sollten in den folgenden Jahrzehnten ein Strukturmerkmal sozialistischer Systeme bleiben, dem nicht mehr zu entkommen war. Denn im Sektor A manifestierten sich die Interessen der Parteioligarchie und ihrer Apparate. Im wahrsten Sinne des Wortes wurde die Wirtschaft zur »Politökonomie«. Hinter dem Schirm einer zu-

Tabelle 2

Indices der Produktion
(1913 = 1)

	1940	*1945*	*1950*
Bruttoproduktion	5,1	4,2	8,2
Industrieproduktion	7,7	7,1	13,0
Produktion, Gruppe A	13,0	15,0	27,0
Produktion, Gruppe B	4,6	2,7	5,7
Bruttoproduktion der Landwirtschaft	1,4	0,9	1,4
Alle Arten von Transport	3,9	3,0	5,7
Eisenbahntransport	5,4	4,1	7,9
Anzahl der Arbeiter und Angestellten	2,6	2,2	3,1
Arbeitsproduktivität			
– in der Industrie	3,8	4,3	5,5
– in der Landwirtschaft	1,9	1,3	2,1
– im Eisenbahntransport	2,9	2,0	3,2

Quelle: Narodnoe chozjajstvo SSSR v 1970 g. Statističeskij ežegodnik. Moskau 1972, S. 55f.

nächst chaotischen Planwirtschaft etablierte sich diese Machtökonomie, die durch ihre Fixierung auf den Rohstoffsektor und auf die Schwer- und Rüstungsindustrie gekennzeichnet blieb. Die politischen Instanzen kontrollierten einen in sich geschlossenen Kreislauf, wenn sie ihn auch alles andere als effektiv steuerten.

Das Ausmaß realen Wachstums und realer Erfolge in der Sowjetunion ist angesichts fehlender Kriterien, d. h. angesichts der willkürlichen und innerhalb der einzelnen Sektoren unterschiedlichen und zudem immer wieder wechselnden Preise, unter den Fachleuten umstritten, wenn es nicht um Naturalgrößen geht. Aber auch diese waren oft genug fiktiv. Der Sieg über die Anarchie des Marktes hatte mithin eine extrem willkürliche, den sub-

Tabelle 3

Sowjetische und westliche Schätzung der Industrieproduktion 1928–1940 (1928 = 100)					
	1928	1932	1937	1940	Jährliche Wachstumsrate 1928–1940 (Prozent)
sowjetische Zahlen:					
Bruttoproduktion	100	202	446	642	16,8
Nettoproduktion	100	237	585	–	21,7
Seton	100	181	380	462	13,6
Hodgman	100	172	371	430	12,9
Nutter: Nichtmilitärischer Industriekomplex (Preise von 1928)	100	144	266	286	9,2
Nichtmilitärischer Industriekomplex (Preise von 1955)	100	141	233	227	7,1
gesamte Industrie, einschließlich der Rüstungsindustrie (Preise von 1928)	100	150	279	312	10,0
Kaplan-Moorsteen: Nichtmilitärischer Industriekomplex	100	154	249	263	8,4
inoffizielle sowjetische Schätzung (1987) (in 1980 $)	100	–	217	–	9,0

Quelle: Davies, R.W. u.a. (Hg.), The Economic Transformation of the Soviet Union, 1913–1945. Cambridge 1994, S. 292f.

jektiven Befindlichkeiten der Akteure in der Sowjetunion – von den Arbeitern über die Planer bis hin zu Stalin – folgende Bewertung der Errungenschaften zur Folge. Die Planwirtschaft sowjetischen Zuschnitts enthielt immer einen erheblichen Anteil fiktiver Elemente, weil es keine »objektiven«, am Markterfolg ablesbaren Kriterien gab. Aus diesem Dilemma haben auch die Historiker keinen Ausweg gefunden, wie die unterschiedlichen Schätzungen über das industrielle Wirtschaftswachstum in der Sowjetunion zeigen (s. Tab. 3)[8].

Die Schwierigkeiten einer realitätsnahen Bewertung zeigten sich gerade auch am Beispiel der Rüstungswirtschaft. Die außenpolitischen Verwicklungen von 1927 waren ein öffentlich wirksames Argument für den Übergang zur forcierten Industrialisierung gewesen. Aber erst im dritten Planjahrfünft (seit 1938) lassen sich wirklich massive Investitionen in den Rüstungssektor beobachten. Dies läßt sich insbesondere am Zuwachs der Beschäftigtenzahl ablesen: Von 1929/30 bis 1939 war ihre Zahl von 137000 auf über eine Million gestiegen. Je nach Definition des Arbeiterbegriffes war 1939 entweder jeder 15. oder jeder 10. Arbeiter in Rüstungsbetrieben beschäftigt[9]. Diese waren von 84 »Objekten« (1928/29) auf 218 (1939) gestiegen, jeweils mit über 4500 Beschäftigten. Zudem waren 39 wissenschaftliche Institute und Konstruktionsbüros im Einsatz, die mit der Rüstung zu tun hatten[10]. Die Rüstungsindustrie wie die innovativen Branchen der chemischen und elektrotechnischen Industrie konzentrierten sich zu erheblichen Teilen in den Hauptstädten Moskau und Leningrad. Darüber hinaus fällt auf, daß die Fertigungsindustrie vornehmlich in der RSFSR aufgebaut wurde. Insbesondere in der Ukraine beklagte man, zur Rohstoffbasis der UdSSR degradiert zu werden[11] (s. Tab. 4, Seite 140).

Wie immer der Anteil der Rüstung an der Volkswirtschaft im einzelnen veranschlagt wird, so besteht kein Zweifel daran, daß sie spätestens seit dem dritten Fünfjahrplan enorme Ressourcen verschlang. Die folgende Wirtschaftskrise und die überall auftretenden Mängel – übrigens auch in der Rüstungswirtschaft selbst – hatten mit dieser Umverteilung der Investitionsmittel zu tun[12]. Gleichwohl gehörte die Fähigkeit, alle verfügbaren Kapazitäten auf den Rüstungssektor zu konzentrieren, zu den – aus der Sicht

Tabelle 4

Brutto-Produktion der Großindustrie nach Regionen
1913–1939 (in Millionen Rubel)

	1912	1928	1933	1939
	Prozent	*Prozent*	*Prozent*	*Prozent*
RSFSR Zentral	39,4	42,9	37,5	39,3
Nord und Nordwest	12,2	13,1	16,0	13,8
Südost	11,1	9,1	9,4	9,4
Ural und Westsibirien	5,9	6,8	8,2	8,8
Ostsibirien und Ferner Osten	1,3	1,7	1,7	2,8
RSFSR, insg.	69,9	73,5	72,7	74,1
Ukraine, einschl. Krim	20,7	18,6	18,0	17,4
Weißrußland	0,7	1,3	1,9	1,8
Transkaukasus	7,0	3,9	4,4	3,5
Zentralasien	1,8	2,1	2,2	2,3
Kasachstan	–	0,6	0,7	1,0
UdSSR, insg.	100,0	100,0	100,0	100,0

Quelle: Davies, R.W. u. a. (Hg.), The Economic Transformation of the Soviet Union, 1913–1945. Cambridge 1994, S. 301.

der Machthaber – positiven Seiten der Planwirtschaft. Allerdings wurde hierüber in der Öffentlichkeit geschwiegen, obwohl die Bevölkerung die Folgen dieser Politik drastisch zu spüren bekam.

Die Sowjetunion wurde mithin als Folge des Außenhandelsmonopols und mehr noch als Folge der Planwirtschaft fast zu einem autarken Wirtschaftsraum. Man verzichtete auf die Vorteile internationaler Arbeitsteilung und beraubte sich so in vielen Sektoren, die nicht von erstrangiger Bedeutung für die Machtorgane waren, des Drucks zur Innovation. Trotz enormen Wachstums ihrer Industrie blieb die Sowjetunion daher im Welthandel ein Zwerg. Der Anteil des Zarenreiches hatte bei vier Prozent gelegen, der Anteil der Sowjetunion bewegte sich in den dreißiger Jahren bei einem Prozent. Der Anteil land- und forstwirtschaftlicher Produkte am Export lag bei 74 Prozent (1938)[13]. Wie vor dem Ersten Weltkrieg blieb der Anteil importierter Halbfabrikate und Industriewaren bei einer insgesamt abnehmenden Einfuhr bei etwa 80 Prozent[14].

Die europäischen Länder waren nach 1921 die wichtigsten Handelspartner. Bis Anfang der dreißiger Jahre nahm Deutschland die erste Stelle ein, dicht gefolgt von Großbritannien. Kreditschwierigkeiten in der Phase des zweiten Fünfjahrplanes und politische Gegensätze – Hitler verbot im Februar 1936 den Export von Rüstungs- und Technologiegütern – führten dazu, daß die USA und Großbritannien seit Mitte der dreißiger Jahre Deutschlands Rolle übernahmen. Dies sollte sich erst wieder mit dem Hitler-Stalin-Pakt und den begleitenden Wirtschaftsabkommen ändern.

Die politische Dimension der deutsch-sowjetischen Wirtschaftsbeziehungen erstreckte sich auf die geheime Zusammenarbeit zwischen der Reichswehr und der Roten Armee. Die wehrökonomischen und handelspolitischen Beziehungen zur Sowjetunion waren auf deutscher Seite eingebettet sowohl in die Revisionspolitik gegenüber Polen als auch in eine Palette von Konzepten der sogenannten Ostorientierung. Im Rahmen neomerkantilistischer und autarkistischer Zukunftsentwürfe, die auf die Erfahrungen der Kriegszeit zurückgingen, konnte der Sowjetunion zusammen mit Osteuropa die Funktion einer Rohstoffbasis und eines Absatzmarktes für die deutsche (Rüstungs-) Industrie zugewiesen werden; oder sie wurde als Partner in einem gegen den Westen gerichteten Kontinentalblock gesehen. Die bolschewistische Sowjetunion figurierte dabei als »roter Drache«, dem man seine Schätze, die er hütete, friedlich oder gewaltsam entreißen wollte[15].

Aus sowjetischer Perspektive fiel in den dreißiger Jahren den USA eine erstrangige Rolle zu. Es war das Jahrzehnt des praktischen sowjetischen Amerikanismus[16]. Es waren vor allem die

Jahrhundertprojekte des ersten und zweiten Fünfjahrplanes, deren Technologien aus den USA geliefert und von amerikanischen Projektmanagern und Ingenieuren installiert wurden. Das Spektrum reichte von den Traktoren- und Autowerken in Stalingrad, Gorki und Tscheljabinsk über den Aufbau von Magnitogorsk, die Modernisierung der Ölförderung in Baku, die Erschließung der Goldfelder an der Kolyma, der Asbestvorkommen in Asbest bis hin zum Staudamm am Dnepr, dem *Dneprostroi*[17]. In Ausmaß und Breite knüpfte der Innovationsschub durch ausländische Technologie- und Organisationstransfers an die Spätphase des Zarenreiches an. Um 1930 waren 104 technologische Beistandsverträge in Kraft, davon 81 mit Firmen aus den USA und aus Deutschland. Die Zahl der ausländischen Facharbeiter, Ingenieure und Manager um 1930 wird auf fast 7000 Personen geschätzt, davon bis zu 1700 US-Amerikaner und etwa 5000 Deutsche[18]. Auffällig bleibt der Kontrast zwischen Verfolgung und Schikanierung einheimischer Ingenieure und Direktoren, in die vereinzelt auch ausländische Fachleute einbezogen wurden[19], und gleichzeitigem hemmungslosen Rückgriff auf amerikanische Großtechnologien, die als fortschrittlichste und den sowjetischen Verhältnissen angemessenste angesehen wurden. Die alte und neue Generation von sowjetischen Ingenieuren hatten sich im wesentlichen ausländische Technologien anzueignen, sie zu duplizieren oder den einheimischen Verhältnissen und Bedürfnissen anzupassen. Lediglich in den Waffentechnologien gab es seit Ende der dreißiger Jahre tatsächlich eigene Innovationen, selbst wenn sie an ausländische Modelle anknüpften[20].

Die neue Arbeiterschaft

Das soziale Profil der Arbeiterklasse veränderte sich seit dem ersten Fünfjahrplan (1927/28–1931/32) völlig[21]. Zu Beginn der Planperiode läßt sie noch eine an Revolution und Bürgerkrieg erinnernde Aufbruchstimmung erkennen. Diese Aktivitäten waren allerdings im Unterschied zu 1917 bis 1921 ganz regimekonform: Aus den Fabriken wurden Arbeiter für die sozialistische Rekonstruktion des Dorfes geworben. Gleichzeitig mobilisierte man im Zuge des Kulturfeldzuges junge Arbeiter für die Ausbildung an den Fach- und Hochschulen des Landes: Sie sollten die alten bürgerlichen Spezialisten ablösen und zur neuen roten Intelligenz werden[22]. Die Jagd auf die bürgerlichen Spezialisten und die Schauprozesse gegen sie als Schädlinge stießen in der Arbeiterschaft auf eine positive Resonanz und zeigten, daß der egalitäre Furor immer noch lebendig war. Zudem fand zumindest unter jugendlichen Arbeitern der erste Fünfjahrplan mit seinen utopischen Zielen ein begeistertes Echo, und viele ließen sich für die neuen Großprojekte rekrutieren. Trotz eines erheblichen Abzugs durch Aufstieg in Leitungspositionen und durch die befristete Abwanderung aufs Land erlebte die Arbeiterschaft ein rasantes Wachstum: Von etwa 3,1 Millionen (1928) stieg sie auf 8,3 Millionen (1940); die Zahl der Lohnabhängigen insgesamt stieg von über 11 auf 34 Millionen Personen.

Die strukturelle Privilegierung der Arbeiterschaft, der Industrie wie der Stadt insgesamt und die politische Rhetorik, welche von der führenden Rolle der Arbeiterklasse und der Diktatur des Proletariats sprach, schufen ein spezifisches Verhältnis zwischen Macht und Eigenwilligkeit der so hervorgehobenen Schicht. Der anfängliche Enthusiasmus bezog sich auf die Ausweitung der industriellen Produktion, auf die Faszination durch die neue amerikanische Technik und nicht zuletzt auf die Beseitigung der Arbeitslosigkeit sowie neue Chancen für die Arbeiterjugend. Aber seit dem Ende der NEP erfolgte in der verarbeitenden Industrie mit der Übernahme des amerikanischen Fließbandsystems, mit Fordismus und Taylorismus ein massiver Rationalisierungsschub. Er führte innerhalb der Belegschaften zu einer Polarisierung der Qualifikationsstufen: auf der einen Seite die Mehrheit der un- und angelernten, auf der anderen Seite eine Minderheit qualifizierter Arbeiter. Damit verband sich eine sukzessive Hierarchisierung, Disziplinierung und institutionelle Einhegung der Arbeiterschaft. Diese Entwicklungen hatten allerdings auch mit den Veränderungen des politischen Regimes, mit der Etablierung einer neuen Aufsteigerklasse in der Partei und in den Betrieben und mit der Senkung des Lebensstandards in den Städten zu tun.

Der hohe Anteil von Neuzugängen vom Land (circa 60 Prozent der Arbeitskräfte in Industrie und Bergbau)[23] – bei gleichzeitigem Aufstieg oder anderweitigem Einsatz »bewußter« Arbeiter – bedeutete, daß nun zur Arbeiterschaft Menschen gehörten, die bestenfalls ein ambivalentes Verhältnis zur Sowjetmacht gehabt haben können. Die »dunklen Massen« mit hohen Anpassungsschwierigkeiten und ihrem »Produktionshooliganismus« überfluteten nun die Fabriken und Baustellen, was auch andere Einstellungen der Machthaber und Betriebsleitungen hervorrufen mußte. Die Veränderungen ließen nicht lange auf sich warten, ohne daß der Appell an die besondere Rolle der Arbeiterklasse ganz aufgegeben wurde.

Der gewachsene Zusammenhalt der Arbeiter in den Artels, den Arbeits- und Lebensgemeinschaften in den Betrieben, wurde ersetzt durch die Bildung von Brigaden, die jungen enthusiastischen (und parteitreuen) Arbeitern die Möglichkeit zu Aufstieg und Autorität gaben. Zunächst jedenfalls funktionierte die Bildung von Brigaden als Sturmbock gegen die Autorität der alten Facharbeiter, bis die neuen Formationen selber zu einer Selbstverteidigungseinrichtung gegen die Zumutungen von oben werden konnten. Die Kritik an den Produktionsabläufen und den Alltagsbedingungen wurde nicht grundsätzlich unterdrückt und manchmal sogar unter Aspekten höherer Effizienz und der »wissenschaftlichen Arbeitsorganisation«, jedenfalls bis Mitte der dreißiger Jahre, gefördert. Die Bildung von Brigaden stand in Zusammenhang mit der Forcierung von Stoßarbeit, sozialistischem Wettbewerb, mit echtem oder simuliertem Arbeitsenthusiasmus, wie er seit 1928/29 zelebriert wurde. Besonders wichtig für die Arbeiter war der seit 1931 forcierte Übergang vom Zeitlohn zum Stücklohn, der bis dahin als kapitalistisch-repressiv gegolten hatte, und der anhaltende Kampf um Norm- und Zeitmessung, also der Versuch, Elemente des Taylorismus in den sowjetischen Betrieben durchzusetzen[24]. Die Spannbreite der Reaktionen muß sehr groß gewesen sein: auf der einen Seite Enthusiasmus, auf der anderen Erschöpfung und Verbitterung[25].

Wenn die Kollektivierung Elemente einer ständischen Ordnung auf dem Lande konstituierte, so läßt sich Ähnliches für die Betriebe beobachten, eine Tendenz, die über die dreißiger Jahre hinausweist[26]. Vor dem Hintergrund des Mangels und der Zuteilungswirtschaft übernahmen die Betriebe, wenn auch unsystematisch und je nach Situation wechselnd, Funktionen, die in der kapitalistischen Gesellschaft dem Markt oder den Kommunen zufallen. Dies galt insbesondere für die neuen Städte und Industriezonen, wo über den Betrieb viele Sozialleistungen, wie bescheiden auch immer, erbracht wurden. So verfügten die Großbetriebe in Magnitogorsk über 80 Prozent des Wohnraumes[27], und sie wurden zum Ausbau der städtischen Infrastruktur – von sanitären Anlagen bis zu Kultureinrichtungen – herangezogen. In den dreißiger Jahren stand aber wohl die Lebensmittelversorgung im Vordergrund. Dieses System von Dienstleistungen konnte gegenüber den Arbeitskräften stimulierend oder auch repressiv eingesetzt werden.

Die Betriebe gingen angesichts ständiger Probleme mit der Zulieferung zum Horten von Material und Menschen über und entwickelten eine über das engere Produktionsziel weit hinausgehende Produktionspalette. Damit sind Ähnlichkeiten zum Betrieb als Anstalt, wie er auch vor 1914 bestanden hatte, nicht zu übersehen. Unternehmen bzw. Betriebsvereinigungen innerhalb von Branchenverwaltungen tendierten zu möglichst weitgehender Autarkie und konnten zu einer geschlossenen Welt werden, in der Parteizellen, vom Zentrum anreisende Kontrolleure und vor allem Repräsentanten des NKWD auf die Durchsetzung allgemeiner Ziele achteten.

Die Zeit des zweiten Planjahrfünfts (1933–1937) gilt als Zeit der Entspannung. Die sozialistische Rekonstruktion war abgeschlossen, viele der neuen Großbetriebe nahmen ihre Arbeit auf, die Hungersnot war überwunden, der XVII. Parteitag (1934) feierte sich als Kongreß der Sieger, und die Ernten waren 1936/37 vergleichsweise gut ausgefallen.

Dieser triumphalistischen Grundstimmung der Partei entsprach auch die Stachanow-Bewegung. Sie folgte dem Wechsel der Losungen. Hatte zunächst die Bewältigung der neuen Technologien (»die Technik entscheidet alles«) im Vordergrund gestanden, so gab Stalin 1935 die Losung »die Kader entscheiden alles« aus[28]. Von ihr ließ sich der Hauer A. G. Stachanow angeblich inspirieren, um im Schacht »Zentralnaja Irmino« (Donbas) Höchstleistungen bei der Kohleförderung zu erbringen. Dies war der Auslöser für die nach ihm benannte Stachanow-Bewegung, eine neue Variante von *schturmowschtschina* und Stoßarbeit. Die Bewegung scheint mehrere Funktionen erfüllt zu haben[29]. Sie läßt sich als proletarischer Rousseauismus deuten: Arbeiter bewiesen den Ingenieuren und Managern, daß sie aus eigener Kraft und dank eines spontanen Wissens zu Höchstleistungen befähigt waren, und belegten damit die unbändigen Energien, die der Sozialismus entfesselte. Er bot zugleich den einfachen Arbeitern oder Kolchosniki eine Perspektive des Aufstiegs, des Prestigegewinns und eines besseren Konsums. Die Stachanow-Bewegung kennzeichnet eine spätestens seit dem »großen Umbruch« verbreitete Attitüde: die Kombination von rebellischem Geist gegenüber dem eigenen Milieu und den näheren Vorgesetzten und Unterwürfigkeit gegenüber der höchsten Autorität, also Stalin. Die Herausstellung der individuellen Leistung war zugleich ein Angriff auf den Kollektivismus und die widerständige Solidarität in der Arbeiterschaft. Und nicht zuletzt gewann die Partei in dieser Gruppe von Bestarbeitern eine parteifromme Klientel, die als Vorzeige-Proletarierer, Streber, Aufpasser und Denunzianten beliebig einsetzbar waren. Die Stachanow-Bewegung stieß daher auf ebensoviel Renitenz in der Arbeiterschaft wie im Kolchos und unter den Betriebsleitungen. Diese störten sich vor allem an dem Chaos, das die Stachanowisten in den Produktionsabläufen hervorriefen. Da direkter Widerstand nicht möglich war, wurde die Bewegung dadurch unschädlich gemacht, daß sie »Massencharakter« annahm. 1936 deklarierten sich schon 25 Prozent der Arbeiterschaft als Teilnehmer der Stachanow-Bewegung.

Den Industriebetrieb kennzeichneten im übrigen analoge Mechanismen eines aufgeblähten Bürokratismus, wie sie für den Kolchos beschrieben worden sind: der Druck von oben, Renitenz von unten, oft auch schlichtes Unvermögen der um- und angelernten Kräfte wie der neuen roten Ingenieure und Manager, weiche Pläne und Hortung von Ressourcen, fiktive Planerfüllung und Buchführung, informelle Beziehungen und die Bedrohung des Leitungspersonals im »Großen Terror«, der auch hier mit simulierter Mobilisierung von unten und mit Spielen von Basisdemokratie einherging.

Die Verteilungswirtschaft

Um das Chaos zu bekämpfen, das der erste Fünfjahrplan und die Kollektivierung geschaffen hatten, griff die Führung zu einer Vielzahl von Lenkungsmaßnahmen. Sie waren teils aus der Not geboren, teils folgten sie noch – mit Rückgriff auf den Kriegskommunismus – den Visionen totaler Verteilungswirtschaft. Aus der Manipulation der Preise entwickelte sich auch im Konsumbereich mit der Rationierung der Lebensmittel ein Instrument, das im Laufe der Jahre (1929–1934) zur Begünstigung, Benachteiligung oder gar Bestrafung bestimmter Gruppen genutzt werden konnte. Zu den Privilegierten gehörten »Parteiarbeiter«, die Arbeiter in wichtigen Industriebranchen oder Gelehrte. Benachteiligt wurden u. a. Arbeiter(innen) in der Leichtindustrie, Angestellte und vor allem die ländlichen Regionen. Bestraft wurden z. B. *lischenzy*, die aus dem Verteilungssystem herausgenommen wurden. Ähnliches drohte auch jenen ländlichen Regionen, welche die Ablieferungsnormen nicht erfüllten. Nach dem Mord an Kirow verlor Leningrad den Status einer besonders begünstigten Region[30]. Die staatliche Distribution über Festpreise und Lieferquoten, über Sonderzuteilungen, geschlossene Verteiler, geheime Lohnfonds, hierarchisierte Wohnraumzuteilung, Gesundheitsfürsorge und dergleichen sollte einerseits – nach den bekannten Klassenkriterien – belohnen und bestrafen, andererseits aber auch zur Steigerung der Arbeitsmoral und Produktivität stimulieren.

Den Bauern standen die Nebenwirtschaften und Kolchosmärkte als Einkommensquelle offen. Die Konsumenten mußten sich mit kommerziellen, wenn auch regulierten Preisen abfinden oder sich auf dem Schwarzmarkt versorgen, zur Not auch in Spezialgeschäften des *Torgsin*[31] gegen Devisen oder Abgabe von Wertgegenständen einkaufen. Da die Reallöhne seit 1928 drastisch zurückgegangen waren, dürften Mangel und Unterernährung auch in den Städten bis Mitte der dreißiger Jahre sehr verbreitet gewesen sein (s. Tab. 5, Seite 148).

Als die Läden geschlossen, die Regale geräumt waren und die Lebensmittel immer teurer wurden[32], mangelte es nicht an Anekdoten, hier eine bolschewistische Variante schwarzen

Tabelle 5

Realer Lohnindex in der Industrie 1927/28 = 100		
Jahr	*Sowjet. Angaben*	*Zaleski*
1927/8	100,0	100,0
1932	65,4	43,6
1936	60,0	50,7
1938	76,2	64,3
1940	82,1	52,3

Quelle: Zaleski, E., Planning for Economic Growth in the Soviet Union. Chapel Hill 1971, S. 392.

Humors: Um das Defizit an Fleisch zu beheben, »schlachtete« man 48 Professoren als Sündenböcke[33].

Nachdem der Privathandel bis 1931 mit Hilfe der Umsatzsteuer erdrosselt, Klein- und Zwischenhändler ruiniert oder deportiert worden waren[34], nutzte man die Umsatzsteuer vor allem zur Besteuerung des Konsums[35]. Was die Partei und die kommunistische Moral den sogenannten *nepmany* vorwarfen, dem erlag seit 1929 die OGPU: dem »Goldrausch«. Um im Interesse der Industrialisierung – und vielleicht auch im eigenen Interesse – Gold, Wertgegenstände und Devisen zu beschaffen, verhaftete die OGPU »Kapitalisten«. Sie wurden in Schwitzkammern (*parilki*), Kältezellen und Läuseräumen gezwungen, ihre Schätze herauszurücken oder Verstecke von Bekannten zu verraten. Bei der Jagd auf private Vermögen bediente man sich vor allem der Erpreßten selbst oder der Denunziationen[36].

Angesichts der Mängel von Rationierung und Verteilungswirtschaft erschien es auf Dauer doch wirkungsvoller, strategisch wichtige Branchen, Gruppen oder Regionen, z. B. jene östlich des Urals, über eine Differenzierung der Löhne zu fördern. Aber die Aufhebung der Rationierungen seit 1935 war mit erneuten

Preiserhöhungen verbunden und mit einer zunehmenden Differenzierung der Löhne. Hatte die Spannweite der Lohndifferenzierung zu Anfang der dreißiger Jahre bei 1:3 gelegen, so lag sie am Ende des Jahrzehnts bei 1:6 und wuchs sich während und vor allem nach dem Krieg zu einem undurchschaubaren Dschungel von Tarifen aus[37]. Allerdings stießen die Preiserhöhungen von Grundnahrungsmitteln, begleitet vom Getöse über das bessere und fröhlichere Leben, innerhalb der unteren Lohngruppen auf erhebliche Kritik. Denn immer noch mußten große Teile selbst der besser gestellten Arbeiterschaft mehr als die Hälfte ihres Budgets für Brot und andere Grundnahrungsmittel ausgeben[38].

Angesichts der ständigen, wenn auch wechselnden Defizite an Konsumwaren blieben die Löhne nur ein schwacher Indikator für Armut oder Wohlstand. Vor allem wegen der forcierten Aufrüstung und der anhaltend geringen Investitionen im Konsumgütersektor und in der Landwirtschaft zeigten sich bereits im dritten Jahr nach Aufhebung der Rationierung massive Mängel in der Versorgung. Daher gingen Städte, Regionen und Betriebe sukzessive seit 1938/39 – gegen den hinhaltenden Widerstand der Parteiführung – zu verdeckten Formen der Rationierung vor allem von Grundnahrungsmitteln über. Das Zentralkomitee bekämpfte auf seine Weise die entstandene Notlage: Um den Geldüberhang wegen der Lohnerhöhungen im dritten Planjahrfünft abzuschöpfen, wurden die Preise auf Konsumwaren weiter erhöht – mit Ausnahme der symbolisch wichtigen Preise von Brot und Graupen. Um die staatlich kontrollierte Marktquote produzierter Nahrungsmittel zu erhöhen, verfiel man im Mai 1939 darauf, den Umfang der bäuerlichen Nebenwirtschaften um 25 Prozent zu reduzieren. Außerdem begrenzte man den Handelsfonds für das flache Land. Es folgten Verbote oder Einschränkungen beim Verkauf von Brot in den Kolchosen – begleitet von einer erneuten Anhebung der Steuersätze für Kolchosen und Kolchosmärkte. Wie in der Zeit der Kollektivierung bekämpfte man zudem das Einkaufen und Hamstern der Landbewohner in den Städten und verstieg sich sogar zum Verbot des Schlangestehens[39].

Spätestens seit den dreißiger Jahren dürfte das System der administrativ gesteuerten Versorgung auch in den Sprachschatz des

Russischen Eingang gefunden haben. In der Sprache der Behörden wurden die Läden zu Handelspunkten, die Waren zu Quoten und die Konsumenten zu Versorgungskontingenten. Man kaufte und verkaufte nicht mehr, sondern beschaffte (*dostat*), organisierte oder schlug etwas heraus (*wykolatschiwat*). Man pflegte komplizierte Verwandtschafts- und Freundschaftsbeziehungen und nutzte sie für Beschaffungen aller Art – von der Information bis zu banalen Gegenständen. Dies war der Sinn und die Form des *blat*[40], ein Synonym für Tausch- und Beschaffungsaktionen im privaten Leben wie im Austausch zwischen Betrieben, mit Ritualen, die wie eine moderne Variante des Potlatsch erscheinen, des Austauschs von »Geschenken« bei Völkern, die keinen kommerziellen Handel kennen. Kurz – man hatte »sozialistische Beziehungen« aufzubauen.

Zu den »Errungenschaften« des Sozialismus stalinscher wie nach-stalinscher Prägung gehörte auch die Käuferschlange. Schon 1919, zur Zeit des Kriegskommunismus, sah der später emigrierte Soziologe P. A. Sorokin in der Schlange »die eigentliche wissenschaftliche Definition von Kommunismus, basierend auf Erfahrung«[41]. Vom Beginn der Planperiode bis zum Untergang der Sowjetunion blieb die Käuferschlange ein beständiges soziales Phänomen, das erhebliche Zeit in Anspruch nahm, eigene Kommunikationsformen entwickelte, einen beliebten Horchposten für Spitzel abgab – wie zur Zarenzeit die Schenke (*kabak*) – und schließlich auch ihren verdienten literarischen Niederschlag finden sollte[42].

Das Paßregime

Ein nicht zu unterschätzendes Instrument zur Kontrolle der Bevölkerung war die Paßgesetzgebung. Mit dem Dekret vom 27. Dezember 1932 und vielen folgenden – teils geheimen, teils öffentlich gemachten – Erlassen wurde ein kompliziertes Paßregime eingeführt.

In erster Linie dürfte die ausschließliche Ausgabe von Pässen an die Stadtbevölkerung der Kontrolle und Lenkung der Migrationsströme aus dem Dorf gedient haben. Die Vergabe von befristeten Genehmigungen an die Kolchosniki ermöglichte ihnen eine saisonale Arbeitsaufnahme bzw. diente zu deren Zwangsmobilisierung. Zwischen 1933 und 1937 wurden auf diese Weise circa 13 Millionen Landbewohner für Arbeiten außerhalb der Kolchosen eingesetzt[43]. Daneben diente die Ausgabe von Inlandspässen in erster Linie dazu, unerwünschte Personengruppen – vor allem *lischenzy*, »Ehemalige«, Kulaken, entlassene Häftlinge, Verbannte u. a. – von den sogenannten Regimeorten fernzuhalten. Als Regimeorte galten schon 1932/33 alle wichtigen Großstädte und Ballungszentren. Später kamen Grenzregionen, Orte an Bahnlinien und Bahnknotenpunkte hinzu. 1953 zählte man schließlich 250 solcher Regimeorte, seither etwa auf die Hälfte reduziert.

Mit der Zuteilung eines Inlandspasses hatte man das Wohn- und Arbeitsrecht in einer Stadt erworben. Freizügigkeit war damit nicht verbunden, denn auch der Paßinhaber war nervtötenden Prozeduren der An- und Abmeldung (*propiska, wypiska*) unterworfen, die immer mehr bedeuteten als eine einfache Registration. Sie boten der Miliz oder dem NKWD Gelegenheit zur ausführlichen Durchleuchtung des Antragstellers. In den Pässen waren der soziale Status, aber auch die soziale Herkunft, Dienst in der Armee und Verwandtschaftsbeziehungen eingetragen. Dies waren alles Angaben, die bei »unreiner« Vergangenheit, Herkunft oder zweifelhafter Verwandtschaft zu Benachteiligungen führen konnten. Kinder von Kulaken z. B. erhielten seit 1938 zwar Pässe, aber mit Vermerken, so daß ihnen bestimmte Orte verschlossen blieben. Kindern von *lischenzy* wurden Pässe nur ausgehändigt, wenn sie von ihren Eltern getrennt lebten und eine »sozial nützliche« Arbeit nachwiesen. Seit 1938 widmete das NKWD dem Eintrag der Nationalität größere Aufmerksamkeit. Denn nun waren bestimmte Nationalitäten und Minderheiten vor allem in Grenzregionen (Koreaner, Finnen, Deutsche, Polen etc.) zu potentiell verdächtigen Gruppen geworden, galten also in der Sicht des Regimes als »unrein« wie zuvor Kulaken und »Ehemalige«.

Bei der ersten Paßausgabe 1932/33 sollen in Moskau und im Moskauer Gebiet drei bis vier Prozent, in Stalingrad, Kiew oder Baku acht bis zehn Prozent der Antragsteller die Pässe verweigert worden sein[44]. Die 1936/37 und 1940 folgenden Prozeduren zum obligatorischen Umtausch der Pässe wurden zur polizeilichen Überprüfung genutzt: Wurde der Paß verweigert, konnte dies den Verlust des Arbeitsplatzes und die Ausweisung aus der Stadt bedeuten. »Denn ein Paß ist noch wichtiger als ein gutes Einkommen«.[45]

In welchem Maße das Paßregime die ungesteuerte Mobilität eindämmte oder kanalisierte, ist mit den bisher zur Verfügung stehenden Zahlen nicht genau einzuschätzen. Die amtlichen Klagen über die unaufhörlichen Fluktuationen in den Betrieben und in den Städten lassen sich als Mißerfolg des Paßregimes deuten, ebenso aber auch als Ausdruck ungebremster Kontrollwut der Behörden. Auf jeden Fall ging bis 1939 mehr als die Hälfte des Wachstums der Städte auf den Zuzug vom Lande zurück – bei einer viel höheren Rate jährlicher Zu- und Abwanderung. Ähnliche Relationen galten für viele Betriebe und insbesondere für Baustellen. Wenn man den Statistiken trauen darf, tauschten manche Betriebe ihre Belegschaft in einem Jahr komplett aus. Die »Zugvögel« (*letuny*) waren ein vertrauter Begriff der dreißiger Jahre[46].

Zur Kontrolle der Fluktuation und Verstetigung des Personals in den Betrieben propagierte man seit 1932 die Ausgabe von »Arbeitsbüchern«. Seit dem 1. Januar 1939 wurden sie für alle Arbeitnehmer in staatlichen und kooperativen Betrieben obligatorisch[47]. Ihre Einführung war begleitet von massiven Strafandrohungen. Mit dem Erlaß vom 26. Juni 1940 trat der Betrieb nicht mehr nur in seiner Eigenschaft als Arbeitgeber, sondern als Repräsentant staatlicher Gewalt auf. Kündigungen waren nur noch mit Zustimmung der Betriebsleitung erlaubt; die Verletzung der Arbeitsdisziplin sollte durch Anzeige bei Gericht geahndet werden. Hierbei griff man vielfach auf das schon bewährte Mittel der Strafe ohne Inhaftierung bei 25prozentigen Lohnabzügen zurück. So übte das Proletariat die Diktatur über sich selbst aus. Mit dem Erlaß vom 26. Dezember 1941 galten Angehörige der Rüstungsindustrie und der ihr zugeordneten Betriebe als »mobilisiert« – mit Strafandrohungen bei Verletzung der Arbeitsdisziplin, wie sie für Desertion bei Soldaten galten.

Kaum eine Periode der Stalinzeit dürfte unter der Arbeiterschaft so viel Erbitterung hervorgerufen haben wie die der Arbeitsgesetzgebung seit 1938. Zwischen Juni 1940 und März 1941 sollen allein in Leningrad fast 143 000 Personen wegen Verstoßes gegen die Arbeitsgesetze zu »Besserungsarbeit« bis zu sechs Monaten verurteilt worden sein. »Die Reaktion der Arbeiter legt nahe, daß dieses Dekret [vom 26. Juni 1940] sie in mancher Hinsicht mehr berührte als der Terror von 1937.« Das Wort »Sport« wurde entschlüsselt als »die sowjetische Regierung ist umzingelt von Gefängnissen für Arbeiter« oder »die sowjetische Regierung organisiert den Terror gegen die Arbeiter«[48].

Kapitel 7

Die Partei in der Gefangenschaft Trotzkis

Die Partei im Belagerungszustand

Die Einführung der Neuen Ökonomischen Politik (NEP) nach Ende des Bürgerkrieges berührte nicht das politische Monopol der Partei. Es wurde dadurch materiell unterfüttert, daß die Großindustrie und das Bankwesen verstaatlicht blieben. Die Industrie, gesteuert vom Obersten Volkswirtschaftsrat (WSNCh) und den unzähligen sogenannten Hauptverwaltungen (*glawki*) der Trusts, blieb eine Domäne der Partei. Dennoch fühlte sie sich wie in einer belagerten Festung, umgeben von einem Meer von »Kleinbürgern« (Bauern) im Inland und von Imperialisten im Ausland. Um zu verhindern, daß sich Gruppen und Interessenvertreter außerhalb der Partei innerparteilicher Konflikte bedienten, beschloß der X. Parteitag (1921) das Fraktionierungsverbot. Es besagte, daß nach Beschlußfassung Parteidisziplin zu gelten habe, von Parteigenossen also auch Beschlüsse hinzunehmen und durchzuführen seien, die sie nicht billigten. Aus der Festungsmentalität entwickelte sich erstaunlich rasch eine habituell verankerte Fetischisierung der Parteieinheit, später Monolithismus genannt. In dieser Falle sollten sich bald alle Minderheiten in der Partei und die Kritiker Stalins verfangen, da dieser sich über die Kaderbesetzung immer Mehrheiten in den entscheidenden Parteigremien zu sichern wußte.

In der Zeit des Bürgerkrieges waren es Minderheiten, die sich Linke Kommunisten, Demokratische Zentralisten oder Arbeiteropposition nannten, die in dieser oder jener Form mobil machten gegen die militaristisch-diktatorische Steuerung der Partei und gegen den Verlust basisdemokratischer Organisation in den Betrieben. Besonderen Anstoß erregten hierbei die Einmannleitung (*jedinonatschalie*) in den Unternehmen, der Einsatz bürgerlicher Spezialisten und ihre Privilegierung sowie die Praxis der Arbeitsmobilisierung und Militarisierung, wie sie besonders von Trotzki betrieben und propagiert worden war. Im Zentrum der Auseinandersetzungen stand dabei immer wieder der Bürokratismus in der Partei wie in den Sowjets und den Gewerkschaften. Dank des Widerstandes vor allem der Metallarbeiter wurde 1921/22 in der Gewerkschaftsfrage insofern ein Kompromiß gefunden, als die Gewerkschaften nicht nur als Transmissionsriemen der Partei zu funktionieren hatten, sondern auch nicht zuletzt wegen Einführung der NEP in begrenztem Umfang Arbeiterinteressen vertreten durften. Zwar konnte es nach bolschewistischer Lesart keinen Widerspruch zwischen der Diktatur des Proletariats und der Arbeiterklasse geben, aber in der Praxis kam es besonders 1923/24 wegen der Inflation und wegen massiver Lohnrückstände zu oft gewalttätigen Streiks – vor allem im Donezbecken. Auch in den folgenden Jahren waren Streiks sowohl in staatlichen als auch in privaten Betrieben keine Seltenheit, zumal es kein explizites Streikverbot gab[1].

In den innerparteilichen Auseinandersetzungen der zwanziger Jahre verschränkten sich Diadochenkämpfe in der Parteiführung mit Fragen politischer Akzentsetzung und schließlich 1928 mit der grundsätzlichen Frage nach Fortsetzung oder Aufhebung der NEP.

Lenins Aufzeichnungen vom 23.–25. Dezember 1922 und eine Nachschrift vom 4. Januar 1923 bildeten den geheimen Bezugspunkt für den Anspruch auf sein Erbe. Diese Texte zeigen, wie oligarchisch die Parteiführung sich inzwischen selbst sah. Nicht zufällig gingen diese Niederschriften als Testament Lenins in die Geschichte ein, also als Anweisung für die Übergabe der Macht. Wie ein Fürst an seinen Söhnen fand Lenin an allen potentiellen Nachfolgern etwas zu mäkeln: G. Je. Sinowjews und L. B. Kamenews Verhalten im Oktober 1917, als sie vor dem Umsturz öffentlich gewarnt hatten, sei kein Zufall gewesen, d.h. es mangelte ihnen an bolschewistischer Entschlossenheit. Bucharin hatte die Dialektik »nie vollständig begriffen«, trotz seines Anspruches, Theoretiker der Partei zu sein. Trotzki bewies ein Übermaß an Selbstbewußtsein und eine Vorliebe für administrative Maßnahmen. Und Stalin erschien dem todkranken Führer nun doch nicht als der geeignete Generalsekretär, obwohl er ihn selbst dazu gemacht hatte. »Gen. Stalin hat, nachdem er Generalsekretär geworden ist, eine unermeßliche Macht in seinen Händen konzentriert, und ich bin nicht überzeugt, daß er es immer verstehen wird, von dieser Macht vorsichtig Gebrauch zu machen«.[2] Angesichts dieser Rundumkritik an allen möglichen Nachfolgern verband diese der gemeinsame Wunsch, die Notizen besser nicht dem im Mai 1924 zusammentretenden XIII. Parteitag bekanntzugeben, zu einem Zeitpunkt, als der Streit untereinander schon voll entbrannt war und das Triumvirat Sinowjew, Kamenew und Stalin vollauf damit beschäftigt war, Trotzki um jeden Preis von der Nachfolge Lenins auszuschließen.

Die seitherigen Manifestationen der verschiedenen Gruppen linker »Abweichung« thematisierten aus dem Geist von 1917 immer wieder die gleichen Probleme: den »Sekretärsbürokratismus« in der Partei, die Gefahr einer thermidorianischen Wende und einer schleichenden Restauration des Kapitalismus durch die NEP und besonders durch die Kulaken, Fehlschläge und mangelnden Eifer bei der Unterstützung ausländischer Kommunisten, dies besonders im Fall des Debakels in China 1927. Wenig überzeugend waren angesichts ihrer eigenen politischen Praxis die Klagen über den Mangel an innerparteilicher Demokratie, die zu beseitigen sie alle geholfen hatten[3]. In dieser hilflosen Kritik zeigten sich spiegelverkehrt die Veränderungen des sozialen und mentalen Profils der Partei. Sie hatte sich von einer revolutionären zu einer die Macht verwaltenden und sie ausbauenden Institution gewandelt, an der sich auch massive materielle Interessen festmachten.

Um sich selbst als Theoretiker zu profilieren, entriß Stalin Trotzkis einstige Theorien von der permanenten Revolution der Vergessenheit, um mit seinem kontrastierenden Programm des »Sozialismus in einem Lande« den Rückzug von außenpolitischen Abenteuern wie dem deutschen Herbst 1923 und die Hinwendung zum inneren Aufbau zu betonen. Er hob den Eigenwert der russischen Revolution hervor, deren wegweisender Charakter durch das Ausbleiben der Weltrevolution nicht in Frage zu stellen war. Die Trotzki unterstellte Degradierung wurde als »Unglauben an die Kräfte und Fähigkeit des russischen

Proletariats« und die Theorie der permanenten Revolution als »permanente Hoffnungslosigkeit« vorgeführt[4].

Gemessen an den geschliffenen und intellektuell ausgefeilten Doktrinen Trotzkis wirken Stalins Ausführungen wenig schlüssig, so viel er sich auch auf Lenin berufen mochte. Stalin galt bis zur Verkündung der Doktrin vom Sozialismus in einem Lande als Praktiker und Parteibürokrat und nicht als Intellektueller wie seine Rivalen. Dabei wird man ihm eine autodidaktisch geprägte Bildung nicht absprechen können. Er kam aus einfachen Verhältnissen. Er wurde in Gori, Gouvernement Tiflis, 1878 oder 1879 als Sohn eines Schusters geboren, besuchte eine geistliche Schule und ein Priesterseminar, das offensichtlich seine didaktische Rhetorik prägte. Schon früh war er in sozialdemokratischen Zirkeln in Georgien und Baku aktiv und dort auch in Expropriationen involviert. 1913 bis 1916 lebte er in der Verbannung in Ostsibirien. Aufgefallen war Stalin vor 1914 durch seine Schriften zur nationalen Frage, für die er Studien in Krakau und Wien betrieben hatte – sein einziger Auslandsaufenthalt. 1917 spielte er in Petrograd noch keine herausragende Rolle. Lenins Aprilthesen fand er zu schematisch, aber am 10. Oktober 1917 stimmte er mit Lenin und Trotzki für einen Aufstand. Nach dem Umsturz wurde er Volkskommissar für Nationalitätenfragen. Darüber hinaus war er in der Parteiführung zunächst mit Organisationsfragen befaßt, im Bürgerkrieg an verschiedenen Fronten eingesetzt. Hier trug er erste Konflikte mit Trotzki aus, u. a. in der Frage des Einsatzes ehemaliger Offiziere in der Roten Armee. Mit seiner Ernennung zum Generalsekretär der Partei (1922) war er hauptverantwortlich für die Personalpolitik, mit deren Hilfe er sich seine Machtbasis schuf[5].

Stalins Appell an einen proletarischen Patriotismus überzeugte die neuen Parteikader offensichtlich mehr als die Kritik Trotzkis und anderer linker Gruppierungen. Dennoch bleibt es bemerkenswert, mit welcher Leichtigkeit sich Stalin zunächst im Bündnis mit Sinowjew und Kamenew gegen Trotzki, seit Anfang 1925 im Bündnis mit N. I. Bucharin gegen beide und Trotzki und schließlich seit 1928 gegen Bucharin durchsetzte. 1923 verlor Trotzki seine einflußreiche Stellung im Revolutionären Kriegsrat, besiegelt mit seiner Absetzung als Volkskommissar für

Kriegsfragen im Jahre 1925. Sinowjews Hausmacht in Leningrad wurde im April 1926 untergraben. Alle Opponenten mochten die Partei freiwillig nicht verlassen, sondern unterwarfen sich immer wieder durch die inzwischen etablierten Rituale der Kritik und Selbstkritik. In den entscheidenden Gremien, im Politbüro, im Zentralkomitee und seinen Plenen verfügte Stalin immer über feste Mehrheiten, eine Folge seines sehr effizienten Systems von Sekretärsbürokratismus. In das Politbüro, Zentralkomitee und die zu dieser Zeit ebenfalls wichtige Zentrale Kontrollkommission beim ZK (ZKK) waren sukzessive Männer der Praxis eingezogen, die 1917 und im Bürgerkrieg die zweite Garnitur gebildet hatten. Es waren keine intellektuellen Revolutionäre wie Lenin und Trotzki, sondern »Parteiarbeiter«, zumeist aus kleinen Verhältnissen aufgestiegen, fanatisch, loyal und mit einem ausgeprägten Machtinstinkt, im Bürgerkrieg bewährt und gehärtet. Viele von ihnen sollten in den dreißiger Jahren den Hofstaat Stalins bilden und in den verschiedensten Funktionen im Partei- und Staatsapparat tätig werden. Zu diesem Kreis gehörte W.M. Molotow, die rechte Hand Stalins, seit 1921 im Sekretariat des ZK mit der wichtigen Funktion der Kaderrekrutierung befaßt, seit 1926 im Politbüro, seit 1930 Vorsitzender des Rates der Volkskommissare, seit 1939 Außenminister. Neben Molotow rückten 1926 auch M. I. Kalinin und K. Woroschilow ins Politbüro auf. Ersterer war seit 1922 Vorsitzender des Zentralen Exekutivkomitees des Sowjetkongresses, seit 1938 Vorsitzender des Präsidiums des Obersten Sowjets, also eine Art von Präsident der UdSSR. Woroschilow übernahm die Nachfolge Trotzkis im Kriegskommissariat, ein Amt, das er bis 1940 behielt. W. W. Kuibyschew, seit 1921 wie Molotow im Sekretariat des ZK, d. h. wie dieser ein Gehilfe Stalins, folgte 1926 Sinowjew im Vorsitz des Obersten Volkswirtschaftsrates nach, und S. M. Kirow löste Sinowjew als Erster Parteisekretär in Leningrad ab. L. M. Kaganowitsch, von Stalin 1922 ebenfalls ins Sekretariat des ZK berufen, war Stalins Aufpasser in der Ukraine; seit 1928 übernahm er wieder eine Sekretärsposition im ZK, 1930 wurde er Erster Parteisekretär in Moskau, wo zuvor Anhänger Bucharins verdrängt worden waren, und ab 1934 war er schließlich Vorsitzender der ZKK.

Seit 1928/29 wurden Partei- und Sowjetfunktionäre, die sich

wie N. I. Bucharin oder M. P. Tomski, Chef der Gewerkschaften, gegen die Rückkehr zu kriegskommunistischen Verfahren wehrten, als rechte Abweichler denunziert und mattgesetzt. Bucharin, einst ein Verfechter des Kriegskommunismus, hatte sich zum Anhänger der NEP gewandelt, die für ihn mehr als ein bloßer taktischer Rückzug war. Aber auch die Vertreter der sogenannten rechten Abweichung unterwarfen sich letztendlich den üblichen Ritualen öffentlicher Selbstkritik, um auf diese Weise die Richtigkeit der Generallinie zu beschwören. Die politische und materielle Integration in die oligarchische Apparatestruktur der Partei und die Verinnerlichung ihrer Maximen von Disziplin und Geschlossenheit ließen nur die Wahl zwischen Unterwerfung und Abtrünnigkeit, welche die Parteigenossen stigmatisierender Isolierung und der Verbannung (wenn nicht Schlimmerem) ausgeliefert hätte.

Stalin war aber nicht nur der Repräsentant der Apparate und ihrer Funktionäre. Er stellte mit dem »großen Umbruch«, dem Übergang zur Planwirtschaft und Kollektivierung, die Partei auch vor neue Aufgaben, gab ihr einen Kampfauftrag, der nicht weniger herausfordernd war als der Bürgerkrieg. Um so mehr überzeugten die Appelle an Disziplin, da sich die Partei wieder im Krieg befand, dieses Mal gegen die Bauern. Jede Abweichung und Kritik geriet so in die Nähe von Verrat[6].

Aufbruch und Konsolidierung

Die Phase, die nach historiographischer Konvention als Stalinismus bezeichnet wird, ist nicht auf einen Nenner zu bringen, weil sie durch eine atemberaubende Abfolge von Turbulenzen gekennzeichnet ist. Je nach dem Feld, das im Mittelpunkt der Betrachtung steht, wird man andere Kriterien zur Charakterisierung wählen müssen.

Konzentriert man sich auf die öffentliche Sphäre der »großen« Politik, so treten folgende Ereignisse und Konstellationen in den Vordergrund: Seit Ende der zwanziger Jahre wurden die maßgeblichen Entscheidungen in der Innen- und Außenpolitik von Stalin und seinem engen Kreis von Mitarbeitern bestimmt. Noch war dieser Zirkel weitgehend identisch mit dem Politbüro. Die

Kollektivierung und die forcierte Industrialisierung wurden als gemeinsamer Sieg der Partei gefeiert. Zwischen den Ressorts und Machtträgern ging es bestenfalls um Ressourcenverteilung und um das Tempo des Aufbaus des Sozialismus. Der Phase des revolutionären Aufbruchs 1927/28 folgte seit 1931 eine Phase der Konsolidierung, ein den ökonomischen Zwängen folgendes verlangsamtes Tempo bei der Fertigstellung der Großprojekte, die Suche nach geeigneten Formen für die Gestaltung des Kolchossystems, die Reglementierung des Bildungswesens nach den Bedürfnissen des Arbeitsmarktes und die Zurückdrängung sozialer Kriterien für die Rekrutierung in die Bildungsberufe, der Übergang zum Leistungs- und Akkordlohn in der Industrie. Auch den teils diffamierten, teils aus der Partei ausgeschlossenen »Abweichlern« wurde nach öffentlicher Reue und Selbstkritik der Weg in öffentliche Ämter geebnet. Ebenso holte man einen Teil der »bürgerlichen Spezialisten« aus der Verbannung oder aus den Lagern zurück, nachdem sie – wie Stalin formulierte – politisch »neutralisiert« worden waren.

Auch wenn in vielen Feldern nun wieder stärker Kriterien der Leistung und Professionalität zur Geltung kamen, »die Technik gemeistert werden mußte« (Stalin), so koexistierten in der sowjetischen Gesellschaft der dreißiger Jahre Elemente der revolutionären Tradition neben solchen, die später als der »große Rückzug« bezeichnet werden sollten. Damit war der Rückgriff auf eher konventionelle Elemente in Politik und Gesellschaft gemeint. Dem Erbe der revolutionären Tradition ist die Stachanow-Bewegung (seit 1935) zuzuordnen. Sie war die letzte Zukkung des großen Versprechens der Revolution, welche die Diktatur des Proletariats verkündet hatte, ohne sie je realisieren zu können.

Die »neue Ordnung« schien die neue Verfassung von 1936 zu garantieren. Neben ihren zweifellos auch auf Außenwirkung bedachten Elementen zielte sie wohl vor allem auf die jeder Bürokratie innewohnende Tendenz, der Politik und vor allem dem Alltag ein institutionelles Gehäuse und feste Verfahrensregeln zu verschaffen. Daß dies nur zum Teil gelingen konnte, lag in der Konstruktion des Parteistaats, in dem sich die Partei in ihren Zielen nicht durch Institutionen und Verfahren fesseln lassen wollte.

Eine Tendenz zur Institutionalisierung und zur Normierung zeigte sich in Ansätzen in der Rechtssphäre. Der Rechtsnihilismus, d. h. die Kennzeichnung des Rechts als ausschließliches Instrument zur Sicherung bürgerlicher Herrschafts- und Eigentumsordnung, wurde verabschiedet, das Justizsystem ausgebaut und allmählich professionalisiert – ein Prozeß, der allerdings bis zum Zweiten Weltkrieg noch längst nicht abgeschlossen war[7].

Die Kollektivierung und die Beseitigung aller Formen privaten Eigentums an Produktionsmitteln erforderten auch eine neue Definition und damit eine rechtliche Statusregelung für die diversen Bevölkerungsgruppen. Da der alte Antagonismus zwischen ausbeuterischen und ausgebeuteten Klassen beseitigt sei, entfiel die alte Kategorie der *lischenzy*. Stattdessen wurde nun auch rechtlich zwischen der Stadt- und der minder berechtigten Kolchosbevölkerung unterschieden. Letztere befand sich noch nicht auf dem höchsten Niveau sozialistischer Produktionsverhältnisse und hatte sich daher zu bescheiden. Ihre Freizügigkeit war eingeschränkt. Soziale Absicherungen wie Alters-, Invaliden- und Krankenfürsorge wurden den Bauernfamilien selbst bzw. dem Kolchos aufgehalst. Eine Vielzahl – in der Verfassung nicht erwähnter – Sonderregeln galt für Verbannte und Verurteilte. Allerdings wurde zumindest die rechtliche Lage ihrer Kinder sukzessive verbessert.

Für den Alltag wichtig dürfte die nun forcierte Vermittlung eher bürgerlicher Sekundärtugenden gewesen sein: die neue Hochschätzung der Familie und das Verbot der Abtreibung (1936), Arbeit, Disziplin, Gehorsam, Leistung und Professionalität, Bildung und Kultiviertheit (*kulturnost*). In dieser Zeit entstand in den Städten eine noch bescheidene Massenunterhaltungsindustrie, exemplarisch in den Kulturparks und im Kino vorgeführt. Während ein großer Teil der städtischen Bevölkerung besonders in den neuen Industriezentren in Erdhütten, Baracken und Kommunalwohnungen (*kommunalki*) hauste, wurden mit der Gestaltung öffentlicher Räume – wie der Metro in Moskau, der diversen Kulturparks oder des Parks der Ausstellung der Errungenschaften der Sowjetunion (WDNCh) – symbolisch Kristallpaläste für das arbeitende Volk geschaffen, Vorboten jener neuen Gesellschaft, die nicht mehr nur eine Vision sein sollte, sondern als real ausgegeben wurde. »Das Leben ist besser und fröhlicher geworden.« (Stalin 1935)[8]

Aber nicht das Nebeneinander eines oft erbärmlichen Alltags und großartiger öffentlicher Zeremonien, das Nebeneinander von Erdhütten, öffentlichen Palästen und privilegierten Wohnungen oder Häusern, auch nicht das Nebeneinander von vor- und frühindustriellen Produktions- und Arbeitsbedingungen für einen großen Teil der Bevölkerung und von technischen Hochleistungen vor allem in der Rüstung machten den schizophrenen Charakter der Stalin-Gesellschaft aus. Diese Gegensätze hatte es auch im alten Rußland gegeben. Die gesellschaftliche Schizophrenie lag vielmehr darin, daß die Vision einer sozialistischen Gesellschaft im Glückszustand als real ausgegeben wurde, nur weil es keine Ausbeuterklassen mehr gab und damit angeblich soziale Antagonismen entfallen waren. Tatsächliche Konflikte wurden entweder geleugnet oder nicht als solche erkannt. Diese Art verzerrter Realitätswahrnehmung war begründet in den prometheischen Zielen der Führung, die nicht nur die Bevölkerung, sondern auch den Verwaltungsapparat überforderte.

Als Aspekte der Überforderung sind zu nennen: die Planwirtschaft in einem Land mit einem nach wie vor schwachen Kommunikationsnetz, die einseitige Fixierung der Planung auf die Produktion und die eklatante Vernachlässigung sozialer Bedürfnisse. Die Beziehungen zwischen Staat und Partei blieben in der Praxis unklar. Die aus dem Kreml kommenden »Signale« in Form von Erlassen, Losungen und Kampagnen mußten vor Ort geradezu mißverstanden und umgedeutet werden. Die Leugnung sozialer Interessendivergenzen und das Fehlen institutioneller *checks and balances* konnten durch Rituale von Kritik und Selbstkritik, durch Kampagnen und durch sporadische Kontrollaktionen nicht ersetzt werden. Das ständige Wechselbad zwischen Appellen an kommunistische Gesinnungstüchtigkeit und an Enthusiasmus auf Kosten von Kompetenz und Professionalität können sich auf die Realisierung der Pläne nur negativ ausgewirkt haben. Ebenso erratisch mußten den unteren Partei-Instanzen die Abfolge von Säuberungen und die Überprüfung der Parteidokumente erscheinen. Ihre Kriterien wechselten ständig, konsequenterweise wurden sie »unten« auch immer mißverstanden, willkürlich gehandhabt und mußten deshalb »oben« korrigiert werden[9].

»Worte sind Masken« (Stalin)[10]

Auf diese Weise produzierte die Politik eine soziale und habituelle Schizophrenie. Tatsächliches Denken und Handeln und ihre öffentliche Darstellung waren kaum in Übereinstimmung zu bringen. Worte wurden zu Masken. Maskierung und Doppelzüngigkeit figurierten daher nicht ganz zufällig als Standardvokabeln, allerdings in der Regel nur gegen »Feinde« angewendet. Tatsächlich existierten »doppelte« und »maskierte« Verhaltensweisen in allen Schichten der Bevölkerung. Am verbreitetsten dürfte das Verbergen der sozialen Herkunft gewesen sein, gleich gefolgt von allen möglichen Verstößen im Bereich des »Organisierens« von Waren, Dienstleistungen und Informationen aller Art. Angesichts ständiger und unvorhersehbarer Defizite war an sie auf legale Weise kaum heranzukommen. Die in der Produktion wechselnden Vorgaben »von oben« erzeugten »unten« – d. h. von Betriebsleitern bis hinunter zu den Arbeitern – vielfältige Taktiken und Strategien der Simulation, des Unterlaufens und Umgehens. Dies mochte durchaus »im Interesse der Sache« sein, bedingte aber ständige Verstöße und Rechtsverletzungen. Sie mußten verborgen und konnten bei Bedarf als Sabotage denunziert werden.

Die Parteiaktivisten und erhebliche Teile der Angehörigen von Intelligenzberufen unterlagen einem ständigen Zwang zum Bekenntnis, phasenweise auch dem Druck zur Kritik, oft von Denunziation schwer zu unterscheiden, und zur Selbstkritik. Unter diesem Zwang entwickelte sich eine stereotype Rhetorik, hinter der sich alles mögliche verbergen konnte. Sie blieb oft vieldeutig und konnte durchaus als »Maske« fungieren. Die seit 1929 geforderten Säuberungen der Parteimitglieder veranlaßten zu »Offenbarungen« und zu Rechtfertigungsstrategien, die mehr verborgen als bloßgelegt haben dürften.

Anhand der Parteisäuberungen seit 1933 lassen sich die Folgen der undeutlichen Signale von oben und die Mechanismen vor Ort recht gut belegen. Wie bei der Säuberung von 1929, so war auch bei der von 1933 unklar, was sie eigentlich bezweckte: eine Mobilisierung des Fußvolkes der Partei, der Nicht-Parteimitglieder oder eher eine Kontrolle durch die etablierten Kader. Die 1933 begonnenen Aktionen zogen sich – entgegen anfänglichen Vorgaben – bis zum April 1935 hin, und sie wurden sehr unterschiedlich gehandhabt. Als Kriterien für einen Ausschluß galten zunächst – ähnlich wie 1929 – Korruption, Karrierismus, Bürokratismus, Verbergen der »sozial fremden« Herkunft – 1929 17 Prozent, 1933 immerhin noch 16,5 Prozent aller beanstandeten Fälle. Verletzung der Parteidisziplin und Passivität bildeten bis Ende 1933 die häufigsten Gründe für einen Ausschluß. Oft kam es zu sehr hohen Raten von Verstoßungen aus der Partei. Häufig wurden sie zwar nach Appellen an die nächst höheren Instanzen wieder rückgängig gemacht, aber insgesamt hatten 1933 auf diese Weise 18 Prozent der Mitglieder die Partei zu verlassen.

Nicht viel eindeutiger sah es mit der »Überprüfung« der Parteidokumente seit Mai 1935 aus. Zunächst war sie eher als Verwaltungsmaßnahme geplant, welche die Aktenführung der lokalen Organisationen in Ordnung bringen sollte. Da sich bald nach Beginn der Aktion das große Ausmaß von Inkompetenz, Mißbrauch und Nachlässigkeiten bei der Vergabe, Registrierung und dem Verbleib von Parteidokumenten zeigte, führte die »Überprüfung der Parteidokumente« bald zu einer Überprüfung der Parteigenossen.

Auch hier blieb unklar, wer eigentlich die Überprüfung durchführte: Gesandte aus Moskau, die lokalen Parteibüros oder das manchmal mobilisierte Parteiaktiv mit dem häufigen Ausbruch unkontrollierbarer Konflikte. Zur »Reinhaltung« der Partei wie zu ihrer Effektivierung konkurrierten seit 1934 im ZK drei Konzeptionen, die je nach Opportunität in den Vordergrund geschoben wurden. A. A. Schdanow, Aufsteiger und Nachfolger des ermordeten Leningrader Parteisekretärs S. M. Kirow, trat immer wieder mit Appellen hervor, die eine Schulung der Parteimitglieder und Kader einforderten. In der mangelnden Bildung vieler Angehöriger der Partei sah er zu Recht ein großes Problem. Der zweite Ansatz, der die Parteibasis gegen die unkontrollierbaren Seilschaften der lokalen Apparate mobilisieren wollte und damit auch eine bessere Steuerung von Moskau anstrebte, lag in den Kampagnen zur »Demokratisierung« der Partei. Dazu gehörten die oft schon zu Ritualen erstarrten Formen von Kritik und Selbstkritik und die im Zusammenhang mit der neuen Sowjetverfassung diskutierten, aber nicht realisierten geheimen Wahlen zu den Sowjets ohne Vorgabe von Kandidatenlisten. Ausgerechnet 1937 durfte allerdings in den lokalen Parteigremien Demokratie in Form geheimer Wahlen ohne Kandidatenvorgabe gespielt werden. Dies führte zu einem beträchtlichen Wechsel der Parteisekretäre. Das Fußvolk ließ seinem aufgestauten Zorn gegen lokale Machthaber und Cliquen freien Lauf. Das ZK konnte – vor dem Hintergrund des Terrors – auf Kosten der lokalen Apparate die »Verantwortung der Führer vor den Massen« demonstrieren[11]. Der dritte Ansatz wurde von N. I. Jeschow vertreten. Seit 1934 war er ohnehin mit der Kaderkontrolle betraut. Er zeichnete hauptsächlich verantwortlich für die Überprüfung der Parteidokumente. Er verfocht das Prinzip der Kontrolle »von oben«, und er personifizierte das Mißtrauen des Zentrums gegenüber tatsächlichen und eingebildeten Eigenmächtigkeiten vor Ort.

Alle diese Ansätze – Qualifizierung und Indoktrinierung der Parteimitglieder, Mobilisierung der Parteibasis und Kontrolle von oben – waren, wie die Abfolge der Säuberungen seit 1933 zeigte, wenig dazu angetan, Resistenzen, Strukturschwächen und widerstreitende Interessen transparenter zu machen und im Interesse des Zentrums zu kanalisieren. Auch wenn die Säuberungen seit 1933 nicht als Auftakt zum »Großen Terror« zu verstehen sind, so waren diese Maßnahmen doch weder dazu angetan, die strukturellen Mängel zu beseitigen, noch dazu, sie verständlicher werden zu lassen. Daß sie allerdings jene Atmosphäre ständigen Mißtrauens und gegenseitiger Denunziation förderten, die eine wesentliche Voraussetzung für den Terror war, ist kaum zu bestreiten.

Der Klassenfeind alten Typs war zwar »liquidiert«, aber keineswegs waren es jene Steuerungsprobleme, die sich das Zentrum mit seinen überdimensionierten Zielen selbst bereitet hatte. Schon die Schwierigkeiten des Übergangs zur Planwirtschaft waren mit Klassenkampf-Kriterien erklärt worden. So lag es nahe, auch die neuen Defizite an Personengruppen festzumachen, auch wenn diese nicht so recht zu identifizieren waren. Aber die den Bolschewiki eigene Militanz lebte von einer Realitätswahrnehmung und von Deutungen, die des Feindes bedurften. Er mußte erfunden werden. Eine schizophrene Realität konnte schwerlich ohne schizophrene Deutung auskommen, wenn man sich so sehr im Recht glaubte wie die Kommunisten der dreißiger Jahre. Dies machte anfällig für eine Realitätswahrnehmung und für Deutungssysteme, die zwar weiterhin einer Rhetorik des Marxismus-Leninismus verpflichtet blieben, nun aber ganz andere Inhalte transportierten.

Die Regeln des Terrors

Nur in einem solchen Kontext sind die öffentliche Inszenierung und die Resonanz des »Großen Terrors« zu verstehen. Da Stalin selbst diese soziale Schizophrenie verkörperte, konnte er den Terror initiieren und in Szene setzen, nach Regeln, die von seinen Mitstreitern, von den Mitläufern und selbst noch von den Opfern mitgespielt wurden. Dies waren Regeln in imaginierten Welten, die offenbar von den meisten Parteiangehörigen und von beträchtlichen Teilen in der Bevölkerung geglaubt, hingenommen und genutzt wurden, um die unterschiedlichsten Ziele zu verfolgen. Die Mechanismen dieses Terrorspiels sollen zunächst an den berühmten Schauprozessen vorgeführt werden.

Ihre spektakulären Merkmale seit Ende der zwanziger Jahre hatten darauf beruht, daß den Angeklagten nicht nur die absurdesten Verbrechen angelastet wurden, sondern vor allem darauf, daß die meisten Angeklagten sich öffentlich oder nicht-öffentlich selber dieser Verbrechen beschuldigten. Im Vorgehen und in den Vorwürfen gegen die bürgerlichen »Schädlinge« zeigten sich bereits jene Elemente manichäischen Denkens, die seither zu einem in sich hermetischen, »kugelfesten« Deutungssystem von Realität werden sollten, in dem sich Wahnvorstellungen funktional mit Machtinteressen verbanden.

Der Mord an dem Leningrader Parteisekretär S. M. Kirow am 1. Dezember 1934 war für Stalin, dessen persönliche Involvierung in das Verbrechen nicht nachzuweisen ist, der geeignete Vorwand zur Abrechnung mit den »Abweichlern« und Oppositionellen der zwanziger Jahre. Warum Stalin so versessen darauf war, ehemalige Kritiker und Gegner, die sich inzwischen längst unterworfen hatten, aber auch nach Maßgabe der wechselnden Generallinien unbescholtene Kader zu beseitigen, ist nicht eindeutig zu beantworten. Auf der einen Seite stehen Deutungen, die spätestens seit der Ermordung Kirows die Entfaltung einer großen Strategie zu sehen glauben, welche auf die Eliminierung aller realen und potentiellen Gegner aus war[12]. Auf der anderen Seite ist mit der Verlagerung des historischen Interesses auf Aspekte der Sozial-, Kultur- und Alltagsgeschichte manchmal ein Bild vom Stalinismus ohne Stalin präsentiert worden, ein »schwacher« Stalin, Gefangener und fast schon Opfer des Krieges zwischen den Apparaten und ihres Krieges gegen die Bevölkerung[13]. Die neueren Publikationen aus den russischen Archiven belegen aber doch hinreichend Stalins initiative Rolle und die aktive Involvierung aller Mitglieder des ZK und des Politbüros in den Terror. Zwar zeigt sich hier Stalin nicht immer als der alleinige Antreiber. Aber es ist nicht zu übersehen, daß er schon seit Beginn der dreißiger Jahre als einziger Bezugspunkt und als Schiedsinstanz in allen wichtigen Fragen figurierte, wie vorsichtig und scheinbar abwägend er sich im Einzelfall auch geben mochte. Die Rhetorik der überlieferten Dokumente zeigt, daß er schon im Fall der sogenannten bürgerlichen Spezialisten nach immer neuen »Erkenntnissen« geradezu lechzte, um sie auch gegen die Rechte verwenden zu können[14]. Gleiches gilt für die Flut von Geständnissen, welche das NKWD unter G. G. Jagoda (1934–1936) und später unter N. I. Jeschow (1936–1938) produzieren ließ. Schizophrenie – oder in der Sprache der Zeit: Doppelzüngelei – ist hier mit Händen zu greifen.

Wie das Verhalten Stalins seit dem 1. Dezember 1934 erkennen läßt, war er weniger an der Aufklärung des Mordes an Kirow interessiert als vielmehr daran, die Protagonisten und Anhänger der Linken, also Trotzki, G. E. Sinowjew und L. B. Kamenew als Urheber des Attentats verantwortlich zu machen. Da der Chef des NKWD, Jagoda, dieses »Signal« nicht verstand und keine Beweise für die Involvierung der Linken in die Affäre fand, setzte Stalin N. Jeschow auf die Spur. Dieser war ein militanter Bolschewik und Aufsteiger aus dem Petersburger Arbeitermilieu[15].

Er machte sich zum willfährigen Werkzeug, das – in konspirativem Einverständnis mit seinem Herrn – die Schmutzarbeit übernahm, während sich Stalin die Rolle des Stichwortgebers vorbehielt, sich zugleich aber in der Öffentlichkeit die Pose des eher abwägenden Staatsmannes zulegte.

In der Sicht Stalins und seiner Gefolgschaft erwies sich im nachhinein das Attentat auf Kirow als Symptom und Ergebnis einer großen Verschwörung gegen die Errungenschaften der Sowjetunion und ihre Parteiführung. Alle zwischen 1935 und 1938 wie auf einer Bühne ablaufenden Gerichtsverfahren – nicht zufällig als Schauprozesse bezeichnet – hatten dem Publikum diese Verschwörung vorzuführen. Die Prozesse funktionierten wie eine Enthüllungsgeschichte, die immer tiefer in den »Sumpf« der Verräter hineinführte. War es im ersten Prozeß gegen das sogenannte Moskauer Zentrum noch um die Schürung parteifeindlicher Stimmungen als Voraussetzung für das Attentat und um »objektive« Verantwortlichkeiten gegangen, so wurden die Anklagen und Enthüllungen in den folgenden Prozessen immer ausschweifender. Es ging nun um Sabotage, Verrat – Hoch- und Landesverrat vorzugsweise im Dienste deutscher und japanischer Geheimdienste –, um die »Aktionseinheit zwischen Trotzkisten und Nationalsozialisten«[16].

Die für die Parteiöffentlichkeit wichtigsten und diese konditionierenden Prozesse waren diejenigen gegen das »Moskauer Zentrum« (Januar 1935) mit Sinowjew und Kamenew als den wichtigsten Angeklagten, der Prozeß gegen das »Antisowjetische Vereinigte Sinowjewistisch-Trotzkistische Zentrum« (August 1936), ebenfalls mit Sinowjew und Kamenew als Hauptpersonen, gegen das »Parallele Antisowjetische Trotzkistische Zentrum« (Januar 1937) mit Ju. L. Pjatakow, K. B. Radek und G. Ja. Sokolnikow als prominentesten Angeklagten und schließlich gegen den »Antisowjetischen Rechts-Trotzkistischen Block« (März 1938), in dem N. I. Bucharin, A. I. Rykow, Christian Rakowski und auch Jagoda als Bösewichte vorgeführt wurden. Dieses Verfahren hatte die Verkommenheit der »rechten Abweichung« zu demonstrieren.

Während diese Gerichtsverhandlungen mit ihrer pädagogischen Funktion im vollen Licht der nationalen und internationalen Öffentlichkeit über die Bühne gingen, wurden in der Provinz zahllose weitere Prozesse inszeniert. In der Presse erschienen zudem Hinweise auf nicht-öffentliche Prozesse, wie z. B. den gegen die »Antisowjetische Trotzkistische Militärorganisation« (Juni 1937). All dies vermittelte eine beunruhigende Vorstellung vom ungeheuren Verschwörungsnetz, das die Sowjetunion von innen und außen umspannte.

Von Zeitgenossen und von der Historiographie sind diese Gerichtsverhandlungen und die sie begleitenden Verfolgungen nicht zu Unrecht mit den Hexenprozessen der frühen Neuzeit verglichen worden. Hierfür verantwortlich war, daß die Anklagen zum einen weitgehend auf Geständnissen der Angeklagten und auf Denunziationen beruhten, zum anderen darauf, daß die Anschuldigungen wenig glaubwürdig erschienen, die Angeklagten sich aber in der Regel, von der es Ausnahmen gab, dennoch für schuldig erklärten[17]. Dieses Verhalten wird zu Recht mit den Verhältnissen in den Gefängnissen und mit den Verhörmethoden erklärt: Nächte- und tagelange Verhöre mit Schlaf- und Essensentzug, als Fließbandmethode bezeichnet, moralische Erpressungen und Drohungen aller Art und spätestens seit Mitte 1937 auch »von oben« gebilligte Folter waren an der Tagesordnung. Mit den Volksfeinden sollte von nun an »nicht mehr zimperlich« umgegangen werden[18]. Zudem hatte Stalin seit dem 1. Dezember 1934 im Falle von Terrorakten formlose Schnellverfahren sanktioniert. Dies bedeutete für Tausende von angeblichen und tatsächlichen Trotzkisten, Anhängern Sinowjews und Kamenews, aber auch für ehemalige Kulaken, »Weißgardisten« und unerwünschte Personen aller Art die Deportation, konnte aber auch schon umstandslose Erschießungen nach sich ziehen. In den von Stalin und vom Politbüro genauer beobachteten und begleiteten Verfahren verfuhr man insofern sorgfältiger, als auf die richtige Konstruktion der Verhörprotokolle großer Wert gelegt wurde, im Einzelfall auch in »Abstimmung« mit den Beteiligten – Stalin, Molotow, A. Ja. Wyschinski, dem Staatsanwalt der UdSSR, Jeschow oder W. W. Ulrich, dem Vorsitzenden des Militärkollegiums des Obersten Gerichtes. Im Falle der Stalin besonders verhaßten »Sinowjewisten-Trotzkisten« geschah dies in der Form, daß auf Veranlassung Stalins, vermittelt durch Jeschow, auf die Vernehmungsbeamten des NKWD ständiger Druck ausgeübt wurde, die »richtigen« Aussagen zu produzieren[19]. Manchmal nahmen Stalin und andere Politbüro-Mitglieder an Verhören und Gegenüberstellungen persönlich teil, um mit ihrer Autorität die richtigen Aussagen zu erlangen. So fand sich der im Rahmen der »Trotzkistischen Militärorganisation« angeklagte W. M. Primakow, bis zu seiner Verhaftung stellvertretender Leiter des Leningrader Militärbezirks und Mitglied des Militärrats im Volkskommissariat für Verteidigung, erst nach Anwesenheit Stalins dazu bereit, gegen sich selbst, gegen M. N. Tuchatschewski und vierzig weitere Militärs auszusagen. Stalin redigierte im Fall des »Parallelen Zentrums« Wyschinskis Anklagereden, die ohnehin nur vorherige Parteizirkulare und -beschlüsse paraphrasierten. Kaganowitsch ließ es sich sogar angelegen sein, in einen Urteilstext hineinschreiben zu lassen, daß Attentate auch gegen ihn selbst und den inzwischen schon verstorbenen G. K. Ordschonikidse geplant worden seien[20]. Den Verhörbeamten oblag mithin eine »extrem schwere Arbeit«[21], zumal nach Jeschows Ernennnung zum Chef des NKWD im September 1936. Er setzte seine Angestellten nicht nur ständigem Druck aus, sondern ließ auch »Säuberungen« im NKWD selbst durchführen, denen vorzugsweise jene Personen zum Opfer fielen, die sich gegen die neuen Methoden wehrten oder unfähig waren, die »richtigen« Resultate zu liefern.

Es kam darauf an, die Verhafteten dazu zu bringen, ihre führende, aktive oder passive – im Notfall auch »objektive«, d. h. ungewollte – Teilnahme an Verschwörungen einzugestehen. Wichtig war vor allem, Namen und Verbindungen zu nennen, um so ein Verschwörungsnetz entstehen zu lassen. Durch die Präsentation von – oft genug gefälschten – Aussagen, durch Gegenüberstellung, durch Gegeneinanderhetzen von Freunden, Bekannten und Familienmitgliedern sowie durch Erpressungen aller Art gelang es manchmal in kurzer Zeit, manchmal nach monatelanger »Bearbeitung«, die erwünschten Aussagen und die Bereitschaft zu erzwingen, im öffentlichen Prozeß in der erwarteten Rolle aufzutreten.

Angesichts der Konstruktion von Verrat, Spionage, Sabotage und angesichts der Tatsache, daß Geständnisse die Basis der Anklagen und Prozesse bildeten, spielten reale Verbindungen oder mehr oder minder zufällige Kontakte, die hätten Verdacht erregen können, eine offenbar nebensächliche Rolle. Dies gilt ebenso für Trotzkis Kontakte zu Sinowjew und anderen ehemaligen »Linken«[22] wie für das von Reinhard Heydrich, seit 1934 Chef der Gestapo, produzierte Dossier gegen Tuchatschewski. Es suggerierte von deutscher Seite unterstützte Putschpläne des Stellvertretenden Kommissars für Verteidigung und des Ersten Marschalls der Sowjetunion. Das Dossier mag einen Anfangsverdacht stimuliert haben, aber es spielte im weiteren Verlauf der Affäre offenbar keine Rolle. Der Prozeß gegen Tuchatschewski und andere wurde in der Art eines ständegerichtlichen Verfahrens unter Einbeziehung hoher Militärs abgewickelt[23].

Wichtiger als tatsächliche Hinweise waren häufig *agents provocateurs* des NKWD. Sie konfrontierten die Verhafteten mit Aussagen, die jeden Widerstandswillen brechen sollten. Daß Erpressungen, Drohungen und später auch Folter ihren Anteil an den Schuldbekenntnissen hatten, steht außer Frage. Ihren Charakter als »Hexensabbath« (Weisberg) gewannen die Prozesse aber erst dadurch, daß die Angeklagten fiktive Verschwörungen und Verbrechen gestehen sollten. Daß dies überzeugend gelang, hat auch mit jenem mentalen und ideologischen Kontext zu tun, in den sich Opfer, Täter und Mitläufer seit der Revolution hineinmanövriert hatten und der nun von Stalin und seinem Kreis für eigene Zwecke ausgebeutet wurde. Solschenizyn hat es als die »Fessel der Parteitreue« bezeichnet[24]. Alle Parteimitglieder hatten die rücksichtslose Bekämpfung angeblicher und tatsächlicher Klassenfeinde bis Anfang der dreißiger Jahre mitgemacht. Die Reduktion von sozialen Konflikten und gesellschaftlichen Ungereimtheiten auf den bösen Willen von Feinden, auf Sabotage und Diversion war den Opfern ebenso zur Gewohnheit geworden wie den Tätern und Mitläufern. Mancher Verhaftete sah sein Mißgeschick ohnehin als eine Folge trotzkistischer Verschwörung oder Rache[25]. »Abstrakter Humanismus« gegenüber Feinden war in jedem Fall unangebracht. Mancher angeklagte Kommunist mochte ihn nicht einmal für sich selbst beanspruchen[26]. In den spektakulären Prozessen waren vor allem sogenannte Abweichler der zwanziger Jahre vertreten, die seither einem Wechselbad von Kritik, Degradierung, Parteiausschlüssen und -wiederzulassungen, von Selbstkritik und öffentlicher Reue ausgesetzt gewesen waren. Die Partei war trotz der vielfachen Schikanen, die sie bereitete, im buchstäblichen Sinne zur Heimat geworden, die ihre Söhne und Töchter vergleichsweise üppig »ernährte«. Die Einheit der Partei, der Dienst in ihr und für Stalin waren inzwischen so verinnerlicht, daß ein Leben außerhalb ihrer Reihen kaum vorstellbar war. Hiervon zeugen die vielen Briefe der Verhafteten und Beschuldigten an Stalin und andere Parteigrößen. Selbst wenn man hier eine stereotype, eingeübte und berechnende Rhetorik unterstellt, war es eine Selbstverständlichkeit und eine Erwartung, »die Partei« als eine Art von kollektivem Über-Ich zu behandeln. Nach einer Hausdurchsuchung und kurz vor seiner Verhaftung schrieb Sinowjew an Stalin: »Ich sage Ihnen ehrlich, Genosse Stalin, seit ich auf Anordnung des ZK aus Kustanai [in Kasachstan] zurückgekehrt bin, habe ich nicht einen Schritt getan, nicht ein Wort gesagt, nicht eine Zeile geschrieben, nicht einen Gedanken gehabt, die ich vor der Partei, dem ZK und vor Ihnen persönlich hätte verbergen müssen. Ich dachte immer nur an eines: Wie kann ich mir das Vertrauen des ZK, Ihr persönliches Vertrauen verdienen, wie kann ich erreichen, daß Sie mich in die Arbeit einbeziehen«[27]. Daß ein ausgeschlossener Funktionär nicht mehr in die Partei zurückkehren wollte, um nicht ein »Kriegsgefangener des gegenwärtigen Regimes« zu werden[28], war wohl eher die Ausnahme im Parteimilieu. Selbst Bucharin konnte sich eine Existenz außerhalb der Partei nicht vorstellen, wie sein Testament ›An die zukünftigen Führer der Partei‹ belegt. Er gab sich von der Verworfenheit der Trotzkisten ebenso überzeugt wie seine Verfolger[29].

Stalinkult, zunächst noch eher in der Form allgemeiner Führerbindung als der eines »Personenkultes« im engeren Sinne, der Fetisch der Parteieinheit und der Gültigkeit nur einer einzigen Generallinie, Parteidisziplin und stereotypes Denken ebenso wie Subordination waren inzwischen so eingeübt, daß sich die aktiven Parteimitglieder der Suggestion der neuen antitrotzkistischen Kampagne kaum entziehen konnten. Sie waren in einem verqueren Sinne »Gefangene der Trotzkisten«[30].

Die inzwischen dokumentierten Sitzungen des Plenums des Zentralkomitees vom Februar und März 1937 belegen, wie sich die Partei von der Spitze bis hinunter zu Parteizellen an der Basis für den Terror konditionierte. Der Dämonisierung Trotzkis, der zum Trotzkismus abstrahiert wurde, fiel hierbei eine zentrale Rolle zu. Die Tonart, wie Trotzkismus zu definieren sei, wurde in einem wohl von Stalin inspirierten Bericht Jeschows ›Von der Fraktionstätigkeit zur offenen Konterrevolution‹ (Mai 1935) angeschlagen. Hier ging es um Verschwörungstheorien vor allem mit Bezug auf Trotzki und die Parteilinke; es fehlte allerdings auch nicht an Hinweisen auf die Parteirechte[31]. Das Szenarium der Verschwörung wurde in den folgenden Jahren immer ausgefeilter und waghalsiger. Das wesentliche Merkmal des Trotzkismus war seine Maskierung, seine Doppelzüngigkeit (*dwuruschnitschestwo*). Da er eine »Ausgeburt« der Partei war, agierte er in den Reihen der Partei, war also nicht ohne weiteres identifizierbar wie die besiegten Klassenfeinde »ohne Maske«[32]. Wie Stalin 1937 »direktiv« noch einmal erläuterte, hatte der Trotzkismus eine Evolution durchgemacht: Von einer Abweichung in der Partei sei er zu einer Verschwörung geworden, die sich vor sich selbst verbarg. Denn die trotzkistischen Führer verbargen ihre Pläne nicht nur vor der Arbeiterklasse, sondern selbst »vor der trotzkistischen Masse, und nicht nur vor der trotzkistischen Masse, sondern auch vor den leitenden Oberen der Trotzkisten ...«[33].

In den Schauprozessen hatten sich die Angeklagten deshalb nicht nur zu feindlichen Aktivitäten aller Art zu bekennen, sondern ebenso zu ihrer »Doppelzüngigkeit« (Sinowjew), zu ihrer »Zwiespältigkeit« (Pjatakow), zu ihrem »eigenartigen Zwiespalt des Bewußtseins« (Bucharin). Triumph und überwältigende Macht des stalinschen Sozialismus zeigten sich in den Worten von Bucharins Schlußplädoyer im Prozeß darin, »daß er seine Feinde nicht nur zerschlagen hat, sondern auch darin, daß er seine Feinde innerlich zersetzt, daß er den Willen seiner Feinde desorganisiert« habe[34].

Der demonstrativ-pädagogische Charakter der Schauprozesse lag darin, daß die Angeklagten als Verkörperung von Trotzkismus vorgeführt werden sollten. Wichtig war, daß sie ihre Schuld eingestanden, daß sie – wie es immer wieder hieß – »ihre Waffen streckten«. Was sie gestanden, war im Einzelfall nicht so wichtig. Ein klassisches Beispiel hierfür lieferte Bucharin. Er bekannte sich im allgemeinen Sinn zwar für schuldig, demonstrierte auch seine »Zwiespältigkeit«, streckte seine Waffen vor der »Weltgeschichte« – sie avancierte zum Weltgericht – und vor Stalin – »denn in Wirklichkeit steht hinter Stalin das ganze Land, er ist die Hoffnung der Welt, der Schöpfer«. Aber im einzelnen leugnete er jede Schädlingstätigkeit, jeden Kontakt zu den trotzkistischen »Räubern«, jede Spionagetätigkeit für Deutschland oder Japan. Zudem kritisierte er nicht zum ersten Mal Wyschinskis tautologische Argumentationsweise, die für bewiesen annehme, was erst zu beweisen sei.[35]

Unter funktionalen Gesichtspunkten erwies sich die trotzkistische Puppe in der Puppe als sehr praktisch: Sie war absolut verworfen, aber verborgen, sie war omnipräsent, aber ohnmächtig. Die mit der Trotzkistenjagd verbundenen unentwegten Appelle an die Wachsamkeit (*bditelnost*) waren sowohl auf Signale von oben wie aus der Parteibasis angewiesen. Alle Partei-Instanzen standen unter dem Druck, Trotzkisten zu entlarven. Stalin mahnte, endlich zu begreifen, »daß die Wachsamkeit der Kommunisten an jedem beliebigen Platz und unter allen Umständen notwendig ist ... es gehört zu den unabdingbaren Eigenschaften eines jeden Bolschewisten die Fähigkeit, einen Parteifeind zu erkennen, so gut er sich auch maskieren möge«[36]. Politbüro-Mitglieder reisten in die Provinz, um den lokalen Instanzen bei der Entlarvung zu helfen. Zudem ergingen zu Beginn der Schauprozesse Instruktionen an die lokalen Instanzen, Versammlungen abzuhalten und Resolutionen zu verabschieden, welche die Verräter und Spione zu verurteilen und die Todesstrafe zu fordern hatten.

Der Verhaftung ging in der Regel eine unendliche Kette von Versammlungen voraus mit ihren Ritualen von Kritik und Selbstkritik, Denunziationen und Treueschwüren, Praktiken, die in den Parteisäuberungen eingeübt waren. Diese Versammlungen konnten manchmal überraschende Resultate zeitigen, da ihr Verlauf und die Vorgänge hinter der Bühne nicht immer zu steuern waren[37].

Im Sommer 1937 wurden der Einfachheit halber summarische Instruktionen für Verhaftungen und Erschießungen erlassen.

Am 2. Juli 1937 folgte der Erlaß zur Bildung der berüchtigten Trias (*troiki*) aus je einem Vertreter der Partei, des NKWD und dem Staatsanwalt, die das am 1. Dezember 1934 ermöglichte vereinfachte Verfahren des »kurzen Prozesses« anzuwenden hatten. Das Politbüro erließ Quoten für die Zahl der zu Verhaftenden und zu Erschießenden. Führerbindung zeigte sich nun im »sozialistischen Wettbewerb« der lokalen NKWD-Instanzen bei der Erfüllung der aus Moskau vorgegebenen Quoten. Es kam auch vor, daß man um ihre Überschreitung bat[38]. Stalin war der Stichwortgeber und seine Gefolgschaft reagierte auf seine Signale »wie ein Kampfpferd« auf den Druck der Sporen[39].

So schizophren, wie sich die Angeklagten zu präsentieren hatten, so doppeldeutig verhielten sich die Täter. Dies zeigte sich am Verhalten Wyschinskis ebenso wie an demjenigen Stalins. Gab sich dieser einerseits überzeugt von der Allgegenwart und Gemeingefährlichkeit der Trotzkisten und ihrer Verbündeten, so verwirrte er seine Zuhörerschaft zugleich damit, daß man nicht blindwütig auf alle ehemaligen Trotzkisten einschlagen solle. Denn die identifizierten Trotzkisten und ihre Verbündeten bildeten bis Anfang 1937 mit 3,4 Prozent der Parteifunktionäre nur eine kleine Minderheit. Von 5 275 Ersten und Zweiten Sekretären der Stadt- und Rayon-Parteikomitees waren 185 als »Feinde« entlarvt worden, davon galten aber wiederum nur 84 als »Trotzkisten«; der Rest setzte sich zusammen aus ehemaligen Kulaken, Weißgardisten oder einfach aus »Spitzbuben« (*schuliki*). Es mochte ebenso beruhigend wie beängstigend sein, daß unter circa zwei Millionen Parteimitgliedern und Kandidaten angeblich 30 000 Trotzkisten existierten, von denen wiederum 18 000 »repressiert« worden seien[40]. Wachsamkeit blieb also die Losung des Tages. Denn ein einziger Schädling könne an einem Tage zerstören, was Tausende von Arbeitern über Jahre aufgebaut hätten. Der Prozeß in Nowosibirsk (November 1936), der die Schädlingstätigkeit einer trotzkistisch-konterrevolutionären Gruppe und eines deutsch-faschistischen Ingenieurs in den Bergwerken von Kemerowo zum Gegenstand hatte, sollte nachvollziehbar diese Sabotage der Konterrevolution belegen[41].

Funktional für Stalins Diktatur war die trotzkistische Verschwörung auch insofern, als sie der Disziplinierung der Kader und ihrer Erziehung diente. Die Gewalttätigkeit der Kollektivierung und Industrialisierung hatte dazu geführt, daß sich die Führungskader gegenüber der Bevölkerung Herrenallüren zugelegt hatten, zudem häufig die Aufgaben staatlicher und wirtschaftlicher Instanzen substituierten, ohne sie zu verantworten; und nicht zuletzt schurigelten sie auch die Parteibasis. In der Kritik und Selbstkritik sprach man von den Parteichefs als »Duodezfürsten« (*feodalny knjasjok*); Parteiposten wurden »zur Pacht« (*na otkup*)[42] vergeben. Manche lokalen Parteimachthaber ließen sich auch unmäßig feiern, was als »Lobhudelei« (*podchalimstwo*) beschimpft wurde. Außerdem hatten sich Seilschaften und Patronagesysteme etabliert, die weder Moskau noch der Parteibasis eine reale Kontrolle über die Machenschaften vor Ort erlaubten. Die Verzettelung der Partei in Fragen der Verwaltung und Wirtschaft wurde als engstirniger Praktizismus (*deljatschestwo*) kritisiert, bei der die politischen Aufgaben vernachlässigt worden seien[43].

Alle diese Schwächen und Mißstände galten als Einfallstore des Trotzkismus. Gegen die Selbstherrlichkeit der Apparate sollte 1937 vorübergehend die Mobilisierung der Parteibasis und auch der Bevölkerung dienen. Deren Kritik hatte nun auch nicht mehr vor den »Rängen« der Bonzen haltzumachen[44]. Diese Appelle setzten eine Welle der Denunziation und Kritik in den lokalen Versammlungen der Betriebe und Kolchosen frei. Dabei sind echte Beschwerden, Rache der immer Unterdrückten und Denunziationen kaum zu unterscheiden. Die Mobilisierung der Basis simulierte die seit Lenin immer wieder postulierte »lebendige Verbindung zu den Massen«. »Die Massen lehren und von ihnen lernen«[45] erwies sich dieses Mal als probates Mittel, um die Parteikader zur Räson zu bringen.

Der Massenterror gegen die Eliten in Partei, Verwaltung, Wirtschaft, Militär und Kultur setzte bekanntlich erst seit Mitte 1937 ein und wurde auf Befehl Moskaus mit der Ablösung Jeschows am 17. November 1938 unterbrochen. Unter den 1937 und 1938 etwa 1,5 Millionen Verhafteten und etwa 680000 Erschossenen befanden sich überproportional viele Angehörige der parteigebundenen Funktionseliten. In der Armee dürften etwa 10 Prozent des Offiziersbestandes »repressiert«, d. h. entlassen, verhaftet oder erschossen worden sein. Von den 200 Absolventen des Instituts der Roten Professur, die als Historiker ausgebildet worden waren, fielen etwa zwei Drittel dem Terror zum Opfer, um ein Beispiel aus dem Feld der kommunistischen Intelligenz zu nennen. Etwa 60 Prozent der dem Volkskommissariat für Schwerindustrie zuzuordnenden Eintragungen im Moskauer Telefonbuch verschwanden. Bei anderen eher intellektuellen Berufsgruppen bewegen sich die »Schwundquoten« zwischen drei (Ärzte) und 30 Prozent (Rechtsanwälte). Die Repressalien trafen in den meisten Fällen ältere Führungskräfte, die ihre Sozialisation und Ausbildung vor 1917 oder in den zwanziger Jahren erhalten hatten, also häufig mehr oder minder aktiv in »Abweichungen« involviert waren oder dem Netzwerk von Abweichlern angehörten[46].

Die Partei als Armee und ihre »Verbindung zu den Massen«

Die Partei selbst sah Stalin eher in militärischen Kategorien oder in der Tradition des Dienststaates. Er teilte sie nach dem Vorbild der petrinischen Rangtabelle ein in die Generalität, circa 3000 bis 4000 Personen, in das Offizierskorps, etwa 30000 bis 40000 Personen, und in den Unteroffiziersstand mit 100000 bis 150000 Personen[47]. Auf die Dauer sah er die »Verbindung zu den Massen« durch die Neurekrutierung der Partei aus den mobilisierten Unterschichten realisiert. Dies dürfte für Stalin die entscheidende »Verbindung zu den Massen« gewesen sein, entscheidender als die ephemere Mobilisierung der Parteibasis oder der Bevölkerung. Jeder Parteiführer – von der Parteizelle bis zu den Sekretären der Gebiets- und Republiks-Komitees – habe je zwei Stellvertreter heranzuziehen[48]. Den auf dem Februar-März-Plenum 1937 anwesenden ZK-Mitgliedern dürfte kaum klar gewesen sein, daß auch an ihren »Austausch« gedacht war.

Stalin empfahl die Errichtung eines Systems der Kaderschulung, das den Nachwuchs an die Parteiarbeit heranführen würde. Denn die mangelnde allgemeine und fachliche Qualifikation der Parteiangehörigen war nach wie vor ein großes Problem. In der zweiten Hälfte der dreißiger Jahre hatten nach wie vor nur etwa zehn Prozent der Parteikader eine höhere oder Hochschulbildung vorzuweisen. Dies galt insbesondere für die Provinz.

Angesichts einer ersten Welle forcierter Bildungsexpansion seit Ende der zwanziger Jahre stand den nachwachsenden Apparaten eine genügende Zahl von jungen Absolventen von Fach- und Hochschulen zur Verfügung. Die Anzahl der zwischen 1928 bis 1937 in den Startlöchern sitzenden jungen Kader wird auf etwa 500000 Personen geschätzt. Trotz des Terrors expandierten die Apparate ungehemmt weiter. So vervierfachte sich das Personal des NKWD unter Jeschow. Ähnlich verhielt es sich in der Armee, wo das Offizierskorps zwischen 1937 und 1940 von 144000 auf 282000 Personen anstieg. Die ausufernden Säuberungskampagnen in den Volkskommissariaten für Schwer- und Verteidigungsindustrie beseitigten zwar nicht die immer gleichen organisatorischen Defizite, Probleme der Ausschußproduktion und mangelnden Planerfüllung, sie hinterließen aber auch keine sichtbaren Spuren in den nach wie vor ansteigenden Produktionsziffern. Die Folgen der Verhaftung führender Konstrukteure in diesem Bereich sind allerdings nicht meßbar. Der Rückstand in der Entwicklung der Raketentechnik im Vergleich zu Deutschland wird u. a. auf die Verhaftung des auf diesem Gebiet führenden Ingenieurs und Konstrukteurs S. P. Koroljow zurückgeführt[49]. Berücksichtigt man die Turbulenzen im Bildungswesen zur Zeit des »Kulturfeldzuges«, die schlechte Ausstattung der (Hoch-)Schulen in den folgenden Jahren, das System der verkürzten Curricula und die Repressalien im Lehrkörper – zunächst gegen die »bürgerlichen«, dann gegen die »roten« Angehörigen der Intelligenz –, so ist unter den nachwachsenden Führungskräften mit Sicherheit ein Absinken des professionellen Niveaus anzunehmen[50]. Dies dürfte auch maßgeblich zum Ende des Terrors unter Jeschow beigetragen haben. Die mangelnde Bildung mag in vielen Fällen dank des unverhofften Aufstiegs durch eine um so stärkere Bindung und Dankbarkeit an die politische Führung kompensiert worden sein.

Was Stalin von den Parteikadern erwartete, hatte er schon 1937 erläutert: die Bezahlung der Mitgliedsbeiträge und die Anerkennung des Parteiprogramms. »Man kann nicht von jedem Parteigenossen verlangen, daß er sich den Marxismus aneignet. Ich weiß nicht, ob sich viele Mitglieder des ZK den Marxismus angeeignet haben.« Das Stenogramm vermerkt »fröhliche Bewegung im Saal«[51]. Was nun erwartet wurde, war der »operative« Kader, mehr in praktischen Fragen als in Theorien bewandert, ein »Parteisoldat«, der widerspruchslos und effizient die Direktiven von oben ausführt. Dabei vollzog sich ein für die Verbindung von Altem und Neuem charakteristischer semantischer Wandel: Die Eliten erklärten sich nun zur sowjetischen Intelligenz. Ihr gehörten Betriebsdirektoren ebenso wie Buchhalter und Studenten an. Sie stammten aus dem Volke, waren mit dem Volk eng verbunden und arbeiteten für das Volk »in Glauben und Wahrheit« (*weroi i prawdoi*). Die als Intelligenz camouflierten Eliten bildeten nun »das Salz der sowjetischen Erde«[52].

Kapitel 8

Die sowjetische Unterwelt: das Lagersystem

Das System der Lager und Zwangsarbeit: Strafe und »Umschmiedung«

Das unter dem Kürzel GULag[1] bezeichnete System von Zwangsarbeit bildete einen konstitutiven Bestandteil des sowjetischen politischen und sozialen Systems. Trotz aller Rhetorik vom Verschwinden des Staates und trotz euphorischer Deklamationen über das Verschwinden der durch Ausbeutung verursachten Kriminalität scheuten sich die Bolschewiki nicht, im Namen des Klassenkampfes Gewalt jeder Art gegen alle sich widersetzenden Bevölkerungsgruppen einschließlich der viel berufenen Arbeiterklasse anzuwenden. Spätestens seit Verkündung des »Roten Terrors« am 5. September 1918 nahmen Zwangsmaßnahmen und Terror als Teil der Gewaltspirale des beginnenden Bürgerkrieges systematische Formen an: Erschießungen, Geiselnahmen, Inhaftierungen und nicht zuletzt die Errichtung von Konzentrationslagern[2].

Dabei blieben die frühen zwanziger Jahre durch vielfältige, oft einander widersprechende Tendenzen in der Strafverfolgung bestimmt. In Erwartung des Verschwindens von Kriminalität sollten die Haftorte im Sinne von Umerziehung und Resozialisierung reformiert werden, worum sich insbesondere das Volkskommissariat für Justiz bemühte. Mit Klassenfeinden und politischen Gegnern wurde hingegen nicht viel Federlesens gemacht. Das organisierte Haftwesen entstand zunächst im Wildwuchs. Nach Konsolidierung der neuen Macht waren für die unterschiedlichen Gefängnisse und Lager in der RSFSR schließlich zuständig: die Volkskommissariate für Justiz und Inneres (NKJu und NKWD) sowie die Tscheka. Eine Auflistung der Lager unter Kontrolle des NKWD nennt für 1921 bereits eine Zahl von 117

Lagern mit über 60000 Insassen. Davon waren etwa 17 Prozent wegen konterrevolutionärer Verbrechen verurteilt worden. 1922/23 wurden alle Haftorte dem NKWD übergeben, ihr Unterhalt und ihre Finanzierung aber den örtlichen Exekutivorganen überlassen. Angesichts der Finanznot im Übergang zur Neuen Ökonomischen Politik wurde über die Selbstfinanzierung der Lager und Gefängnisse durch »Produktivierung« ihrer Insassen debattiert. Neben den normalen Haftanstalten gab es noch Gefängnisse und Lager, die dem Rat der Volkskommissare sowie der (O)GPU im NKWD unterstanden, der Nachfolgeorganisation der Tscheka mit begrenzteren Kompetenzen. Sie unterhielt geheime Terrorlager, das berüchtigste unter ihnen auf den Solowki-Inseln im Weißen Meer[3].

Der politische Generalverdacht insbesondere gegen Anhänger längst verbotener Parteien war Mitte der zwanziger Jahre bereits Alltag[4]. 1927 war die Anzahl der Häftlinge in den zumeist überbelegten Gefängnissen und Lagern auf circa 200000 Personen angestiegen. Zum Vergleich: Zu Beginn des Jahres 1917 betrug die Anzahl der Insassen in Lagern und Gefängnissen des Zarenreiches über 87000 Personen[5].

Seit Einrichtung der Tscheka etablierte sich eine außergerichtliche Strafjustiz, die im Laufe der Jahrzehnte ständigen Reorganisationen unterlag. Im Rahmen der Tscheka, der (O)GPU, des NKWD, nach dem Krieg des MGB und MWD, existierten immer sogenannte *troiki* (Trias), auf dem Höhepunkt des Terrors gegen die Partei- und Funktionseliten auf lokaler Ebene auch *dwoiki* (Zweiergruppen) sowie zu allen Zeiten in den außerordentlichen Organen auch sogenannte Besondere Beratungen (*Osobye Soweschtschanija*). Die einen wie die anderen führten mehr oder minder summarische Voruntersuchungen und fällten Urteile am Fließband[6]. Ihre Objekte waren vornehmlich die zu politischen Feinden erklärten Personengruppen. In der Zeit zwischen 1921 und 1953 wurden von diesen Instanzen insgesamt vier Millionen Personen verurteilt, davon zum Tode 799000 Personen, zu Lager und Gefängnis 2,6 Millionen Personen. Hinzu kamen Urteile zur Verbannung (414000 Personen). Mit Bezug auf die Lagerinsassen sind diese Zahlen unvollständig, weil auch die zivilen Gerichte zur »Arbeitsbesserung« verurteilten. So wurden

Tabelle 6

Insassen in Arbeitsbesserungslagern und -kolonien				
Jahr	*Arbeitslager (ITL)*	*verurteilt wegen konterrevolutionärer Vergehen in ITL (in Prozent)*	*Arbeitskolonien (ITK)*	*Insgesamt*
1934	510.307	26,5	–	510.307
1935	725.483	16,3	240.259	965.742
1936	839.406	12,6	457.088	1.296.494
1937	820.881	12,8	375.488	1.196.369
1938	996.367	18,6	885.203	1.881.570
1939	1.317.195	34,5	355.243	1.672.438
1940	1.344.408	33,1	315.584	1.659.992
1941	1.500.524	28,7	429.205	1.929.729
1942	1.415.596	29,6	361.447	1.777.043
1943	983.974	35,6	500.208	1.484.182
1944	663.594	40,7	516.225	1.179.819
1945	715.505	41,2	745.171	1.460.677
1946	746.871	59,2	956.224	1.703.095
1947	808.839	54,3	912.704	1.721.543
1948	1.108.057	38,0	1.091.478	2.199.535
1949	1.216.361	34,9	1.140.324	2.356.685
1950	1.416.300	22,7	1.145.051	2.561.351
1951	1.522.767	31,0	994.379	2.528.146
1952	1.711.202	28,1	793.312	2.504.514
1953	1.727.970	26,9	740.554	2.468.524

Quelle: Zemskov, V. N., GULAG (Istoriko-sociologičeskij aspekt). In: Sociologičeskie Issledovanija (1991) 6, S. 10–27.

1940 von 1,2 Millionen Verurteilten 32 Prozent in die Lager und Kolonien geschickt[7].

In den dreißiger Jahren hat man zu unterscheiden zwischen Arbeitsbesserungskolonien (ITK) und Arbeitsbesserungslagern (ITL) (s. Tab. 6). In erstere wurden Personen mit bis zu drei Jahren Freiheitsentzug, in letztere Personen mit über drei Jahren Freiheitsentzug geschickt. Hinzu kamen die Sondersiedlungsgebiete, in welche die Kulaken deportiert worden waren (s. Tab. 7). Seit 1937 begannen an den westlichen Grenzen ethnische Säuberungen der unter Generalverdacht stehenden Minderheiten. Seit 1939 folgten ethnische Minderheiten und Völker, die kollektiv der Kollaboration mit NS-Deutschland beschuldigt wurden (s. Tab. 8, Seite 184).

Tabelle 7

Zahl der »Sondersiedler« (ehem. Kulaken) 1932–1940

Jahr	*Anzahl der »Sonderumsiedler«*
1932	1.317.022
1933	1.142.084
1934	1.072.546
1935	973.693
1936	1.017.133
1937	916.787
1938	877.651
1939	938.552
1940	997.513
insg. 1932–40	9.252.981

Quelle: Zemskov, V. N., Sud'ba, »Kulackoj ssylki« (1930–1954 gg.) In: Otečestvennaja Istorija (1994) 1, S. 118–147, S. 124f.

1940 befanden sich in den Arbeitsbesserungslagern und -kolonien 1,7 Millionen Personen, in den Gefängnissen, zumeist Durchgangsstationen auf dem Weg in die Lager, zwischen

Tabelle 8

Sondersiedler (Deportierte Nationalitäten) 1953	
Kontingent	*Anzahl*
Deutsche	1.209.430
Umsiedler	855.764
Repatriierte	208.388
Ortsansässige	111.324
Mobilisierte	48.582
Andere	963
Aus dem Nördlichen Kaukasus	498.452
Tschetschenen	316.717
Inguschen	83.518
Karatschen	63.327
Balkaren	33.214
Andere	1.676
Aus der Krim	204.698
Tataren	165.259
Griechen	14.760
Andere	24.679
Organisation der Ukrainischen Nationalisten	175.063
Aus dem Baltikum 1945–49	139.957
Litauer	81.158
Letten	39.279
Esten	19.520
Aus Georgien 1944	86.663
Kalmücken	81.475
Von der Schwarzmeerküste	57.142
Wlassow-Organisation	56.746
Polen	36.045
Andere	192.184
Insgesamt	2.753.356

Quelle: Zemskov, V. N., Zaključennye, specposelency, ssyl'noposelency, ssyl'nye i vyslannye (Statistiko-geografičeskij aspekt). In: Istorija SSSR (1991) 5, S. 151–165, S. 155.

190 000 und 434 000 Personen, und schließlich in den Sondersiedlungen der ehemaligen Kulaken 997 000 Personen. Hinzu kommt eine für 1939/40 unbekannte Anzahl von Deportierten und Zwangsausgesiedelten aus den annektierten Gebieten. Auch sie unterlagen – wie die ehemaligen Kulaken – häufig der Kontrolle lokaler Instanzen des NKWD. Für die »Sondersiedler« galten Beschränkungen in der Freizügigkeit wie in ihren bürgerlichen Rechten. Zudem hatten sie erhöhte Steuern zu bezahlen[8].

Trotz aller Unschärfe der demographischen Daten, die in der Stalinzeit produziert (oder auch unterdrückt) worden sind, ist nach heute vorliegenden Schätzungen davon auszugehen, daß seit den dreißiger Jahren bis zum Tode Stalins sich jeweils drei bis vier Prozent der arbeitsfähigen Bevölkerung im Status von Zwangsarbeitern befanden. Angesichts der hohen Fluktuation in den Lagern, Kolonien und Gefängnissen – ohne Berücksichtigung der Sondersiedlungen – ist allerdings von einem sehr viel höheren Anteil in der Bevölkerung auszugehen, der in diesen Jahrzehnten mit dieser Errungenschaft des Sozialismus Bekanntschaft machen mußte (s. Tab. 9).

Tabelle 9

Verteilung der sowjetischen Arbeitskräfte 1942–1945
(in Millionen, jährlicher Durchschnitt)

	1942	*1943*	*1944*	*1945*
Landwirtschaft	24,3	25,5	31,3	36,1
Industrie	8,8	9,1	10,3	11,8
Bauwesen	1,8	1,7	2,1	2,3
Transport, Nachrichtenwesen	2,4	2,4	3,0	3,6
Handel, Verpflegungswesen	1,7	1,7	2,1	2,5
Staatsdienst	4,8	5,1	6,5	7,7
Militärdienst	11,3	11,9	12,2	12,1
Insgesamt	55,1	57,4	67,5	76,1
davon: Zwangsarbeiter	3,4	3,0	2,3	3,4
und: Zwangsarbeiter (einschließlich Zwangsarbeiter ohne Inhaftierung)	4,3	3,8	3,0	4,0

Quelle: Bacon, Gulag at War, S. 125.

Waren bis Ende der zwanziger Jahre die Häftlinge eher eine ökonomische Last gewesen, so wurden sie spätestens seit Beginn der »Liquidierung des Kulakentums als Klasse« zum »Arbeitsfonds« (*trudfond*) oder zur »Arbeitskraft« (*rabsila*). Um ihre Ausbeutung entbrannten wilde Ressortkämpfe zwischen der OGPU, den Justiz- wie Innenressorts und jenen Wirtschaftsbranchen, die Häftlinge mieteten. Daraus erklären sich die verworrenen Kompentenzstreitereien bis zum Beginn der dreißiger Jahre[9]. Die drakonische Strafpolitik verschaffte bis 1934 auch den Volkskommissariaten für Justiz, die immer unter Geldmangel litten, neue Einnahmen. Sie kamen von jenen Verurteilten, die mit Zwangsarbeit ohne Freiheitsentzug, aber mit Lohnabzügen bis zu 25 Prozent bestraft worden waren. Zu Beginn der dreißiger Jahre bestanden 30 bis 50 Prozent aller Verurteilungen aus solchen Strafen[10].

Im Sommer 1934 wurde die OGPU als Sonderverwaltung in das neue Volkskommissariat für Inneres der UdSSR integriert. An den außergerichtlichen Instanzen des NKWD sollten von nun an auch Vertreter der Staatsanwaltschaft beteiligt werden. Für Landesverrat, Terror, Brandstiftung und Diversion war seither ein spezielles Militärkollegium beim Obersten Gericht der UdSSR zuständig.[11] Unabhängig von den Kursschwankungen der großen Politik und den Ressortkämpfen um die Verfügung über die Zwangsarbeiter stieg das Volkskommissariat für Inneres und seine Lagerverwaltung zum größten »Arbeitgeber« in der Sowjetunion auf. Die innere Struktur der Lagerverwaltung ist heute erst in ungefähren Umrissen erkennbar. Sie unterlag ständigen Reorganisationen. Das Personal der zentralen Lagerverwaltung im NKWD wuchs auf über 1500 Personen (1939) bei einem Personalbestand des NKWD von insgesamt 12000 Personen. Im Krieg wurde das Personal drastisch reduziert; dafür stieg der Anteil der Frauen auf 31 Prozent. Spätestens seit Übernahme des NKWD durch L. Berija im Jahre 1939 ist – nach dem »Kadertausch« unter seinem Vorgänger N. Jeschow – von einer gezielteren, nach politischen und professionellen Kriterien erfolgenden Auswahl und Rekrutierung des Verwaltungspersonals auszugehen. Dies leitete einen massiven Russifizierungsschub ein[12]. Damit verbunden war eine bessere Versorgung der »Ritter der Revolution«. Stalin nahm sich dieses Personenkreises in besonderer Weise durch Empfänge, Banketts und Auszeichnungen aller Art an und stärkte damit die persönliche Bindung an den Führer.

Zum lokalen Verwaltungspersonal inner- und außerhalb der Lager zählten immer auch beträchtliche Anteile von Häftlingen oder Entlassenen im Status von Verbannten, Fachleute und Gebildete, auf die die lokalen Instanzen trotz wiederholter Verbote nicht verzichten mochten. Je nach Funktion konnte der Anteil von Häftlingen oder Verbannten an Positionen, die eigentlich »Kadern« vorbehalten waren, bis zu 50 Prozent der Stellen ausmachen. Der Grund hierfür lag einerseits in der schlechten Bezahlung, andererseits im Mangel an Fachleuten aller Art in den unwirtlichen Lagerzonen[13]. War im ersten großen Zwangsarbeits-Projekt des Weißmeer-Ostsee-Kanals das Bewachungs- und Aufsichtspersonal noch äußerst gering gewesen und hatte es zum größten Teil aus Häftlingen bestanden, so legte man im Laufe der dreißiger Jahre den Anteil des Wachpersonals zunächst auf fünf, dann auf sieben Prozent und nach dem Krieg auf neun Prozent der Anzahl der Lagerinsassen fest. Vor Kriegsausbruch waren im »militarisierten« Wachpersonal 135000, im August 1944 noch 110000 Personen aktiv[14]. Die einfachen Wachsoldaten lebten oft nicht viel besser als die Häftlinge. Deshalb mußte zum Dienst mehr gepreßt als geworben werden. Seit dem Zweiten Weltkrieg waren es oft entlassene Soldaten der Roten Armee oder durch Filtrierungslager geschleuste Kriegsgefangene und Zivilinternierte, die sich mehr oder minder freiwillig hatten anwerben lassen. Es fehlte an Kleidung, Schuhen und Wohnraum. »Sie gehen nackt und bloß.« »Man speist sie mit Linsen ab, setzt sie in Erdhütten, sie fangen an zu saufen, nehmen Kontakt mit den Gefangenen auf usw. ... Wir haben ungewöhnlich viele Selbstmorde«, hieß es in einem Bericht der dreißiger Jahre[15].

Gegen diese Zustände halfen weder die Einführung einer Politischen Verwaltung (1937) noch die Vergabe militärischer Ränge an das Wachpersonal (1943). Die faktische Rechtlosigkeit der Häftlinge und die immer unzureichende Versorgung des Aufsichtspersonals waren die Bedingungen für Korruption und Gewalt und für die mehr oder minder offene Zusammenarbeit zwischen der Lagerverwaltung, den Wachen und den Kriminellen.

Dies geschah in der Regel auf Kosten der politischen Häftlinge und der *bytowiki*, der wegen Alltagsvergehen belangten Insassen.

Im System der Lagerverwaltung zeigten sich ähnliche Verhältnisse wie in der übrigen Welt des Militärs und der Verwaltung: Oben privilegierte Situationen, in denen sich Diensteifer, Bevorzugungen aller Art, Postenjägerei und der Kampf um das Wohlwollen der jeweiligen Patrone (*chosjain*) mit politischer Wendigkeit verbanden; unten eine Welt der Ressentiments, des Elends, der Korruption und Gewalt, in die gelegentlich zur Statuierung eines Exempels von oben eingegriffen wurde.

Angesichts des Umfangs und der Heterogenität des im Zuge der Kollektivierung entstehenden Lagersystems fällt seine Charakterisierung nicht leicht. Zwar gab es schon seit Mitte der zwanziger Jahre Überlegungen, Zwangsarbeit mit der Erschließung schwer zugänglicher Regionen zu verbinden. Systematisch in die Praxis umgesetzt wurde diese Idee aber erst, seit die OGPU bzw. das NKWD über Hunderttausende und schließlich über Millionen von Arbeitskräften verfügte. Sie sollten einerseits isoliert werden, andererseits als Produktivfaktor in die Planwirtschaft einbezogen werden. Daraus ergab sich, daß mit minimaler technischer Ausstattung die Erschließung vornehmlich jener Räume und Bodenschätze außerhalb des »Korndreiecks« in Gang gesetzt wurde, also außerhalb jener Regionen, die sich vom Zentrum und Süden des europäischen Rußland wie ein Keil nach Osten bis an den Pazifik erstreckten und in denen Getreideanbau noch möglich war. Seit Ende der dreißiger Jahre dehnte sich das System der unterschiedlich organisierten Zwangsarbeit – ITL, ITK, Sondersiedler, Sonderkontingente und Arbeitsmobilisierte – auch auf die industriellen Zentren des Landes aus[16].

In einzelnen Regionen bildete das vom NKWD kontrollierte Lagersystem einen Staat im Staate, außerhalb der Kontrolle der regionalen Verwaltungen. So wurden 1933 dem »Belbalt«-Kombinat (des Weißmeer-Ostsee-Kanals) in Karelien Monopolrechte über die Kanalzone, die Produktionsstätten und die hier aktiven Häftlinge und »freien« Bewohner übertragen. Dies schloß die wirtschaftliche Ausbeutung und Gewinne ebenso ein wie die Versorgung und kulturelle Betreuung der etwa 108 000 Häftlinge und 28000 Sondersiedler. Über analoge Monopolrechte, die ein wenig an die East India Company erinnern, verfügte das NKWD an der Kolyma, auf Tschukotka, an der Petschora und der Uchta[17]. Das Dalstroi-Kombinat für Gewinnung von Gold und Zinn an der Kolyma dürfte zu den schrecklichsten Häftlingsorten gehört haben. Hierher wurden zwischen 1932 und 1942 circa 966000 Menschen transportiert. Der Anteil »freier« Einwohner, in der Mehrzahl entlassene Lagerinsassen, die in die Region verbannt blieben, stieg erst in den vierziger Jahren auf über 50 Prozent der dortigen Population. Die Todesrate unter den Sträflingen lag bis in die Kriegszeit hinein zwischen 25 und 35 Prozent[18].

Bereits vor dem Krieg wurde das Karlag (Lager bei Karaganda) zu einem der größten landwirtschaftlichen Betriebe der Sowjetunion. Um 1950 umfaßte es eine Saatfläche von 101000 Hektar und besaß 26000 Stück Hornvieh sowie 146000 Schafe. Auf einer Fläche von 13000 Quadratkilometern lebten bzw. vegetierten in hundert Einzellagern in den dreißiger Jahren circa 30000, in den vierziger Jahren über 60000 Häftlinge. »Das Vieh war besser untergebracht und wurde pfleglicher behandelt als die Menschen.«[19]

Spätestens seit Mitte der dreißiger Jahre war die Bedeutung der Lager als Wirtschaftsfaktor so angewachsen, daß innerhalb ihrer Administration sogenannte Hauptverwaltungen entstanden, die für einzelne Branchen zuständig waren. Dabei veränderten sich je nach Bedarf die Kompetenzen und der Umfang der den einzelnen Behörden unterworfenen Lagerbevölkerung. Die Bezeichnungen deuten bereits auf die wichtigsten ökonomischen Aktivitäten hin: die Hauptverwaltung für Holzwirtschaft, für Bahnbau, für Bergbau und Metallurgie, für Industriebau, für Straßenbau. In der Kriegszeit umfaßte das Lagersystem etwa zwanzig Produktionszweige. Bereits vor dem Krieg wurden Häftlinge an Betriebe anderer Volkskommissariate ausgeliehen, eine Praxis, die im Krieg an Umfang noch zunahm. Von August 1943 bis Juni 1944 sollen fast 600000 Sträflinge an mehr als 600 Betriebe verliehen worden sein[20].

1940 umfaßte das Lagersystem 53 Lagerkomplexe, 425 Arbeitsbesserungskolonien, 50 Kolonnen für Jugendliche und 90 Häuser für Kinder[21]. Die mal »Lagerpunkte«, mal »Abteilungen« (*otdelenija*) und anders genannten Lagerkomplexe konnten unter Aspekten ihrer wirtschaftlichen Tätigkeiten als Kolonnen, Schächte, Bergwerke, Schleusen, Phalanx (!) oder als Distanzen organisiert sein.

Die Frage nach dem wirtschaftlichen Potential und nach der »Rentabilität« von Zwangsarbeit hat Beobachter und Historiker schon seit Entstehung der Welt der Lager umgetrieben. Aussagekräftig für ihre ökonomische Bedeutung sind wohl Angaben in Naturalgrößen. Für die Zeit vor dem Krieg werden als naturale Anteile genannt: bei Zinn 76 Prozent, bei Gold 60 Prozent, bei Nickel 47 Prozent, bei Chromerz 41 Prozent, bei Kobalt 40 Prozent, bei der Holzverarbeitung und Holzprodukten zwischen 25 und 50 Prozent[22].

Die unterschiedlichen Kategorien von Sträflingen nahmen im Rahmen der forcierten Industrialisierung und Erschließung der unwirtlichen Regionen die Rolle von »Grenzproduzenten« ein. Die Zwangsarbeit erfüllte als Strafe eine politische und – seit den dreißiger Jahren – auch eine ökonomische Aufgabe. Beide Positionen wurden manchmal in der Historiographie einander ausschließend gegenübergestellt. Historiker der fünfziger Jahre verglichen im Rahmen der Theorie nachholender Industrialisierung und Modernisierung die Lager mit den Korrektionsanstalten und der Sklavenarbeit in der frühen Neuzeit: die Zwangsarbeit »als das ins eigene Volk verlegte perpetuierte koloniale Freibeutertum des Merkantilstaates«[23]. In solchen Deutungen brachen sich die Diskussionen der zwanziger Jahre in der Kommunistischen Partei, in denen dem Bauerntum die Rolle einer »inneren Kolonie« zugeschrieben worden war, die der Industrialisierung dienstbar zu machen sei. Angesichts des allgemeinen Kapitalmangels und der Defizite in der technischen Ausstattung – jedenfalls gemessen an den Zielen der Planung – lag es nahe, die mit der Kollektivierung frei werdenden Arbeitskräfte ohne technische Hilfsmittel und mit minimalem Aufwand für den Unterhalt »billig« in Erschließungsprojekten einzusetzen. Daß solche Überlegungen eine Rolle spielten, ist sowohl beim ersten großen Projekt des Weißmeer-Ostsee-Kanals als auch bei der Baikal-Amur-Magistrale nachweisbar. Dabei wurde in Kauf genommen, daß, gemessen an der freien Arbeit, die Produktivität der Häftlingsarbeit bei maximal 50 Prozent lag und daß nicht nur während des Krieges ein erheblicher Teil der Häftlinge – manchmal bis zu 30 Prozent – gar nicht arbeitsfähig war[24]. Angesichts ihrer geringen Produktivität lag der hauptsächliche Zweck der Arbeitslager zweifellos im Terror gegenüber allen zu Feinden erklärten Bevölkerungsgruppen.

Am wenigstens dürfte dies gegenüber der auch unter Stalin existierenden Unterwelt der Kriminellen gegolten haben. Sie lebten ohnehin in einer Sphäre der Unbehaustheit und Brutalität. In den Lagern wußten ihre Cliquen am besten zu überleben. In Stalin erkannten sie einen Geistesverwandten. Im besten Fall stritten sie darüber, welcher Gruppierung von Kriminellen sie den Diktator zuordnen sollten: den echten *blatnye*, die jede Kooperation mit staatlichen Organen ablehnten, oder den »Hündinnen«, die sich im Lager auch zur Kontrolle der politischen und »normalen« Häftlinge einsetzen ließen[25].

Die Lager, Sondersiedlungen und mobilen Sonderkontingente waren mit mehr oder minder fiktiven Produktionskapazitäten in die Planwirtschaft eingebunden. Dabei orientierten sich die Organisation und die »Entlohnung« der Zwangsarbeit an der Struktur der freien Arbeit: Es gab Brigaden mit ihren Brigadeführern, oft aus den Reihen von Kriminellen rekrutiert[26]. Die Brigaden bildeten eine kollektive Einheit, deren Tätigkeit und Entlohnung nach bestimmten Normen bemessen werden sollten. Die meiste Zeit bestand die Entlohnung in der – immer mangelhaften – Essenszuteilung, die nach dem Grad der Normerfüllung und nach der Kategorie der Arbeit, leichte oder schwere, qualifizierte oder angelernte, gestaffelt war[27]. Die Folge der ständigen Unterernährung waren außerordentlich hohe Sterblichkeitsraten, besonders während der großen Deportations- und Verhaftungswellen, aber auch in Zeiten allgemeiner Not: 1932 starben 4,8 Prozent, 1933 über 15 Prozent, d. h. über 67000 Personen in den Arbeitsbesserungslagern. 1938 lag die Sterberate wieder bei 6,7 Prozent. 1942 kam etwa ein Viertel aller Häftlinge um[28].

»Die ... wichtigste Säule, die Tuchta, ist ein Produkt der Eingeborenen und des Lebens selber.«[29] Da das System auf maximaler Ausbeutung und minimalem Unterhalt der Häftlinge beruhte, auf maximalem Ertrag für die Verwaltungen und minimaler Entlohnung der Häftlinge, auf völlig unrealistischen Arbeitsnormen[30] und immer unzureichender »Fütterung«, entwickelte sich in der Welt der Lager und ihrer Verwaltungen mehr noch als in der übrigen Planwirtschaft ein System der Täuschung, das bei den Brigaden begann und in den Statistiken der Behörden endete. Inbegriff dieses Systems war die *Tuchta* oder *Tufta*, letzteres manchmal aufgelöst als »Technik der fiktiven Bemessung von Arbeit«. Es kam für alle Beteiligten darauf an, Arbeitsleistungen als erbracht und Normen als erfüllt anzugeben, obwohl dies nur teilweise oder gar nicht geschehen war. Alle Häftlingserinnerungen berichten von diesem strukturbedingten Betrugssystem[31].

Zwangsarbeit und die Bedingungen freier Arbeit standen zweifellos in einem Wechselverhältnis zueinander. Allerdings ist die Art dieser Wechselbeziehungen nicht eindeutig. Die seit Beginn der Planwirtschaft sinkenden Löhne und die fast entgeltlose Arbeit der Kolchosbauern sollten der »sozialistischen Akkumulation« dienen. Daß die Existenz von Zwangsarbeit indirekt als Disziplinierungsmittel gedient hat, ist wohl kaum zu bezweifeln. Aber schwieriger ist es, das System der kommunizierenden Röhren zwischen Zwangs- und »freier« Arbeit zu analysieren.

Hier soll dies auf zwei Feldern geschehen: auf dem der Propaganda und der Strafpolitik im Verhältnis zu Alltagsvergehen wie der Verletzung der Arbeitsdisziplin und des Diebstahls am kollektiven und staatlichen Eigentum.

Das Wach- und Verwaltungspersonal sowie die Häftlinge lebten einerseits in einer separaten Welt, andererseits blieben auch sie nicht verschont von der unendlichen Suada der Propaganda. In ihrer Entwicklung spiegelt sich – wie in vielen anderen Bereichen – die Transformation von anfangs originär sozialistischen Impulsen zur Weltverbesserung hin zu einer alternativlosen Überwältigungsrhetorik. Nach der Revolution entfalteten verschiedene Seiten mit Unterstützung des Volkskommissariats für Bildung Initiativen zum Aufbau einer Lager- und Gefängnispresse. Sie sollte – neben anderen kulturellen Aktivitäten – der Resozialisierung der Häftlinge dienen. Soweit es sich um Kriminelle, Prostituierte, verwahrloste Kinder und ähnliche Gruppen handelte, galten sie als Opfer der kapitalistischen Ausbeutung, realistischerweise auch als Opfer des Bürgerkrieges. Es ging also um die Resozialisierung in die neue Gesellschaft, wofür sich von Anfang an auch die Tscheka und ihre Nachfolgeorganisationen zuständig fühlten. Sie unterhielten und führten Häuser und Lager für verwahrloste Kinder und später auch für Kinder und Jugendliche verhafteter Erwachsener[32]. Dies bildete auch den Hintergrund für die Kinderlager und die dortige militarisierte Erziehung von Kindern und Jugendlichen, wie sie A. S. Makarenko unter Aufsicht der GPU bzw. des NKWD in seinem ›Pädagogischen Poem‹ propagierte[33].

Bis 1927 gab es in den Lagern und Gefängnissen ein – den materiellen Umständen entsprechend – reges Kultur- und Publikationswesen, das eine Verbindung zur Gesellschaft herstellte. 1927 existierten immerhin 432 Lager- und Gefängnisperiodika[34]. Zentralisiert und kontrolliert seit der »sozialistischen Offensive«, also seit 1928, hatten die Lagerperiodika nun zur »politischen Alphabetisierung« (*politgramota*) der neuen Häftlingsmassen beizutragen. Jetzt waren diese Publikationen nicht mehr eine Kombination von Selbstartikulation, Aufklärung und Erziehung der Insassen, sondern nur noch Medien der Bekenntnisfront und der Umerziehung. Diese Publikationen variierten in ihren Titeln die Metapher der Umschmiedung (*perekowka*). Ihre ständig wiederholte Losung knüpfte an den Mythos der befreiten Arbeit mit einem Stalin zugeschriebenen Zitat an: »Die Arbeit in der UdSSR ist eine Sache der Ehre, eine Sache des Ruhms, eine Sache der Tapferkeit und des Heldentums«.[35] Welches Gewicht der propagandistischen Bearbeitung beigemessen wurde, ist an der hohen Auflage der Lagerperiodika von einer Million 1933/34 ablesbar.

Ein besonderes Objekt der Propaganda war der Bau des Weißmeer-Ostsee-Kanals (*belbalt*). Hier wurden für die verschiedensten Abschnitte 568 Zeitungen und Broschüren in allen möglichen Sprachen mit einer Auflage von 195 000 Exemplaren hergestellt. Propaganda, eine magische Umdeutung von Realität im Sinne der realisierten Utopie, geringe tatsächliche Stimulierung und unsagbares Elend gingen hier eine surrealistische Verbindung ein: Der »Arbeitsfonds« dieses Unternehmens wird für 1932 mit 108 000 »Kanalsoldaten« angegeben; 60 Prozent von ihnen sollen eine Reduktion ihrer Haftstrafen erhalten haben und 12 000 wegen Arbeitsenthusiasmus tatsächlich vorzeitig entlassen worden sein. Eine andere Schätzung geht aber davon aus, daß etwa die Hälfte der Zwangsarbeiter umgekommen ist[36].

Hier kamen nun auch die Schriftsteller als »Bewußtseinsschmiede« zum Einsatz. In der künstlerisch – und sehr aufwendig – gestalteten Reportage über diese Wunder des Sozialismus hatten sie sich zugleich selbst im Sinne kollektiver Arbeit umzuschmieden. Unter Leitung Maxim Gorkis unternahmen etwa 120 Autoren eine Besichtigungstour zu den Kanalbaustellen. Der Bericht geriet zu einer Hymne auf die Tschekisten als Pädagogen und Techniker, auf das »Umschmieden« der Kanalsoldaten und ihren märchenhaften Arbeitsenthusiasmus. Die Initiatoren dieses in der Literaturgeschichte wohl einmaligen Unternehmens waren so überzeugt von ihrer Sache, daß die Reportage auch in der angelsächsischen Welt publiziert wurde[37]. Der Belbalt-Kanal wurde in etwa zehn Bühnenstücken und im Film behandelt. Auch hier ging es um die Neugeburt ehemaliger »Schädlinge«, Klassenfeinde und Krimineller und die Perspektive des neuen Lebens. Auf dem Internationalen Schriftstellerkongreß zur Verteidigung der Kultur (gegen den Faschismus) verkündete Ilja Ehrenburg 1935 in Paris: »Wir haben der Arbeit den Sträflingskittel ausgezogen und haben aus jeder Arbeit etwas Schöpferisches gemacht.«[38] Als im Zuge des Terrors gegen die Partei- und Funktionseliten die meisten Organisatoren des Belbalt-Kanals umkamen, wurde auch die öffentliche Propaganda von der Zwangsarbeit als »Arbeitsbesserung« eingestellt. Die Sprache selbst der Lagerzeitungen wurde »delikater« und konzentrierte sich stärker auf Organisations- und Arbeitsprobleme. Sie richteten sich nun stärker an das Wach- und Aufsichtspersonal als an die Häftlinge. Das »Zwitschern« verkam zur Routine[39].

Die Gesellschaft und ihre Unterwelt

Propaganda als überwältigende Rhetorik, als magische Umdeutung von Realität, war Teil eines Zwangssystems, mit dem es auch die Gesellschaft außerhalb der Lager und Sondersiedlungsgebiete zu tun hatte. Apodiktische Behauptungen, die nicht nur die Terrorabsichten Stalins leugnen, sondern auch von einer nicht terrorisierten Bevölkerung ausgehen[40], dürften wesentliche Mechanismen von Verhaltensweisen dieser Zeit verfehlen. Daß nicht nur die vom Regime geschaffenen Feinde Grund zur Angst hatten, sondern auch die anderen Gruppen der Bevölkerung, die der Politik fernstanden, sie hinnahmen oder sogar billigten, lag nicht zuletzt darin, daß Staat und Partei auch Herren der Ökonomie waren und daß sie tatsächliches oder angebliches ökonomisches Fehlverhalten erbarmungslos bestraften. Es war die Situation des ständigen Mangels, periodisch auch der schieren Not, die einen großen Teil der Bevölkerung zur ständigen Verletzung von Regeln und – oft unsinnigen -Vorschriften zwang. Zu den berüchtigsten Erlassen gehören die »Ährengesetze« vom 7. August 1932 und vom 4. Juni 1947, bei denen es um Diebstahl am Kolchos- und Sowchos-Eigentum ging. Beide Male wurden sie in Zeiten der Hungersnot erlassen, als der Landbevölkerung zum Überleben nicht viel anderes übrigblieb, als zu stehlen. Nach dem Gesetz von 1932 wurden 183 000 Personen verurteilt, davon immerhin drei Prozent zum Tode und über 50 Prozent zu Haft in Lagern und Kolonien. Zwar wurden bis 1936 auf Betreiben A. Wyschinskis 32 Prozent der bis dahin Verurteilten vorzeitig entlassen, dies schmälert aber nicht den terroristischen Zuschnitt der Maßnahmen. Das Gesetz und sein Vollzug charakterisieren auch den jeder Beschreibung spottenden Zustand der sowjetischen Justiz[41].

Der Parteistaat produzierte als politische Instanz nicht nur seine Feinde, als Arbeitgeber verursachte er auch eine in ihren Maßstäben beispiellose Kriminalisierung der Werktätigen[42].

Die polarisierende Politik der Parteiführung mobilisierte Antagonismen, die weit über das Maß an Spannungen hinausgingen, die in jeder Gesellschaft vorhanden sind. Stigmatisierungen, Deportationen und schließlich Zwangsarbeit und die ständig wechselnden Kriterien für die Zuweisung des sozialen Status mit seinen fixierten Diskriminierungen und Privilegien – nach Klassenherkunft, nach politischer Vergangenheit und Parteizugehörigkeit, nach dem beruflichen Status, schließlich nach Wohnort und nach Nationalität – verursachten in erheblichen Teilen der Bevölkerung extreme Unsicherheiten. Von daher ließen sich jederzeit Gefühle von Angst, Haß und Neid und »sozialer Revanche« anstacheln[43]. Ihr Verursacher war immer die Partei – entweder durch ihren Umgang mit den wechselnden Feinden oder durch die zunehmende Schärfe der innerparteilichen Auseinandersetzungen. Sie lieferte das normative Muster, an dem sich die Gesellschaft und die Individuen zu orientieren hatten. Die gesellschaftliche Dynamik, die dadurch ausgelöst wurde, ist nicht primär mit den Begriffen von Gläubigkeit und Angst zu umschreiben, sondern mit einer Struktur, die alle Teilnehmer an dem Spiel dazu zwang, seine Regeln anzunehmen und sie in ganz unterschiedlicher Weise für sich zu instrumentalisieren. Da sich das Regime angesichts seiner überzogenen Ambitionen immer in einem inneren und äußeren Belagerungszustand wähnte, wurden die Spielregeln immer brutaler. Nicht erst seit Anfang der dreißiger Jahre »bedeutete Menschenblut nicht mehr als Wasser«[44]. Es war dieses Wolfsgesetz einer totalitären Mobilisierung, das in wachsendem Maße auch die Beziehungen in der Gesellschaft vergiftete und brutalisierte.

Kapitel 9

Das sowjetische Imperium und die Konstruktion seiner Nationen

Das Erbe des Zarenreiches und die nationale Mobilisierung

Das zaristische Erbe war gewiß komplexer, als es das Klischee vom Völkergefängnis nahelegt. In den Eliten gab es den Wunsch, das Zarenreich nach westlichem Vorbild zum Nationalstaat umzuwandeln. Ausdruck dieser Politik waren Bestrebungen zur administrativen Homogenisierung ebenso wie seit den 1880er Jahren zur Russifizierung besonders gegenüber den europäischen Völkern, den Georgiern und Armeniern. Diese Politik wurde in den unterschiedlichen Regionen zu verschiedenen Zeiten, mit wechselnder Intensität und mit wechselnden Instrumenten zur Geltung gebracht. Von einer systematischen Politik, 1905/06 zudem partiell zurückgenommen, wird man kaum sprechen können. Sie stieß dort auf den größten – aktiven oder passiven – Widerstand, wo ein Nationalbewußtsein relativ stark ausgeprägt war wie in Polen und Finnland, sie konnte aber auch begrüßt oder doch akzeptiert werden, wo sich Angehörige bisher subalterner Völker gegen die Dominanz lokaler fremdnationaler Eliten wandten. Einen paradoxen Fall stellten die vergleichsweise mobilen und aufstiegswilligen Juden dar. Sie wollten aus der geschlossenen Welt der jüdischen Landstädte (Schtetl) und jüdischen Ansiedlungsrayons ausbrechen, aber seit den achtziger Jahren wurden ihnen immer neue Hindernisse in den Weg gelegt.

Legt man das Phasenmodell M. Hrochs über die moderne Nationswerdung sogenannter kleiner Völker[1] als Maßstab für die nationale Mobilisierung der einzelnen Völker zugrunde, so befanden sich die meisten muslimischen Völker Rußlands im ersten Stadium, in dem nationale »Erwecker«, zumeist Angehörige intellektueller Berufe und Angestellte der russischen Verwaltung, zunächst Forderungen nach einer Reform und partiellen Säkularisierung der muslimischen Lehreinrichtungen stellten und manchmal von der Einheit der muslimischen Völker im Russischen Reich träumten. Nicht zufällig waren es Angehörige der am stärksten und längsten kulturellen Einflüssen und administrativem Druck durch die russische Seite ausgesetzten Wolga- und Krimtataren, die diesen Reformbestrebungen eine gewisse Breitenwirkung verschafften. Beide Völker waren zudem in ihren eigenen historischen Gebieten bereits in die Minderheit geraten. Die beiden größten Völker des Zarenreiches – die Russen und Ukrainer, letztere amtlich noch als »Kleinrussen« bezeichnet – bewegten sich auf der Skala Hrochs bestenfalls im Mittelfeld. Im Unterschied zu Polen, Finnen oder selbst den baltischen Völkern wird man vor 1914 kaum von einer »Nationalisierung« der Massen sprechen wollen. Dazu war in beiden Fällen die soziokulturelle Zerklüftung zwischen der Herrschaftskultur, der sozialistisch geprägten Gegenkultur der Intelligenz mit Ausstrahlung in die städtischen Unterschichten und der Welt des Dorfes noch zu ausgeprägt. Nur dort, wo um die Verfügung über Grund und Boden oder seinen Besitz gekämpft wurde, wie zwischen russischen Zuwanderern und einheimischen Völkern in Mittelasien, oder wo es um den eher traditionellen Gegensatz zwischen Bauern und fremdnationalem Adel ging, wie in der westlichen Ukraine, waren ethnische Gegensätze mobilisierbar. Es fehlte aber vielfach das intellektuelle und propagandistische Rüstzeug des modernen Nationalismus. Die sozialistisch geprägte russische Gegenkultur, die national vielfach ebenso indifferent war wie die einstigen Herrschaftseliten unter dem Dach der Autokratie, hatte eine beträchtliche Ausstrahlung auf die nationalen Bewegungen kleiner oder ehemals subalterner Völker. Dies gilt für die lettischen Sozialdemokraten und die lettische Bauernbewegung ebenso wie für den jüdischen Bund und den Zionismus oder für die georgischen Menschewiki und die armenischen Daschnaken. Lediglich die muslimischen Erwecker fühlten sich trotz ihrer antikolonialen Rhetorik stärker zu den russischen Liberalen als zu den Sozialisten unterschiedlichster Schattierungen hingezogen.

Das bolschewistische Projekt und die nationale Frage

Unter den Revolutionären haben sich vor allem die Bolschewiki relativ früh und systematisch mit der nationalen Frage auseinandergesetzt. Den Anlaß hierzu boten zunächst Differenzen um die Organisation der Russischen Sozialdemokratischen Arbeiterpartei mit dem Allgemeinen Jüdischen Arbeiterbund sowie die Beobachtung der nationalen Konflikte vor allem in der Sozialdemokratie der Habsburger Monarchie. Sie veranlaßten Lenin und später Stalin, sich intensiv dem nationalen Problem zu widmen.

Vier Felder standen hier zur Debatte: 1. Es ging um die grundsätzliche Klärung des Stellenwerts von Nationalismus, der offensichtlich den Klassenkampf beeinträchtigte. 2. Es mußte entschieden werden, ob die Sozialdemokratie des Russischen Reiches zentralistisch oder als föderativer Verband nationaler Parteien organisiert sein sollte. 3. Man stritt sich um den Stellenwert der nationalen Fragen in einer Strategie der Revolutionierung und schließlich war 4. zu klären, wie die nationalen Bestrebungen der Völker nach einer Revolution zu befriedigen waren.

Nicht nur die Sozialrevolutionäre, sondern auch die georgischen Sozialisten und vor allem der Allgemeine Jüdische Arbeiterbund orientierten sich in der Praxis an den Diskussionen der österreichischen Sozialdemokratie. Diese hatte versucht, mit dem Konzept des nationalen Personalverbands die Antagonismen in der Habsburger Monarchie zu entschärfen, hatte damit aber den Zerfall der »internationalen« Sozialdemokratie Österreichs in nationale Parteiorganisationen nicht aufhalten können. Das praktische Scheitern ebenso wie die theoretischen Grundannahmen vor allem Otto Bauers und Karl Renners veranlaßten daher Lenin und Stalin zu grundsätzlicher Kritik.

Wie ihre Vorgänger, Zeitgenossen und Nachfahren hatten die Bolschewiki sich damit auseinanderzusetzen, daß sich die Völker – in der Wahrnehmung der Bolschewiki: die Bourgeoisien – nationalstaatlich organisierten, während »das Kapital«, zumal in Zeiten des Imperialismus, international agierte. Der bürgerliche Nationalstaat wurde zwar als der Normalfall im Kapitalismus angesehen, aber wie in diesem sahen sie in jenem nur ein Durchgangsstadium zum Sozialismus. Denn der Internationalismus der Kapitalbewegungen nahm in ihrem Denken die Zukunft des internationalen Kommunismus vorweg. Die Situation der Völker des Zarenreiches galt demgegenüber als rückständig. Daher sollte ihre Nationsbildung gegen das herrschende Imperium durchgesetzt werden[2].

Lenin und Stalin waren sich darin einig, daß jede Nation das Recht auf Selbstbestimmung habe, mithin ebenso das Recht auf Lostrennung vom Reichsverband wie das auf Anschluß an eine Föderation. Angesichts des sehr unterschiedlichen Profils und Selbstbewußtseins der Ethnien und Völker im Russischen Reich hing die bolschewistische Position gegenüber deren Aspirationen davon ab, was eine Nation überhaupt sei. Hier sollte Stalins Definition von 1913 im Laufe der folgenden Jahrzehnte eine kanonische Bedeutung erhalten. »Eine Nation ist eine historisch entstandene stabile Gemeinschaft von Menschen, entstanden auf der Grundlage der Gemeinschaft der Sprache, des Territoriums, des Wirtschaftslebens und der sich in der Gemeinschaft der Kultur offenbarenden Wesensart.«[3] Wie der Losung über das Selbstbestimmungsrecht sollte auch der Definition von Nation richtungweisende Bedeutung für die politische Praxis nach 1917 zukommen.

Trotz der vielen ethnischen Mischzonen und der Streulage vieler Völkerschaften im Russischen Reich plädierten Lenin und Stalin für jene Völker, die sich nicht aus dem (künftigen) Staat lösen konnten oder wollten, für eine Gebietsautonomie, die sie dem österreichischen Konzept der Kulturautonomie im Rahmen eines Personalverbandes entgegenstellten[4]. Fragt man nach den Gründen für die dogmatische Fixierung auf Gebietsautonomie, so wird man die Antworten in übergeordneten Grundsätzen suchen müssen, die sowohl die Konzeption als auch die politische Praxis bestimmen sollten: Zum einen konnten sich beide den modernen kapitalistischen – und später sozialistischen – Staat nicht anders denn als Staat mit zentralistischer, regionale und nationale Bedürfnisse transzendierender Regelungskompetenz vorstellen. Die territoriale Organisation der Völker sollte die nationale Gleichberechtigung sichern und Konflikte ausschließen. Sie würde aber die – vermeintlich – zentralisierenden Tendenzen ökonomischer Beziehungen und ihre zentralistische Regulierung nicht behindern. In ähnlicher Weise ging es hier – nicht unähnlich wie bei den österreichischen Sozialdemokraten – im Grunde darum, die nationale Frage politisch zu entschärfen und sie – wie sich später zeigen sollte – auf Sprache und Kultur oder gar auf Folklore zu reduzieren.

Daher bestand im bolschewistischen Denken kein Widerspruch zwischen der territorialen Organisation der Völker und der faktischen Zentralisierung der Partei und des Staates. Die Partei wurde wie das Proletariat, das sie organisierte und angeblich repräsentierte, als grundsätzlich internationalistisch vorgestellt. Sie durften – im Unterschied zur Bourgeoisie und zum Kleinbürgertum – nicht nationalistisch infiziert werden durch eine nationale Organisation der Partei. Daher bildeten die später formierten Parteien der Ukraine, Belorußlands, Turkestans etc. in der Regel territoriale, nicht nationale Organisationen. Insbesondere die Führungskader fluktuierten zwischen den territorialen Organisationen ohne Ansehen der nationalen Zugehörigkeit. In den Worten Stalins: Der »nationale Organisationstypus« sei »eine Schule nationaler Borniertheit und Verknöcherung«. Die Partei habe eine Schule des Internationalismus zu sein. Denn die Arbeiter seien »vor allem Angehörige einer einzigen Klassenfamilie, Glieder der einheitlichen Armee des Sozialismus«[5].

Elitenwechsel

In der Zusammensetzung der Parteiführung wie des Rats der Volkskommissare läßt sich im Vergleich zum alten Regime ein auch unter ethnischen Gesichtspunkten bemerkenswerter Elitenwechsel beobachten. Bildeten unvermeidlicherweise in beiden Regimen jeweils Angehörige der russischen Nationalität die Mehrheit, so zeigt sich der Wechsel der Eliten besonders bei den Angehörigen nichtrussischer Völker: Hatten seit dem 18. Jahrhundert fast immer Deutsche, überwiegend Angehörige der baltischen Ritterschaften, und Angehörige des polnischen Adels nach den Russen den zweiten bzw. dritten Platz eingenommen, so traten an ihre Stelle nun Angehörige früher eher subalterner Völker, hier vor allem der Juden und Letten, aber auch der

Georgier und Armenier, d. h. Angehörige von Völkern, die seit den achtziger Jahren intensive und als repressiv erlebte Modernisierungsprozesse hinter sich hatten[6]. Alle diese Aktivisten waren einbezogen in die im späten Zarenreich stark ausgeprägte intellektuelle und politische Gegenkultur. Diese bildete ein Netzwerk, verankert vor allem an den Bildungsanstalten. Es umfaßte sowohl national indifferente als auch nationalistische Zirkel, die sich eher auf die Nationalitäten an der Peripherie bezogen.

Ein typisches Beispiel waren die Juden: Jüdische Aktivisten waren sowohl in den national orientierten Zirkeln und Parteien (Zionisten, Bund) als auch unter den national indifferenten Sozialrevolutionären und Sozialdemokraten präsent. Daß sie auch auf der Gegenseite – unter den Liberalen und der »Bourgeoisie« – vertreten waren, bestätigte Lenins Thesen von den »zwei Kulturen« in einer Nation oder Nationalität.

Aus antikommunistischer Sicht konnte diese neue Konstellation wegen der starken Präsenz der Juden als Bestätigung für eine weitere Variante »jüdischer Weltverschwörung« genommen werden, wie es vielfach in den konterrevolutionären Bewegungen behauptet wurde und sich in antijüdischen Pogromen auslebte. Der Spruch von den Untaten Trotzkis, welche die Bronsteins zu bezahlen haben, hielt die andere Seite dieser Situation fest. Ein weiteres antikommunistisches Bonmot ging davon aus, daß die Macht der Bolschewiki sich »auf jüdischen Intellekt, lettische Schützen und russische Narren« stütze[7].

Unter den führenden Bolschewiki bestand offensichtlich eine Scheu, das ethnische Ungleichgewicht in den Leitungsgremien zum Thema zu machen. Dies galt insbesondere für die starke jüdische Präsenz. Wie viele andere unangenehme Erscheinungen wurde Antisemitismus als konterrevolutionär und als reaktionär gebrandmarkt, seine massive Verbreitung auch in den Unterschichten war aus ihrer Sicht ein Überbleibsel der Vergangenheit und zugleich ein typisches Merkmal der »schwankenden« Schichten. Die jüdischen Bolschewiki der Führungsgarnitur scheinen ganz im Internationalismus aufgegangen zu sein. Für sie persönlich war – wie bei den Russen, Letten, Polen usw. – die ethnische Herkunft offensichtlich von geringer Bedeutung und kein Gegenstand tieferen Nachdenkens. Vielleicht ist in dieser

Hinsicht Trotzki typisch. Halböffentlich sprach er über seine jüdische Herkunft erst, als er sich 1923 gegen Vorwürfe zur Wehr setzen mußte: Nur auf Drängen Lenins habe er die Leitung des Kriegskommissariats und dann des Revolutionären Kriegsrats übernommen. Für ihn persönlich habe die jüdische Herkunft keine Bedeutung, aber »als politisches Moment war sie ernstzunehmen. Ich habe das nie vergessen«, denn »sie störte stark«.[8]

Ein Teil der Führungskader unter Lenin wie unter Stalin hatte seine Karrieren an der Peripherie begonnen und praktische Erfahrungen im Umgang mit dem nationalen Problem gesammelt. Zu den prominenteren gehören Stalin, Ordschonikidse, bis 1926 leitender ZK-Sekretär im Transkaukasischen Gebiets-Parteikomitee, M. W. Frunse, an der West- wie an der Turkestanfront aktiv und maßgeblicher Initiator der Besetzung der Chanate Buchara und Chiva; S. M. Kirow, seit Anfang 1919 Vorsitzender des Militärrevolutions-Komitees im Gebiet von Astrachan; dort verantwortete er die brutale Niederschlagung von Unruhen im März 1919; dann war er bis 1924 ZK-Sekretär in Aserbaidschan. L. M. Kaganowitsch war wie die Letten Jan Peters und Jan Rudzutak während des Bürgerkrieges in maßgeblicher Stellung in Turkestan im Einsatz. Er war in der Nähe Kiews geboren und aufgewachsen, aber russisch sozialisiert. 1925 ging er als Parteisekretär nach Charkow, um die Ukrainisierung zu forcieren. Nur unter großen Mühen lernte er die ukrainische Sprache. N. I. Jeschow war bis Mitte der zwanziger Jahre in Mittelasien und nahm hier aktiv teil an der Bekämpfung der Basmatschen-Aufstände. L. P. Berija war im Kaukasus seit 1921 in der dortigen Tscheka bzw. OGPU tätig, bevor er zwischen 1931 und 1937 nacheinander als Chef der georgischen, dann der transkaukasischen Partei amtierte. A. I. Mikojan war 1918 einer der Kommissare in der fast zum Mythos gewordenen Baku-Kommune.

Wie diese keineswegs erschöpfende, eher zufällige Auswahl maßgeblicher Bolschewiki der ersten und zweiten Generation zeigt, kennzeichnen diese eine ungewöhnliche Mobilität im wörtlichen wie im übertragenen Sinne, eine internationalistische Orientierung, die sich auch national drapieren konnte, wenn es erforderlich war. Was sie maßgeblich prägte, war die Distanz zur Herkunft und damit von spezifisch ethnischen oder nationalen

Milieus, die Erfahrung von abgebrochenen Karrieren, von Konspiration, von Haft, Verbannung oder Emigration und eine kosmopolitische Wendigkeit. »Heimat« war nicht ein bestimmter Ort oder gar ein nationales Milieu, sondern das Netz revolutionärer Gegenkultur und später die Partei. Dies schloß nationale Cliquenbildung nicht aus. So zog F. Dserschinski viele Polen aus der ehemaligen SDKPiL zur Arbeit in der Tscheka und später in der GPU heran, und in Stalins Umgebung gab es auffällig viele Transkaukasier (Ordschonikidse, Mikojan, Berija).

Diese Internationalität der frühen Parteielite entsprach nicht ganz dem nationalen Profil der Masse der Parteimitglieder (1922). Zwar waren auch hier Russen, Juden und Letten im Verhältnis zum Bevölkerungsanteil überrepräsentiert; wichtiger war aber, daß in dieser frühen Phase die Russen in vielen nichtrussischen Gebieten das Parteiaktiv repräsentierten. Von der Krim über den Kaukasus, die tatarischen und kalmykischen Wolgagebiete bis nach Kirgisien machten zu diesem Zeitpunkt die Russen 60 bis 70 Prozent der Parteimitgliedschaft aus. In der Ukraine, wo der russische Bevölkerungsteil bei zehn Prozent lag, dieser aber die städtische und industrielle Kultur prägte, lag der Anteil der Russen unter den Parteigenossen bei 53 Prozent. Auf Grund ihres Urbanitätsvorsprungs waren zudem Russen und Juden überproportional in der Partei- und Sowjetverwaltung vertreten[9].

Aus dieser Situation, in der Russen (und Juden) das bolschewistische Element in der Peripherie repräsentierten oder doch maßgeblich prägten, wurde offensichtlich in den lokalen Parteimilieus der Schluß gezogen, daß die Russen das internationalistische und proletarische Prinzip, die einheimischen (Bauern- oder Nomaden-) Völker das »schwankende«, wenn nicht konterrevolutionäre Prinzip repräsentierten. So wurde besonders in der Ukraine in Kreisen der Partei die ukrainische Sprache und Kultur nicht nur als rückständig gesehen, sondern auch mit Nationalismus und Konterrevolution assoziiert. In Turkestan wollte man Vertreter der Muslimvölker ohnehin weder in der Partei haben, noch ihnen politische Funktionen anvertrauen. Diese Praktiken eines roten Kolonialismus wurden zwar spätestens seit 1923 amtlich verurteilt und aktiv bekämpft. Aber als Unterströmung waren sie offenbar in den relevanten Machtorganen – Unterabteilungen des Zentralkomitees der Partei, in der Zentralen Kontrollkommission, in der Tscheka bzw. in der OGPU und später im NKWD und nicht zuletzt in den Technostrukturen – immer vorhanden und wurden vereinzelt auch ungestraft öffentlich artikuliert[10].

Die Konstruktion der UdSSR

Vor dem Hintergrund dieser Unterströmungen setzten Lenin und Stalin, letzterer in maßgeblicher Position als Volkskommissar für Nationalitäten[11], die Konstruktion der Sowjetunion als institutionalisierte Gemeinschaft von Staaten durch, die mehr dem Anspruch nach als in Realität Nationalstaaten sein sollten. Die in der Historiographie vielfach als folgenreich betrachtete Differenz zwischen Lenin und Stalin bestand aus bolschewistischer Sicht in der eher sekundären Frage, ob die mit Hilfe Moskaus und der Roten Armee etablierten Republiken im Transkaukasus, in der Ukraine und Belorußland in einer zukünftigen Föderation nach dem Muster autonomer Republiken in die RSFSR aufgenommen werden oder als souveräne Staaten beitreten sollten. Dieses Problem wurde deshalb zu einer *cause célèbre*, weil sie zu einem Zeitpunkt ausgetragen wurde, als Lenin wegen seiner Krankheit nicht mehr voll handlungsfähig war und sich seine Diadochen für die Nachfolge in Position brachten.

Zu heftigen Auseinandersetzungen im Viereck zwischen Lenin, Stalin, dem Transkaukasischen Gebietskomitee der Partei in Baku und den georgischen Kommunisten in Tiflis kam es wegen des Status der transkaukasischen Republiken: Sollten sie einzeln einer neuen Union beitreten oder als untergeordnete Gebiete eines Transkaukasischen Gebiets der RSFSR? Stalin beugte sich nach heftigen Auseinandersetzungen der Bildung einer Union, der allerdings gegen georgischen Widerstand die Transkaukasische Republik beitrat. Das Zentralkomitee in Moskau (!) gab den einzelnen Republiken in Transkaukasien zwar Kompetenzen zurück, die sich die Transkaukasische Republik angeeignet hatte, aber Lenins Kritik an Stalin und Ordschonikidse wurde – entgegen seinem Wunsch – nicht auf dem 12. Parteitag (April 1923) publik gemacht, obwohl hier die nationale Frage und die Organisation der UdSSR zur Debatte standen. Stalin ließ sich stattdessen über die Gefahren des großrussischen, aber auch des nationalen Chauvinismus aus, den die georgischen Kommunisten gegenüber den Minderheiten im eigenen Land praktizierten[12].

Trotz aller Querelen unter den kommunistischen Oligarchen ging es im Grunde um Nebensächlichkeiten, um Stilfragen und nicht um grundlegende Widersprüche[13]. Der Streit um Autonomisierung und Beitritt zur RSFSR oder um die Bildung einer Union der Sozialistischen Sowjetrepubliken mit der Zusicherung von Souveränität und dem Recht auf Austritt aus der Union berührte die zentralen Vorschläge Stalins im Grunde wenig. Denn seine Entwürfe zur Gestaltung der Union, deren Institutionen einfach von der RSFSR übernommen und um einige Vertreter aus den Republiken erweitert wurden, gingen in die Organisationsverfassung der Union ein. Der Revolutionsführer und der Fachmann für Nationalitätenfragen waren sich darin einig, daß die neue Sowjetunion das Gehäuse sein würde, in dem eine zentralistische Partei die Grundlinien der Politik diktieren würde.

Die Union wurde als Räterepublik konstruiert, mit einem Rätekongreß, der sich aus einem Unions- und Nationalitätenrat zusammensetzte, beschickt von den Unions- und den autonomen Republiken sowie von den autonomen Gebieten. Die wichtigen exekutiven Kompetenzen für Außenpolitik und Außenhandel, für Militär und Kommunikation lagen bei den Volkskommissariaten der Union. Auf der Ebene der Union agierte auch seit 1923 die Vereinigte Politische Verwaltung (OGPU), die Nachfolgeeinrichtung der Tscheka. Ihr Repräsentant war im Obersten Gerichtshof der UdSSR vertreten. Hinzu kam die Planbehörde (Gosplan) und die in Moskau konzentrierte Aufsicht über das Außenhandelsmonopol. Dies provozierte sowohl in Georgien als auch in der Ukraine viel Kritik. Sie blieb aber ohnmächtig.

Daneben existierten sogenannte Vereinigte Kommissariate, später als Unions-Republiks-Kommissariate bezeichnet, zuständig für Finanzen, Versorgung und Arbeit. Analog war der Oberste Volkswirtschaftsrat (VSNCh) konzipiert. Bei den Unionsrepubliken verblieben die Arbeiter- und Bauerninspektion, eine Art Verwaltungskontrolle, das Bildungs- und Gesundheitswesen sowie die nicht unbedeutenden Volkskommissariate für Justiz und Inneres[14].

Seit dem Übergang zur Planwirtschaft weiteten sich die Kompetenzen der Unions-Volkskommissariate – besonders derjenigen für Industrie und diverser interministerieller Komitees – auf Kosten der Unionsrepubliken aus. 1933 wurde die Staatsanwaltschaft der UdSSR (*prokuratura SSSR*) als Organ der Rechtsaufsicht auf der Ebene der Union zentralisiert, offenbar eine Folge des unkontrollierten Chaos an der Peripherie, das die Kollektivierung provoziert hatte. 1934 wurde eine neues Innenkommissariat – formal als Vereinigtes Kommissariat der Republiken und der Union geschaffen – mit Filialen in den Republiken, aber nicht in der RSFSR, wo »russische« und Unionskompetenzen ohne Umstände gleichgesetzt wurden. Im Laufe der Jahre übernahm das neue NKWD der UdSSR, so die amtliche Bezeichnung, immer mehr Kompetenzen. Unter seine Kontrolle fiel u. a. die Miliz (Polizei), die außergerichtliche Strafverfolgung und schließlich die Verwaltung der Lager. Das neue NKWD wurde zu einem zentralistischen Unions-Kommissariat, das den Unions-Republiken nur residuale Bereiche beließ.

Die UdSSR war ein in föderative Formen gekleideter Einheitsstaat, ein in konstitutionelle Formen gekleideter Parteistaat[15]. Die wichtigsten Entscheidungen wurden über das konkurrierende Netzwerk von Partei- und Staats-Instanzen und über die Patronage-Systeme durchgesetzt oder im lokalen Interesse manchmal auch umgebogen. In ihrer formalen Struktur wurde am Charakter einer Union von Republiken festgehalten, die zugleich als zentralistischer Staat funktionieren sollte. Diesen Zustand fixierte auch die sogenannte Stalin-Verfassung von 1936. Dabei ließ sich weder institutionell noch personell immer zwischen Organen der UdSSR und der RSFSR unterscheiden. Das faktische Übergewicht der RSFSR verwischte sich durch die institutionelle und personelle Verzahnung mit den Organen der Union. Die wichtigen politischen Entscheidungen sind daher auch nicht in Kooperation der Staaten, sondern zentralistisch in den Führungsgremien der Partei getroffen worden, in denen Vertreter der lokalen Parteien manchmal vertreten waren.

Die tatsächlichen Entscheidungsabläufe und Kompetenzabgrenzungen sind ein weites Forschungsfeld, das bisher noch wenig bearbeitet ist. Hierzu trägt nicht unwesentlich bei, daß es keine eindeutigen Abgrenzungen zwischen der Partei und den exekutiven Instanzen gab. Die Räte bildeten ohnehin nur eine Tribüne und den Resonanzboden für Entscheidungen, die in den Parteigremien gefallen waren. Das institutionelle Verwirrspiel wurde noch dadurch kompliziert, daß die Partei in den nichtrussischen Republiken in Gestalt von Territorialorganisationen existierte. Es gab aber keine eigene Parteiorganisation der RSFSR. Faktisch waren die Entscheidungsgremien der RKP(B) identisch mit denen in Moskau, und die Führungen der Republiksparteien hatten in allen wichtigen Fragen den formalen Beschlüssen und informellen »Signalen« der zentralen Parteigremien und später Stalins zu folgen. Ebenso wie auf zentraler gab es auf regionaler Ebene eine ständig wechselnde Ämterhäufung und Ämterverbindung und eine Fluktuation der Kader zwischen Partei- und Staatsämtern und zwischen Moskau und den Republiken und umgekehrt. Wahlakte bestätigten in der Partei wie im Staatsapparat eher, was anderswo informell beschlossen worden war.

Korenisazija: Aufbau und Zerstörung

Korenisazija bedeutet in wörtlicher Übersetzung Verwurzelung. Sie läßt sich auch als Indigenisierung oder Nationalisierung übersetzen. Im Rückblick erweist sie sich als der Versuch, die »Massen« durch Nutzung einheimischer kultureller Normen für die Partei zu mobilisieren und für das bolschewistische Projekt zu gewinnen, kooperationswillige einheimische Eliten zunächst zur Mitarbeit aufzufordern, um sie dann durch einheimische »rote« Kader zu ersetzen. In den nichtrussischen Territorien, in denen die bolschewistische Partei so schwach verankert war, sollte in Zukunft Politik durch einheimische Kader realisiert und damit von der Bevölkerung angenommen werden. Diese Definition läßt sich im Grunde genauso gut auf die Russen wie auf die nichtrussischen Völker anwenden, nur daß das zeitliche Tempo, die Abfolge und die Effekte von Mobilisierung und Eliminierung jeweils andere gewesen sind. Ihre Darstellung wird sich an den

Mobilisierungsphasen und den Repressionswellen seit der Wende von der NEP zur Planwirtschaft orientieren. Hier wie auf anderen Feldern verbanden sich in der bolschewistischen Politik Elemente des Aufbaus wie der brutalen Zerstörung.

Nach Klärung der Machtfrage am Ende des Bürgerkrieges wurde in Rußland das Potential der sogenannten bürgerlichen Spezialisten – von den Gelehrten über Fachleute aller Art bis hin zu den Offizieren der alten Armee – ebenso für den Wiederaufbau herangezogen wie in den nichtrussischen Republiken die später sogenannten Nationaldemokraten, also Fachleute und Intellektuelle, die sich schon vor 1917 für nationale Belange eingesetzt hatten. Wie in Rußland eine ›rote‹ Intelligenz durch Neurekrutierung in kommunistischen Bildungseinrichtungen herangezogen wurde, so zielten die Appelle an die Indigenisierung der jeweiligen lokalen Parteiorganisationen darauf, eine einheimische bolschewistisch-proletarische Basis zu schaffen. Ein besonders problematischer Fall war Mittelasien, wo faktisch zwei Revolutionen stattgefunden hatten: eine russische, die im September 1917 der Petrograder sogar vorangegangen war, und eine muslimische in Gestalt einer kurzlebigen Autonomie von Kokand (November 1917), die von russischer Seite sofort unterdrückt wurde. Die in Taschkent residierende Turkestankommission, das russische Parteikomitee vor Ort, war sich sehr wohl dessen bewußt, daß eine proletarische Revolution in Turkestan und den – formal noch selbständigen – Chanaten von Chiva und Buchara keinen Widerhall in der einheimischen Bevölkerung finden würde. Deshalb wurden die beiden Chanate von russischen Truppen im September 1920 erobert. Buchara, das immer noch bedeutende geistliche Zentrum der muslimischen Welt, wurde rücksichtslos geplündert, seine kulturellen Schätze zerstört oder geraubt, die Stadt sogar bombardiert. Die Unterwerfung erfolgte in einer Kombination von militärischer Operation und der Mobilisierung einiger sogenannter Jung-Bucharzen und Jung-Chiwaer und hastig gebildeter einheimischer kommunistischer Gruppen. Erstere waren zuvor mit Reformprogrammen in den beiden Chanaten kläglich gescheitert und mußten sich nun allein auf die russischen Waffen stützen. Die Folgen dieser Gewaltpolitik war ein mehr als ein Jahrzehnt anhaltender Guerillakrieg der sogenannten Basmatschen. Hier verbanden sich Elemente des Sozialbanditismus mit nationalrevolutionären (antirussischen) Bestrebungen[16]. Ständige Unruhen hatten das Steppengebiet (Kasachstan) und Turkestan schon vor 1914 geplagt, mit dem großen Aufstand von 1916 als vorläufigem Höhepunkt.

Auch in der Ukraine war die bolschewistische Partei im Grunde nur im industrialisierten Donezbecken verankert, auf dem Lande drangsalierten die »Komitees der Dorfarmut« bis Mitte der zwanziger Jahre als Repräsentanten der bolschewistischen Macht die Landbevölkerung[17].

In Turkestan und Mittelasien wurde zwischen den Siedler-Kommunisten und den einheimischen Kräften ein Kompromiß gefunden, indem auf Druck Moskaus eine – zunächst recht formal bleibende – Indigenisierung des Partei- und Verwaltungsapparats betrieben wurde. Ähnlich der massiven Rekrutierung aus dem »Proletariat« in russische Bildungseinrichtungen in der Zeit des »Kulturfeldzugs« kam es in den nationalen Territorien seit 1927/28 zu einer forcierten Rekrutierung von Einheimischen in die Verwaltung, die Partei und die Bildungseinrichtungen. So glänzend die Erfolge in der Statistik oft auch aussahen, so desolat waren die Resultate jedoch in der Praxis. Denn bei den sogenannten rückständigen Völkern, u. a. den Kasachen, Usbeken, Turkmenen, Aseri-Türken, Tadschiken, lag die Alphabetisierungsrate in der Regel bei weit unter zehn Prozent[18]. So fehlten alle Voraussetzungen, sei es für eine höhere Ausbildung, sei es für die Wahrnehmung verantwortlicher Positionen, zumal wenn die Gebildeten und Aktivisten der älteren Generation entweder des Nationaldemokratismus oder nationaler Abweichung verdächtig waren. Ähnlich wie bei den »Aufsteigern« in Rußland lag bei den neu Rekrutierten die Gefahr der Korrumpierung und Demoralisierung nahe, da attraktive Stellen und Kommandopositionen durch Gesinnungstüchtigkeit und Denunziantentum erreichbar schienen. Die Folge war, daß in vielen nationalen Gebieten die sichtbare politische Repräsentanz zwar von einheimischen Kadern dargestellt wurde, die eigentlichen Fachverwaltungen aber in russischen Händen blieben[19]. In der populären Version hieß es: »Usbekisierung erfolgt bei uns in der Weise, daß Usbeken und usbekische Kutscher an der Spitze der Institutionen sitzen: der eine reitet, der andere fährt, und die Russen machen die Arbeit.«[20]

Nicht zuletzt aus Angst vor völliger Desorganisation und aus Gründen der Planerfüllung ist die forcierte Massenmobilisierung – wie in Rußland – nach 1932 stillschweigend aufgegeben worden, ohne daß man auf das Ziel der Indigenisierung verzichtete. Es wurde statt dessen mit mehr Augenmaß betrieben.

Eliminierung

Auch wenn die forcierte Indigenisierung von Verwaltung und Partei den effizienten Durchgriff auf die lokalen Verhältnisse besonders in den als rückständig definierten nationalen Gebieten und Republiken behindert und andere Reaktionen als geplant hervorgerufen hat[21], so sind doch wesentliche Ziele des bolschewistischen Programms gegenüber den nichtrussischen Völkern – in der Regel mit Hilfe einheimischer Kader – durchgesetzt worden. Der Jagd auf die bürgerlichen Spezialisten in Rußland entsprach die Verfolgung der nun als Nationaldemokraten denunzierten nationalen Vorkämpfer in Partei, Verwaltung und Kultur seit Beginn des Kulturfeldzuges. Was der Schachty-Prozeß für Rußland war, waren ebenso spektakuläre Prozesse gegen den »Bund zur Befreiung der Ukraine« und analoge Verschwörungskonstruktionen der OGPU in anderen Territorien und Republiken[22]. Manchmal unterschied sich in den einzelnen Gebieten der zeitliche Rhythmus der Verfolgung und der Etikettierung der Opfer. In der Zeit des »Großen Terrors« 1937/38 wurden die verbliebenen Reste »nationaldemokratischer« Eliten zusammen mit maßgeblichen Teilen der nachgewachsenen sowjetischen Eliten verhaftet oder ermordet[23].

Besonders dramatische Formen nahm die Kampagne gegen die »nationale Abweichung« in der Ukraine an. In Verbindung mit der Kollektivierung fand hier bis 1933 nicht nur eine massive Säuberung des lokalen Parteiapparates statt, sondern zugleich wurden Tausende von Angehörigen der ukrainischen Intelligenz – von Volksschullehrern bis zu Wissenschaftlern – entlassen und oft verhaftet. Diese Kampagne fand in gleichem Ausmaß anderswo keine Entsprechung. Sie hat zwar nicht die Indigenisierung der Kader in der Ukraine aufgehalten, aber mit dem Einsatz P. Postyschews (ab Januar 1933) und N. S. Chruschtschows (1938) als sowjetukrainischer »Hetman« fand zugleich ein Einmarsch russischer Leitungskader statt. Trotz enormer Fluktuation in der Partei und eines fast totalen Elitenwechsels 1937/38 blieb der Anteil der Ukrainer unter den Parteigenossen bei etwa 60 Prozent. Was sich im Unterschied zu vor 1933 allerdings geändert hatte, war ihr soziokulturelles Profil. Jetzt galten die bedingungslose Loyalität gegenüber Stalin und Moskau und die unbestrittene Autorität des Russischen[24].

Wie auch in Rußland waren der Kulturfeldzug, die Entkulakisierung und die Kollektivierung überall mit dem Kampf gegen die Religion und ihre Repräsentanten verknüpft. Es ging auch hier um die Eliminierung der Religion überhaupt durch Verfolgung der Geistlichen – Priester, Mullahs, Rabbiner und selbst noch der Schamanen bei den sibirischen Völkern – und durch die Zerstörung bzw. Entweihung von Kirchen, Synagogen, Tempeln und Moscheen oder ihre Umwandlung in »nützliche Einrichtungen«. Zu demonstrativen Zwecken verwandelte man Moscheen gerne in Frauenclubs oder Weinlager. Im Wolga-Ural-Gebiet und im Nordkaukasus waren 1925 etwa 10000 Moscheen und 28000 Mullahs aktiv gewesen. 1939 gab es noch 350 Moscheen und 400 Mullahs[25].

Es liegt nahe, daß die antireligiösen Kampagnen und die zahllosen Repressalien unter Geistlichen und Aktivisten bei den Religionsgemeinschaften sehr unterschiedliche Wirkungen haben mußten – je nach dem Grad der Säkularisierung wie nach den Formen der Institutionalisierung, nach den Interaktionen zwischen religiösen Riten und Alltagsleben und zuletzt nach dem Grad der Gleichsetzung zwischen ethnisch-nationaler, kultureller und konfessioneller Identität. Ähnlich unterschiedlich waren die Konsequenzen bei der Verfolgung der »Nationaldemokraten«. Ihre Ausschaltung hatte für jene Völker, bei denen sie eine der wenigen Kristallisationskerne moderner Kultur bildeten, eine andere Bedeutung als für jene, bei denen moderne Kultur bereits so stark verankert war, daß sie eine größere Resistenz gegen die Vernichtungsfeldzüge entwickelten. Alles lief unter diesen Bedingungen auf eine Stärkung der sowjetisierten russischen

Kulturhegemonie hinaus, da die Zerstörung sowohl der traditionellen wie der modernen Kulturbestände bei den »rückständigen« ein größeres Vakuum hinterlassen mußte als bei den »fortgeschritteneren« Völkern. Die Kampagnen bei den muslimischen und nomadischen Völkern erweisen sich mithin auch als eine sowjetische Variante von europäischer Zivilisationsmission. Denn es waren die russisch konnotierten Werte von Kultur und Zivilisation, die den rückständigen Völkern und Bauern aller Nationen beigebracht werden sollten[26].

Nationale Abweichung

Chancen und Grenzen nationaler Selbstorganisation wurden zuerst den muslimischen Kommunisten aufgezeigt. Auf den verschiedenen Muslimkongressen seit 1905 stritten die Deputierten um den Vorrang gesamtmuslimischer oder national und territorial definierter Selbstorganisation. Als sich 1918 wolgatatarische Kommunisten in einer von der RKP(B) unabhängigen kommunistischen Muslimpartei organisieren wollten, wurde dieser Versuch von Stalin bezeichnenderweise als »Bundismus« untersagt. Die muslimischen Kommunisten hatten sich mit einem Büro innerhalb des Volkskommissariats für Nationalitätenfragen zufriedenzugeben[27]. In Turkestan wiederholten sich 1919 ähnliche Versuche. Auch hier setzte Moskau 1920 trotz aller Kritik am Kolonialismus der russischen Genossen das Prinzip der territorialen Organisation der Partei durch, begleitet von umfangreichen Säuberungen[28]. In Aserbaidschan ging die aseri-türkische Himmat-Partei bald in der aserbaidschanischen kommunistischen Partei auf, der einzigen Partei, die sich national organisierte mit einem multinationalen Komitee in Baku.

Zur gleichen Zeit fand im September 1920 in Baku der mit ungeheurem propagandistischem Aufwand inszenierte Kongreß der Völker des Ostens statt. Daran nahmen 2 000 Delegierte teil, Kommunisten und revolutionär Bewegte aus Ländern Europas und Asiens. In Agitationszügen wurden sie ins ferne Baku gebracht. Bei ihren Aufenthalten feierten sie sich gebührend als Befreier des Ostens. Hunderte von Schafen und Ziegen hatte die jubelnde Bevölkerung zu ihrer Begrüßung zu schlachten[29]. Das

Ergebnis des Kongresses war die Etablierung von Propagandaräten, die ihre Agitatoren in die Welt des Orients schicken sollten. Im Gegensatz zu den euphorischen Reden auf dem Kongress schlug die verabschiedete Resolution eher kritische Töne gegenüber den russischen Kommunisten an: Die Emissäre Moskaus in Mittelasien und im Kaukasus spielten sich als »rote« Kolonialherren auf, sie führten sich als »intermediäre Kaste« auf, welche die Aktivierung und Befreiung der Muslimvölker mit allen Kräften bekämpfe. Autonome muslimische Parteiorganisationen forderte man allerdings nicht, wohl aber die Etablierung eines Zentralbüros der muslimischen Kommunisten und einer zentralen Repräsentanz der muslimischen Völker beim Zentralen Exekutivkomitee des Sowjetkongresses in Moskau und eine Indigenisierung der lokalen Machtorgane. Auch wenn sich hinter der Forderung nach einem Zentralbüro vielleicht der Wunsch nach einer autonomen Parteiorganisation verbarg[30], so lag die Resolution insgesamt doch auf der Linie Lenins und Stalins.

Warum der tatarische Kommunist Mirsaid Sultan Galiev, ein enger Mitarbeiter Stalins im Volkskommissariat für Nationalitäten, 1923 zum Symbol für die nationalistische und pantürkische Abweichung unter den muslimischen Kommunisten wurde, ist bisher nicht eindeutig zu klären. Innerparteiliche Querelen um die Politik in der wolgatatarischen Region mögen hier eine Rolle gespielt haben. Sein Name wurde unter dem Etikett Sultan-Galievismus zum Synonym für Gedankenspiele unter muslimischen Revolutionären, die in ihren anti-imperialistischen Bestrebungen die kolonialisierten Völker als Weltproletariat positionierten und damit auch mißtrauisch blieben gegenüber den roten Erben der imperialistischen Staaten, so auch gegenüber Sowjetrußland. Sultan Galiev war bereits 1923 Objekt einer stereotypen Kritik auf einer geheimen Beratung von Repräsentanten des Ostens beim ZK. Ihm wurden parteifeindliche und »objektiv konterrevolutionäre« Aktivitäten vorgeworfen, und man schloß ihn aus der Partei aus. Die Resolution verband diese Entscheidung mit dem doppeldeutigen Aufruf, alle »loyalen Elemente der lokalen (muslimischen) Intelligenz« für den Aufbau im Orient heranzuziehen und gleichzeitig ihre »menschewistisch-bürgerlichen« Tendenzen mit aller Kraft zu bekämpfen[31]. Die muslimischen Kommunisten hatten schon früh die doppelte Mimik von revolutionärer Pose und Unterwerfung einzuüben.

Aus der Sicht russischer Kader noch provozierender als die ohnmächtigen muslimischen Forderungen waren jene ukrainischen Aktivisten, die vergleichsweise selbstbewußt die Nationalisierung der Ukrainer inner- und außerhalb der Ukrainischen SSR betrieben und dabei nicht auf »Signale« aus Moskau warten wollten. Schon bei der Konstruktion der UdSSR hatten Vertreter der Partei der Ukraine mehr Kompetenzen für ihre Republik verlangt, als ihnen zugestanden wurden[32]. In den zwanziger und Anfang der dreißiger Jahre waren es vier Namen, mit denen auf unterschiedlichen Feldern nationale Abweichung assoziiert wurde: Der Literat Mykola Chwylowy mochte in der russischen Literatur und Kultur nicht das maßgebliche Vorbild für die Ukraine sehen. Diese Abwendung vom russischen Vorbild wurde als Chwylowismus denunziert. Das Etikett sollte vielen Literaten und Künstlern zum Verhängnis werden[33]. Olexandr Schumsky, ehemaliger Borotbist, Angehöriger einer Gruppe ukrainischer Sozialrevolutionäre, die sich den Bolschewiki angeschlossen hatten, vertrat als Volkskommissar für Bildung (1924–27) eine offensive Ukrainisierung, die auch vor dem (russifizierten) Proletariat des Donezbeckens nicht haltmachen wollte. Selbst von russischen Kadern verlangte er das Erlernen der ukrainischen Sprache. Letztlich wurde auch Mykola Skrypnyk, Nachfolger Schumskys im Amt des Volkskommissars (1927–1933), Opfer einer zu selbstbewußt betriebenen Ukrainisierung, die sich auch auf die ukrainischen Minderheiten in der RSFSR erstreckte. Der ehemalige Kampfgefährte Lenins beging sowohl unter dem Eindruck der katastrophalen Kollektivierung als auch unter dem einer hemmungslosen Kampagne gegen seine nationale Abweichung am 7. Juli 1933 Selbstmord[34]. Ein weiteres Feld ungehöriger Ansprüche ist mit dem Namen Michail Wolobujew verbunden. Er griff die in nationalen Kreisen verbreitete These von der kolonialen Ausbeutung der Ukraine im Zarenreich wie in der Sowjetunion auf. Dahinter stand im Grunde die Frage nach der Souveränität und nach der strukturellen Dominanz zentralistischer Planung, die nicht von Charkow, der damaligen Hauptstadt der Ukraine, sondern von Moskau gelenkt wurde.

Wie der Kampf um die Investitionsmittel für das Jahrhundertprojekt des Staudamms und Kraftwerks am Dnjepr (*Dnjeprostroi*) zeigt, befanden sich schon in den zwanziger Jahren die ukrainischen Partei-Instanzen in der Rolle von Bittstellern, die antichambrieren und Bündnispartner in Moskau suchen mußten, um ihr Projekt durchzuboxen. Daß 1934 bereits 85 Prozent aller industriellen Produktion in der Ukraine Volkskommissariaten der Union unterlagen, daß die ukrainischen Bauern unverhältnismäßig hohe Ablieferungen zu leisten hatten, und zuletzt die folgende Hungersnot konnten diese Vorwürfe nur bestätigen[35].

Angesichts des in Latenz in der Partei und Bürokratie immer vorhandenen »großrussischen Chauvinismus« mag es kein Zufall gewesen sein, daß die nationale Abweichung in der Ukraine 1932–1933 besonders brutal verfolgt wurde. Hier ging es auch um ein potentielles Konkurrenzverhältnis, in dem die Macht weniger ungleichgewichtig verteilt war als im Verhältnis zwischen russischen und muslimischen Kadern. Doch auch hier konnte die russische Seite ihre Organisationsmacht in der Partei und in der Verwaltung ausnutzen, während die ukrainische Seite sich nur auf schwache Institutionen stützen konnte und auf Appelle angewiesen blieb. Die noch Anfang der dreißiger Jahre zu hörenden Vorwürfe vom großrussischen Chauvinismus hatten für ihre Adressaten selten politische oder strafrechtliche Folgen. Nationale Abweichung wurde hingegen zu einem zunehmend schärfer geahndeten Delikt, zu unterschiedlichen Zeiten und in unterschiedlicher Intensität in den einzelnen Territorien und Republiken bestraft.

Betätigungsfelder des Nationalen

Was blieben unter diesen restriktiven Bedingungen noch die Betätigungsfelder des Nationalen? Spielräume gab es in der Durchführung von Beschlüssen und Signalen, zumal die Bedingungen zwischen Wladiwostok und Minsk, zwischen Archangelsk und Tiflis zu sehr divergierten. Hier lagen die Chancen der Nationalitäten und Republiken, die in ganz unterschiedlicher Weise wahrgenommen werden konnten.

Folgende Punkte sollen ausgewählt werden, welche die vielfältigen Implikationen und Artikulationen des nationalen Problems verdeutlichen mögen: die Landfrage, Aspekte territorial verfaßter Autonomie, die Entwicklung und Durchsetzung nationaler Sprachen und die Indigenisierung der Kader.

Die Übernahme des Agrarprogramms der Sozialrevolutionäre und die Hinnahme der von den Bauern vollzogenen Enteignung des – an der westlichen Peripherie – oft genug fremdnationalen Gutsbesitzes hatten letztendlich seit der Einführung der NEP die Loyalität der Bauern in Rußland wie in den nichtrussischen Gebieten gesichert. Ungleich komplexer war der Umgang mit der Landfrage in den Kosakengebieten, wo sich eine »unterständische« (*inogorodnie*) Bauernschaft und die Kosaken, die einstigen Bauernkrieger mit ihrem privilegierten Status, gegenüberstanden. Schon in der Zeit des Bürgerkrieges kam es 1919 am Don zu ersten Aktionen von »Entkosakisierung«[36], einer lokal begrenzten Kombination von systematischer Vernichtung und Deportation.

Um 1930 existierten schließlich in der RSFSR, der Ukrainischen und Belorussischen SSR über 64 000 nationale Dorfsowjets und 2 600 nationale Rayons, d.h. etwa sechs Prozent aller Rayons und circa neun Prozent aller Dorfsowjets in der RSFSR und USSR besaßen »nationale« Autonomie. In der BSSR wurde 1932 ein polnischer Rayon eingerichtet; um 1930 waren hier über vier Prozent aller Dorfsowjets national. In der Tatarischen ASSR wurden 74 tatarische und 52 russische Rayons gebildet, mit der Folge, daß sich andere ethnische Gruppen wie die Tschuwaschen und Baschkiren benachteiligt fühlten. Tatsächlich führte die Bildung nationaler Rayons und Sowjets dazu, daß die jeweilige nationale oder ethnische Mehrheit die Minderheit zu diskriminieren oder gar zu verdrängen suchte. Die Nationalisierung von Dörfern, Rayons und Gebieten intensivierte die interethnischen Spannungen, da der Druck zu nationaler Abgrenzung immer neue Konflikte schuf. Während der Kampagnen gegen die Kulaken wurden daher in den ukrainischen, belorussischen und russischen Gebieten die Bauern der nationalen Minderheit besonders leicht als Kulaken identifiziert[37]. Seit Mitte der dreißiger Jahre sollten die meisten der nationalen Dorfsowjets und Rayons ohne großes Aufheben beseitigt werden. Verbunden damit waren erste

Aussiedlungen und Deportationen von Minderheiten aus den Grenzgebieten. Zu den spektakulärsten Aktionen gehörte vor 1939 die Aussiedlung der Koreaner aus dem Fernen Osten nach Kasachstan.

Eine explizite nationale Aufladung erfuhren die Entkulakisierung und die Kollektivierung im Kubangebiet. Sie wurden dazu genutzt, ganze Kosakengemeinden (*stanizy*) ohne Ansehen realer Besitzverhältnisse und einschließlich ihrer Parteigenossen entweder umzubringen oder zu deportieren. Man stigmatisierte die Kosaken-Gemeinschaften als »Kulaken-Ethnie«. Damit wurde zugleich die Ukrainisierung rückgängig gemacht: Wie im Bürgerkrieg fand hier im lokalen Parteiapparat und in Moskau eine Gleichsetzung von Kosaken (und auch ukrainischen Bauern) mit Klassenfeinden und Konterrevolutionären statt[38].

Ebenso dramatisch und gewalttätig stellte sich die Landfrage in den Kolonisationsgebieten der Steppenregion (Kasachstan) und in Kirgisien dar, die bis 1914 einen gewaltigen Zustrom russischer Bauernsiedler erlebt hatten[39]. In den zunächst als autonome Einheiten innerhalb der RSFSR organisierten mittelasiatischen Territorien wie in Aserbaidschan drängten die lokalen – zunehmend indigenisierten – Instanzen auf ein Ende der russischen Kolonisierung. In Kasachstan und Kirgisien wurden offenbar Hunderttausende (!) russischer Siedler wieder vertrieben. In Turkestan dagegen blieb der Beschluß zur Enteignung der russischen Siedler folgenlos. Die Konsequenz dieser »nationalen« Politik waren auf seiten der lokalen (russischen) Instanzen und der russischen Siedler entweder die Forderung nach Anschluß an die RSFSR oder die nach nationalen Sowjets und Rayons, Forderungen, denen auf Druck Moskaus zum Teil nachgegeben wurde.

Als folgenreich in diesen Auseinandersetzungen sollte sich erweisen, daß den Republiken die Souveränität über ihren demographischen Bestand verweigert wurde. Explizit zeigte sich dies in Auseinandersetzungen mit Kasachstan, das hierüber eine Entscheidung verlangte. Moskau untersagte im April 1928, daß Kasachen bei der Landzuteilung bevorzugt werden sollten, und es verweigerte seine Zustimmung zu einem Verbot der Immigration von Siedlern aus dem europäischen Teil der Sowjetunion[40]. Im Zuge der Entkulakisierung wurde dieses Recht auch genutzt, indem Zehntausende ehemalige Kulaken vor allem aus Rußland und der Ukraine nach Kasachstan verbannt wurden[41]. Die Kasachen wurden zur Minderheit im eigenen Land. Dafür erhielt ihr Territorium 1936 den Status einer Unionsrepublik mit den Kasachen als Titularnation[42].

In der zweiten Hälfte der dreißiger Jahre wurde die offenbar als aussichtslos angesehene und finanziell aufwendige nationale Förderung von Streuminderheiten aufgegeben. Eine Ausnahme – mehr in der Propaganda als in der Realität – bildeten nur die Juden. Unter großem Lärm stellte man ihnen das ferne Birobidschan am Amur zur Verfügung. Damit sollten sie die Möglichkeit erhalten, durch Inbesitznahme eines Territoriums zur Nation zu werden. Birobidschan fungierte als sowjetisches Zion, das aus naheliegenden Gründen wenig Anklang fand. Zuvor waren Ansiedlungsversuche auf der Krim am Widerstand der lokalen Behörden und Bevölkerung gescheitert. Überhaupt lief das sowjetzionistische Programm einer »Produktivierung« der Juden durch ihre Ansiedlung als Landwirte allen Bestrebungen in dieser urbanisierten Ethnie zuwider, soviel (amerikanisches) Geld hierfür auch verschwendet wurde[43].

Die Sprachenfrage

Mit der Verdichtung der Kommunikation und der zunehmenden Alphabetisierung war die Sprachenfrage in den meisten europäischen Staaten des 19. und 20. Jahrhunderts zu einem politischen Problem geworden. Die bolschewistische Strategie der Verwurzelung und Nationsbildung bedeutete einen denkbar scharfen Bruch mit der Vergangenheit. Sie ging weit über die Minderheitenschutzverträge des Versailler Vertragssystems hinaus, dies nicht zuletzt mit dem Ziel, für das sowjetische Modell in den national eher repressiven jungen Nationalstaaten an seinen westlichen Grenzen und in Asien zu werben. Der Sprachenpolitik kam bei der Konstruktion von Nationen ein zentraler Stellenwert zu. Angesichts der heterogenen Zivilisations- und Modernitätsstandards der Völker stellten sich bei der Durchsetzung nationaler Sprachen auch sehr unterschiedliche Aufgaben.

Selbst gegenüber maßgeblichen Teilen der ostslawischen Bevölkerung mußten massive Alphabetisierungskampagnen durchgeführt werden. In den beiden ostslawischen Republiken – der Ukraine und Belorußland – sollte mit der Alphabetisierung in Ukrainisch und Belorussisch zugleich das Russische als Verwaltungs- und Unterrichtssprache verdrängt werden. Da von den Westgrenzen bis Sibirien eine Vielzahl europäischer Streuminderheiten lebten – Deutsche, Polen, Griechen, Bulgaren, Juden etc. – erhielten auch diese ein Recht auf Alphabetisierung bzw. Bildung in ihrer Sprache, selbst wenn dies – wie z. B. bei den Juden und Belorussen – nicht besonders populär war. Wenn Alphabetisierung, Bildung und Integration in die sowjetische Gesellschaft bei den resistenten muslimischen Völkern erreicht werden sollten, mußte man sich darüber verständigen, in welchen Sprachen dies zu geschehen hatte. Denn bei ihnen bestanden große Differenzen zwischen der Schrift (in der Regel arabisch oder persisch), der Hochsprache (Tschagatai-)Türkisch mit vielen persischen und arabischen Beimischungen oder Farsi (Persisch), und den gesprochenen türkischen oder turk-tatarischen und persischen Dialekten. Bei vielen Völkern Sibiriens mußten Schriftsprachen überhaupt erst geschaffen werden.

In der Ukraine wurden Alphabetisierung und Ukrainisierung seit 1923 oft gegen den hinhaltenden Widerstand im Parteiapparat forciert. Erfolgreich war die Ukrainisierung besonders in Grundschulen, wo sich einheimische Lehrer dieser Aufgabe begeistert annahmen. In den Behörden, insbesondere in den der Union zugeordneten Verwaltungen, wie in den Parteiverwaltungen, in den Gewerkschaften und im Hochschulwesen waren große Widerstände zu überwinden. Der Selbstmord Skrypnyks 1933 bedeutete das Ende der offensiven Ukrainisierung, die offiziell nie aufgegeben, seither allerdings eher dem Selbstlauf überlassen wurde.

Vom Ausgangspunkt her gesehen, waren beträchtliche Erfolge zu verzeichnen. Bis Ende der zwanziger Jahre war der Anteil ukrainischer Printmedien von über 30 Prozent (1923/24) auf circa 60 Prozent (1927/28) und schließlich bis Anfang der dreißiger Jahre auf fast 80 Prozent gestiegen. Aber der Anteil russischer Lektürestoffe blieb immer sehr hoch, weil viele Druckerzeugnisse aus Rußland eingeführt wurden.[44]

Obwohl auch in Belorußland das Russische die Sprache der Gebildeten und der Verwaltung gewesen war, machte hier widerstandsloser als in der Ukraine die Belorussifizierung selbst im höheren Bildungswesen – jedenfalls in der Statistik – erstaunliche Fortschritte. In beiden Republiken waren kulturwissenschaftliche Einrichtungen, hier vor allem die Akademien der Wissenschaften, in der Ukraine 1919, in Belorußland 1928 gegründet, die wichtigsten Kristallisationskerne für die Nationalisierung der Sprache und Kultur. Hier waren bis Ende der zwanziger Jahre vielfach Angehörige der (bürgerlichen) Geistes- und Kulturwissenschaften, zum Teil Remigranten wie der ukrainische Historiker Myhailo Hruschewski tätig. Sie repräsentierten die Gründergeneration nationaler Hochkultur, die im Zuge der Kampagnen gegen die sogenannten Nationaldemokraten seit 1927 in fast allen Republiken aus dem öffentlichen Leben entfernt, verbannt, verhaftet und später vielfach ermordet wurden[45]. Das Gehäuse der Akademien als Ausweis nationaler Kultur blieb bestehen. Während und nach dem Zweiten Weltkrieg sollten alle weiteren Unionsrepubliken mit Akademien der Wissenschaften ausgestattet werden, oft mit der Aufgabe, eine sowjetkonforme nationale Kultur und Tradition zu konstruieren[46].

Die Ukraine mit ihren zahllosen Minderheiten war der Vorreiter bei der Schaffung von nationalen Sowjets und Rayons, in denen die Amts- und Schulsprache diejenige der jeweiligen Nationalität sein sollte. Sukzessive wurden analoge Einrichtungen für Streuminderheiten auch in den anderen Republiken geschaffen. Diese auch finanziell sehr aufwendige Politik zur Protektion von ethnischen Minderheiten – besonders auch für die sibirischen Völker[47] – wurde seit Mitte der dreißiger Jahre ohne viel Aufhebens wieder aufgegeben. Im gewandelten politischen Klima der dreißiger Jahre geschah dies allerdings mit gravierenden Unterschieden: Die russischen Minderheiten in den nichtrussischen Territorien behielten die Möglichkeit, in ihrer Sprache von der Grundschule bis zur Universität unterrichtet zu werden. Die anderen Streuvölker außerhalb ihrer »Titular«-Republik standen hingegen vor der Alternative, sich entweder für die russische Sprache und Kultur oder für diejenige der Titularnation zu entscheiden. Quantitativ besonders auffällig war die faktische

Russifizierung der ukrainischen Minderheiten in der RSFSR, auf 4,7 Millionen Personen geschätzt. Insgesamt wird angenommen, daß der statistische Zuwachs, den die russische Bevölkerung zwischen 1926 und 1939 zu verzeichnen hatte, knapp zur Hälfte auf die Addition von Angehörigen einst nichtrussischer Streuethnien zurückgehen dürfte[48].

Die Elemente nachholender Nationalisierung waren am spektakulärsten bei den Muslimvölkern. Die Generation der moslemischen »Aufklärer« (Jadidisten) seit Ende des 19. Jahrhunderts hatte sich besonders unter den turk-tatarischen Völkern – oft gegen die eher konservativen geistlichen Behörden – für eine Reform und partielle Säkularisierung des Unterrichts eingesetzt. Damit war der Wunsch verbunden, die Hoch- und Schriftsprache von arabischen und persischen Elementen zu reinigen. Die Latinisierung der sowjetischen turk-tatarischen Schrift sollte dann sogar auf die kemalistische Türkei ausstrahlen.

Gegen das Konzept einer einheitlichen Sprache für alle Turkvölker der Sowjetunion oder einer regionalen Sprache für die mittelasiatischen Turkvölker wandten sich Sprachreformer unter den Aseri-Türken, die auch besonders energisch die Latinisierung des Alphabets betrieben. Da in den zwanziger Jahren noch die Latinisierung der russischen Schrift diskutiert wurde, konnte man die Latinisierung als »die Industrialisierung des Schreibens im Osten« feiern. Der Codewechsel war aber nicht besonders schwierig. Ein Jahrzehnt später wurde die Kyrillisierung der Schrift aller orientalischen Sprachen in ähnlicher Weise propagiert. Das Kyrillische war nun »das Alphabet des Großen Oktober«[49]. Die Durchsetzung des lateinischen Alphabets scheiterte vor allem an praktischen Problemen; zudem galt im veränderten Klima der späten dreißiger Jahre eine so drastische Abgrenzung vom russischen Vorbild als anstößig. Wichtiger als das Alphabet war die Entscheidung für »nationale« turk-tatarische Sprachen, die ebenso konstruiert werden mußten wie eine einheitliche Turksprache. Keiner der unendlich vielfältigen Dialekte war identisch mit den neu etablierten Nationalsprachen des Kirgisischen, Kasachischen oder Usbekischen, wie sie nun genannt wurden.

Für die kleineren Völker Sibiriens, Mittelasiens und des Kaukasus wurden Dutzende von Schriftsprachen geschaffen. Damit verbunden war die Alphabetisierung auch der sogenannten rückständigen Völker. Ihren Angehörigen wurden zudem Studienplätze an den Fach- und Hochschulen im Zentrum wie in den Republiken reserviert, protegierende Maßnahmen, die zunächst wenig Erfolg zeitigten. Was hingegen langfristig gesichert wurde, war die Alphabetisierung. Dabei setzten sich die Sprachen der Titularnationen durch. Die kleinen und verstreut lebenden Ethnien bewahrten ihre Volkssprachen nur zum Teil. Infolge der Migrationen adaptierten sie sich zumeist ans Russische. Auf der einen Seite ließ sich das Aufholen der rückständigen Völker nicht so schnell bewältigen, wie es sich die Planer vorgestellt hatten. Auf der anderen Seite widersetzte sich das russische Element in Wissenschaft, Partei, Verwaltung und Industrie letztendlich erfolgreich dem Druck, sich die »rückständige« Kultur und Sprache in den nichtrussischen Republiken anzueignen. Ergebnis dieser selten offen artikulierten Resistenz war, daß 1938 das Russische obligatorisch als erste Fremdsprache in den Sekundar- und Hochschulen durchgesetzt wurde. In letzteren blieb Russisch zudem oft die Unterrichtssprache. Seither war das Russische das Medium, in dem auch nichtrussische Aufsteiger mit dem Zentrum kommunizieren oder sich dort etablieren konnten. Teils intendiert, teils ungesteuert wurde Russisch zur *lingua franca* der Sowjetunion. Jenseits aller politischen Intentionen setzte sich die russische Dominanz auch deshalb durch, weil die Russen nach wie vor den modernen Sektor in Partei, Industrie und Verwaltung repräsentierten.

Die Dominanz des russischen Elementes blieb – wie vor der Revolution – um so stärker, je weniger die indigenen Völker industrialisiert waren. Die Urbanisierung und Industrialisierung vor allem in Mittelasien und Sibirien wurde von ostslawischen Zuwanderern getragen, womit zugleich Aufstiegsbarrieren für Angehörige einheimischer Völker entstanden sein mögen, wenn sie sich nicht der russischen Kultur anpaßten. Beispiele hierfür sind die Erschließung neuer Regionen und die Ansiedlung neuer Industrien im Osten und Norden: Das Industriegebiet von Kusnezk, Komsomolsk am Amur, Norilsk, Magadan – zum Teil auch Regionen, die durch Zwangsarbeiter erschlossen wurden[50]. Bis in die fünfziger Jahre blieb bezeichnend, daß infolge der Migrationen der Urbanisierungsgrad der Russen außerhalb der RSFSR und in den autonomen Republiken der RSFSR höher war als in den russischen Territorien der RSFSR. Vor wie nach dem Zweiten Weltkrieg galt, daß jedes größere Industrialisierungsprojekt außerhalb der ethnisch-russischen Territorien einen Zustrom ostslawischer Zuwanderer nach sich zog. Belorussen und Ukrainer und selbst Angehörige nichtslawischer Völker nahmen dabei das Russische als Umgangssprache an[51]. Selbst die seit der forcierten Industrialisierung verstärkte Land-Stadt-Wanderung in der Ukraine und die damit verbundene Indigenisierung der Städte hat die faktische Hegemonie des Russischen nicht beseitigen können. Mit dem Fortfall forcierter Förderung der einheimischen Sprachen in den europäischen Territorien seit Mitte der dreißiger Jahre eroberte sich das Russische besonders in den Sekundar- und Hochschulen der Ukraine und Belorußlands wieder seine alte führende Stellung zurück. Die kulturelle Hegemonie des Russischen und der anhaltende Aufstiegswille nachwachsender Generationen dürften hier eine ebenso große Rolle gespielt haben wie der seit Mitte der dreißiger Jahre lauthals propagierte russisch konnotierte Sowjetpatriotismus. Jetzt wurde die Nähe der ostslawischen Sprachen untereinander betont. Konkret hieß dies, daß aus dem Ukrainischen und Belorussischen vornehmlich Polonismen zugunsten von Russismen zurückgedrängt wurden. Zudem sollte die Geschichte Großrußlands nicht künstlich von derjenigen der beiden ostslawischen Republiken getrennt werden[52].

Bis zum Ende der Sowjetunion dominierte das Russische in Verwaltung, Technik, Industrie (oft einschließlich der Arbeiterschaft) und in den Wissenschaften. Die politische Repräsentation und die Kultur wurden in den nichtrussischen Republiken zunehmend aber von einheimischen Kräften besetzt. Dennoch hatten sich im Vergleich zum Ausgangspunkt 1917 beispielsweise auf dem Publikationsmarkt mit Bezug auf die Sprachen beträchtliche Veränderungen vollzogen. Waren vor dem Ersten Weltkrieg 90 Prozent aller Publikationen im Russischen Reich in russischer Sprache abgefaßt, so sank ihr Anteil in der UdSSR bis 1937 auf 70 Prozent der Titel und auf 77 Prozent der Auflagen. Auf diesem Stand sollte sich das Verhältnis der Sprachen zueinander bis zum

Ende der Sowjetunion trotz aller folgenden Kampagnen halten. Was in den dreißiger Jahren als Erfolg zu verzeichnen war – die Bedienung der Grundbedürfnisse für die aufholenden Völker –, verwandelte sich spätestens nach dem Krieg in den meisten Republiken, besonders in den autonomen Territorien, in eine Nischenexistenz, im wesentlichen beschränkt auf einfache Lesebedürfnisse, Folklore und ein bißchen Hochkultur[53].

Sowjetpatriotismus als Reichsideologie

Von Anfang an standen die Schlagworte vom großrussischen Chauvinismus und bürgerlichen Nationalismus bzw. der nationalen Abweichung in den Parteien der Republiken in einer prekären Balance. Es waren verbale Knüppel, die zu jeder Zeit auf ihre Opfer niedergehen konnten. Wann und aus welchem Anlaß dies geschah, hing sowohl von Auseinandersetzungen im Zentrum als auch vor Ort ab. Da die Kommunikationsnetze und Kontrollen zwischen Moskau und den nationalen Gebieten von unterschiedlicher Dichte und Bedeutung waren, ist auch kein festes Muster erkennbar, wann welche Verfehlung an den Pranger gestellt wurde. Erst seit der Kollektivierung war es der lokale (bürgerliche) Nationalismus oder die nationale Abweichung in der Partei, die im Vordergrund standen. Lokaler Nationalismus und nationale Abweichung wurden bestraft, großrussischer Chauvinismus bestenfalls kritisiert. In dem Maße, in dem Sowjetpatriotismus russisch konnotiert wurde, verschwand der großrussische Chauvinismus aus dem Arsenal der Propaganda-Schreckgespenster.

Dabei erlebte der Sowjetpatriotismus einen Wandel der mit ihm verknüpften Vorstellungen. Am besten läßt sich dies an Stalins Reden ablesen. Er folgte hier offensichtlich eher Stimmungen im Parteiapparat, als daß er sie forciert hätte. Wie andere Dogmen blieb der Sowjetpatriotismus mehrdeutig und interpretierbar. Er erfüllte zunehmend die Funktion einer Reichsideologie, die das nationale Prinzip in sich aufnehmen, aber nicht beseitigen wollte und konnte. Zu den frühen Äußerungen eines russisch konnotierten Sowjetpatriotismus gehört zweifellos Stalins Konzept vom Sozialismus in einem Lande, das die Verdienste des russischen Proletariats herausstrich. 1930 machte er sich zum öffentlichen Anwalt für das Recht auf Nationalstolz der Russen. In einem Brief warf er dem Dichter Demjan Bedny Verleumdung und Herabsetzung des russischen Proletariats vor, »der Avantgarde der sowjetischen Arbeiter«. Die russische Vergangenheit sei nicht nur »ein Gefäß der Abscheulichkeiten und der Verwilderung« gewesen, sondern sie habe auch eine Ahnengalerie von Lichtgestalten von Radischtschew bis Lenin vorzuweisen. Die revolutionäre Tradition in Rußland bildete hier noch den Bezug zum russischen Nationalstolz[54].

Mit der Zurückweisung der sogenannten Pokrowski-Schule wurde ein weiterer Schritt getan. Der Historiker und Wissenschaftsmanager M. N. Pokrowski hatte in den zwanziger Jahren mit seiner auf Klassenformationen fixierten Geschichtsschreibung Maßstäbe gesetzt und dabei die russische Staats- und Herrschaftsgeschichte als Geschichte der Eroberung und Unterdrückung gekennzeichnet. Im Sinne von Lenins Imperialismus-Konzept galten die russische Eroberung Mittelasiens und der Kaukasusgebiete als klassischer Fall von Kolonialismus. Die Russen erschienen als »die größten Räuber der Geschichte«[55]. Die seit 1934 folgende fundamentale Kritik an Pokrowski setzte zunächst weniger bei methodischen und inhaltlichen Fragen an als vielmehr bei solchen ihrer Vermittlung in Schulbüchern, an Problemen ihrer Unanschaulichkeit, ihres »abstrakten Schematismus«, dann aber auch zunehmend an der Bewertung der russischen Geschichte[56]. Nun wurden Repräsentanten russischer Machtstaatlichkeit von Alexander Newski bis Peter dem Großen positiv kodiert. Bereits 1934 intervenierte Stalin im Zusammenhang mit einer Publikation von Friedrich Engels' Aufsatz ›Die auswärtige Politik des russischen Zarentums‹ (1890). Engels hatte die russische Außenpolitik als aggressiv bezeichnet; darin sah Stalin den sozialdemokratischen Revisionismus und die Bewilligung der Kriegskredite von 1914 vorgezeichnet. Bezeichnenderweise wurden diese Bemerkungen Stalins erst im Mai 1941 veröffentlicht, also zur Zeit des Hitler-Stalin-Paktes. Wenn der Artikel auch eine historisch verkleidete Deutung der aktuellen Situation gab, so sollte der Beitrag sicher auch als eine weniger negative Bewertung der Außenpolitik des vorrevolutionären

Rußlands gelesen werden[57]. Stalins Beitrag nimmt sich noch zurückhaltend aus im Vergleich zu Publikationen und Äußerungen seit Mitte der dreißiger Jahre. Zumindest für das breite Publikum und für die Schulbücher galt nun die zarische Eroberungs- und Kolonialpolitik als das »kleinere Übel«, eine Phrase, die Stalin zugeschrieben wird[58], und später galt sie als »objektiv fortschrittlich«. Denn sie hatte den eroberten Völkern den Weg dafür freigemacht, an den Früchten der Oktoberrevolution teilzuhaben. Noch Jahrzehnte später sollte Molotow die Zaren dafür loben, daß sie so viele Länder erobert und damit ein riesiges Territorium als Ausgangsbasis für den Sozialismus geschaffen hätten[59]. In den maßgeblichen, für die Schulen verbindlichen Lehrbüchern traten – entgegen den amtlichen Instruktionen (!) – die nichtrussischen Völker immer mehr in den Hintergrund. Sie fanden bestenfalls noch Erwähnung, wenn sie in beglückende Berührung mit Rußland getreten waren. Nun stieg nicht mehr nur das russische Proletariat, sondern das russische Volk »zum ersten unter gleichen« auf[60].

Der Erfolg im Zweiten Weltkrieg – in der Sowjetunion, ganz auf sich selbst bezogen, als »Großer Vaterländischer Krieg« bezeichnet –, verleitete dazu, schon im Vorgriff auf den Kommunismus alle ethnischen Differenzen einzuebnen und den Begriff des »sowjetischen Volkes« zu prägen. Es erschien als eine »völlig neue, jüngst in der Menschheitsgeschichte hervorgetretene stabilste Gemeinschaft von Menschen«, die als ungleich höher zu begreifen sei als die Nation. »Die wesentlichste Seite des Begriffes ›Sowjetvolk‹ ist die Tatsache, daß in dieser Gesellschaftsform das Volk erstmals Subjekt der Geschichte wurde und den Gang der Geschichte beschleunigte«, so die Historikerin M. Netschkina im Jahre 1944, eine »umgeschmiedete« Schülerin Pokrowskis[61]. Dies war der Versuch einer wissenschaftlichen Definition, welche die Realität in sozialistischer Perspektive nach dem Dogma des Sozialistischen Realismus in Kunst und Kultur umdeutete. Wie dies zu verstehen sei, erklärte Stalin in seinem berühmten Trinkspruch vom 24. Mai 1945 aus Anlaß des Sieges über NS-Deutschland: Er trank »auf das Wohl unseres Sowjetvolkes und vor allem auf das des russischen Volkes ... (Stürmischer, lang anhaltender Beifall, Hurrarufe). Ich trinke vor allem auf das Wohl des russischen Volkes, weil es die hervorragendste Nation unter allen zur Sowjetunion gehörenden Nationen ist.«[62]

Das Nationale und das Imperiale

Spätestens seit Auflösung der Sowjetunion ging der Begriff vom »Sowjetimperium« in den allgemeinen Sprachgebrauch ein. Dabei interessierte man sich nicht primär dafür, was das Imperiale an der Sowjetunion sei, sondern für die Geschichte seiner Völker und Nationen, die sich alle – einschließlich der Russen – als Opfer des Imperiums sahen. Die sehr frühe Transformation von den weltrevolutionären Ambitionen zur Konsolidierung der Macht ist oft beschrieben worden. Was aber machte ihren imperialen Zug aus? Bei genauerem Hinsehen entpuppen sich die visionären Ziele der Bolschewiki als radikale, autoritäre und machtbesessene Variante der europäischen Aufklärung. Hier gab es die verschworene Gemeinschaft der national eher indifferenten Aufgeklärten, die alle anderen Teilnehmer am politischen Spiel zu Objekten machten, die aufzuklären, zu erziehen, »umzuschmieden« und zur Not zu »liquidieren« waren. Es gab eine klare Hierarchie, wer den Weg zeigte und wer zu gehorchen hatte. Die Partei als selbsternannter Repräsentant des Proletariats monopolisierte das Wissen. Schon das Proletariat mußte missioniert werden, mehr noch die Bauern und die »kulturell rückständigen« Völker[63]. Dabei funktionierten die Parteikader, das (russische) Proletariat und – nach Umerziehung – die Intelligenz als Träger von Fortschritt, Industrie und kommunistischen Prinzipien. Die Bauern und rückständigen Völker, die erst dank der Revolution zu Nationen erwachten, mußten auf das Niveau der fortgeschrittenen russischen Zivilisation gehoben werden. Lenins und Stalins Konzept gegenüber den rückständigen Segmenten gab sich in der Planung als paternalistisch oder autoritär protegierend. In der Praxis wurde Rückständigkeit weniger überwunden als vielmehr wie ein Feind bekämpft. Entsprechend sahen die Mittel aus: Sie reichten von Umerziehung, Stigmatisierung bis zu Deportation und Ermordung. Die Definitionsmacht darüber, was rückständig sei, was also abgetötet werden mußte, lag bei den europäischen Bolschewiki und ihren orientalischen Adepten. Im Namen des Aufbaus des Sozialismus wurde den als rückständig deklarierten Traditionsbeständen aller Völker (einschließlich der Russen) der Krieg erkärt. Der Kampf gegen die Religion in ihren unterschiedlichen Erscheinungsformen stand hier an erster Stelle, aber auch gegen Europäern besonders verhaßte traditionelle Elemente wie den Brautkauf, die Vielweiberei, den Tschador, die Blutrache, das Nomadisieren etc. Was forciert und propagiert wurde, waren Normen und Werte einer auf Machtproduktion getrimmten industrialisierten Gesellschaft. Anstelle der Verführung durch Konsum und Kommerz sollten solche Normen durch eine oft verletzende Erziehung durchgesetzt werden, zu der allerdings alle Voraussetzungen fehlten. Zumindest wurde der Versuch unternommen, der viele Opfer kostete und dessen Resultate eher zweifelhaft waren.

Russen wie Nicht-Russen wurden mithin einem gnadenlosen Zivilisationsprozeß unterworfen. Er ging aber nur so weit, daß er die Kontrolle und Definitionsmacht des Zentrums nicht gefährdete. Die Bauern wurden zwar kollektiviert, aber die Technisierung und Modernisierung der Kolchosen setzte erst lange nach dem Krieg ein. Die Religion wurde verfolgt, aber die Partei hatte als Ersatz wenig anzubieten. Die Traditionsbestände bürgerlich-adliger und der Volkskulturen wurden diffamiert, bestenfalls transformiert und sehr selektiv als Folklore und kanonisierte Hochkultur neu konstruiert. Alphabetisierung und Sprachschöpfung bei den Völkern, die hier Nachholbedarf hatten, wurden soweit gefördert, daß ihre Angehörigen disponibel waren. Die politischen Implikationen des Nationalen – Selbstbestimmung, Mitspracherechte und Souveränität – wurden rigoros dem bolschewistischen Projekt untergeordnet. Die bolschewistische Politik des Baus der Nationen teilte daher mit den ganz anderen Vorstellungen der deutsch-österreichischen Sozialdemokraten im Grunde das Ziel, durch Konzessionen an das nationale Prinzip dieses zugleich zu entpolitisieren. Die Parole »national in der Form, proletarisch (sozialistisch) im Inhalt«[64] brachte diesen Sachverhalt zum Ausdruck. Selbst die »souveränen« Unionsrepubliken waren spätestens seit der Kollektivierung und Industrialisierung leere Container, Verwaltungsbezirke mit bestenfalls exekutiven Kompetenzen. Sie sind auch als Zimmer, in nationalen Farben tapeziert, bezeichnet worden. Ihre Möblierung war im wesentlichen vorgegeben, »großzügig dekoriert mit heimischen Memorabilia, Großvaters Uhren und liebevoll bewahrten Familienportraits«[65]. Daß in den national tapezierten Zimmern nicht immer das getan wurde, was im Salon beschlossen worden war, unterschied sie bestenfalls graduell von den russischen Provinzzimmern, die nur eine rote – internationalistische – Tapete vorzuweisen hatten.

Die Gründe, weshalb einerseits so intensiv der Bau der Nationen betrieben, diese dann aber andererseits auf die »Form« – die Sprache und das Territorium – eingeengt wurden, sind in übergeordneten Faktoren zu suchen, die sich aus dem bolschewistischen Projekt ergaben: Im Aufbau des Sozialismus, von Stalin und seiner Entourage als industrielle Machtakkumulation verstanden, die zentralistisch und gewalttätig bewerkstelligt wurde. Da die Machtakkumulation sich sowohl auf die Sowjetunion als auch auf das internationale Umfeld bezog, erschien eine mehr auf Konsens aufbauende Politik als Sabotage am großen Projekt. Nicht auf die Nation, sondern auf das sozialistische Projekt sollten alle Energien und Emotionen gelenkt werden. Diese Funktion hatte der Sowjetpatriotismus zu erfüllen. Er blieb immer polyvalent: Er konnte für die »hervorragendste« unter den sowjetischen Nationen als Nationalismus-Ersatz funktionieren, für die überzeugten Kommunisten, die es innerhalb wie außerhalb der Sowjetunion gab, als moralische Bezugsgröße, als Heimat und Vaterland, für die eher rückständigen Segmente als Religions-Ersatz. In der Realität dürften sich alle Komponenten vermischt haben.

Kapitel 10

Sowjetmacht und internationaler Kommunismus

Einführung und Überblick

Nachdem die Bolschewiki die Macht übernommen hatten, lag es in der Logik ihres Denkens, daß sie glaubten, mit flammenden Aufrufen den Gang der Weltgeschichte beeinflussen zu können. Nicht zuletzt dank ihrer Agitation hatten sie sich unter der russischen Bevölkerung Resonanz verschafft. Der öffentliche Appell sollte nun auch auf der Bühne der Welt die alte Geheimdiplomatie und ihre Machenschaften zum Einsturz bringen. Wortgläubigkeit bestimmte die ersten Schritte der neuen Machthaber. In Form hoch entwickelter Agitation und Propaganda blieb sie ein wesentlicher Bestandteil der sowjetischen Innen- und Außenpolitik.

Die klassischen Instrumentarien internationaler Politik und Diplomatie entstanden erst allmählich. Die Interessenfelder des jungen Sowjetstaates reichten von der Ostsee bis zum Pazifik, vom Nordmeer bis zum Pamir. Sie erforderten sehr unterschiedliche Verfahrensweisen und Strategien. Unter wechselnden Vorzeichen von Anti-Imperialismus, Weltrevolution, dann von Absicherung und staatlicher Selbstbehauptung, schließlich von Expansion wurden sie von einem Zentrum aus koordiniert. Entsprechend der Vielfalt der Interessenfelder und Akteure, der Handlungsebenen und Auditorien entwickelte sich im Laufe der Jahre ein Netzwerk von Agenturen, welche weltrevolutionäre Erwartungen und sowjetische Interessen zu transportieren hatten. Schließlich mußte sich Sowjetrußland der Raison der kapitalistischen Staatenwelt beugen. Es entstanden die klassischen Institutionen der Diplomatie, deren Bezeichnungen allerdings manchmal noch den revolutionären Gestus erkennen ließen: ein Kommissariat für Auswärtige Angelegenheiten (NKID) und seine »bevollmächtigten Vertreter« (*polpredy*). In denjenigen Staaten, mit welchen zunächst keine offiziellen Beziehungen bestanden, übernahmen Handelsvertretungen diplomatische Aufgaben. Die einen wie die anderen Einrichtungen mögen manchmal am Rande der Legalität operiert haben.

Ein ganz neuartiges Instrumentarium, in mancher Hinsicht das revolutionäre Gegenstück zum Völkerbund, war die 1919 gegründete Kommunistische Internationale (Komintern). Sie war gedacht als Organ des weltrevolutionären Interesses und agierte von Anfang an teils öffentlich, teils konspirativ. Ihr Zielpublikum waren die gleichzeitig entstehenden kommunistischen Parteien und das »Proletariat«, die »Werktätigen und Unterdrückten« der Welt. Im Umfeld der Diplomatie wie der Komintern tummelten sich diverse Organisationen: Freundschaftsgesellschaften aller Art, die Revolutionäre Gewerkschaftsinternationale (Profintern), die Bauerninternationale (Krestintern). Sie alle agitierten teils für die Weltrevolution, teils hatten sie die Aufgabe, für die Sowjetunion zu werben. Schließlich wurden sie alle für sowjetische Interessen eingespannt oder ließen sich einspannen.

Die weltrevolutionären Visionen hatten in den Friedensverhandlungen mit dem deutschen Kaiserreich, Österreich-Ungarn und dem Osmanischen Reich eine erste Bewährungsprobe zu bestehen. Angesichts der militärischen Überlegenheit und der vergleichsweise geringen Resonanz bolschewistischer Appelle an die Soldaten der Mittelmächte hatten sich die Bolschewiki im Friedensvertrag von Brest-Litowsk (3. März 1918) mit beträchtlichen territorialen Verlusten abzufinden. Diese Erfahrung lehrte, daß das »Weltproletariat« nicht ohne reale Macht und ohne Aneignung ihrer klassischen Substrate in Form von Territorien, von ökonomischen Ressourcen und von bewaffneten Streitkäften auskommen würde. Andererseits boten der Zusammenbruch der Mittelmächte und des Osmanischen Reiches, wie auch die ungebrochenen imperialistischen Aktionen der Siegermächte des Ersten Weltkrieges genügend Anknüpfungspunkte für weltrevolutionäre Aktionen. In allen Fällen ging es darum, sozial- und nationalrevolutionäre Bewegungen zu nutzen und zu unterstützen. Sie wurden eingepaßt in die weltrevolutionären Visionen und dienten zugleich ganz praktisch dazu, den Druck der Interventionsmächte auf die sowjetischen Territorien abzuschwächen und ihnen im eigenen Vorfeld Schwierigkeiten zu bereiten.

In der ersten Phase nach Ende des Bürgerkrieges kamen sowohl Instrumente klassischer Diplomatie als auch solche der Revolutionierung zum Einsatz. Ins Arsenal der ersteren gehörten der Vertrag von Rapallo (1922) und der Berliner Vertrag (1926). Sie sollten Deutschland daran hindern, sich feindlichen Aktionen der Westmächte anzuschließen. Erst Ende der zwanziger Jahre, als die Sowjetunion hinreichend mit sich selbst beschäftigt war, läßt sich eine sukzessive Hinnahme der internationalen Ordnung erkennen. Dies galt um so mehr, als die Weltwirtschaftskrise und die deutsche Politik die negativen Begleiterscheinungen des Versailler Systems für die Sowjetunion schon längst unschädlich gemacht hatten.

Parallele revolutionierende Initiativen des bolschewistischen Zentrums und der Komintern waren noch kaum zu unterscheiden, weil man sich auf den ungebremsten Aktionismus kommunistischer Bewegungen glaubte stützen zu können. Die Nachkriegszeit war ebenso durch indigen verursachte Aufstände und Unruhen gekennzeichnet wie durch von sowjetischer Seite angestoßene Putsche. Je nach Region fand diese Phase ihr Ende zu Beginn der zwanziger Jahre (in Mitteleuropa) oder in ihrer zweiten Hälfte (in China). Der erbärmlich gescheiterte »deutsche Oktober« von 1923 begrub fürs erste alle Hoffnungen auf Sowjet-Deutschland. Einen analogen Einschnitt bedeutete 1927 die spektakuläre und blutige Niederwerfung der revolutionären Arbeiterbewegung und die Vertreibung der KP Chinas aus den Großstädten durch die Truppen Chiang Kai-sheks, des Führers der nationalrevolutionären Kuomintang. Mit dem Engagement sowjetischer Berater und von Komintern-Agenten in China verband sich die Hoffnung, durch die antikolonialistische Revolution insbesondere den britischen Imperialismus zu schwächen und – neben Deutschland – einen Bündnispartner zu finden oder wenigstens einen geographischen Puffer zu etablieren.

Die zweite Phase läßt sich als eine der außenpolitischen Konsolidierung der Sowjetunion beschreiben. Sie ist geprägt durch globale Konflikte vor allem mit Großbritannien, dem die Einkreisung der Sowjetunion von Europa bis Asien unterstellt wurde. Das Scheitern des sowjetisch-englischen Gewerkschaftskomitees (1926), die Arcos-Affäre (1927), d.h. die Durchsuchung der sowjetischen Handelsvertretung in London, und schließlich der Mißerfolg der sowjetischen Politik in China verdichteten sich zu antibritischer Hysterie und öffentlicher Kriegsfurcht, die nur noch geringe Bezüge zur Realität hatten. Zugleich tobten in der Komintern heute nur noch schwer nachvollziehbare Streitereien um Links- und Rechtsabweichungen, um »Opportunismus«, um die Deutung und praktischen Folgen der »Einheitsfront«. Es ging um Machtkämpfe in Form ideologischer Haarspaltereien, die ihrerseits wieder einen Reflex der Diadochenkämpfe in Moskau bildeten. Während dieser Auseinandersetzungen vollzogen sich die Bolschewisierung und später die Stalinisierung der »Sektionen« der Komintern, so die offizielle Bezeichnung und das Selbstverständnis der Führungskorps der kommunistischen Parteien. Bolschewisierung und Stalinisierung bedeuteten nicht nur den programmatischen Gleichklang, sondern mehr noch die Strukturangleichung an das sowjetische Muster, d.h. die Übernahme des Kaderprinzips. Weltrevolutionäres und sowjetisches Staatsinteresse waren nun identisch. Die Sowjetunion galt seither als »Vaterland aller Proletarier«, und als solches beanspruchte sie, die Interessen der Proletarier inner- wie außerhalb der Sowjetunion zu vertreten. In der politischen Praxis hingen das Eigengewicht und die Spielräume der kommunistischen Parteien freilich davon ab, ob sie Massenanhang mobilisieren konnten, ob sie in einem demokratischen Umfeld als legale Parteien (mit immer auch konspirativen Strukturen) oder als illegale Parteien im Untergrund operierten. Zu beachten bleibt, daß die kommunistischen Parteien seit Ende der ersten revolutionären Welle nach dem Ersten Weltkrieg in den meisten Ländern Osteuropas verboten waren, seit 1922 auch in Italien, seit 1930 in Finnland, seit 1933 in Deutschland und Österreich und schließlich seit 1939 in Spanien[1].

Die dritte Phase seit 1928/29 wurde bestimmt durch den Übergang der Sowjetunion zur Planwirtschaft und den damit einhergehenden Turbulenzen der Kollektivierung und forcierten Industrialisierung. Nach innen wie nach außen hatte dies eine Linkswendung zur Folge, die »Verschärfung des Klassenkampfes« im Innern und die »Klasse gegen Klasse«-Parolen in der Komintern, d.h. eine extreme Agitation gegen die Sozialisten, die seither mit dem Etikett »Sozialfaschisten« belegt wurden. Vor dem Hintergrund der Weltwirtschaftskrise ging die polarisierende Politik in der Sowjetunion wie in der Komintern einher mit einem Boom des sowjetischen Außenhandels, des Imports von Industrieausrüstung und technischen Blaupausen, also mit dem Werben um die Kapitalisten von Chicago bis Berlin. Eine insgesamt defensive Diplomatie hatte den inneren Aufbau abzusichern. Die Militanz im Innern und in den »Sektionen« der Komintern stand in einem merkwürdigen Gegensatz zu den Bemühungen, als respektabler Staat anerkannt zu werden. Höhepunkte dieser Politik waren die Aufnahme diplomatischer Beziehungen zu den USA (1933), der Eintritt in den Völkerbund (1934) und die Übergabe der Ostchinesischen Eisenbahn an den japanischen Satellitenstaat Mandschukuo (1935). Diesen Schritt hatte man gegenüber der Republik China immer verweigert.

Der Übergang zur nächsten Phase, unter das Etikett der kollektiven Sicherheit subsumiert, ist mit dem Namen des Außenkommissars Maxim Litwinow (1930–1939) verbunden. Sie setzte die defensive Diplomatie seit Ende der zwanziger Jahre fort. Mit den Nachbarstaaten bemühte man sich um geregelte Beziehungen, zumeist festgehalten in Nichtangriffsverträgen. Dies galt insbesondere für Polen und Rumänien, mit dem wenigstens diplomatische Beziehungen aufgenommen wurden. Beide Länder galten in den zwanziger Jahren als Ausgangspunkt von Intrigen und als potentielle Basen für eine militärische Aggression der Westmächte gegen die UdSSR.

Kollektive Sicherheit war das Schlagwort der sowjetischen Diplomatie vor dem Hintergrund der Aggressivität des nationalsozialistischen Deutschlands und Japans. Um insbesondere das Deutsche Reich einzudämmen, kam es zum Abschluß eines Beistandspaktes mit Frankreich (2. Mai 1935). Im Falle eines Angriffs durch einen europäischen Staat sah er gegenseitige militärische Hilfe vor. Diesem Pakt schloß sich die Tschechoslowakei an

(16. Mai 1935). Für dieses Land sollte sowjetische Hilfe allerdings erst wirken, wenn Frankreich aktiv würde.

Mit dem Ausgreifen Japans in die Mandschurei und in benachbarte chinesische Provinzen und nach wiederholten militärischen Grenzzwischenfällen festigte die Sowjetunion zunächst ihren Einfluß in der Äußeren Mongolei durch diverse Militär- und Hilfsabkommen und die Errichtung von militärischen Stützpunkten. Nach Beginn des japanisch-chinesischen Krieges 1937 folgten weitere sowjetisch-japanische Grenzkonflikte (1938/39). Die direkten militärischen Konflikte mit Japan konnten immerhin so weit begrenzt werden, daß sie nicht zum Krieg führten. Angesichts der instabilen Lage in Europa und der Furcht vor einem Zweifronten-Krieg, welche die sowjetische Führung spätestens seit Abschluß des Anti-Komintern-Paktes zwischen NS-Deutschland und Japan (1936) plagten, fanden sich Japan und die UdSSR kurz vor dem deutschen Überfall auf die Sowjetunion zu einem Neutralitätspakt (13. April 1941) zusammen. Er ließ der Sowjetunion zunächst freie Hand in Europa.

Der Neutralitätspakt mit Japan wurde zu einer Zeit abgeschlossen, als die Politik der kollektiven Sicherheit längst gescheitert war. In Europa sollten unter diesem Schlagwort möglichst viele Staaten, die vom nationalsozialistischen Deutschland bedroht wurden, zusammengeführt werden, während in Asien nur China als Partner bei der Abwehr Japans zur Verfügung stand. Unmittelbar nach Beginn des japanisch-chinesischen Krieges vereinbarten die Sowjetunion und das Regime Chiang Kai-sheks als Repräsentant der Republik China einen Nichtangriffspakt (21. August 1937). Die sowjetische Regierung schickte Berater und Militärs und lieferte Waffen. Die »bürgerlichen« Truppen erhielten Militärhilfe, die KPCh hatte sich mit Büchern und Propaganda zufriedenzugeben, wie man in Yenan bitter vermerkte. Dies geschah auf sowjetischer Seite nicht zuletzt in der Hoffnung, daß der japanische Angreifer in China verblute und daß die Sowjetunion entlastet würde.

Der Politik der kollektiven Sicherheit nach 1933 entsprach mit einer gewissen Verzögerung in der Komintern die neue Parole der Volksfront. Sie wurde auf dem letzten, dem VII. Kongreß im August 1935 ausgegeben. Diese neue Strategie der kommunistischen Parteien, welche den Kampf gegen den Faschismus zum Hauptziel erklärte, korrespondierte im wesentlichen mit den diplomatischen Bemühungen. Während die Sowjetunion sich gegenüber den Westmächten als verläßlicher Partner präsentieren wollte, hatten die Kommunisten jeweils vor Ort antifaschistische Fronten und Bewegungen aufzubauen. Dies bedeutete insbesondere ein Ende der Konfrontation gegenüber den sozialistischen Parteien und beinhaltete Kooperationsangebote an bürgerliche Kreise und Parteien. Frankreich, Spanien und unter gänzlich anderen Bedingungen China wurden zu den wichtigsten Experimentierfeldern der Volksfront. Formal propagierten die Kommunisten unter dieser Parole die Abwehr des Faschismus, worunter in Spanien die Putschisten um Franco, in Italien die Faschisten, in Frankreich die Rechtsparteien, in Deutschland der Nationalsozialismus verstanden wurden. In Asien ging es um den Kampf gegen den Imperialismus, worunter sowohl die japanische Aggression als auch die Kolonialpolitik Frankreichs und Großbritanniens, aber auch die Politik der »Offenen Tür« der USA zu verstehen waren. Antifaschismus und Anti-Imperialismus dienten den einheimischen kommunistischen Kräften selbstverständlich auch immer dazu, mit mehr oder minder aktiver Unterstützung von sowjetischer Seite die Ausgangspositionen für eine spätere Eroberung der Macht zu verbessern. Seit Verkündung der Volksfront war nicht mehr die direkte Machteroberung nach dem Vorbild der bolschewistischen Revolution das Ziel, sondern spätestens seit Kriegsausbruch wurden camouflierende Begriffe in Umlauf gesetzt wie Volksfront, Antifaschismus, Volksdemokratie oder neue Demokratie. Diese Begriffe schlossen immer mehr ein als die bloße Abwehr von Faschismus und Imperialismus. Sie meinten neue taktische Manöver auf dem Weg zu Einfluß und Macht. Ihr Erfolg oder Mißerfolg hingen sowohl von den jeweiligen inneren Konstellationen ab als auch vom Engagement und den politisch-militärischen Möglichkeiten der Sowjetunion.

Die Kooperationsangebote der »Sektionen« der Komintern an sozialistische, bürgerliche und antikolonialistische Kreise und Parteien und die Selbstdarstellung der Sowjetunion als demokratischer Staat, der sich sogar eine Verfassung (1936) mit auf den ersten Blick liberalen Elementen gegeben hatte, standen in denkbar scharfem Gegensatz zu den Säuberungs- und Terrorkampagnen, denen sich 1936 bis 1939 die kommunistischen Parteien einschließlich der KPdSU unterwarfen. Im Unterschied zur Kollektivierung und der folgenden Hungersnot im Jahre 1933 ist der Terror im Ausland viel intensiver wahrgenommen worden. Aber je nach Interessenlage und Ausgangsposition hat man ihn ganz unterschiedlich gedeutet. Unter machtpolitischen Gesichtspunkten schadete er der Sowjetunion insofern, als insbesondere der Terror gegen die militärischen Eliten ihren Bündniswert minderte. Der obsessive Antifaschismus machte umgekehrt selbst bürgerliche Kreise blind für die Implikationen des Stalinschen Terrors. Andere Beobachter, insbesondere Sozialisten und Demokraten, fühlten sich von den blutigen Schauspielen in Moskau abgestoßen. Der Hitler-Stalin-Pakt konnte dann nur noch ihre Auffassung von der infamen sowjetischen Politik bestätigen.

Das Münchener Abkommen und die Zerschlagung der Tschechoslowakei, der folgende deutsch-sowjetische Nichtangriffspakt vom 23. August 1939 mit seinen geheimen Zusatzprotokollen, die Osteuropa in Einflußsphären aufteilten, begruben die Politik kollektiver Sicherheit. Die Sowjetunion, 1938 noch vom Spiel der europäischen Mächte ausgeschlossen, war zu einem gesuchten Bündnispartner und zu einer Großmacht geworden. Der Hitler-Stalin-Pakt leitete über in eine neue Phase, in der die Sowjetunion den Status einer Großmacht einnahm mit den klassischen Instrumenten von Machtpolitik und ihren Substraten: Gewinn von Territorien, Einflußzonen und Mitspracherechten. Die damit verbundenen Ansprüche konnten Systemangleichung benachbarter Länder oder Revolutionsexport bedeuten, d.h. den Export eines Modells, das sich an Stalins Sowjetunion orientierte. Hier lassen sich bereits jene Elemente sowjetischer Politik erkennen, auf die nach Abwehr des deutschen Angriffs wieder zurückgegriffen werden sollte. Das bolschewistische Projekt blieb hier immer noch erkennbar, auch der Grundsatz, die Gegensätze der imperialistischen Mächte dafür auszunutzen, um der Revolution eine Atempause zu verschaffen. Jetzt ging es allerdings nicht nur um eine Atempause, sondern auch darum, sich der Position des lachenden Dritten zu erfreuen, die Grenzen des Sozialismus zu verschieben und damit die Weltrevolution doch noch voranzubringen.

Die Geburt der Kommunistischen Internationale

Der Erste Weltkrieg und die Zeit der Nachkriegswirren beendeten endgültig jene Phase, als die sozialistischen Bewegungen und Parteien ein europäisches Netzwerk gebildet hatten, innerhalb dessen sich die Arbeiterbewegung konstituiert und die sozialistischen Intellektuellen ihre Meinungen ausgetauscht hatten. In dem Maße, in dem nach dem Krieg sehr praktische soziale und politische Aufgaben zu lösen waren und es nicht zuletzt darum ging, um die Arbeiterschaft als Wählerpotential und als Basis für Organisationsmacht zu werben, waren reformerische und revolutionäre Programme nicht mehr vereinbar. An die Stelle einer losen sozialistischen Solidarität trat eine oft genug erbitterte Konkurrenz, die mit Schlagworten und Schlagstöcken ausgetragen wurde. Den intellektuell geprägten Diskurs in der im Ersten Weltkrieg untergegangenen II. Internationale lösten eher monologische, auf Suggestion und Überwältigung zielende Agitation und Propaganda ab, da es nun um Wählerstimmen und auf bolschewistischer Seite um eine aktivistische Mobilisierung der »Massen« ging.

Die Nachkriegswirren in Europa mit den zahllosen Aufständen, Streiks und Unruhen boten genügend Anlässe, um die weltrevolutionären Hoffnungen der Bolschewiki zu bestätigen. Alle diese Auseinandersetzungen schienen Lenins Vision von der Transformation des imperialistischen Weltkrieges in einen internationalen Bürgerkrieg zu bestätigen. Dieser bedurfte aber der Koordinierung, da das Proletariat außerhalb Rußlands in seiner Mehrheit zu sehr den Nachfolgern der II. Internationale bzw. der Wiener Internationale vertraute. Der Bürgerkrieg in Rußland war noch nicht beendet, als die Bolschewiki im Januar 1919 zur Gründung der III., der Kommunistischen Internationale (Komintern) aufriefen. Ihr erster Kongreß mit mehr oder minder zufällig ausgewählten Repräsentanten sympathisierender Gruppen trat im März 1919 zusammen. Erst die zweite Versammlung im

Juli/August 1920 gilt als der eigentliche Gründungskongreß. Er legte die Struktur der Komintern und seine Statuten fest. Angesichts der Erfolge der Bolschewiki in Rußland dominierte die russische Seite den zentralen Apparat. Bis 1926 stand er unter Leitung von Grigori Sinowjew, der zugleich Parteisekretär in Petrograd war. Ihm folgten, formal eingebunden in kollegiale Organe mit wechselnder Bezeichnung, N. I. Bucharin (bis 1928), dann D. Manuilski und seit 1934 Georgi Dimitrow. Im Exekutivkomitee der Komintern (EKKI) waren die Sowjets mit fünf stimmberechtigten Mitgliedern vertreten. Die größeren kommunistischen Organisationen und Parteien stellten je einen Delegierten, die kleineren Parteien entsandten ebenfalls einen Delegierten, aber nur mit beratendem Stimmrecht. Seit dem IV. Kongreß (November/Dezember 1922) wurden die Mitglieder des EKKI vom Kongreß gewählt. Dies gab der sowjetischen Seite weitere Möglichkeiten, seine Zusammensetzung und seine Leitungsorgane zu beeinflussen. Wie die späteren Aktionen im »deutschen Oktober« 1923 und 1925 bis 1927 in China zeigen sollten, überschnitten sich die Verantwortlichkeiten zwischen der Führung der Komintern und der RKP(B) bzw. der KPdSU. Dies ergab sich daraus, daß die sowjetische Seite die entstehenden kommunistischen Parteien mit Geld, die revolutionären Bewegungen mit Waffen versorgte und außerdem die konspirativen Netzwerke unterhielt. Daraus entstanden Abhängigkeiten, die bei der Bolschewisierung und späteren Stalinisierung der kommunistischen Parteien vor allem in Europa wohl nicht unterschätzt werden dürfen[2].

Die Aufnahmebedingungen, wie sie der II. Kongreß der Komintern am 6. August 1920 verabschiedete, spiegeln die Bürgerkriegsmentalität und die Militanz einer Kampforganisation. Als solche wollten Lenin und seine Anhänger die bolschewistische Partei ebenso verstanden wissen wie die entstehenden kommunistischen Parteien. Diese sollten als »Sektionen« der Komintern beitreten und sich den Anordnungen des EKKI und der Komintern-Kongresse unterordnen. Sie hatten sich auf ein revolutionäres Programm zu verpflichten, Reformisten, »Sozialpatrioten« und »Sozialpazifisten« aus ihren Reihen auszuschließen, periodische Säuberungen von allen Abweichlern durchzuführen,

»eiserne Disziplin« durchzusetzen, legale und konspirative Strukturen aufzubauen und kommunistische Zellen in den Gewerkschaften zu installieren[3].

Die harten Aufnahmebedingungen provozierten in den sozialistischen Parteien 1920/21, was die russische Emigration vor 1914 ausgezeichnet und was Lenin zu großer Meisterschaft entwickelt hatte: erbitterte Auseinandersetzungen, Spaltungen, Feinderklärungen und Haarspaltereien. Die neuen kommunistischen Parteien mit einem stark fluktuierenden Massenanhang konnten sich als »Sektionen« der Komintern in den zwanziger Jahren vor allem in Deutschland, Frankreich und der Tschechoslowakei etablieren. Sie erreichten aber fast nirgends die Stärke und Mitgliederstabilität der sozialistischen Konkurrenz. Wird deren Mitgliederschaft gegen Ende der zwanziger Jahre auf fünf bis sechs Millionen Personen geschätzt, so die der Kommunisten auf circa 500000 Personen. Auch wenn angesichts der unterschiedlichen Situationen in den einzelnen Ländern Verallgemeinerungen schwierig sind, so läßt sich *cum grano salis* die Anhängerschaft der Sozialisten der urbanen Industriearbeiterschaft in relativ festgefügten Milieus zuschreiben. Die kommunistischen Parteien rekrutierten ihre aktive Anhängerschaft aus der eher unbeständigen Arbeiterschaft, aus marginalisierten städtischen und ländlichen Schichten in Frankreich und der Tschechoslowakei. In der Zeit der Weltwirtschaftskrise seit 1928 strömten die Arbeitslosen in die kommunistischen Parteien. Ihre Anhängerschaft verjüngte sich und war damit insgesamt aktionsfreudiger und militanter als die gut organisierten, aber auch behäbigeren Sozialisten.

Hoffnung auf Sowjetdeutschland

Bei aller Polemik gegen die deutsche Sozialdemokratie, ihre Scheidemänner, Noskes und Kautskys, setzten die Bolschewiki zunächst wohl in Erinnerung an die große Rolle, welche die deutsche Arbeiterbewegung in der II. Internationale gespielt hatte, auf ihre revolutionäre Wiedererweckung. Der Spartakus-Aufstand in Berlin (Januar 1919), der zum Teil bewaffnete Aufstand im Ruhrgebiet (März bis Mai 1920) und die instabile

Lage in Deutschland weckten hier euphorische Hoffnungen. Das Versailler Vertragswerk hatte, so die bolschewistische Sicht, Deutschland, Österreich, Ungarn und Bulgarien auf den Status von Halbkolonien des »Entente-Kapitals« herabgedrückt. Deutschland und Sowjetrußland verbanden aus Moskauer Sicht daher gemeinsame staatliche Interessen: die Feindschaft gegen Polen als Hauptstütze des französischen *Cordon Sanitaire* im Osten Europas wie überhaupt gegen die Entente. Zugleich richteten sich alle Erwartungen an eine Revolution im Westen auf Deutschland, dessen Instabilität und vergleichsweise gut organisierte Arbeiterbewegung zu großen Hoffnungen Anlaß gaben. Auf diplomatischer Ebene suchte man Kontakt zu den offiziellen Repräsentanten Deutschlands. Dabei bevorzugte man die konservativen und reaktionären Kreise einschließlich der Reichswehr, während die amtlichen Kontakte zu den nach Westen hin orientierten Sozialdemokraten immer schwierig blieben.

Der Vertrag von Rapallo (16. April 1922) gab dieser eigenartigen Konfiguration eine feste Kontur, die im Grundsatz bis Ende der zwanziger Jahre erhalten blieb. Die deutsche Seite verzichtete in Rapallo auf Entschädigungen für enteignetes deutsches Eigentum in Rußland, dieses schlug seinerseits das Angebot der Entente aus, von der Weimarer Republik Reparationen zu verlangen. Zugleich etablierte sich die geheime Zusammenarbeit zwischen Reichswehr und Roter Armee durch gemeinsame Entwicklung von Kampfstoffen, Panzern und Flugzeugen. Damit wurde zwar nicht »das faschistische Schwert in der Sowjetunion geschmiedet«[4], aber die deutsche Seite unterlief mit sowjetischer Hilfe die Bestimmungen des Versailler Friedensvertrages. Während konservative Kreise Sowjetrußland als Hinterland benutzen wollten, um von hier aus den Wiederaufstieg Deutschlands zu betreiben, ging es den Regierungen und ihren Außenministern Walter Rathenau und Gustav Stresemann eher darum, durch halbwegs geregelte Beziehungen zur Sowjetunion Polen in Schach zu halten und ein Gegengewicht zum westlichen Druck herzustellen. Die grundsätzliche Orientierung am Westen war aber aus wirtschaftlichen und finanziellen Gründen unabdingbar. Der Berliner Vertrag von 1926 bestätigte im wesentlichen die Rapallo-Linie, auch wenn auf sowjetischer Seite nach Locarno –

dem deutschen Ausgleich mit Frankreich – und nach der Stabilisierung der Weimarer Republik die euphorischen Hoffnungen auf Sowjetdeutschland längst begraben waren[5].

In den Verträgen von Rapallo und Berlin manifestierte sich die amtliche Politik der sowjetischen Regierung und ihres Kommissars für Auswärtige Angelegenheiten G. W. Tschitscherin (1918–1930). Zugleich betrieb die sowjetische Seite ein halb öffentliches, halb konspiratives Netz von Beziehungen und Kontakten, die entweder im Vorfeld der Diplomatie aktiviert wurden oder Kontakte zwischen der KPD und dem EKKI und damit auch zur sowjetischen Parteiführung und Regierung herstellten. Obwohl die Dienste der Komintern und des Kommissariats für Auswärtiges (NKID) im Grundsatz getrennt arbeiteten, gab es doch viele Kompetenzüberschneidungen.

Im Netzwerk der Komintern und der sowjetischen Apparate arbeitete eine Vielzahl schillernder Berufsrevolutionäre, Intellektueller und Publizisten, die man als Reisende in Sachen Revolution bezeichnen könnte. Sie stammten häufig aus dem Judentum Polens und Osteuropas. In ihren Lebensläufen ähnelten sie den russischen »nicht-jüdischen« Juden. Sie hatten sich aus ihren Herkunftsmilieus gelöst, waren international sozialisiert, hatten häufig in Österreich-Ungarn, Deutschland oder der Schweiz studiert und waren daher für die Aufgaben der Komintern in besonderer Weise geeignet. Etwas überspitzt formuliert: Was die internationale Aristokratie für den diplomatischen Dienst der Staaten bedeutete, das war dieser Typus des kosmopolitischen Juden für das »Weltproletariat«. Diese Akteure im Schatten konnten auch aus anderen Milieus stammen, kennzeichnend aber war ein Bruch mit der Herkunft, das Eintauchen in revolutionäre Zirkel und später in die Partei bzw. die Komintern.

Ein prominenter Typus des Reisenden in Sachen Revolution war Karl Radek, einst Mitglied der SDKPiL, dann der SPD, seit 1914 in der pazifistischen Zimmerwalder Bewegung aktiv. Kurz nach der Novemberrevolution 1918 tauchte er als Emissär Moskaus in Berlin auf. Er wurde der Verwicklung in den Spartakus-Aufstand beschuldigt und war als Ratgeber in die verwickelten Auseinandersetzungen der KPD verstrickt. Ihr ständiges Schwanken zwischen Euphorie und Depression und die Auseinandersetzungen können hier nicht geschildert werden. Unter dem Schlagwort der Vereinigten Arbeiterfront wurde seit 1921 eine insgesamt konfuse Politik verfolgt. Die Arbeiterklasse und selbst das »Kleinbürgertum« sollten mal mit, mal gegen die Sozialdemokratie, mal »von oben«, mal »von unten« mobilisiert und die gegnerischen Parteien entweder ins kommunistische Fahrwasser gezogen oder zersetzt werden. Es ging immer darum, eine erfolgreiche Revolutionierungsstrategie zu finden, um Sowjetdeutschland auf die Beine zu helfen. 1923 bildeten die französische Ruhrbesetzung und der von der Reichsregierung unterstützte, aber vergebliche Generalstreik, der Sturz der Regierung W. Cuno am 12. August und die Bildung sozialdemokratisch-kommunistischer Koalitionen in den Ländern Sachsen und Thüringen den Hintergrund und den Anlaß, ein letztes Mal zu versuchen, in Deutschland doch noch eine Revolution nach bolschewistischem Muster zustandezubringen. Zuvor hatte die Komintern in Gestalt Radeks getestet, ob sich die mit der Ruhrbesetzung einhergehende nationalistische Welle in Deutschland nicht ausbeuten lasse. Da Deutschland immer wieder als Halbkolonie des Entente-Kapitals definiert worden war, lag es nahe, in Analogie zum »Osten« eine der antikolonialistischen und antiimperialistischen Linie analoge Strategie auszuprobieren, wie dies 1919 in Ungarn versucht worden, aber kläglich gescheitert war. In diesem Sinne ist die berüchtigte Rede Radeks vom 20. Juni 1923 zu verstehen. Aus Anlaß der standrechtlichen Erschießung Albert Leo Schlageters durch das französische Militär, eines Nationalisten und ehemaligen Baltikumkämpfers, appellierte Radek vergeblich an die deutsche Rechte, mit den Kommunisten gegen die Entente gemeinsame Sache zu machen.

Die Ruhrbesetzung hatte sowohl die extreme Rechte als auch die Linke mobilisiert. Die KPD erlebte im Frühjahr und Sommer einen erheblichen Zulauf an neuen Anhängern. Dies mag einer der Gründe gewesen sein, weshalb maßgebliche Teile der KPD-Führung, noch mehr allerdings Sinowjew und Trotzki, der Suggestion erlagen, in Deutschland sei eine revolutionäre Situation herangereift. Seit dem August 1923 wurden in Moskau im Umfeld der EKKI wie des Politbüros des Zentralkomitees der RKP(B) spezielle Kommissionen eingerichtet, die einen »deutschen Oktober« vorzubereiten hatten. Trotz vereinzelt besserer Einsicht, daß die KPD nicht über das Potential für eine Machtübernahme verfüge, traf man fieberhafte Vorbereitungen, schickte Propagandamaterial, Waffen und Geld nach Deutschland. Trotzki legte einen Fahrplan für die Revolution fest. In Deutschland selbst agierte ein Netz von Emissären, die die geplanten Aktionen beobachten und koordinieren sollten. »Hamburg auf den Barrikaden« sollte in den Traditionsmythos der KPD eingehen, zumal der spätere Vorsitzende der KPD Ernst Thälmann hier maßgeblich involviert war und von diesem Mythos zehren konnte[6].

Die »Lehren des Oktober«, welche die Komintern 1924 zog, liefen darauf hinaus, in der KPD die »rechte Führung« (Heinrich Brandler und August Thalheimer), in der Komintern Trotzki und Radek als »Opportunisten« für das Scheitern verantwortlich zu machen. Die »Lehren« sind ein Paradestück für die Intrigen und Machtkämpfe in Moskau. Das EKKI bildete hier einen Nebenkriegsschauplatz, und die kommunistischen Parteien ließen sich als passive Teilnehmer hineinziehen, indem sie unter den Moskauer Parteiführern Protektoren suchten, bei denen sie für ihre Belange auf Unterstützung hofften. Die Linke in der KPD-Führung (Ruth Fischer und Arkadi Maslow) schloß sich Stalin und Sinowjew an. Sie nutzten die Gunst der Stunde, um ihre Konkurrenten als Rechte auszubooten. Wagten es aber Angehörige der »Sektionen«, kritisch zu den Moskauer Diadochenkämpfen Stellung zu nehmen, holten sie sich eine rüde Abfuhr. Als die Vertreter der polnischen Partei, ohne wirklich Stellung zur Anti-Trotzki-Kampagne Stalins und Sinowjews zu nehmen, diese auf dem V. Komintern-Kongreß (Juni/Juli 1924) anzusprechen wagten, drohte Sinowjew den polnischen Genossen an, ihnen die Knochen zu brechen, und Stalin sorgte für die Neubesetzung der polnischen Parteiführung[7].

In der geschlossenen Welt der Komintern

Das Patronagesystem im Verhältnis zwischen KPdSU, EKKI, ihren Bevollmächtigten vor Ort und den Führungen der kommunistischen Parteien strukturierte die unentwegten Machtkämpfe und Intrigen auf allen Ebenen der Komintern bis zur Entmachtung Bucharins im April 1929. Die Akteure in der Komintern mußten immer Unterstützung bei ihren Moskauer Protektoren suchen. Aus dieser Dynamik wie aus den materiellen Abhängigkeiten ist die Bolschewisierung und seit Ende der zwanziger Jahre die Stalinisierung der Parteien zu erklären.

Hinzu kam die nicht immer gegebene Interessenidentität zwischen der sowjetischen und anderen Parteien. Diese Ungereimtheiten sind bis zur formellen Auflösung der Komintern nie ganz überwunden worden. Mit Stalins Formel von der Möglichkeit des Sozialismus in einem Lande stand die Priorität sowjetischer Interessen nicht mehr in Zweifel. Ein klassisches Beispiel für die damit verbundenen Widersprüche waren die geheime Zusammenarbeit mit der Reichswehr oder die finanzielle und militärische Unterstützung der Kuomintang seit 1937 anstelle der Kommunistischen Partei Chinas. Der letzte spektakuläre Fall war der Hitler-Stalin-Pakt und die deutsch-sowjetische Zusammenarbeit bis zum Juni 1941. Die Übereinstimmung von weltrevolutionären Zielen und sowjetischer Politik war dabei nur noch den gläubigsten Kommunisten zu vermitteln.

Stalins Konzept des Sozialismus in einem Lande bedeutete keineswegs den Verzicht auf weltrevolutionäre Ziele. Sie wurden aber seither ein Teil des staatlichen Interesses der UdSSR und von Moskau aus definiert, nicht von Paris, Madrid oder Yenan. Die kommunistischen Parteien hatten dabei das Kunststück zu vollbringen, Loyalität gegenüber der UdSSR mit dem Versuch zu verbinden, in ihren jeweiligen Ländern dennoch Parteien mit einer Massenbasis aufzubauen. Daß dies in unterschiedlichem Ausmaß und zu unterschiedlichen Zeiten gelang, hatte weniger mit den Leitlinien der Komintern als mit den jeweiligen Konfliktlagen in den verschiedenen Ländern zu tun. Diese Probleme dürften die Masse der Anhänger mehr interessiert haben als das Verhältnis der Parteiführungen zu Moskau. Die Sowjetunion figurierte als abstraktes und zudem fernes Ideal, das bestehende Überzeugungen bestenfalls bestätigte.

Bis zum VII. Komintern-Kongreß im August 1935 blieben die sozialistischen Parteien die eigentlichen Gegner der Kommunisten, weil beide Seiten um dasselbe Wähler- und Aktivistenpotential konkurrierten. Im Vergleich dazu fanden die faschistischen Bewegungen in den zwanziger Jahren weniger Beachtung. Galten sie zunächst als »Sozialismus des kleinen Mannes« (Radek 1923), so obsiegten bald Agenten- und Verschwörungskonzepte, mit denen sich zudem die Sozialisten »objektiv« als der »gemäßigte Flügel des Faschismus« denunzieren ließen[8]. Erst auf dem 13. Plenum der EKKI (Dezember 1933) wurde dem Faschismus eine eindeutige Definition zuteil: »Der Faschismus ist die offen terroristische Diktatur der am meisten reaktionären, chauvinistischen und imperialistischen Elemente des Finanzkapitals«[9]. Dies war eine eherne Formel, die unüberwindliche Feindschaft suggerierte, aber nichts erklärte. Dennoch diente sie den kommunistischen Parteien als Brücke, um ihr Verhältnis zu den Sozialisten und selbst zu bürgerlichen Parteien, die am parlamentarischen System und an der Demokratie festhalten wollten, neu zu definieren.

Das folgende Engagement gegen den Faschismus wurde aber diskreditiert durch Vorgänge in der Sowjetunion, die mit der Konsolidierung der Diktatur Stalins zu tun hatten und die Komintern unmittelbar betrafen. Spätestens seit der Verdrängung Bucharins von den Schalthebeln der Macht in der Komintern und der KPdSU (1928/29) triumphierten die Grundsätze von Kaderpolitik und Kaderkontrolle, die das bevorzugte Beobachtungs- und Tätigkeitsfeld Stalins waren. Wer nach den endlosen Kämpfen der zwanziger Jahre noch an führender Stelle tätig war, hatte sich ihren Spielregeln unterworfen. Sie galten ebenso für die KPdSU wie für die Apparate der Komintern und ihre »Sektionen«, die als Untergrund- und Exilparteien dem unmittelbaren Zugriff Stalins und des NKWD zugänglich waren[10].

Seit der Aufnahme Georgi Dimitrows in das Präsidium des EKKI im April 1934 änderte sich die politische Linie der Komintern[11]. Stalin nutzte das Ansehen, das sich Dimitrow im Reichstagsbrand-Prozeß erworben hatte. Er akzeptierte die von Dimitrow und den europäischen Parteien ausgehenden Initiativen zur Politik der Volksfront. Dies geschah aber unter der stillschweigenden Bedingung absoluter Loyalität gegenüber seiner Politik in der Sowjetunion, eine Bedingung, die ohnehin schon zum Habitus aller Kommunisten gehörte. Volksfront-Politik, d. h. der vorrangige Kampf gegen den Faschismus, und die unbedingte Verteidigung der Schauprozesse und aller Repressalien kennzeichneten bis 1938/39 die Politik der kommunistischen Parteien. Das EKKI hatte den Ausschluß aus dem Komintern-Apparat, den »Sektionen« und die damit zumeist verbundene Verhaftung und Aburteilung zumindest nachträglich zu billigen.

Das Ausmaß der Repressalien gegenüber den Emigranten hing von früheren Auseinandersetzungen und Cliquenbildungen ab, und offensichtlich davon, welchen Status die kommunistischen Parteien in ihren Heimatländern besaßen. Besonders wehrlos waren jene Kommunisten, deren Parteien in der Heimat verboten waren und die in der Illegalität operierten. Die höchsten Opferraten hatten nicht zufällig die bulgarischen, deutschen, österreichischen und polnischen Parteien zu beklagen[12]. Besonders absurd gestaltete sich die Situation der polnischen Partei (KPP) in der Sowjetunion. Die Zahl der politischen Emigranten wird mit ungefähr 5000 Personen angegeben. Von ihnen waren viele in sowjetischen Stellen tätig. In Polen selbst befanden sich in den dreißiger Jahren 10000 bis 15000 Personen unter Anklage oder in Haft, weil sie kommunistischer Aktivität verdächtigt wurden. Es hieß, daß etwa drei Viertel aller Parteimitglieder im Gefängnis saßen, mehr jedenfalls, als sich in Freiheit befanden. Die Führung der Partei war seit ihrer Gründung 1918 von ständigen Auseinandersetzungen zerrüttet. Der Vorwurf, daß die KPP ein Hort des Luxemburgismus und Trotzkismus sei, verfolgte die Partei seit den frühen zwanziger Jahren. Nach dem Piłsudski-Putsch im Mai 1926 kam die Unterstellung hinzu, sie sei von seinen Agenten durchsetzt. Wie ein Bericht N. I. Jeschows vom 11. August 1937 über »die faschistisch-aufständische Spionage und Diversion, über die defaitistische und terroristische Aktivität der polnischen Abwehr in der UdSSR« zeigt, standen die politischen Emigranten und die im Zuge von Austauschaktionen in die Sowjetunion gekommenen Polen unter dem Generalverdacht, für die Polnische Militärische Organisation (seit 1914!) tätig gewesen zu sein. Alle Polen, die in Einrichtungen der Partei, im NKWD, in Volkskommissariaten oder an führender Stelle in Wirtschaft und Verwaltung beschäftigt waren, sollten entlassen und je nach ihrer Schuld erschossen oder in Lagern nicht unter fünf Jahren festgehalten werden[13]. Auch wenn alle »Sektionen« mit Sitz in Moskau zweifellos einen höheren Blutzoll zu zahlen hatten als die KPdSU und auch als Parteien nach Ende des Terrors kaum noch handlungsfähig waren, so traf doch nur die KPP das Schicksal ihrer formellen Auflösung. Diese scheint auf Stalins Initiative zurückzugehen. Den vom EKKI vorgelegten Resolutionsentwurf kommentierte er dahingehend, daß er zwei Jahre zu spät komme. Gleichzeitig beharrte er darauf, daß der entsprechende Beschluß vom 2. Dezember 1937 nicht publiziert werde. Erst 1938 wurde die Öffentlichkeit über diese Entscheidung informiert, indem man die schon bekannten Vorwürfe wiederholte: »Verschmutzung« der Partei durch Piłsudski-Agenten, durch Luxemburgismus und Trotzkismus[14]. Diese Klischees lassen nur darüber spekulieren, was die eigentlichen Motive Stalins gewesen sein mögen. Die Auflösung der KPP ist oft als Beleg dafür genommen worden, Stalin eine sehr frühe Orientierung auf eine Zusammenarbeit mit NS-Deutschland zu unterstellen. Dann wäre es aber logischer gewesen, die KPD aufzulösen. Die Zeitgenossen reagierten ebenso ratlos wie die Historiker. Am nächsten liegt die Vermutung, daß Stalin glaubte, was er sagen ließ.

Außenpolitik bis 1941

Im Vorfeld des Internationalen Militärtribunals in Nürnberg 1945/1946 vereinbarten die Alliierten, bestimmte Themen bei den Gerichtsverhandlungen nicht aufkommen zu lassen. Jede der europäischen Mächte hatte einige wunde Punkte aufzuweisen, die nicht erwähnt werden sollten. Neben den Briten präsentierte die sowjetische Seite eine breite Palette von Gegenständen, die nicht angesprochen werden durften: Dazu gehörte das Verhältnis zur Versailler Friedensordnung, das den sowjetischen Politikern 1945 offensichtlich peinlich war. Hinzu kamen der Hitler-Stalin-Pakt, die Beziehungen zu Polen, den baltischen Republiken und zum Balkan. Zudem sollte die soziale und politische Struktur der Sowjetunion der Diskussion entzogen bleiben[15]. Es ließ sich aber nicht ganz verhindern, daß der berüchtigte Pakt mit Hitler und seine geheimen Abmachungen und ebenso die sowjetischen

Morde an polnischen Offizieren in Katyn bei Smolensk, welche die Sowjets den Nationalsozialisten hatten anhängen wollen, zur Sprache kamen. Daher reagierte man 1948 mit Empörung, als im Zuge des Kalten Krieges auf amerikanische Initiative zum ersten Mal die geheimen Zusatzprotokolle zum Hitler-Stalin-Pakt veröffentlicht wurden[16]. Es sollte schließlich weitere vierzig Jahre dauern, bis die ›Prawda‹ am 28. Dezember 1989 ihre Existenz zugab. Dieses Eingeständnis brachte ein ganzes Gebäude von Halbwahrheiten, wichtiger noch, von offensichtlich staatserhaltenden Rechtfertigungen zum Einsturz. Denn mit dem auf sich selbst bezogenen »Großen Vaterländischen Krieg« hatte sich die Sowjetunion einen zweiten Gründungsmythos zugelegt, der nach 1945 insbesondere für die russische Bevölkerung wichtiger war als die verblaßte Erinnerung an die Revolution[17].

Die Politik der kollektiven Sicherheit hatte nicht das fundamentale Mißtrauen gegen die kapitalistische Welt abgebaut. Der Faschismus in seiner deutschen Spielart galt als die »terroristische« Variante des Imperialismus und nicht als ein System ganz eigener Qualität, welche die bisherigen politischen Kategorien sprengte. Hierin unterschied sich die sowjetische Seite kaum von der Sicht vieler westlicher Politiker. Darüber darf die polarisierende Rhetorik der kommunistischen Agitation nicht hinwegtäuschen.

Aus sowjetischer Sicht bildete der Spanische Bürgerkrieg einen Test, mit dem die Kooperationsfähigkeit und -willigkeit der Westmächte ausprobiert wurde. Im Spanischen Bürgerkrieg schienen zunächst alle Aktionsfelder und Instrumente sowjetischer Außenpolitik zur Deckung zu kommen: Es lag im machtpolitischen Interesse der UdSSR, eine Einkreisung Frankreichs durch faschistische Regime zu verhindern. Den Brückenschlag zum Westen demonstrierte sie durch die Mitarbeit im Nicht-Interventionskomitee, das auf Initiative Großbritanniens eine unmittelbare Einmischung ausländischer Mächte in den Bürgerkrieg verhindern sollte, aber zur »Nicht-Interventionskomödie« verkam. Ihre antifaschistische Position machte sie durch lautstarke Solidaritätsaktionen mit dem republikanischen Spanien deutlich (und durch Waffenhilfe, die öffentlich allerdings geleugnet wurde). Und schließlich bestand eine reelle Aussicht, daß die

Strategie der Volksfront durch Zusammenarbeit der spanischen Kommunisten mit sozialdemokratischen und bürgerlichen Kräften dem Putsch der Generäle Einhalt gebieten könnte. Die Strategie der Volksfront ist nicht von sowjetischer Seite und schon gar nicht von Stalin initiiert worden, wurde aber dann akzeptiert und gefördert[18].

Wie die Initiative zur Volksfront, so scheinen auch erste Anstöße für ein stärkeres Engagement der Sowjetunion für das republikanische Spanien von der Kommunistischen Partei Frankreichs und den anderen europäischen Parteien der Komintern ausgegangen zu sein[19]. Da die Achsenmächte neben Waffen Soldaten nach Spanien entsandt hatten, sah die Sowjetunion am 16. Oktober 1936 den Zeitpunkt gekommen, »ihre Pflicht« zu erfüllen. So wurden Instrukteure, Militärs und Agenten aller Art – bis zu 3000 Personen – und nicht zuletzt Waffen nach Spanien geschickt, die über französische Kanäle mit spanischem Gold gekauft wurden[20]. Hinzu kamen einige Zehntausende – die Schätzungen liegen bei einer Größenordnung von knapp 40000 – Freiwilliger in den Internationalen Brigaden, zumeist von den kommunistischen Parteien mobilisiert. Die größten Kontingente stellten wohl Franzosen, gefolgt von Polen (vielfach aus Frankreich), Italienern, Österreichern und Deutschen.

Für die engagierte Linke wurde der Spanische Bürgerkrieg zum Stellvertreterkrieg zwischen Faschismus und Demokratie. Von dieser Polarisierung profitierte die Sowjetunion, stand sie doch als einzige Macht entschieden auf der Seite der Republik, während sich Frankreich und insbesondere Großbritannien durch ihre Nachsicht gegenüber den faschistischen Interventionisten und gegenüber Franco kompromittiert hatten.

Viele der sowjetischen Militärs und Experten fielen nach ihrer Rückkehr dem Terror zum Opfer. Andere kamen davon und sollten im Zweiten Weltkrieg eine große Rolle spielen wie die späteren Generäle und Marschälle R. Ja. Malinowski, D. G. Pawlow (wegen der Niederlage an der Westfront 1941 auf Befehl Stalins erschossen) und nicht zuletzt I. S. Konjew, Oberkommandierender der Ersten und Zweiten Ukrainischen Front, welche die Ukraine, Ungarn und die Tschechoslowakei befreite, zuletzt Oberbefehlshaber des Warschauer Paktes. Auch unter den Komintern-Kadern sollte es vor und nach 1945 viele Terroropfer und ebenso viele geben, denen nach 1945 eine große Karriere bevorstand. Zu den letzteren zählten Ernö Gerö, bis 1956 immer an prominenter Stelle im Zentralkomitee der kommunistischen Partei in Ungarn, Palmiro Togliatti, 1944–1946 in verschiedenen Regierungsämtern, seit 1944 auch Generalsekretär der PCI, ihr »Chefideologe« und Herausgeber des maßgeblichen Parteiorgans ›Rinascita‹, Luigi Longo, seit 1943 Kommandierender der kommunistischen Garibaldi-Brigade im Kampf gegen die deutsche Besatzung in Italien, seit 1946 stellvertretender und nach dem Tode Togliattis Generalsekretär der PCI. Beide waren in Spanien als politische Kommissare tätig. Die deutschen Kommissare Willi Bredel (1901–1964) und Hans Marchwitza (1890–1965), beide Schriftsteller, waren nach 1945 maßgeblich damit beschäftigt, aus der Beteiligung von Deutschen auf republikanischer Seite eine deutsche antifaschistische Tradition für die DDR zu zimmern. Auch Wilhelm Zaisser und Erich Mielke, die beiden späteren Minister für Staatssicherheit, waren in Spanien eingesetzt.

Der Pakt

Das spanische Experiment mag für Stalin wie eine Wiederauflage der revolutionären Abenteuer der zwanziger Jahre gewirkt haben. Sein Mißerfolg belegte auf jeden Fall die Kooperationsunwilligkeit der Westmächte. Der Rückzug aus Spanien erfolgte zur gleichen Zeit, als die Westmächte im Münchener Abkommen (29. September 1938) der Zerschlagung der Tschechoslowakei durch Hitler zustimmten. Da Frankreich zum Widerstand nicht bereit war, konnten die sowjetischen Hilfsangebote auf der Basis der Beistandspakte mit Frankreich und der ČSR bestenfalls als propagandistische Ermunterung zur Gegenwehr gemeint sein[21]. Es war von der Sowjetunion schwerlich zu erwarten, daß sie allein intervenierte, zumal sie nicht einmal unmittelbar an die ČSR grenzte. Mehr als die Zerschlagung der Tschechoslowakei dürfte die sowjetische Seite der Ausschluß von den Verhandlungen in München getroffen haben. Ihr Verfahren und Ergebnis belegten einmal mehr die Weigerung des Westens zur Zusammenarbeit, und sie bestätigten das alte Trauma, daß die Westmächte Deutschlands Aggressivität nach Osten ablenken wollten. Die Auswechslung M. M. Litwinows am 3. Mai 1939 durch Molotow besiegelte das Scheitern der Politik der kollektiven Sicherheit[22].

Seit dem Sommer 1939 dienten Wirtschaftsverhandlungen zwischen dem Deutschen Reich und der Sowjetunion als Katalysator für politische Gespräche. Nicht zufällig ergriffen hier die deutschen Anhänger der alten Ostorientierung die Initiative, welche schließlich in den Nichtangriffspakt vom 23. August 1939 einmündete. So lästig für die deutsche Seite auch die sowjetischen Wünsche nach Rüstungsgütern und Marineausrüstung bis hin zur Überlassung von Rüstungs- und Bauprogrammen waren, so profitabel erwiesen sich für die deutsche Rüstungswirtschaft die Einfuhr wichtiger Rohstoffe wie Nickel, Zinn, Manganerz, Chromerz, Platin und Mineralöl, ganz abgesehen von konventionellen Gütern wie Getreide, Holzprodukten und Baumwolle. Zudem stellte sich die Sowjetunion als Blockadebrecher zur Verfügung. 1940/41 liefen weit über 60 Prozent des deutschen Überseehandels über den Transit durch die UdSSR. Zu keiner Zeit im Krieg war die Bevorratung im Reich so günstig wie vor dem Überfall auf den östlichen Nachbarn[23].

Auf sowjetischer Seite wurde zugleich fieberhaft aufgerüstet[24]. Die Doktrin der offensiven Verteidigung suchte man den neuen Konstellationen seit den Annexionen von 1939 anzupassen, ohne daß man auf einen Überfall zu einem so frühen Zeitpunkt und auf eine Verteidigung im eigenen Lande wirklich vorbereitet gewesen wäre. Nicht zuletzt spielten hier Fehler der Mobilisierungs-Organisation, Probleme im Umgang mit den neuen Technologien, der Koordination der Waffengattungen und der Kommunikation eine erhebliche Rolle bei den anfänglichen Niederlagen[25].

Es dürfte der Wunsch nach Aufrechterhaltung bündnispolitischer Normalität besonders im Handelsaustausch gewesen sein, der Stalin trotz aller Warnungen vor dem Aufmarsch der deutschen Wehrmacht an den Westgrenzen der Sowjetunion nur zu einer Politik der Beschwichtigung Hitlers veranlaßte. An einen von Hitler mutwillig inszenierten Zweifrontenkrieg mochte er nicht glauben. Großbritannien war nicht besiegt, zumal die USA über die Leih- und Pachtverträge vom März 1941 das britische Widerstandspotential gestärkt hatten. Das Täuschungsmanöver der NS-Führung erwies sich als perfekt, weil Stalin in seinem Gegenpart offenbar einen zwar aggressiven, aber rational kalkulierenden Politiker vermutet hatte[26]. Hitler war selbst ein macchiavellistischer Despot wie Stalin erlegen, und die sowjetische Bevölkerung hatte den Preis dafür zu bezahlen. Erstaunlich offen hat dies Stalin in seinem berühmten Siegestoast vom 24. Mai 1945 eingeräumt: »Unsere Regierung hat nicht wenige Fehler gemacht, wir hatten in den Jahren 1941–1942 Augenblicke einer verzweifelten Lage. ... Ein anderes Volk hätte zu seiner Regierung sagen können: Ihr habt unsere Erwartungen nicht gerechtfertigt, macht, daß ihr fortkommt. ... Doch das russische Volk hat nicht so gehandelt.«[27] Aber die Wahrheit über die Opfer im Krieg wollte Stalin seinem geliebten Volk auch nicht zumuten[28].

Das Scheitern in Spanien und der Ausschluß von den Verhandlungen in München bestätigten und aktivierten auf sowjetischer Seite Wahrnehmungen und Deutungen, die sich an den Kategorien des marxistischen Verständnisses von Imperialismus orientierten. Je nach Opportunität konnten Kriegsabsichten den Achsen- oder den Westmächten unterstellt werden. Wie den Reden auf dem XVIII. Parteitag (März 1939) zu entnehmen ist, bestand einerseits Einigkeit in der diagnostizierten Aggressivität der Habenichtse Deutschland, Italien und Japan, andererseits fürchtete man Intrigen der Westmächte. In diesem undurchsichtigen Spiel galt es, die Sowjetunion aus Konflikten herauszuhalten und sich auf keinen Fall in eine Situation manövrieren zu lassen, für andere die Kastanien aus dem Feuer holen zu müssen, wie es Stalin formulierte[29]. Dieser Deutungsrahmen lieferte auch in den folgenden Jahren des Hitler-Stalin-Paktes ein breites Arsenal an Rechtfertigungen für das sowjetische Verhalten[30].

Als Hitler nach der Unterwerfung Polens seine Friedensangebote an Großbritannien und Frankreich richtete (6. Oktober 1939), figurierten beide Länder nach sowjetischer Lesart als Aggressoren, denen erneut das Versailler System mit seinen Ungerechtigkeiten zur Last gelegt wurde. Es galt nun wieder wie in den zwanziger Jahren als Urheber allen Übels[31]. In ähnlich großzügiger Weise ging Stalin mit der Kodierung der Partner und Gegner in einer Rede vor Offiziersanwärtern am 5. Mai 1941 um: Er präsentierte Lehren aus den Kriegsereignissen im Westen. Nach dem Muster der Urteile von Karl Marx über den Deutsch-Französischen Krieg von 1870/71 unterschied Stalin zwischen zwei Phasen des bisherigen Kriegsverlaufes. Die erste Phase charakterisierte er als »Befreiung vom Joch des Versailler Vertrages«, die zweite als eine Phase des »räuberischen Eroberungskrieges« Deutschlands. Er verspreche keinen Erfolg, da er alle Völker Europas gegen Deutschland aufbringe. An die Stelle des Lernens und der Innovation sei seit den überraschenden Siegen nun »Prahlerei, Selbstzufriedenheit und Arroganz« getreten. Dies stehe ganz im Gegensatz zur faktischen Stagnation deutscher Technik und der schon erkennbaren angelsächsischen Überlegenheit[32]. Aus der Distanz des Unbeteiligten wurden hier nicht ohne marxistisch geschulte Schläue die Potentiale der kriegführenden Parteien gegenübergestellt und die Risiken für die sowjetische Seite benannt. Aus dieser Rede lassen sich keine Erkenntnisse über Stalins politische Absichten gewinnen. Denn grundlegende außenpolitische Entscheidungen – wie der Pakt mit NS-Deutschland – wurden nicht einmal im Politbüro entschieden, sondern im engsten Beraterkreis Stalins, in seinem Datscha-Kabinett[33].

Nach der Besetzung Prags und den ersten deutschen Drohungen gegen Polen im Frühjahr 1939 wurde die Sowjetunion plötzlich zum gesuchten Gesprächspartner für die Westmächte. Verstärkt durch die gegenseitigen Vorbehalte zwischen London und Moskau sollte in den folgenden Verhandlungen wieder das geostrategische Dilemma auftauchen, wie es auch im Fall einer ernst gemeinten Hilfe für die Tschechoslowakei bestanden hatte. Eine effektive Eindämmung Deutschlands war nur mit Durchmarschrechten durch die baltischen Staaten und Polen möglich, und diese Länder hatten allen Grund, sie zu fürchten. Großbritannien und Frankreich, die schließlich die Souveränität und Integrität Polens garantiert hatten, konnten sich nicht so großzügig über die Wünsche und Interessen potentieller Bündnispartner hinwegsetzen wie die Diktatoren. Die baltischen Länder opferten sie dennoch den sowjetischen Ansprüchen. Nachträglich rechtfertigte Stalin seine Entscheidungen: »Wir hätten ein Abkommen mit den sogenannten demokratischen Ländern vorgezogen ....

Aber die Engländer und Franzosen wollten uns in Knechtschaft halten und nichts dafür bezahlen ...«[34]

Der Gang der Verhandlungen, die Initiativen der Anhänger der deutschen Ostorientierung und die Ergebnisse des Abkommens vom 23. August 1939 mit den Geheimprotokollen und Zusatzabkommen vom 28. September 1939 sind bekannt. Die Sowjetunion vollzog nach, was die Westmächte bis zum Frühjahr 1939 vorgemacht hatten – eine Politik des vermeintlichen Schutzes des eigenen Hauses, während man die anderen Häuser dem Brandstifter auslieferte.

Schon in den Verhandlungen mit den Westmächten, mehr noch mit Deutschland sollten sich die Folgen der machtstaatlichen Wende der Innen- auf die Außenpolitik zeigen. Im Spanischen Bürgerkrieg waren Elemente der Revolutionierungsstrategie und geostrategische Ziele, die eine faschistische Einkreisung Frankreichs verhindern sollten, eng miteinander verzahnt gewesen. Spätestens seit dem dritten Fünfjahrplan legte sich die sowjetische Außenpolitik ganz konventionelle Attribute von Machtpolitik zu. Sie war seither fixiert auf die Disziplinierung der Arbeitskräfte, auf Hochrüstung zu Land und zu Wasser, auf den Erwerb von Territorien, als Ausweitung der »Front des Sozialismus« in den Propagandaschmieden ausgegeben[35], und schließlich auf die Kontrolle strategisch wichtiger Gebiete.

Unter diesen Aspekten hatte die deutsche Seite mehr als die Westalliierten zu bieten. Es ging nicht mehr nur um Durchmarschrechte, sondern um Einflußsphären, ein Euphemismus für Unterwerfung und Annexion, wenn es opportun erschien. Die Sowjetunion annektierte, was irgendwie mit dem nationalen Prinzip vereinbar schien: die »Vereinigung« der westukrainischen, west-belorussischen und moldauischen Territorien mit den entsprechenden Sowjetrepubliken. Indem man die ethnisch kompakten polnischen Territorien im Zusatzabkommen vom 28. September 1939 gegen Litauen austauschte, entledigte man sich des lästigen polnischen Problems, das dem Zarenreich so viele Schwierigkeiten bereitet hatte. Nach der deutschen Besetzung Frankreichs waren die baltischen Staaten an der Reihe. Ihre Eigenstaatlichkeit als sowjetische Unionsrepubliken blieb zwar erhalten, aber sie mußten um die Aufnahme in die UdSSR bitten. Hier wurden ähnliche sozialprophylaktische Maßnahmen eingeleitet wie in den ostpolnischen Gebieten: die Verhaftung und Deportation jener Bevölkerungsgruppen, die als bürgerlich und als Repräsentanten der bürgerlichen Staatlichkeit galten. Auf Initiative Deutschlands stimmte man zudem der Umsiedlung der Deutschen in Wolhynien und Bessarabien zu, die nun unter sowjetische Herrschaft gefallen waren. Die Politik des »Heim-ins-Reich«, wie sie Deutschland auch mit den baltischen Staaten verabredete, harmonierte offensichtlich mit den sowjetischen Praktiken ethnischer Ausdünnung oder Säuberung in den Grenzgebieten.

Das neue imperiale Bewußtsein, etwas rot gefärbt, sollte sich auch im Umgang mit Finnland zeigen. Da dieses Land im Hitler-Stalin-Pakt der sowjetischen Einflußsphäre zugeschlagen worden war, glaubte man in Moskau, hier wie gegenüber den baltischen Staaten verfahren zu können. Die Finnen erwiesen sich allerdings, wie Molotow später formulierte, als »hartnäckige Leute«[36]. Auch dieses Mal kombinierte man imperiale und kommunistische Strategien im Sinne der Verschiebung der Front des Sozialismus. Da die Großmächte im Westen beschäftigt waren, schien die Zeit günstig, Finnland in einem Krieg das wegzunehmen, was es freiwillig nicht hergeben wollte. Wie die Verhandlungen seit 1938 gezeigt hatten, war der entscheidende Wunsch auf sowjetischer Seite die Sicherung Leningrads durch Verschiebung der Grenzen an der karelischen Landenge und die Überlassung strategisch wichtiger Stützpunkte im Finnischen Meerbusen (Gogland und Hanko). Stalin setzte auf zwei Optionen: auf militärische Operationen, welche Finnland zum Einlenken zwingen würden, oder als revolutionäre Alternative auf die Installierung einer »Volksregierung« unter Leitung des exilfinnnischen Kommunisten Otto Kuusinen im soeben eroberten Terijoki (heute: Selenogorsk). Ihre Aufgabe wäre es gewesen, »die finnischen Bourgeois ... auszuweiden«, wie Stalin nachträglich formulieren sollte[37]. Mit der Volksregierung ohne Volk – die südkarelischen Gebiete waren von der finnischen Bevölkerung weitgehend verlassen worden – wurden Verträge abgeschlossen, die den strategischen Wünschen Moskaus entgegenkamen. Als Ersatz für die territorialen Verluste sollte das »demokratische« Finnland Kompensationen in Südostkarelien erhalten. Die ins Leere verkündeten Manifeste und Verlautbarungen der

Volksregierung lagen ganz auf der Linie der Volksfront-Politik: keine (sofortige) Umgestaltung der inneren Verhältnisse nach sowjetischem Muster, auch keine Inkorporation Finnlands in die Sowjetunion.

Da bei einem längeren Krieg die Involvierung der Westmächte zu befürchten war, ließ man sich schließlich in Moskau auf Friedensverhandlungen mit dem bürgerlichen Finnland ein. Der Friedensvertrag vom 12. März 1940 entsprach allen sowjetischen Forderungen. Otto Kuusinen und seine ephemere Volksregierung wurden mit der Aufwertung der einst Karelischen Autonomen zur Finno-Karelischen Sozialistischen Sowjetrepublik entschädigt. Im Notfall konnte sie immer noch als sowjetfinnisches Piemont genutzt werden. An den Ergebnissen der deutsch-sowjetischen Abmachungen und ihren Folgen hielt man selbst in Zeiten äußerster Bedrängnis (1941/42) fest. Diese Errungenschaften wurden mithin als essentiell für die eigene Selbstbehauptung angesehen.

Während die Kommunisten der Welt durch den Hitler-Stalin-Pakt in Verwirrung gestürzt wurden, betrieb die Sowjetunion unbeirrt Machtpolitik. Da sie Hitler im Herbst 1940 in Bedrängnis sah, präsentierte Molotow bei seinem Besuch in Berlin am 12./13. November 1940 einen Katalog von Erwartungen, über die Einvernehmen zu erzielen sei. Sie reichten von Kontrollansprüchen über Bulgarien und Rumänien bis zur Forderung nach Absprachen bezüglich der Ausgänge der Ostsee und des Schwarzen Meeres[38]. Auch hier handelte es sich nicht um zufällige Ansprüche; denn in den berüchtigten Prozente-Verhandlungen im Herbst 1944 mit Großbritannien griff die sowjetische Seite im Grundsatz auf die Forderungen, wie man sie auch Hitler gestellt hatte, zurück: auf die Idee eines »sowjetfreundlich« genannten Vorfeldes. Im Vordergrund stand die Aufteilung Südosteuropas in britische und sowjetische Einflußsphären. Polen war ohnehin die Westverschiebung und in der Praxis ein nicht einmal camoufliertes kommunistisches Regime auferlegt worden[39]. Das Gewicht hatte sich endgültig hin zum Bau eines Imperiums mit einem strategischen Glacis verschoben. Die weltrevolutionären wurden zu weltmachtpolitischen Ambitionen: »Dawai, naschimai!« (»Los, quetscht es aus!«)[40]

Anmerkungen

Im Text werden die slawischen Termini und Namen nach der Duden-Umschrift, im gesamten Apparat in der wissenschaftlichen Transkription wiedergegeben.

Petrograd, 25. Oktober 1917

1 Bis 1918 galt in Rußland der julianische Kalender, hier als a. St. im 20. Jahrhundert mit einer Differenz von 13 Tagen zum gregorianischen Kalender, hier als n. St.

2 James von Geldern, Bolshevik Festivals, 1917–1920. Berkeley 1923, S. 2.

3 J. P. Nielsen u. B. Vajl (Hg.), Russkaja revoljucija glazami petrogradskogo činovnika. Dnevnik 1917–1918 gg., (= Meddelelser, Nr. 48). Oslo 1986, S. 14.

4 O.N. Znamenskij, Intelligencija nakanune Velikogo Oktjabrja (fevral' – oktjabr' 1917 g.). Leningrad 1988, S. 234 ff.; W. H. Rosenberg, Liberals in the Russian Revolution. The Constitutional Democratic Party 1917–1921. Princeton 1974.

5 Nielsen u. Vajl (Hg.), Russkaja revoljucija, S. 28, 39, 41; Terence Emmons (Hg.), Time of Troubles. The Diary of Iu. V. Got'e. Princeton 1988, S. 91 f., 96, 104.

6 Pitirim Sorokin, Leaves from a Russian Diary – and Thirty Years After. 2. Aufl., Boston 1950, S. 33.

7 Tsuyoshi Hasegawa, Crime, Police and Mob Justice in Petrograd During the Russian Revolution of 1917. In: Charles E. Timberlake (Hg.), Religious and Secular Forces in Late Tsarist Russia. Seattle, London 1992, S. 241–271; Sorokin, Leaves, S. 103 f.; Orlando Figes, A People's Tragedy. The Russian Revolution 1891–1924. London 1996 (deutsch: Orlando Figes, Die Tragödie eines Volkes. Die Epoche der russischen Revolution 1891–1924. Berlin 1998), S. 494 f.

8 Nielsen u. Vajl (Hg.), Russkaja revoljucija, S. 25; vgl. für Moskau Emmons (Hg.), Time of Troubles, S. 82 f., 116 f., 190.

9 Nielsen u. Vajl (Hg.), Russkaja revoljucija, S. 38; Emmons (Hg.), Time of Troubles, S. 109.

10 Hubertus F. Jahn, The Housing Revolution in Petrograd 1917–1920. In: Jahrbücher für Geschichte Osteuropas (im Folgenden: JGO) 38 (1990), S. 212–227, S. 221.

11 Für Moskau vgl. Albrecht Martiny, Bauen und Wohnen in der Sowjetunion nach dem Zweiten Weltkrieg. Berlin 1983, S. 27; Emmons (Hg.), Time of Troubles, S. 82 f., 121.

[12] Karl Schlögel, Jenseits des Großen Oktober. Das Laboratorium der Moderne. Petersburg 1909–1921. Berlin 1991, S. 438 ff.

[13] Svetlana Boym, Common Places. Mythologies of Everyday Life in the USSR. Cambridge/Mass. 1994, S. 139 ff.

[14] Andreas Kappeler, Zur Charakteristik russischer Terroristen 1878–1887. In: JGO 27 (1979), S. 520–547; Manfred Hildermeier, Zur Sozialstruktur der Führungsgruppen und zur terroristischen Kampfmethode der Sozialrevolutionären Partei Rußlands vor 1917. In: Dietrich Geyer (Hg.), Wirtschaft und Gesellschaft im vorrevolutionären Rußland. Köln 1975, S. 368–389.

[15] Alain Besançon, The Intellectual Origins of Leninism. London 1981 (Aus d. Franz.); Igal Halfin, From Darkness to Light. Class, Consciousness and Salvation in Revolutionary Russia, Pittsburgh 2000.

[16] Edith W. Clowes u. a. (Hg.), Between Tsar and People. Educated Society and the Quest for Public Identity in Late Imperial Russia. Princeton/N.J. 1991; Dietrich Beyrau, Intelligenz und Dissens: die russischen Bildungsschichten in der Sowjetunion 1917–1985. Göttingen 1993, S. 17 ff.

[17] Manfred Hildermeier, Die Sozialrevolutionäre Partei Rußlands. Köln 1978.

[18] Ziva Galili, The Menshevik Leaders in the Russian Revolution. Social Realities and Political Strategies. Princeton 1989.

[19] Robert Service, Lenin. Eine Biographie. Aus dem Engl. München 2000.

[20] Astrid von Borcke, Die jakobinische Tradition in Rußland und die Theorie der revolutionären Diktatur. München 1977, S. 493; Louis Fischer, Das Leben Lenins. Bde. 1–2, Berlin 1964; Neil Harding, Lenin's Political Thought. Bde. 1–2, New York 1977–1981.

[21] Manfred Hellmann (Hg.), Die russische Revolution 1917. Von der Abdankung des Zaren bis zum Staatsstreich der Bolschewiki. München 1964, S. 189 f.

[22] Maxim Gorki, Unzeitgemäße Gedanken über Kultur und Revolution. Frankfurt/M. 1974, S. 139. Zu Lenin und den Sozialdemokraten vgl. Leopold H. Haimson, The Russian Marxists and the Origins of Bolshevism. Cambridge/Mass. 1955; Dietrich Geyer, Lenin in der russischen Sozialdemokratie. Köln 1962; Leszek Kolakowski, Die Hauptströmungen des Marxismus. Entstehung, Entwicklung, Zerfall. Bde. 1–3, München 1981.

[23] Isaac Deutscher, Trotzki. Bde. 1–3, Stuttgart 1962; Pierre Broué, Trotzky. Paris 1968.

[24] N. N. Suchanow, 1917. Tagebuch der russischen Revolution. München 1967, S. 666.

[25] Suchanow, 1917, S. 670.

[26] Hellmann (Hg.), Die russische Revolution, S. 312 ff.

[27] Ebd., S. 327 ff.

[28] W. I. Lenin, Bericht über die politische Tätigkeit des ZK der RKP(B) 8. März 1921. In: Ders., Werke. Bd. 32, Berlin 1961, S. 183 f.; Paul Avrich, Kronstadt 1921. Princeton 1970.

[29] Roger Pethybridge, The Spread of the Russian Revolution. Essays on 1917. London 1972, S. 111 ff.

[30] Ebd., S. 46 ff.

[31] Maßgeblich für die Wahlen zur Konstituante Oliver H. Radkey, The Election to the Russian Constituent Assembly of 1917. Cambridge 1950; für die Ukraine: Jurij Borys, The Sovietization of Ukraine 1917–1923. Edmonton 1980, S. 167 ff.; Ronald G. Suny, The Baku Commune 1917–1918. Princeton 1972, S. 178.

[32] W. I. Lenin, Die Wahlen zur Konstitutionellen Versammlung und die Diktatur des Proletariats (1919). In: Ders., Werke. Bd. 30, Berlin 1961, S. 242–265, hier S. 258, 260, 261.

Kapitel 1

[1] A. G. Rasin, Formirovanie rabočego klassa Rossii. Istoriko-ekonomičeskie očerki, Moskau 1958, S. 172.

[2] R. E. Johnson, Peasant and Proletarian. The Working Class of Moscow in the Late Nineteenth Century, New Brunswick 1979.

[3] Rasin, Formirovanie, S. 328 f.

[4] Klaus Gestwa, Proto-Industrialisierung in Rußland. Wirtschaft, Herrschaft und Kultur in Ivanovo und Pavlovo, 1741–1932. Göttingen 1999.

[5] Theodore von Laue, Russian Labor between Field and Factory 1892–1903. In: Californian Slavic Studies 3 (1964), S. 33–65; Oskar Anweiler, Die Rätebewegung in Rußland 1905–1921. Leiden 1958, S. 25.

[6] N. A. Ivanova, Struktura rabočego klassa Rossii 1910–1914. Moskau 1987, S. 119 ff.; Rasin, Formirovanie, S. 573 ff.; Diane Koenker, Moscow Workers and the 1917 Revolution. Princeton 1981, S. 51; S.A. Smith, Red Petrograd. Revolution in the Factories 1917–1918. Cambridge 1983, S. 18; L. Haimson u. E. Brian, Changements démographiques et grèves ouvrières à Saint-Pétersbourg, 1905–1914. In: Annales, économies, sociétés, civilisations (1985) 4, S. 781–803.

[7] Hiroaki Kuromiya, Freedom and Terror in the Donbas. A Ukrainian-Russian Borderland, 1870s–1990s. Cambridge 1998, S. 50 ff.; Marc Ferro, October 1917. A Social History of the Russian Revolution. London 1980, S. 140 f.

[8] W. B. Husband, Revolution in the Factory. The Birth of the Soviet Textile Industry. 1917–1920. Oxford 1990, S. 17.

[9] Yoav Peled u. Gershon Shafir, Split Labor Market and the State: The Effect of Modernization on Jewish Industrial Workers in Tsarist Russia. In: American Journal of Sociology 92 (1987) 6, S. 1435–1460.

[10] R. G. Suny, The Baku Commune 1917–1918. Class and Nationality in the Russian Revolution. Princeton 1972.

[11] Koenker, Moscow Workers, S. 61.

[12] Victoria E. Bonnell, The Russian Worker. Life and Labor under the Tsarist Regime. Berkeley 1983, S. 23 ff.

[13] Daniel R. Brower, Urban Russia on the Eve of World War One. In: Journal of Social History 13 (1980) 3, S. 423–436.

[14] Vgl. dazu maßgeblich Anweiler, Rätebewegung.

[15] Bonnell, Roots, S. 390 ff.

[16] Ju. I. Kir'janov, Rabočie juga Rossii. 1914 – fevral' 1917. Moskau 1971, S. 39; A.V. Bakunin u. a. (Red.), Istorija Urala v period kapitalizma. Moskau 1990, S. 355; Kuromiya, Freedom, S. 74.

[17] Heiko Haumann, Kapitalismus im zaristischen Staat 1906–1917. Königstein/Ts. 1980, S. 79.

[18] Mark D. Steinberg, Moral Communities. The Culture of Class Relations in the Russian Printing Industry 1867–1907. Berkeley 1992, S. 121; B. I. Kolonitskii, Antibourgeois Propaganda and Anti-»Burzhui« Consciousness in 1917. In: Russian Review 53 (1994) 2, S. 183–196.

[19] John L. H. Keep, The Russian Revolution. A Study in Mass Mobilization. London 1976, S. 76 f.; Richard Lorenz (Hg.), Die russische Revolution. Der Aufstand der Arbeiter, Bauern und Soldaten. München 1981, S. 59, 70 f., 76 f., 90 u. a. St.; D. Mandel, The Petrograd Workers and the Fall of the Old Regime. From the February Revolution to the July Crisis. Bd. 1, London 1983, S. 49, 64; Smith, Red Petrograd, S. 54 ff.

[20] Koenker, Moscow Workers, S. 228 ff., 270 ff.; Ferro, The Russian Revolution, S. 113 ff.

[21] Koenker, Moscow Workers, S. 60; Bonnell, The Russian Worker, S. 25 ff.

[22] David Mandel, The Intelligentsia and the Working Class in 1917. In: Critique 9 (1981) 14, S. 67–87; O. N. Znamenskij, Intelligencija nakanune Velikogo Oktjabrja (fevral' – oktjabr' 1917 g.). Leningrad 1988, S. 153 ff.

[23] Steinberg, Moral Communities, S. 119 f.

[24] Mark D. Steinberg, Workers on the Cross. Religious Imagination in the Writings of Russian Workers, 1910–1924. In: Russian Review 53 (1994) 2, S. 213–239.

[25] Alan K. Wildman, The End of the Russian Imperial Army. Bde. 1–2, Princeton/N.J. 1980–1987.

[26] B. I. Kolonitskii, »Democracy« in the Political Consciousness of the February Revolution. In: Slavic Review 57 (1998) 1, S. 95–106.

[27] David Anin (Hg.), Die russische Revolution in Berichten ihrer Akteure. München 1976, S. 178, 214, 217; N. N. Suchanow, 1917. Tagebuch der russischen Revolution. München 1967, S. 91, 222, 225, 248.

[28] Lorenz (Hg.), Die russische Revolution, S. 89 f.

[29] Smith, Red Petrograd, S. 203 f.; Marc Ferro, Des soviets au communisme bureaucratique. Les mécanismes d'une subversion. Paris 1980, S. 164 ff., 230 ff.

[30] Pethybridge, The Spread of the Russian Revolution, S. 142; ders., Spontaneity and Illiteracy in 1917. In: R. C. Elwood (Hg.), Reconsiderations on the Russian Revolution. Cambridge/Mass. 1976, S. 81–99.

[31] Theodore von Laue, Westernization, Revolution and the Search for a Basis of Authority – Russia in 1917. In: Soviet Studies 19 (1967) 2, S. 155–180.

[32] Paul Avrich, Russian Factory Committees in 1917. In: JGO 11 (1963) S. 161–182; Keep, Revolution, S. 187, 348 f.

[33] Lorenz (Hg.), Die russische Revolution, S. 55 f.

[34] Mandel, Petrograd Workers, Bd. 1, S. 100 ff.; Smith, Red Petrograd, S. 59 ff.

[35] Keep, Russian Revolution, S. 87 ff.; Avrich, Factory Commitees; Smith, S. 291; Roger Pethybridge, Social Prelude to Stalinism. 2. Aufl., London 1977, S. 57, 60; Gert Meyer, Studien zur sozialökonomischen Entwicklung Sowjetrußlands 1921–1923. Köln 1974, S. 68 ff.

[36] Smith, Red Petrograd, S. 139 ff.; Lorenz (Hg.), Die russische Revolution, S. 123 ff.

[37] Ferro, October, S. 231.

Kapitel 2

[1] Heinz-Dietrich Löwe, Lenins Thesen über den Kapitalismus und soziale Differenzierung in der vorrevolutionären Bauernschaft. In: JGO 32 (1984), S. 72–113.

[2] E. A. Luckij, Krest'janskie nakazy 1917 g. o zemle. In: Istočnikovedenie istorii sovetskogo obščestva, Lief. 2. Moskau 1968, S. 113–161, S. 118.

[3] A. M. Anfimov u. I. F. Makarov, Novye dannye o zemlevladenii Evropejskoj Rossii. In: Istorija SSSR (1974) 1, S. 82–89; A. G. Rasin, Naselenie Rossii za sto let (1811–1914 gg.). Statističeskie očerki. Moskau 1956, S. 208–9; Arcadius Kahan, Natural Calamities and their Effect upon the Food Supply. In: JGO 16 (1968), S. 353–77, S. 374 f.; Oleg Buchovec, Social'nye konflikty i krest'janskaja mental'nost' v rossijskoj imperii načala XX veka: Novye materialy, metody, rezul'taty. Moskau 1996, S. 117 ff.

[4] Maßgebl. zur Situation der Landbevölkerung vor 1914 vgl. Theodor Shanin, The Awkward Class. Political Sociology of Peasantry in a Developing Society: Russia 1910–1925. Oxford 1972; Roberta Th. Manning, The Crisis of the Old Order in Russia. Gentry and Government. Princeton 1982; Heinz-Dietrich Löwe, Die Lage der Bauern in Rußland 1880–1905. S. Katharinen 1987; Roger Bartlett (Hg.), Land Commune and Peasant Community in Russia. London 1990; E. Kingston-Mann u. T. Mixter (Hg.), Peasant Economy, Culture and Politics of European Russia 1800–1921.

Princeton 1991; Ben Eklof u. St. P. Frank (Hg.), The World of the Russian Peasant. London 1990; Gestwa, Proto-Industrialisierung.

5 E. D. Vinogradoff, Russian Peasantry and the Elections to the Fourth State Duma. In: Leopold Haimson (Hg.), Politics of Rural Russia, 1905–1914. Bloomington 1979, S. 219–60; Stefan Plaggenborg, Bauernwelt und Modernisierung in der ausgehenden Zarenzeit. In: Heiko Haumann u. Stefan Plaggenborg (Hg.), Aufbruch der Gesellschaft im verordneten Staat. Rußland in der Spätphase des Zarenreiches. Frankfurt/M. 1994, S. 138–164.

6 Ferro, The Russian Revolution, S. 122 ff.

7 Gorki, Unzeitgemäße Gedanken, S. 145; A. Askol'dov, Religioznyj smysl russkoj revoljucii. In: Iz glubiny. Sbornik statej o revoljucii. Paris 1967, S. 57.

8 Zur Dynamik und den Formen der Bauernrevolution vgl. Ferro, The Russian Revolution, S. 121 ff.; ders., The Bolshevik Revolution. London 1980, S. 112 ff; Keep, The Russian Revolution, S. 153 ff.; Helmut Altrichter, Rußland 1917. Ein Land auf der Suche nach sich selbst. Paderborn 1997, S. 332 ff.

9 Lorenz (Hg.), Die russische Revolution, S. 218.

10 A. D. Maljavskij, Krest'janskoe dviženie v Rossii v 1917 g. Mart – Oktjabr'. Moskau 1981, S. 220.

11 Helmut Altrichter u. Heiko Haumann (Hg.), Die Sowjetunion. Bd. 2, München 1986, S. 26 ff.

12 Shanin, The Awkward Class, S. 156 ff.; K. B. Litvak, Političeskaja aktivnost' krest'janstva v svete sudebnoj statistiki 1920-ch godov. In: Istorija SSSR (1991) 2, S. 129–142; Altrichter, Rußland 1917, S. 364.

13 Altrichter u. Haumann (Hg.), Die Sowjetunion. Bd. 2, S. 57.

14 Ebd., S. 91, 95, 106 f.

15 Ebd., S. 59.

16 Ebd., S. 68 ff.

17 Pitirim A. Sorokin, Sovremennoe sostojanie Rossii. Prag 1922, S. 48.

18 Maßgeblich zur grünen Bewegung vgl. Michael Malet, Nestor Makhno in the Russian Civil War. London 1982; Dittmar Dahlmann, Land und Freiheit. Machnovščina und Zapatismo als Beispiele agrarrevolutionärer Bewegungen. Stuttgart 1986; Richard Lorenz, Die Basmatschen-Bewegung. In: Andreas Kappeler u. a. (Hg.), Die Muslime in der Sowjetunion und in Jugoslawien. Köln 1989, S. 235–256; Orlando Figes, Peasant Russia, Civil War: The Volga Countryside in Revolution (1917–1921). Oxford 1989; Vladimir N. Brovkin, Behind the Front Lines of the Civil War. Political Parties and Social Movements in Russia, 1918–1922. Princeton 1994.

19 V. Danilov u. Th. Shanin (Hg.), »Antonovščina«. Krest'janskoe vosstanie v tambovskoj gubernii v 1920–1921 gg. Dokumenty i materialy. Tambov 1994, S. 104.

[20] Antonovščina, S. 51.
[21] Antonovščina, S. 95 f., 293.
[22] Antonovščina, S. 177, 179, 185.
[23] Markus Wehner, Bauernpolitik im proletarischen Staat. Köln 1998, S. 51 ff.
[24] Antonovščina, S. 197.
[25] Antonovščina, S. 218.
[26] Antonovščina, S. 246 (Zitat), 128.
[27] Antonovščina, S. 13, 109 ff.
[28] Antonovščina, S. 178.
[29] Antonovščina, S. 147, 241.

Kapitel 3

[1] Zur Ereignis- und Sozialgeschichte des Bürgerkrieges vgl. Walter Pietsch, Revolution und Staat. Institutionen als Träger der Macht in Sowjetrußland 1917–1922. Köln 1969; Helmut Altrichter, Staat und Revolution in Sowjetrußland 1917–1922/23. 2. Aufl., Darmstadt 1996; Richard Pipes, The Formation of the Soviet Union. 3. Aufl., Cambridge/Mass. 1997; ders., Russia Under the New Regime. New York 1994 (deutsch: Die russische Revolution. Bd. 3, Berlin 1993); Figes, A People's Tragedy; Nikolaus Katzer, Die weiße Bewegung in Rußland. Köln 1999; Diane P. Koenker u. a. (Hg.), Party, State, and Society in the Russian Civil War. Explorations in Social History. Bloomington 1989; Vladimir N. Brovkin (Hg.), The Bolsheviks in Russian Society. The Revolution and the Civil Wars. New Haven 1997.
[2] Hierzu vgl. maßgeblich Vladimir N. Brovkin, The Mensheviks after October: Socialist Opposition and the Rise of the Bolshevik Dictatorship. Ithaca, London 1987; ders., Behind the Front Lines.
[3] Gerburg Thünig-Nittner, Die Tschechoslowakische Legion in Rußland. Wiesbaden 1970.
[4] Marc Raeff, Russia Abroad. A Cultural History of the Russian Emigration 1919–1939. New York 1990; Karl Schlögel (Hg.), Der große Exodus. Die russische Emigration und ihre Zentren 1917 bis 1941. München 1994.
[5] So v. a. Brovkin, Behind the Front Lines.
[6] Evan Mawdsley, The Russian Civil War. Boston 1987, S. 272 ff.; Pipes, Russische Revolution, Bd. 3, S. 26 ff.
[7] S. P. Melgunow, Der rote Terror in Rußland 1918–1923. Berlin 1924.
[8] Beyrau, Intelligenz, S. 29; A. G. Kavtaradze, Voennye specialisty na službe Respubliki Sovetov 1917–1920 gg. Moskau 1988.
[9] George Leggett, The Cheka: Lenin's Political Police. Oxford 1981, S. 215.
[10] S. V. Jarov, Gorožanin kak politik. Revoljucija i voennyj kommunizm glazami petrogradcev 1917–1921 gg. Sankt Petersburg 1997.
[11] E. G. Gimpel'son, Velikij Oktjabr' i stanovlenie sovetskoj sistemy upravle-

nija narodnym chozjajstvom (nojabr' 1917–1920 gg.). Moskau 1977, S. 169 ff.; Remington, Thomas F., Building Socialism in Bolshevik Russia. Ideology and Industrial Organization 1917–1921. Pittsburgh 1984, S. 78 ff.

12 W. G. Rosenberg, The Social Background to Tsektran. In: Koenker u. a. (Hg.), Party, State, S. 349–373.

13 V. Z. Drobižev u. a. (Red.), Izmenenija social'noj struktury sovetskogo obščestva. Oktjabr' 1917–1920. Moskau 1976, S. 268 ff.; Ursula Nienhaus, Revolution und Bürokratie. Staatsverwaltung und Staatskontrolle in Sowjetrußland 1917–1924, Frankfurt/M. 1980; Don K. Rowney, Transition to Technocracy. The Structural Origins of the Soviet Administrative State. Ithaca, London 1989; s. auch die Beiträge von D. T. Orlowsky und K. E. Bailes. In: Koenker u. a. (Hg.), Party, State, and Society. Bloomington 1989.

14 Sheila Fitzpatrick, Education and Social Mobility in the Soviet Union 1921–1934. Cambridge 1979.

15 Pietsch, Revolution, S. 42 ff.; 102 ff.

16 SDKPiL = Sozialdemokratie des Königreiches Polen und Litauens, eine linke Abspaltung (1893) von der aus der Sicht der Linken zu nationalistischen Polnischen Sozialistischen Partei (PPS), 1892 gegründet. Aus der SDKPiL kamen neben den späteren polnischen Kommunisten in der UdSSR auch in Deutschland einflußreiche Sozialisten wie Rosa Luxemburg.

17 Pietsch, Revolution, S. 91 ff., 115 ff.; Leggett, The Cheka, S. 250 ff., 442 ff.

18 Andrew Ezergailis, The Latvian Impact on the Bolshevik Revolution. The First Phase: September 1917 – April 1918. Boulder 1983; Ju. Šapoval u. a. (Hg.), CK – GPU – NKVD v Ukraine: Osobi, fakty, dokumenty. Kiev 1997, S. 431 ff.

19 Gerhard Ritter, Das Kommunemodell und die Begründung der Roten Armee im Jahre 1918. Berlin 1965.

20 Nienhaus, Revolution und Bürokratie, S. 73 ff., Zitat S. 79; Pethybridge, The Social Prelude to Stalinism, S. 252 ff.; Robert Service, The Bolshevik Party in Revolution. A Study in Organisational Change 1917–1923. London 1979.

21 XI s-ezd RKP(b). Mart-aprel' 1922 g. Stenografičeskij otčet. Moskau 1961, S. 103f.

22 Mark von Hagen, Soldiers in the Proletarian Dictatorship. The Red Army and the Soviet Socialist State 1917–1930. Ithaca 1990, S. 91 ff.

23 Pipes, Die Russische Revolution, Bd. 3, S. 800.

24 Pietsch, Revolution, S. 145 ff.; T. P. Koržichina u. Ju. Ju. Figatner, Sovetskaja nomenklatura: stanovlenie, mechanizmy dejstvija. In: Voprosy Istorii (1993) 7, S. 25–38; T. H. Rigby, Political Elites in the USSR. Central Leaders and Local Cadres from Lenin to Gorbachev. Aldershot 1990.

[25] Leggett, The Cheka, S. 467; Matthias Vetter, Antisemitismus und Bolschewiki. Berlin 1995, S. 54 ff.

[26] Zu den demographischen Daten vgl. Handbuch der Geschichte Rußlands. Bd. III/2, Stuttgart 1992, S. 1080 f.; zur Wirtschaft: Meyer, Studien zur sozialökonomischen Entwicklung, S. 11 ff.; Paul R. Gregory, Before Command. An Economic History of Russia from Emancipation to the First Five Year Plan. Princeton 1994, S. 91.

[27] Sorokin, Sovremennoe sostojanie Rossii, S. 63 f.

[28] Alan M. Ball, And now my soul is hardened. Abandoned Children in Soviet Russia, 1918–1930. Berkeley 1994.

[29] Zahlen nach Sorokin, Sostojanie, S. 69; von Hagen, Soldiers, S. 114; Peter F. Krug, Russian Public Physicians and Revolution. The Pirogov Society, 1917–1920. Ph. Diss. Univ. of Wisconsin-Madison 1979, S. 210.

Kapitel 4

[1] Peter Kenez, The Birth of the Propaganda State. Soviet Methods of Mass Mobilization, 1917–1929. Cambridge 1985.

[2] Nicholas Timasheff, The Great Retreat. The Growth and Decline of Communism in Russia. New York 1948.

[3] Vladimir Paperny, Kul'tura 2. Ann Arbor 1985.

[4] Boris Groys, Gesamtkunstwerk Stalin. Die gespaltene Kultur in der Sowjetunion. Wien 1988; mit anderen Argumenten auch Stefan Plaggenborg, Revolutionskultur. Menschenbilder und kulturelle Praxis in Sowjetrußland zwischen Oktoberrevolution und Stalinismus. Köln 1996.

[5] William G. Rosenberg (Hg.), Bolshevik Visions: First Phase of the Cultural Revolution in Soviet Russia. Ann Arbor 1984; Richard Stites, Revolutionary Dreams. Utopian Vision and Experimental Life in the Russian Revolution. New York 1989.

[6] René Fülöp-Miller, Geist und Gesicht des Bolschewismus. Zürich 1926, S. 128, 186 ff., 188 (Zitate).

[7] Als maßgebliche Darstellungen zur revolutionären Festkultur vgl. neben Fülöp-Miller: Schlögel, Jenseits des Großen Oktober, S. 353 ff.; Stites, Revolutionary Dreams, S. 79 ff.; von Geldern, Bolshevik Festivals; Plaggenborg, Stefan, Revolutionskultur, S. 258 ff.

[8] M. Ch. Zopff, Die sowjetischen Pavillons auf den Weltausstellungen 1937 in Paris und 1939 in New York. In: Agitation zum Glück. Sowjetische Kunst der Stalinzeit. Bremen 1994, S. 60 ff.

[9] Schlögel, Jenseits des Großen Oktober, S. 357.

[10] Fülöp-Miller, Geist, S. 127.

[11] Maßgeblich zur Geschichte der Konfessionen und Religionspolitik vgl. Peter Hauptmann u. Gerd Stricker (Hg.), Die orthodoxe Kirche in Rußland. Dokumente ihrer Geschichte. Göttingen 1988; Ja. N. Ščapov u. a.

(Red.), Russkaja pravoslavnaja cerkov' i kommunističeskoe gosudarstvo 1917–1941. Dokumenty i fotomaterialy. Moskau 1996; Walter Kolarz, Die Religionen in der Sowjetunion. Überleben in Anpassung und Widerstand. Freiburg 1963; John S. Curtiss, Die Kirche in der Sowjetunion (1917–1956). München 1957; Otto Luchterhand, Die Religionsgesetzgebung der Sowjetunion. Berlin 1978; Arto Luukkanen, The Party of Unbelief. The Religious Policy of the Bolshevik Party. 1917–1929. Helsinki 1994; S. R. Ramet (Hg.), Religious Policy in the Soviet Union. Cambridge 1993; Benjamin Pinkus, The Jews of the Soviet Union. Cambridge 1989.

12 Hans-Heinrich Nolte, Budgetakkumulation. Kollektivierungskampagne und Religionsbedrückung im ersten Fünfjahrplan. In: Kirche im Osten 24 (1998), S. 83–105.

13 L. I. Emeljach, Krest'jane i cerkov' nakanune Oktjabrja. Leningrad 1976, S. 64 ff., 115 ff.

14 Eberhard Müller, Opportunismus oder Utopie? V. D. Bonč-Bruevič und die russischen Sekten vor und nach der Revolution. In: JGO 35 (1987), S. 509–33.

15 Hauptmann u. Stricker (Hg.), Die orthodoxe Kirche, S. 642.

16 Ebd., S. 646.

17 Victoria E. Bonnell, Roots of Rebellion. Berkeley 1983, S. 70; Stefan Plaggenborg, Revolutionskultur, S. 297 ff.

18 Jonathan Frenkel, Prophecy and Politics. Socialism, Nationalism and the Russian Jews, 1862–1917. London 1981, S. 260; Jörg Baberowski, Stalinismus als imperiales Phänomen: die islamischen Regionen der Sowjetunion 1920–1941. In: Stefan Plaggenborg (Hg.), Stalinismus. Neue Forschungen und Konzepte. Berlin 1998, S. 113–150.

19 Ščapov (Red.), Cerkov', S. 56 ff.

20 Ebd., S. 63.

21 N. N. Pokrovskij u. Petrov, S. G. (Red.), Politbjuro i cerkov' 1922–1925 gg. Moskau 1997, S. 142 (Zitat); Wehner, Bauernpolitik im proletarischen Staat, S. 59 ff.

22 Pokrovskij u. Petrov (Red.), Politbjuro, S. 141.

23 Ebd., S. 31 f., 142; 19 f.

24 Ebd., S. 81 f., 154.

25 Ebd., S. 63 f.; Ščapov (Red.), Cerkov', S. 125 ff.

26 Ebd., S. 40 ff., 197 ff.

27 Hauptmann u. Stricker (Hg.), Die orthodoxe Kirche, S. 694.

28 Robert Stupperich, »Živaja Cerkov'«. Ein Kapitel der neueren Kirchengeschichte. In: Kirche im Osten 3 (1960), S. 72–103; Gregory L. Freeze, Counter-Reformation in Russian Orthodoxy: Popular Response to Religious Innovation 1922–1925. In: Slavic Review 54 (1995), S. 305–339.

[29] Dmitri V. Pospielovsky, A History of Marxist-Leninist Atheism and Soviet Anti-Religious Policies, Bde. 1–2, London 1987–1988; Bd. 2, S. 44; Ščapov (Red.), Cerkov', S. 171 f.; Gitelman, Jewish Nationality, S. 291 ff.

[30] Pokrovskij u. Petrov (Red.), Politbjuro, S. 345, 360.

[31] George M. Enteen, Writing Party History in the USSR: The Case of E. M. Jaroslavskii. In: Journal of Contemporary History 21 (1986), S. 321–339; N. N. Illerickaja, Istoriko-partijnoe tvorčestvo E. M. Jaroslavskogo. In: Voprosy Istorii KPSS (1987) 11, S. 93–107.

[32] Pokrovskij u. Petrov (Red.), Politbjuro, S. 49 f., 256 f.; Ščapov (Red.), Cerkov', S. 290 f.

[33] Plaggenborg, Revolutionskultur, S. 291 ff.

[34] Hauptmann u. Stricker (Hg.), Die orthodoxe Kirche, S. 735 ff.; Ščapov (Red.), Cerkov', S. 250 ff.

[35] Lynne Viola, Peasant Rebels under Stalin. Collectivization and the Culture of Peasant Resistance. New York, Oxford 1996, S. 39.

[36] Ebd.

[37] Arto Luukkanen, The Religious Policy of the Stalinist State. A Case Study: The Central Standing Commission of Religious Questions, 1929–1938. Helsinki 1997, S. 66 ff.; Ščapov (Red.), Cerkov', S. 286 ff.

[38] Ščapov (Red.), Cerkov', S. 268 ff., 310 ff., 319.

[39] Luukkanen, Religious Policy, S. 59, 136 ff.; Ščapov (Red.), Cerkov', S. 306 ff.

[40] Ščapov (Red.), Cerkov', S. 285.

[41] Iz glubiny. Sbornik statej o revoljucii/1919/. Paris 1967; Mark D. Steinberg, Workers on the Cross: Religious Imagination in the Writings of Russian Workers, 1910–1924. In: Russian Review 53 (1994) 2, S. 213–239; Christopher Read, Religion, Revolution, and the Russian Intelligentsia, 1900–1912. London 1979; Michail Agurskij, Ideologija nacionalbol'ševizma. Paris 1980; Nikolaus Katzer, Die weiße Bewegung, S. 310 ff.

[42] Suchanow, 1917. Tagebuch, S. 281 f., 287.

[43] Benno Ennker, Die Anfänge des Leninkults in der Sowjetunion. Köln 1997, S. 27 (Zitat); neben Ennker vgl. maßgeblich zum Leninkult: Nina Tumarkin, Lenin Lives! The Lenin Cult in Soviet-Russia. Cambridge/Mass. 1983.

[44] Dem'jan Bednyj, Izbrannye proizvedenija. Bd. 1, Moskau 1959, S. 26 f.; Evgenij Dobrenko, Metafora vlasti. Literatura stalinskoj epochi v istoričeskom osveščenii. München 1993, S. 75 f.

[45] L. Košeleva u. N. Tepcov, Smert' Lenina: Narodnaja molva v specdonesenijach OGPU. In: Neizvestnaja Rossija. XX vek. Bd. 4, Moskau 1993, S. 9–24, S. 13.

[46] Smert' Lenina, S. 21.

[47] J. W. Stalin, Zum Tode Lenins. Rede auf dem II. Sowjetkongreß der UdSSR am 26. Januar 1924. In: Ders., Werke. Bd. 6, Berlin 1951, S. 41 ff.

[48] Zitiert nach Hans Günther, Der sozialistische Übermensch. M. Gorkij und der sowjetische Heldenmythos. Stuttgart, Weimar 1993, S. 138.

[49] V. V. Majakovskij, Izbrannye proizvedenija. Moskau 1952, S. 111, 135, 144, 170.

[50] Stalin, Werke, Bd. 6. S. 41 ff.

[51] A. G. Solov'ev, Tetradi krasnogo professora 1912–1941 gg. In: Neizvestnaja Rossija. XX vek. Moskau 1993, S. 140–182, S. 176.

[52] D. L. Babičenko, »Literaturnyj front«. Istorija političeskoj cenzury 1932–1946 gg. Sbornik dokumentov. Moskau 1994, S. 34; Dobrenko, Metafora, S. 86.

[53] Olga Velikanova, Making of an Idol: On Uses of Lenin. Göttingen 1996, S. 64 ff. (Zitat S. 68).

[54] Solov'ev, Tetradi, S. 157.

[55] David King, Stalins Retuschen. Foto- und Kunstmanipulation in der Sowjetunion. Hamburg 1997.

[56] Dobrenko, Metafora, S. 86 f.; Kenez, Cinema and Soviet Society, S. 229 ff.

[57] Bonnell, Iconography of Power, S. 166 f.

[58] Zitate aus Solov'ev, Tetradi, S. 182, 196, 197, 206.

[59] Rosalinde Sartorti, Legende und Wirklichkeit der Sowjethelden. In: C. Friedrich u. B. Menzel (Hg.), Osteuropa im Umbruch: alte und neue Mythen. Frankfurt/M. 1994, S. 133–144, S. 135.

[60] Günther, Übermensch, S. 160 f.

[61] Kul'turnoe stroitel'stvo SSSR. Statističeskij sbornik. Moskau 1940, S. 212.

[62] Geschichte der Kommunistischen Partei der Sowjetunion (Bolschewiki). Berlin 1952 (Reprint 1972), S. 50, 109, 164 ff.

[63] Siehe Ennker, Anfänge, S. 3 ff. Auseinandersetzung mit Tumarkin.

[64] Stephen Kotkin, Magnetic Mountain. Stalinism as a Civilization. Berkeley 1995, S. 215 ff.; dazu Igal Halfin u. Jochen Hellbeck, Rethinking the Stalinist Subject. In: JGO 44 (1996) 3, S. 456–463.

[65] Siehe die Beiträge von L. H. Siegelbaum, M. L. Lenoe, G. Alexopoulos, S. Davies, Ch. J. Chulos und Sh. Fitzpatrick In: Russian History/Histoire Russe 24 (1997) 1–2; Sheila Fitzpatrick, Supplicants and Citizens: Public Letter Writing in Soviet Russia in the 1930s. In: Slavic Review 55 (1996), S. 78–105.

[66] Sarah Davies, Popular Opinion in Stalin's Russia. Cambridge 1997, S. 155 ff., 176 (Zitat).

Kapitel 5

1 W. I. Lenin, Über das Genossenschaftswesen (Jan. 1923). In: Ders., Werke. Bd. 33, Berlin 1963, S. 453–461.

2 Moshe Lewin, Russian Peasants and Soviet Power. London 1968, S. 94; Stephan Merl, Der Agrarmarkt und die Neue Ökonomische Politik. München 1981, S. 41; Wehner, Bauernpolitik im proletarischen Staat, S. 168 (Zitat).

3 Pjotr Grigorenko, Erinnerungen. Gütersloh o. J., S. 62; vgl. V. Danilov u. V. Berelowitsch (Hg.), Les documents des VCK – OGPU – NKVD sur la campagne soviétique, 1918–1937. In: Cahiers du Monde Russe 35 (1994), S. 633–682.

4 E. L. Keenan, Muscovite Political Folkways. In: The Russian Review 45 (1986) 2, S. 115–181; Theodor Shanin, The Awkward Class. Oxford 1972, S. 164 ff.; Dorothy Atkinson, The End of the Russian Land Commune, 1905–1930. Stanford 1983, S. 234 ff.; Helmut Altrichter, Die Bauern von Tver. München 1984, S. 74 ff., 92 ff.; die Beiträge von J. Slatter u. H. Okud. In: Roger Bartlett (Hg.), Land Commune and Peasant Community in Russia. London 1990.

5 A. M. Bol'šakov, Derevnja 1917–1927. Moskau 1927, S. 424 f. (Zitate); Altrichter, Die Bauern, S. 134 ff.

6 V. P. Danilov, Sovetskaja dokolchoznaja derevnja: naselenie, zemlepol'zovanie, chozjajstvo. Moskau 1977, S. 64 ff.; George Yaney, The Urge to Mobilize. Agrarian Reform in Russia, 1861–1930. London 1982, S. 537.

7 Zur Situation der Landwirtschaft in der Zeit der NEP vgl. maßgeblich Merl, Der Agrarmarkt und Wehner, Bauernpolitik, S. 162 ff., 224 ff., 350 f.

8 J. Stalin, An der Getreidefront (1928). In: Ders., Werke. Bd. 11, Berlin 1954, S. 72–86; ders., Zu Fragen der Agrarpolitik in der UdSSR (1929). In: Ders., Werke. Bd. 12, Berlin 1954, S. 125–152; dazu vgl. Merl, Der Agrarmarkt, S. 421, 445 ff.; Danilov, Dokolchoznaja derevnja, S. 51, 213.

9 Götz Aly u. Susanne Heim, Vordenker der Vernichtung. Auschwitz und die deutschen Pläne für eine neue europäische Ordnung. Hamburg 1991, S. 114 ff.

10 Bol'šakov, Derevnja, S. 426 (Zitat); Iz istorii kollektivizacii. In: Izvestija CK KPSS (1989) 8, S. 199 ff., S. 201 ff.; Alan M. Ball, Russia's Last Capitalists. The Nepmen, 1921–1929. London 1987.

11 Bol'sakov, Derevnja, S. 428 ff.; Wehner, Bauernpolitik, S. 211, 291 ff; Merl, Der Agrarmarkt, S. 424 ff.; ders., Die Anfänge der Kollektivierung in der Sowjetunion. Wiesbaden 1985, S. 136.

12 Shanin, The Awkward Class, S. 63 ff.

13 Andrea Graziosi, Collectivisation, révoltes paysannes et politiques gouvernementales à travers les rapports du GPU de février – mars 1930. In: Cahiers du Monde Russe 35 (1994), S. 437–472, S. 439 ff.

[14] V. Danilov u. R. Manning u. L. Viola (Hg.), Tragedija sovetskoj derevni. Kollektivizacija i raskulačivanie. Dokumenty i materialy v 5 tomach. Bd. 1, Moskau 1999, S. 18 ff., 71 ff.

[15] Merl, Der Agrarmarkt, S. 368 ff.

[16] Danilov u. a. (Hg.), Tragedija, S. 211 (Zitat); Merl, Die Anfänge der Kollektivierung, S. 28 ff.

[17] Danilov u. a. (Hg.), Tragedija, S. 292, 299.

[18] Ebd., S. 201, 206 f., 231, 265 f.

[19] Iz istorii kollektivizacii. In: Izvestija CK KPSS (1991) 5, S. 193–205; (1991) 6, S. 202–216.

[20] J. Stalin, Zu Fragen der Agrarpolitik (27. Dez. 1929). In: Ders., Werke. Bd. 12, Berlin 1954, S. 125–152.

[21] Danilov u. a. (Hg.), Tragedija, S. 746 ff.; J. Stalin, Zur Frage der Liquidierung des Kulakentums als Klasse (21. Jan. 1930). In: Ders., Werke, Bd. 12, S. 157–162.

[22] V. P. Danilov u. S. A. Krasil'nikov (Red.), Specpereselency v Zapadnoj Sibiri 1930 – vesna 1931 g. Novosibirsk 1992, S. 9; Stephan Merl, Bauern unter Stalin. Die Formierung des sowjetischen Kolchossystems 1930–1941. Berlin 1990, S. 62 ff.

[23] Die Beschlußfassung vom 30. Jan. 1930 vgl. G. M. Adibekov (Hg.), Specpereselency – žertvy »splošnoj kollektivizacii«. Iz dokumentov »osoboj papki« Politbjuro CK VKP(b) 1930–1932. In: Istoričeskij archiv (1994) 4, S. 145–180; die Anweisung der OGPU vgl. N. V. Tepcov (Hg.), Ssyl'nye mužiki. Pravda o specposelkach. In: Neizvestnaja Rossija. XX vek. Moskau 1922, S. 237 ff.; Merl, Bauern unter Stalin, S. 71 ff.; O. V. Chlevnjuk, Politbjuro. Mechanizmy političeskoj vlasti v 1930-e gody. Moskau 1996, S. 54; Jörg Baberowski, Stalinismus »von oben«. Kulakendeportationen in der Sowjetunion 1929–1933. In: JGO 46 (1998) 4, S. 572–595.

[24] J. Stalin, Vor Erfolgen von Schwindel befallen (2. März 1930). In: Ders., Werke. Bd. 12, Berlin 1954, S. 168–175.

[25] Zwischen 1925 und 1927 wurden etwa 50 000 Familien, die als adlig galten, deportiert. In der RSFSR wurden 1925 noch 11 000 Adelsfamilien auf dem Lande gezählt. Vgl. Izmenenija v social'noj strukture sovetskogo obščestva. Oktjabr' 1917–1920 gg. Moskau 1976, S. 198; S. N. Ikonnikov, Sozdanie i dejatel'nost' ob-edinennych organov CKK-RKI v 1923–1934 gg. Moskau 1971, S. 423; V. P. Danilov, Sovetskaja dokolchoznaja derevnja. Moskau 1977, S. 9.

[26] Nicholas Werth, Ein Staat gegen sein Volk. In: St. Courtois u. a., Das Schwarzbuch des Kommunismus. München 1998, S. 51–295, S. 209 f.

[27] Exemplarisch vgl. Stalin zu den sich maskierenden Kulaken: J. Stalin, Über die Arbeit auf dem Lande (11. Jan. 1933). In: Ders., Werke. Bd. 13, Berlin 1955, S. 193–209, S. 204; die Aufzeichnungen des ukrainischen Ku-

lakensohnes Stepan Podlubnyj: Jochen Hellbeck (Hg.), Tagebuch aus Moskau 1931–1939. München 1996.

28 K. D. Šavčenko an Stalin 10. Mai 1927. In: Izvestija CK KPSS (1989) 8, S. 201–12, S. 209.

29 Wehner, Bauernpolitik, S. 379 ff.

30 Lynne Viola, The Best Sons of the Fatherland. Workers in the Vanguard of Soviet Collectivization. Oxford 1987; Stephan Merl, Sozialer Aufstieg im sowjetischen Kolchossystem der 30er Jahre? Berlin 1990, S. 74 ff.

31 Graziosi, Collectivisation, S. 449 f; vgl. die Erinnerungen von Lew Kopelew, Und schuf mir einen Götzen. 2. Aufl., München 1981, S. 239 ff.

32 Tepcov (Hg.), Ssyl'nye mužiki, S. 238.

33 Vgl. exemplarisch Danilov u. a. (Hg.), Tragedija, S. 612 ff.; Lynne Viola u. a. (Hg.), Rjazanskaja derevnja v 1929–1930 gg.. Chronika golovokruženija. Dokumenty i materialy. Moskau, Toronto 1998, S. 161 ff., 166, 370; Danilov u. Krasil'nikov (Hg.), Specpereselency, S. 11.

34 Zum Widerstand 1929/30 vgl. maßgeblich Viola, Peasant Rebels; Andrea Graziosi (Hg.), Rapports du GPU d'Ukraine de février – mars 1930. In: Cahiers du Monde Russe 35 (1994), S. 473–631; V. Danilov u. V. Berelowitsch (Hg.), Les documents des VCK – OGPU – NKVD sur la campagne soviétique, 1918–1937. In: Cahiers du Monde Russe 34 (1994), S. 633–682, bes. S. 671 ff.

35 Tepcov (Hg.), Ssyl'nye mužiki, S. 194.

36 Viola u. a. (Hg.), Rjazanskaja derevnja, S. 449 f., 482 ff., 520 ff.

37 Danilov, Dokolchoznaja derevnja, S. 97; Viola, Peasant Rebels, S. 138 f.

38 Viola, Peasant Rebels, S. 202.

39 Zu den kontroversen Berechnungen vgl. R. W. Davies, M. B. Tauger u. S. G. Wheatcroft, Stalin, Grain Stocks and the Famine of 1932–1933. In: Slavic Review (1995) 3, S. 642–657; R.W. Davies u. a. (Hg.), The Economic Transformation of the Soviet Union 1913–1945. Cambridge 1994, S. 290; Merl, Bauern unter Stalin, S. 52 ff.

40 Manfred Hildermeier, Geschichte der Sowjetunion 1917–1991. München 1998, S. 400 f.

41 J. A. Poljakov u. a. (Red.), Vsesojuznaja perepis' naselenija 1937 g. Kratkie itogi. Moskau 1991.

42 Zu diesen Kontroversen vgl. die Beiträge von St. Merl und E. Mace. In: Guido Hausmann u. Andreas Kappeler (Hg.), Ukraine. Gegenwart und Geschichte eines neuen Staates. Baden-Baden 1993, S. 126–166.

43 Sheila Fitzpatrick, Stalin's Peasants. Resistance and Survival in the Russian Village after Collectivization. Oxford 1994, S. 75 f.

44 Šolochov i Stalin. Perepiska načala 30-ch godov. In: Voprosy Istorii (1994) 4, S. 3–25, S. 22; Teilabdruck s. Courtois u. a., Schwarzbuch des Kommunismus, S. 186 f.

[45] Feliks Čuev, Sto sorok besed s Molotovym. Moskau 1991, S. 383, 378.
[46] Eugene Lyons, Assignment in Utopia, London 1937, S. 574 f.; Grigorenko, Erinnerungen, S. 94.
[47] Stephan Merl, Rußland und die Sowjetunion 1914–1980. In: Wolfram Fischer u. a. (Hg.), Handbuch der europäischen Wirtschafts- und Sozialgeschichte. Bd. 6, Stuttgart 1987, S. 666, 683, 686 f., 689; R. W. Davies u. a. (Hg.), The Economic Transformation, S. 286, 289, 291; zu den Problemen der Berechnung der Bruttoproduktion, von Speicherernte und Ernte auf dem Halm und den sowjetischen Manipulationen in der Stalinzeit vgl. ebd. S. 115, 290; Stephan Merl, Probleme des Umgangs mit sowjetischen Statistiken der 20er und 30er Jahre. In: Bernd Bonwetsch (Hg.), Zeitgeschichte Osteuropas als Methoden- und Forschungsproblem. Berlin 1984, S. 77–94.
[48] Merl, Bauern unter Stalin, S. 257 ff.
[49] Merl, Sozialer Aufstieg, S. 156.
[50] Merl, ebd., S. 73 f., 121 ff.
[51] Robert F. Miller, One Hundred Thousand Tractors. The MTS and the Development of Controls in Soviet Agriculture. Cambridge/Mass. 1970, 224 ff.; Daniel Thorniley, The Rise and Fall of the Soviet Rural Communist Party, 1927–1939. London 1988, S. 124 ff.
[52] Sel'skoe chozjajstvo SSSR. Statističeskij sbornik. Moskau 1971, S. 10, 14; Ju. S. Borisov, Proizvodstvennye kadry derevni 1917–1941. Moskau 1991.
[53] J. Stalin, Rede auf dem Ersten Unionskongreß der Stoßarbeiter der Kollektivwirtschaften (19. Februar 1933). In: Ders., Werke. Bd. 13, Berlin 1955, S. 212–230, S. 225 f.
[54] Bonnell, Iconography of Power, S. 100 ff.
[55] Merl, Bauern unter Stalin, S. 418 ff.
[56] Merl, Sozialer Aufstieg, S. 132 ff., S. 134 (Zitat).
[57] Fitzpatrick, Stalin's Peasants, S. 174 ff.
[58] Thorniley, The Rise and Fall, S. 141 ff., 162, 202; Fitzpatrick, Stalin's Peasants, S. 177; Merl, Sozialer Aufstieg, S. 25.
[59] Merl, Sozialer Aufstieg, S. 107 f.
[60] Fitzpatrick, Stalin's Peasants, S. 296 ff.; Merl, Sozialer Aufstieg, S. 100 ff.; Thorniley, The Rise, S. 148 f.

Kapitel 6

[1] Geschichte der Kommunistischen Partei der Sowjetunion (Bolschewiki). Kurzer Lehrgang. Berlin 1952 (Nachdruck 1972), S. 405 f.; J. Stalin, Rechenschaftsbericht an den XVIII. Parteitag (10. März 1939). In: Ders., Werke. Bd. 14, Dortmund 1976, S. 178–235, S. 193 ff.
[2] Dostiženija Sovetskoj vlasti za 40 let v cifrach. Statističeskij sbornik. Moskau 1957, S. 50, 54, 281.

3 B. N. Mironov, Ekonomičeskij rost i obrazovanie v Rossii i SSSR v XIX i XX vekach. In: Otečestvennaja Istorija (1994) 4–5, S. 111–125.

4 Dostiženija, S. 266 f.

5 Dostiženija, S. 49.

6 Werner Hofmann, Die Arbeitsverfassung der Sowjetunion. Berlin 1956, S. 23 ff.; V. S. Lel'čuk, Socialističeskaja industrializacija SSSR. Moskau 1975, S. 11 ff., 125; P. I. Ljaščenko, Istorija narodnogo chozjajstva SSSR. Bd. 3, Moskau 1956, S. 196 f.

7 Narodnoe chozjajstvo SSSR 1922–1972. Jubilejnyj statističeskij žegodnik. Moskau 1972, S. 55.

8 R. W. Davies, Mark Harrison u. S. G. Wheatcroft (Hg.), The Economic Transformation of the Soviet Union 1913–1945. Cambridge 1994, Tab. 24; s. auch S. 39 ff.

9 Simonov, Kompleks, S. 82; Davies u. a. (Hg.), Economic Transformation, Tab. 11, 13, S. 280, 282; S. L. Senjawski u. W. B. Telpuchowski, Die Arbeiterklasse der UdSSR. Berlin 1974, S. 213.

10 Simonov, Kompleks, S. 82, 123.

11 Bohdan Krawchenko, Social Change and National Consciousness in Twentieth-Century Ukraine. Oxford 1985, S. 118; Simonov, Kompleks, S. 98; Narodnoe chozjajstvo 1922–1972, S. 501 f., 517 f.

12 Eugene Zaleski, Stalinist Planning for Economic Growth, 1933–1952. London 1980, S. 186 ff.

13 Kurt Ammon, Die weltwirtschaftliche Verflechtung der Sowjetunion bis zum Beginn des Zweiten Weltkrieges. Berlin 1952; Werner von Knorre, Der Ausbau des Außenhandelsmonopols. In: Werner Markert (Hg.), Osteuropa-Handbuch. Sowjetunion. Das Wirtschaftssystem. Köln 1965, S. 461–483.

14 Ammon, Tab. V; Davies u. a., Economic Transformation, S. 312–319.

15 Rolf-Dieter Müller, Das Rußlandbild der Wirtschaftseliten im »Dritten Reich«: Problemskizze und Hypothesen. In: Hans-Erich Volkmann (Hg.), Das Rußlandbild im Dritten Reich. Köln 1994, S. 357–385, S. 373.

16 Thomas P. Hughes, Die Erfindung Amerikas. Der technologische Aufstieg der USA seit 1870. München 1991, S. 269 ff.; Karl Schlögel, Go East oder die zweite Entdeckung des Ostens. Berlin 1995, S. 185 f.

17 Paul R. Josephson, »Projects of the Century« in Soviet History: Large Scale Technologies from Lenin to Gorbachev. In: Technology and Culture 36 (1955) S. 519–559; zu Magnitogorsk: Kotkin, Magnetic Mountain, S. 42 ff.; zum Dneprostroi: Anne D. Rassweiler, A Generation of Power. The History of Dneprostroi. New York 1988, S. 49 ff.; maßgeblich für den Überblick: Anthony C. Sutton, Western Technology and Soviet Economic Development, 1917–1930. Stanford 1968; ders., Western Technology and Soviet Economy Development 1930 to 1945. Bd. 2, Stanford 1971.

[18] Sutton, Western Technology, Bd. 2, S. 11; Müller, Das Tor, S. 195.

[19] Christoph Mick, Sowjetische Propaganda, Fünfjahrplan und die Rußlandpolitik 1928–1932, Stuttgart 1995, S. 319 ff.; Eugene Lyons, Assignment to Utopia. London 1937, S. 560 ff.

[20] Robert Lewis, Science and Industrialization in the USSR. Industrial Research and Development 1917–1940. Birmingham 1974, S. 31 ff., 115 ff.

[21] Zur Arbeiterschaft der dreißiger Jahre vgl. maßgeblich Walter Süß, Die Arbeiterklasse als Maschine. Ein industriesoziologischer Beitrag zur Sozialgeschichte des aufkommenden Stalinismus. Berlin 1985; Donald Filtzer, Soviet Workers and Stalinist Industrialization. London 1986; Vladimir Anderle, Workers in Stalin's Russia. Industrialization and Social Change in a Planned Economy. New York 1988; Hiroaki Kuromiya, Stalin's Industrial Revolution. Politics and Workers, 1928–1932. Cambridge/Mass. 1988; Hans-Henning Schröder, Industrialisierung und Parteibürokratie in der Sowjetunion. In: Forschungen zur osteuropäischen Geschichte (Im Folgenden: FOG) 41 (1988); L. H. Siegelbaum u. R. G. Suny (Hg.), Making Workers Soviet: Power, Class, and Identity. London 1994; Stephen Kotkin, Magnetic Mountain. Stalinism as a Civilization. Berkeley 1995.

[22] Sheila Fitzpatrick, Stalin and the Making of a New Elite 1928–1939. In: Slavic Review 38 (1979) 3, S. 377–402; Hans-Henning Schröder, Neue Arbeiter und neue Bürokraten. In: Vierteljahrschrift für Wirtschaft- und Sozialgeschichte 73 (1986) 4, S. 488–519.

[23] A. I. Vdovin u. V. Z. Drobižev, Rost rabočego klassa SSSR 1917–1940 gg. Moskau 1976, S. 95 ff., 114 ff.

[24] Melanie Tatur, »Wissenschaftliche Arbeitsorganisation«. Arbeitswissenschaften und Arbeitsorganisation in der Sowjetunion 1921–1935. Wiesbaden 1979.

[25] Merle Fainsod, Smolensk under Soviet Rule. Cambridge/Mass. 1958, S. 313.

[26] Wolfgang Teckenberg, Gegenwartsgesellschaften: UdSSR. Stuttgart 1983, S. 431 ff.

[27] Kotkin, Magnetic Mountain, S. 167.

[28] J. Stalin, Rede vor den Absolventen der Akademie der Roten Armee (4. Mai 1935). In: Ders., Werke. Bd. 14, Dortmund 1976, S. 24–30, S. 28.

[29] Arbeit im Sowjetlande. Moskau 1936; Lewis H. Siegelbaum, Stakhanovism and the Politics of Productivity in the USSR 1935–1941. Cambridge 1988; Robert Maier, Die Stachanov-Bewegung 1935–1938. Stuttgart 1990.

[30] E. A. Osokina, Ierarchija potreblenija. O žizni ljudej v uslovijach stalinskogo snabženija 1928–1935. Moskau 1993, S. 98 f.

[31] Die Abkürzung Torgsin (Vsesojuznoe ob-edinenie po torgovle s inostrancami) in populärer Deutung: Tovarišči, opomnites', Rossija gibnet, Stalin

istrebljaet narod (Genossen, denkt daran, Rußland geht unter, Stalin vernichtet das Volk); Davies, Popular Opinion , S. 141.

32 Salomon M. Schwarz, Arbeiterklasse und Arbeitspolitik in der UdSSR. Hamburg 1953, S. 147 ff.

33 Lyons, Assignment, S. 358.

34 Alan M. Ball, Russia's Last Capitalists. The Nepmen 1921–1929. Berkeley 1987, S. 99 ff., 162 ff.

35 S.N. Prokopovicz, Rußlands Volkswirtschaft unter den Sowjets. Zürich, New York 1944, S. 313.

36 Lyons, Assignment, S. 451 ff.; Ball, Last Capitalists, S. 78; Alexander Solschenizyn, Der Archipel Gulag. Bd. 1, Bern 1974, S. 61 ff.

37 Anderle, Workers in Stalin's Russia, S. 45 ff.; Schwarz, Arbeiterklasse, S. 159 ff.; Hofmann, Arbeitsverfassung, S. 146 ff.

38 Davies, Opinion, S. 28 ff.; Prokopovicz, Volkswirtschaft, S. 306.

39 E. A. Osokina, Ljudi i vlast' v uslovijach krizisa snabženija v 1939–1941 gg. In: Otečestvennaja istorija (1995) 3, S. 16–32.

40 Anderle, Workers in Stalin's Russia, S. 51 ff.

41 Sorokin, Leaves from a Russian Diary, S. 222: »The real scientific definition of Communism, based on experience, is queues, endless queues«.

42 Vladimir Sorokin, Die Schlange. Roman. Zürich 1990; 2. Aufl., Frankfurt/M. 1995.

43 V. S. Lel'čuk, Socialističeskaja industrializacija SSSR i ee osveščenie v istoriografii. Moskau 1975, S. 155.

44 Nathalie Moine, Passportisation, statistique des migrations ou contrôle de l'identité sociale. In: Cahiers du Monde Russe 38 (1997) 4, S. 587–600; V.P. Popov, Pasportnaja sistema v SSSR (1932–1976 gg.). In: Sociologičeskie Issledovanija (1995) 8, S. 3–14; 9, S. 3–14.

45 Die Ängste, die mit der Ausgabe und Kontrolle des Passes verbunden sein konnten, sind anschaulich dokumentiert in: Hellbeck (Hg.), Tagebuch, S. 230 (Zitat).

46 Lel'čuk, Social. industrializacija, S. 154; Hofmann, Arbeitsverfassung, S. 121; Stephen Kotkin, Peopling Magnitstroi: The Politics of Demography. In: W. G. Rosenberg u. H. Siegelbaum (Hg.), Social Dimensions of Soviet Industrialization. Bloomington 1993, S. 63–104, S. 73.

47 Hofmann, Arbeitsverfassung, S. 102 f.

48 Davies, Opinion, S. 47.

Kapitel 7

1 Margaret Dewar, Labour Policy in the USSR 1917–1928. London 1952, S. 143 ff; Uwe Brügmann, Die russischen Gewerkschaften in Revolution und Bürgerkrieg 1917–1919. Frankfurt/M. 1972; Hiroaki Kuromiya, Freedom and Terror in the Donbas. Cambridge 1998, S. 128 ff.

2 W. I. Lenin, Brief an den Parteitag. In: Ders., Werke. Bd. 36, Berlin 1962, S. 577–596, Zitat S. 579.

3 Frits Kool u. a. (Hg.), Arbeiterdemokratie oder Parteidiktatur. Freiburg 1967; Ulf Wolter (Hg.), Die linke Opposition in der Sowjetunion. Bde. 1–5. Berlin 1975; Robert V. Daniels, Das Gewissen der Revolution. Kommunistische Opposition in der Sowjetunion. Köln 1962 (Nachdruck Berlin 1978).

4 J. Stalin, Die Oktoberrevolution und die Taktik der russischen Kommunisten (17. Dez. 1924). In: Ders., Werke. Bd. 6, Berlin 1952, S. 337 f.

5 Nach wie vor maßgebend, allerdings in vielen Details revisionsbedürftig: Robert C. Tucker, Stalin as Revolutionary, 1879–1929. A Study in History and Personality. New York 1973; ders., Stalin in Power. The Revolution from Above. New York 1990; Robert McNeal, Stalin. Man and Ruler. New York 1988; D. A. Wolkogonow, Triumph und Tragödie. Politisches Porträt des J. W. Stalin. Bde. 1–2, Berlin 1990.

6 In Auswahl einige wichtige (Selbst)Biographien: Walther Laqueur, Stalin: Abrechnung im Zeichen von Glasnost. München 1990; Lars T. Lih u. a. (Hg.), Stalin – Briefe an Molotow 1925–1936. Berlin 1996; Leo Trotzki, Mein Leben. Versuch einer Autobiographie. Berlin 1961; Isaak Deutscher, Trotzki. Bde. 1–3, Stuttgart 1962; Pierre Broué, Trotzky. Paris 1988; Stephen F. Cohen, Bukharin and the Bolshevik Revolution. A Political Biography 1888–1938. New York 1974; Čuev, Sto sorok besed ; L. M. Kaganovič, Pamjatnye zapiski. Moskau 1996.

7 Peter H. Solomon, Soviet Criminal Justice under Stalin. Cambridge 1996.

8 Richard Stites, Russian Popular Culture: Entertainment and Society Since 1900. Cambridge 1992; Hans Günther (Hg.), The Culture of the Stalin Period. New York 1990; Gabriele Gorzka (Hg.), Kultur im Stalinismus. Bremen 1994; Karl Schlögel, Der Zentrale Gor'kij-Kultur- und Erholungspark. In: Manfred Hildermeier (Hg.), Stalinismus vor dem Zweiten Weltkrieg. München 1998, S. 255–274.

9 J. Arch Getty, Origins of the Great Purges: The Soviet Communist Party Reconsidered, 1933–1938. Cambridge 1985; J. Arch Getty u. V. O. Naumov, The Road to Terror, New Haven, London 1999.

10 Stalin, Werke. Bd. 2, S. 253.

11 Zitiert nach Getty, Origins, S. 154.

12 R. A. Medvedev, K sudu istorii. New York 1974 (engl.: Let History Judge. Oxford 1989); Robert Conquest, The Great Terror. A Reassessment. London 1990; Tucker, Stalin in Power; den besten Überblick über die Kette der Gewalt bei: Nicolas Werth, Ein Staat gegen sein Volk. In: Courtois u. a., Schwarzbuch, S. 206 ff.; Jörg Baberowski, Wandel und Terror. Die Sowjetunion unter Stalin. Ein Literaturbericht. In: JGO 43 (1995), S. 97–129.

13 Gabor T. Rittersporn, Simplifications staliniennes et complications soviétiques. Tensions sociales et conflits politiques en U.R.S.S. (1933–1953). Paris 1988; schon apologetisch: Robert W. Thurston, Life and Terror in Stalin's Russia 1934–1941. New Haven, London 1996.
14 L. Koševeleva u.a. (Hg.), Pis'ma I. V. Stalina V. M. Molotovu 1925–1936. Sbornik dokumentov. Moskau 1996.
15 Boris Starkov, Narkom Ezhov. In: J. A. Getty u. R. T. Manning (Hg.), Stalinist Terror. New Perspectives. Cambridge 1993, S. 21–39.
16 Schauprozesse unter Stalin 1932–1952. Berlin 1990, S. 239.
17 Klaus-Georg Riegel, Konfessionsrituale im Marxismus-Leninismus. Köln 1985; Berthold Unfried, Rituale von Konfession und Selbstkritik: Bilder vom stalinistischen Kader. In: Jahrbuch für historische Kommunismusforschung 1994, S. 148–164.
18 Schauprozesse, S. 157.
19 Ebd., S. 188 f.
20 Ebd., S. 165.
21 Ebd., S. 264, 194, 150.
22 Fred E. Schrader, Der Moskauer Prozeß 1936. Zur Sozialgeschichte eines politischen Feindbildes. Frankfurt/M. 1995, S. 41 ff.
23 Conquest, The Great Terror, S. 195 ff.; Rudolf Ströbinger, Stalin enthauptet die Rote Armee. Stuttgart 1990.
24 Alexander Solschenizyn, Der Archipel Gulag. Bd. 1, Bern 1974, S. 385.
25 Chruschtschow erinnert sich. Reinbek bei Hamburg 1971, S. 548 f.; David Pike, Deutsche Schriftsteller im sowjetischen Exil 1933–1945. Frankfurt/M. 1981, S. 444.
26 Schauprozesse, S. 155.
27 Ebd., S. 56.
28 Ebd., S. 112, 327.
29 Medvedev, K sudu, S. 360 ff.
30 Materialy fevral'sko-martovskogo plenuma CK VKP(b) 1937 g.. In: Voprosy Istorii (1992) 2–12; (1993) 2, 5–9; (1994) 2, 6, 8, 10, 12; (1995) 4–8, 10 (im weiteren zitiert als Materialy). Materialy. In: Voprosy Istorii (1995) 8, S. 4.
31 Schauprozesse, S. 144, 333.
32 Ebd., S. 213 ff.
33 Zitate: Materialy. In: Voprosy istorii (1995) 3, S. 5, 7; Schauprozesse, S. 245.
34 Zitate. In: Theo Pirker (Hg.), Die Moskauer Schauprozesse 1936–1938. München 1963, S. 64, 178, 237, 238.
35 Ebd., S. 240, 226.
36 Materialy. In: Voprosy istorii (1995) 3, S. 4.
37 N. S. Simonov, Voenno-promyšlennyj kompleks SSSR v 1920–1950-e gody. Moskau 1996, S. 108 ff.; J. A. Getty, Samokritika Rituals in the Stali-

nist Central Committee, 1933–1938. In: Russian Review 58 (1999), S. 49–70.

[38] O. V. Chlevnjuk, Politbjuro. Mechanizmy političeskoj vlasti v 1930-e gody. Moskau 1996, S. 188 ff.; Schauprozesse, S. 336.

[39] Materialy. In: Voprosy istorii (1995) 2, S. 6.

[40] Materialy. In: Voprosy istorii (1995) 10, S. 7 f.; (1995) 11–12, S. 12, 21.

[41] Schrader, Der Moskauer Prozeß, S. 103 ff., 393 ff.

[42] Materialy. In: Voprosy istorii (1995) 2, S. 20; 7, S. 19; 8, S. 5.

[43] Materialy. In: Voprosy istorii (1992) 6–7, S. 16; Pis'ma Stalina Molotovu, S. 211 ff.

[44] Materialy. In: Voprosy istorii (1995) 7, S. 14.

[45] Materialy. In: Voprosy istorii (1995) 11–12, S. 19.

[46] Zu den Zahlen vgl. zusammenfassend Chlevnjuk, Politbjuro, S. 192 f.; Werth, Ein Staat gegen sein Volk, S. 207 ff.; Sheila Fitzpatrick, The Impact of the Great Terror on the Elites. In: Getty u. Manning, Stalinist Terror, S. 215–246.

[47] Materialy. In: Voprosy istorii (1995) 1, S. 14.

[48] Materialy. In: Voprosy istorii (1995) 3, S. 14 ff.; 11–12, S. 16 ff.

[49] B. E. Čertok, Rakety i ljudi. Moskau 1994.

[50] Don K. Rowney, Transition to Technocracy. London 1989, S. 175 ff.

[51] Materialy. In: Voprosy istorii (1995) 11–12, S. 22.

[52] E. Jaroslavskij, O roli intelligencii v SSSR. Moskau 1939, S. 35–37; J. W. Stalin, Rechenschaftsbericht an den XVIII. Parteitag (10. März 1939). In: Ders., Werke. Bd. 14, Dortmund 1976, S. 212–235, S. 230 ff.

Kapitel 8

[1] GULag heißt Hauptverwaltung der Lager. Sie bildete mit später immer wieder veränderten Namen die jeweilige Verwaltungsinstanz, die im Rahmen der OGPU, des NKWD oder MWD für die Lager zuständig war. Als GULag wurde sie am 25. April 1930 gegründet, als mit der Entkulakisierung und der Kollektivierung die Anzahl der Deportierten sprunghaft anstieg. Zur Organisation der Lagerverwaltung vgl. maßgeblich N. G. Ochotin u. A. B. Roginskij (Red.), Sistema ispravitel'no-trudovych lagerej v SSSR 1923–1960. Spravočnik. Moskau 1998, S. 27.

[2] Bereits am 9. August 1918 lautete eine Anweisung Lenins an das Exekutivkomitee des Gouvernements Penza: Es sei »ein schonungsloser Massenterror gegen Kulaken, Popen und Weißgardisten durchzuführen, zweifelhafte [Elemente] in Konzentrationslager zu sperren« (zit. nach G. M. Ivanova, Gulag v sisteme totalitarnogo gosudarstva. Moskau 1997, S. 19).

[3] Solschenizyn, Der Archipel, S. 26 ff.; Michael Jakobson, Origins of the GULAG. The Soviet Prison Camp System 1917–1934. Lexington 1993, S. 112 ff.

[4] Ivanova, Gulag, S. 26 f.
[5] Ivanova, Gulag, S. 17; Sistema, S. 17.
[6] E. N. Gribkov, O vnesudebnych organach. In: Izvestija CK KPSS (1989) 10, S. 80–82.
[7] V. P. Popov, Gosudarstvennyj terror v Sovetskoj Rossii 1923–1953 gg. (istočniki i ich interpretacija). In: Otečestvennye Archivy (1992) 2, S. 20–31.
[8] V. N. Zemskov, Sud'ba »kulackoj ssylki« (1930–1954 gg.). In: Otečestvennaja Istorija (1994) 1, S. 118–147.
[9] O. V. Chlevnjuk, Politbjuro. Mechanizmy političeskoj vlasti v 1930-e gody. Moskau 1996, S. 28 ff.; Sistema, S. 19, 36.
[10] Michael Jakobson, Origins of the Gulag. The Soviet Prison Camp System 1917–1934. Lexington 1993, S. 98; Chlevnjuk, Politbjuro, S. 100 f.
[11] Chlevnjuk, Politbjuro, S. 110; Solomon jr., Soviet Criminal Justice, S. 163 ff.
[12] Ivanova, Gulag, S. 156, 158, 166, 180.
[13] Ebd., S. 174 ff.
[14] Ebd., S. 172, 181.
[15] Ivanova, Gulag, S. 172.
[16] Kurt Bährens, Deutsche in Straflagern und Gefängnissen der Sowjetunion. Bd. 1 (= Zur Geschichte der deutschen Kriegsgefangenen des Zweiten Weltkrieges, Bd. 5), München 1965, S. 124 ff.
[17] Ivanova, Gulag, S. 103; Sistema, S. 62 f., 498 f.; A. Ju. Žukov, u. a. (Red.), GULag v Karelii, 1930–1941. Sbornik dokumentov i materialov. Petrozavodsk 1992; V. G. Makurov (Red.), Neizvestnaja Karelija 1921–1940. Dokumenty specorganov ožizni respubliki. Petrozavodsk 1997.
[18] St. Wheatcroft, The Scale and Nature of German and Soviet Repression and Mass Killings, 1930–1945. In: Europe-Asia-Studies 48 (1996) 8, S. 1342 f.; Warlam Schalamov, Geschichten aus Kolyma. Frankfurt/M. 1983; Sistema, S. 117 ff.
[19] Margarete Buber-Neumann, Als Gefangene bei Hitler und Stalin. München 1949, S. 74 (Zitat); Ivanova, Gulag, S. 99, 140; Sistema, S. 285 f.
[20] Ivanova, Gulag, S. 112; Edwin Bacon, The Gulag at War. Stalin's Forced Labor System in the Light of the Archives. London 1994, S. 170.
[21] Ivanova, Gulag, S. 46, 113; Bacon, Gulag, S. 72 ff. Zur Organisationsgeschichte des Lagersystems vgl. Sistema, S. 39 ff., 100 ff. Vgl. auch Ralf Stettner, »Archipel Gulag«. Stalins Zwangslager – Terrorinstrument und Wirtschaftsgigant. Paderborn 1996.
[22] Ivanova, Gulag, S. 97.
[23] Hofmann, Arbeitsverfassung, S. 270.
[24] Ivanova, Gulag, S. 78, 102; Bacon, Gulag, S. 127 ff.
[25] Buber-Neumann, Als Gefangene, S. 71; Djomin, Die Tätowierten, S. 191; 210 f.; Solschenizyn, Der Archipel, Bd. 1, S. 471 ff., 512 ff.

[26] Solschenizyn, Der Archipel, Bd. 2, S. 248 ff.

[27] Siehe das undatierte Statut für das Lager Uchta-Petschora bei Paul Barton, L'institution concentrationnaire en Russie (1930–1957). Paris 1959, S. 391 ff; ebenso V. I. Jukšinskij, Sovetskie koncentracionnye lageri v 1945–1955 gg. (=Issledovanija i materialy. Serija II, No. 66). München 1958, S. 6, 59.

[28] Sistema, S. 41, 48.

[29] Solschenizyn, Der Archipel, Bd. 2, S. 152.

[30] Barton, L'institution, S. 220 ff.

[31] Solschenizyn, Der Archipel, Bd. 2, S. 153 ff.; Barton, L'institution, S. 226 ff.

[32] G. A. Bordjugov, Social'nyj parazitizm ili social'nye anomalii? (Iz istorii bor'by s alkogolizmom, niščenstvom, prostituciej, brodjažničestvom v 20–30-e gody. In: Istorija SSSR (1989) 1, S. 60–73; N. B. Lebina, Tenevye storony žizni sovetskogo goroda 20–30 godov. In: Voprosy istorii (1994) 2, S. 30–42; René Fülöp-Miller, Geist und Gesicht des Bolschewismus, Zürich, Leipzig 1926, S. 334 ff.

[33] Götz Hillig, Hundert Jahre Anton Makarenko: Neue Studien zur Biographie. Bremen 1988.

[34] N. Stogov, Tjuremnaja pečat' 1921–1935 gg. In: Pamjat' 1 (1976/1978), S. 527–580; A. Ju. Gorčeva, Pressa Gulaga, 1918–1955. Moskau 1996, S. 22 ff.

[35] Trud v SSSR – delo česti, delo slavy, delo doblesti i gerojstva; Gorčeva, Pressa, S. 51.

[36] Gorčeva, Pressa, S. 40; Sistema, S. 162; Joachim Klein, Belomorkanal. Literatur und Propaganda in der Stalinzeit. In: Zeitschrift für Slavische Philologie 55 (1995) 5–6, S. 53–98, S. 54.

[37] M. Gor'kij, L. L. Auerbach u. S. G. Firin (Hg.), Belomorskij-baltijskij kanal imeni Stalina. Istorija stroitel'stva. Moskau 1934; engl. M. Gorky, L. L. Auerbach u. S. G. Firin (Hg.), The White Sea Canal. Being an Account of the Construction of the Canal Between the White Sea and the Baltic Sea. New York 1935.

[38] Wolfgang Klein (Hg.), 1935. Erster Internationaler Schriftstellerkongreß zur Verteidigung der Kultur. Reden und Dokumente. Berlin 1982, S. 133.

[39] Solschenizyn, Der Archipel, Bd. 2, S. 98.

[40] Robert W. Thurston, Life and Terror in Stalin's Russia, 1934–1941. New Haven 1996, S. 98 f., 137 ff.

[41] G. T. Rittersporn, Simplifications staliniennes et complications soviétiques. Tensions sociales et conflits politiques en U.R.S.S (1933–1953). Paris 1988, S. 284 ff., 297 ff., 316 f.; Chlevnjuk, Politbjuro, S. 150 f.; V. P. Popov, Gosudarstvennyj terror v Sovetskoj Rossii. 1923–1953 gg. (istočniki i ich interpretacija). In: Otečestvennye Archivy (1992) 2, S. 20–31.

42 Solomon jr., Criminal Justice, S. 196 ff., 299 ff.

43 Courtois u. a., Schwarzbuch, S. 75; Sheila Fitzpatrick, Everyday Stalinism. Ordinary Life in Extraordinary Times: Soviet Russia in the 1930's. Oxford 1999, S. 115 ff.

44 Nadeshda Mandelstam, Das Jahrhundert der Wölfe. 2. Aufl., Frankfurt/M. 1973, S. 84.

Kapitel 9

1 Miroslav Hroch, Das Erwachen kleiner Nationen als Problem der komparativen Forschung. In: H. A. Winkler (Hg.), Nationalismus. Königstein/Ts. 1978, S. 155–172.

2 W. I. Lenin, Kritische Bemerkungen zur nationalen Frage (1913). In: Ders., Werke. Bd. 20, Berlin 1961, S. 13 f.; J. W. Stalin, Marxismus und nationale Frage (1913). In: Ders., Werke. Bd. 2, Berlin 1952, S. 266–333, S. 279.

3 Stalin, Marxismus, S. 272.

4 Lenin, Kritische Bemerkungen (1913), S. 39 f.; Stalin, Marxismus, S. 329.

5 Stalin, Marxismus, S. 332.

6 W. E. Mosse, Makers of the Soviet Union. In: Slavic and East European Review 46 (1968), S. 141–154.

7 Terence Emmons (Hg.), Time of Troubles. The Diary of Iurii V. Got'e. Princeton 1988, S. 329.

8 V. P. Danilov (Hg.), L. D. Trockij zaščiščaetsja. In: Voprosy Istorii KPSS (1990) 5, S. 32–43.

9 Arthur Ruppin, Die soziale Struktur der Juden. Bd. 1, Berlin 1930–1931, S. 368 ff; 495 ff.; Vserossijskaja perepis' členov RKP(b) 1922 g. Itogi predvaritel'noj razrabotki po 28 gubernijam i oblastjam. Lief. 1, Moskau 1922, S. 5–6; Matthias Vetter, Antisemiten und Bolschewiki. Zum Verhältnis von Sowjetsystem und Judenfeindschaft 1917–1939. Berlin 1995, S. 223 ff.

10 Terry D. Martin, The Affirmative Action Empire: Ethnicity and the Soviet State, 1923–1938. Ph. Diss. Chicago 1996, S. 7 ff., 70 ff.; Jurij Borys, The Sovietization of Ukraine 1917–1923. Edmonton 1980, S. 134 ff.; Jurij Šapoval, Der russische Nationalismus und die Herrschaft Stalins. In: Manfred Hildermeier (Hg.), Stalinismus vor dem Zweiten Weltkrieg. Neue Wege der Forschung. München 1998, S. 291–305.

11 G. P. Makarova, Narodnyj kommissariat po delam nacional'nostej RSFSR 1917–1923. Istoričeskij očerk. Moskau 1987; Hélène Carrère d'Encausse, The Great Challenge. Nationalities and the Bolshevik State 1917–1930. London 1992, S. 99 ff.

12 Stephen Blank, Bolshevik Organizational Development in Early Soviet Transcaucasia. Autonomy vs. Centralization, 1918–1924. In: Ronald G. Suny (Hg.), Transcaucasia. Nationalism and Social Change, Ann Arbor

1983, S. 305–338; ders., The Making of the Georgian Nation. London 1989, S. 205 ff. Zu den Auseinandersetzungen in der Zentrale vgl. maßgeblich Robert V. Daniels, Das Gewissen der Revolution. Kommunistische Opposition in der Sowjetunion. Berlin 1978, S. 211 ff.

13 Iz istorii obrazovanija SSSR. In: Izvestija CK KPSS (1989) 9, S. 191–218, S. 198 f.

14 Bodo Dennewitz u. Boris Meißner (Hg.), Die Verfassungen der modernen Staaten. Eine Dokumentensammlung. Bd. 1, Hamburg 1947, S. 128 ff.; Helmut Altrichter (Hg.), Die Sowjetunion. Von der Oktoberrevolution bis zu Stalins Tod. Bd. 1, München 1986, S. 171 ff.; T. P. Koržichina, Sovetskoe gosudarstvo i ego učreždenija. Nojabr' 1917 g.-dekabr' 1991 g. Moskau 1994, S. 109 ff.; Simon, Nationalismus, S. 157 ff.

15 Dennewitz u. Meißner (Hg.), Die Verfassungen, S. 148; Koržichina, Sovetskoe gosudarstvo, S. 191 ff.; T. H. Rigby, Political Elites in the USSR. Central Leaders and Local Cadres from Lenin to Gorbachev. Aldershot 1990.

16 V. L. Genis, Razgrom Bucharskogo emirata v 1920 godu. In: Voprosy istorii (1993) 7, S. 39–52; Hélène Carrère d'Encausse, Islam and the Russian Empire. Reform and Revolution in Central Asia, London 1988; dies., The Great Challenge, S. 123 ff.; Richard Lorenz, Die Basmatschen-Bewegung. In: Andreas Kappeler u. a. (Hg.), Die Muslime in der Sowjetunion und in Jugoslawien. Köln 1989, S. 235–256.

17 James Mace, The komitety nezamozhnych seljan and the Structure of the Soviet Rule in the Ukrainian Countryside, 1920–1933. In: Slavic Review 35 (1983), S. 487–503.

18 Martin, Empire, S. 196.

19 A. Ju. Zavališin, Ob istokach sovremennych problem narodov Sibiri i Dal'nego Vostoka. In: Istorija SSSR (1991) 3, S. 50–63; diese Situation legen auch die Statistiken nahe: Nacional'naja politika VKP(b) v cifrach. Moskau 1930, S. 228 ff.

20 Edward A. Allworth, The Modern Uzbeks. From the Fourteenth Century to the Present. Oxford 1990, S. 220.

21 Dies betonen Yuri Slezkine, Arctic Mirror. Russia and the Small Peoples of the North. London 1994 und Jörg Baberowski, Stalinismus an der Peripherie. Das Beispiel Azerbajdzan 1920–1941. In: Hildermeier (Hg.), Stalinismus, S. 307–335.

22 [H. Kuromiya] Ch. Kuromija, Stalinskij »velikij perelom« i process nad »Sojuzom Osvoboždenija Ukrainy«. In: Otečestvennaja Istorija (1994) 1, S. 190–197; V. Pristajko u. Ju. Šapoval, Sprava »Spilki Vyzvolennja Ukrainy«. Nevidomi dokumenty i fakty. Kiev 1995; Rainer Lindner, Historiker und Herrschaft. Nationsbild und Geschichtspolitik in Weißrußland im 19. und 20. Jahrhundert. München 1999, S. 197 ff.

23 Simon, Nationalismus, S. 180 ff.; Jörg Baberowski, Stalinismus als imperiales Phänomen: Die islamischen Regionen der Sowjetunion 1920–1941. In: Plaggenborg (Hg.), Stalinismus, S. 113–150, S. 142 ff.; Alexandre Bennigsen u. S. Enders Wimbush, Muslim National Communism in the Soviet Union. A Revolutionary Strategy for the Colonial World. Chicago 1979, S. 71 ff.

24 Simon, Nationalismus, S. 190 ff.; Krawchenko, Social Change, S. 142 ff.

25 Benjamin Pinkus, The Jews of the Soviet Union. The History of a National Minority. Cambridge 1988, S. 98 ff; David E. Fishman, Judaism in the USSR, 1917–1930: The Fate of Religious Education. In: Yaacov Ro'i (Hg.), Jews and Jewish Life in Russia and the Soviet Union. Ilford 1995, S. 251–262; Hans Bräker, Kommunismus und Weltreligionen Asiens. Zur Religions- und Asienpolitik der Sowjetunion. Bd. I/1, Tübingen 1969, S. 121.

26 Jörg Baberowski, Auf der Suche nach Eindeutigkeit. Kolonialismus und zivilisatorische Mission im Zarenreich und in der Sowjetunion. In: JGO 47 (1999), S. 482–504.

27 Gabriele Bucher-Dinc, Die Mittlere Wolga im Widerstreit sowjetischer und nationaler Ideologien (1917–1920). Wiesbaden 1997, S. 104 f.

28 Carrère d'Encausse, Challenge, S. 141 ff.

29 John Riddell (Hg.), To See the Dawn. Baku 1920. First Congress of the Peoples of the East. New York 1993, S. 60 f.

30 Ebd., S. 294 ff.

31 Tajny nacional'noj politiki CK RKP(b). Stenografičeskij otčet sekretnogo soveščanija CK RKP 1923 g. Moskau 1992, S. 280 f.; O tak nazyvaemoj »Sultan-Galievskoj kontrrevoljucionnoj organizacii«. In: Izvestija CK KPSS (1990) 10, S. 75–88; A. Bennigsen u. a. Quelquejay, Der Sultangalievismus und die nationalistische Abweichung in der Tatarischen Autonomen SSR. In: FOG 7 (1959), S. 323–396.

32 Borys, The Sovietization of Ukraine, S. 313 ff.

33 Orest Subtelny, Ukraine. A History. Toronto 1988, S. 391 f.; M. Khvylovy, The Cultural Renaissance in Ukraine: Polemical Pamphlets 1925–1926. Edmonton 1986.

34 Martin, Empire, S. 314 ff., 637 ff.

35 Krawchenko, Social Change, S. 116, 125; Subtelny, Ukraine, S. 393 f.

36 V. L. Genis, Raskazačivanie v Sovetskoj Rossii. In: Voprosy Istorii (1994) 1, S. 42–55; Peter Holquist, »Conduct merciless mass terror«. Decossakkisation on the Don 1919. In: Cahiers du Monde Russe 38 (1997) 1–2, S. 127–162.

37 Maßgeblich zum Verhältnis zwischen lokaler nationaler Autonomie und Landfrage vgl. Martin, Empire, S. 464 ff., 524 f., 748 f.; Lynne Viola, Peasant Rebels under Stalin. Collectivization and the Culture of Peasant Resi-

stance. Oxford 1986, S. 141 ff., 157 ff.; Andrea Graziosi, Collectivisation, révoltes paysannes et politiques gouvernementales. In: Cahiers du Monde Russe 35 (1994) 3, S. 437–472, S. 461 ff.; Mikołaj Iwanow, Pierwszy naród ukarany. Polacy w Związku Radzieckim 1921–1939. Warschau 1991, S. 335 ff.; Otto Heller, Der Untergang des Judentums. Die Judenfrage, ihre Kritik, ihre Lösung durch den Sozialismus, Wien, Berlin 1931; Zvi Y. Gitelman, Jewish Nationality and Soviet Politics. The Jewish Section of the CPSU, 1917–1930. Princeton 1972, S. 379 ff.

38 Eugene Lyons, Assignment in Utopia, London 1937, S. 545 ff.; Martin, Empire, S. 587 ff., 604 ff., 747 (Zitat: Kulaken-Ethnie).

39 Daniel Brower, Kyrgyz Nomads and Russian Pioneers: Colonization and Ethnic Conflict in the Turkestan Revolt of 1916. In: JGO 44 (1996), S. 41–53.

40 Carrère d'Encausse, Great Challenge, S. 202 ff; Martin, Empire, S. 545 ff.

41 V. N. Zemskov, Sud'ba »kulackoj ssylki« (1930–1954gg.). In: Otečestvennaja Istorija (1994) 1, S. 118–147, 119 f.; Jörg Baberowski, Stalinismus »von oben«. Kulakendeportationen in der Sowjetunion 1929–1933. In: JGO 46 (1998) 4, S. 572–595.

42 Z. B. Abylchozin, M. K. Kozybaev u. M. B. Tatimov, Kazachstanskaja tragedija. In: Voprosy Istorii (1989) 7, S. 53–71.

43 Otto Heller, Der Untergang des Judentums. Die Judenfrage, ihre Kritik, ihre Lösung durch den Sozialismus. Berlin 1931; Gitelman, S. 379 ff.; Benjamin Pinkus, The Jews of the Soviet Union. The History of a National Minority. Cambridge 1988, S. 57 ff.

44 George Y. Shevelov, The Ukrainian Language in the First Half of the Twentieth Century (1900–1941). Its State and Status. Cambridge/Mass. 1989.

45 Bernhard Chiari, »Nationale Renaissance«, Belorussifizierung und Sowjetisierung: Erziehung und Bildungspolitik in Weißrußland 1922–1944. In: JGO 42 (1994), S. 521–540; Lindner, Historiker, S. 192 ff., 200 ff., 286 ff.

46 Albrecht Martiny, Das Verhältnis von Politik und Geschichtsschreibung in der Historiographie der sowjetischen Nationalitäten seit den sechziger Jahren. In: JGO 27 (1979), S. 238–272; Kul'turnoe stroitel'stvo SSSR. Statističeskij sbornik. Moskau 1956, S. 244 ff.

47 Vgl. maßgeblich Yuri Slezkine, Arctic Mirror. Russia and the Small Peoples of the North. London 1994; Boris Chichlo, Histoire de la formation des territoires autonomes chez les peuples turco-mongoles de Sibérie. In: Cahiers du Monde Russe et Soviétique 28 (1987) 3–4, S. 361–402; James Forsyth, A History of the Peoples of Siberia. Russia's North Asian Colony 1581–1990. Cambridge/Mass. 1992.

48 Robert J. Kaiser, The Geography of Nationalism in Russia and the USSR. Princeton 1994, S. 142 f.

[49] Zur Sprachenplanung vgl. maßgeblich Michael Kirkwood (Hg.), Language Planning in the Soviet Union. London 1989; William Fierman, Language Planning and National Development. The Uzbek Experience. Berlin, New York 1991, S. 133 f. (Zitate).

[50] Forsyth, Peoples of Siberia, S. 300 ff., 310 f., 328 f.

[51] R. A. Lewis, R. H. Rowland u. R. S. Clem, Nationality and Population Change in Russia and the USSR. Evaluation of Census Data, 1897–1970. New York 1976, S. 132 ff.

[52] Shevelov, The Ukrainian Language, S. 149 ff.

[53] Kaiser, Geography, S. 128; Kul'turnoe stroitel'stvo SSSR. Statističeskij sbornik. Moskau 1956, S. 320; Borys Lewytzkyj, »Sovetskij narod«. »Das Sowjetvolk«. Nationalitätenpolitik als Instrument des Sowjetimperialismus. Hamburg 1983, S. 163 f.

[54] J. W. Stalin, Brief an den Genossen Demjan Bednyj (Auszüge aus einem Brief). In: Ders., Werke. Bd. 13, Berlin 1955, S. 21–25; Der Bezug auf Lenin: W. I. Lenin, Über den Nationalstolz der Großrussen (1914). In: Ders., Werke. Bd. 21, Berlin 1960, S. 91–95.

[55] Lowell Tillett, The Great Friendship. Soviet Historians on non-Russian Nationalities. Chapel Hill 1969, S. 18.

[56] Erwin Oberländer (Hg.), Sowjetpatriotismus und Geschichte. Dokumentation. Köln 1967, S. 30 ff., S. 133 (Zitat); Cyril E. Black (Hg.), Rewriting Russian History. Soviet Interpretations of Russia's Past. New York 1962.

[57] J. W. Stalin, Über Engels' Artikel »Die auswärtige Politik des Zartums«. In: Ders., Werke. Bd. 14, Dortmund 1976, S. 1–5.

[58] Tillett, The Great Friendship, S. 46.

[59] Čuev, Sto sorok besed, S. 14.

[60] A. Šestakov, Osnovnye problemy učebnika »Kratkij kurs istorii SSSR«. In: Istorik-Marksist (1937) 3, S. 91; Oberländer (Hg.), Sowjetpatriotismus, S. 127, 134.

[61] Stenogramma soveščanija (1. Juni 1944). In: Voprosy Istorii (1996) 2, S. 80.

[62] Altrichter (Hg.), Die Sowjetunion, Bd. 1, S. 325.

[63] 1931 wurde eine Liste jener Völker erstellt, die als kulturell rückständig galten und die entsprechend gefördert werden sollten; Martin, Empire, S. 273.

[64] J. W. Stalin, Über die politischen Aufgaben der Universität des Ostens (1925). In: Ders., Werke. Bd. 7, Berlin 1952, S. 115–131, S. 119.

[65] Yuri Slezkine, The USSR as a Communal Appartement or how a Socialist State Promoted Ethnic Nationalism. In: Slavic Review 53 (1994) 2, S. 414–452, S. 446.

Kapitel 10

1 John A. Lukacs, The Great Powers in Eastern Europe. London 1953, S. 33.

2 Zur inneren Organisation der Komintern vgl. maßgeblich G. M. Adibekov, E. N. Šachnazarova u. K. K. Širinja, Organizacionnaja struktura Kominterna 1919–1943. Moskau 1997; Kevin McDermott u. Jeremy Agnew, The Comintern. A History of International Communism from Lenin to Stalin. London 1996, S. 21 ff.

3 McDermott u. Agnew, S. 226 ff.

4 Ju. L. D'jakov u. T. S. Bušueva, Fašistskij meč kovalsja v SSSR. Moskau 1992; Manfred Zeidler, Reichswehr und Rote Armee 1920–1933. München 1994.

5 K. D. Bracher, M. Funke u. H.-A. Jacobsen (Hg.), Die Weimarer Republik. Bonn 1988, S. 255 ff.

6 Zum »deutschen Oktober« vgl. maßgeblich: E. H. Carr, The Interregnum 1923–1924. 2. Aufl., Harmondsworth 1969, S. 209 ff.; Goldbach, Karl Radek, S. 127 ff.; Hermann Weber, Die Wandlung des deutschen Kommunismus. Frankfurt/M. 1969, S. 43 ff.; Alexander Watlin, Die Komintern 1919–1929. Historische Studien. Mainz 1993, S. 73 ff.; L. G. Babičenko, Politbjuro, CK RKP(b), Komintern i sobytija v Germanii v 1923 g. Novye archivnye materialy. In: Novaja i Novejšaja Istorija (1994) 2, S. 125–157.

7 F. I. Firsov, Stalin i Komintern. In: Voprosy Istorii (1989) 8, S. 3–23, S. 6.

8 J. Stalin, Zur internationalen Lage (21. Sept. 1924). In: Ders., Bd. 6, Berlin 1952, S. 251–269, S. 253.

9 Sowjetsystem und Demokratische Gesellschaft. Eine vergleichende Enzyklopädie. Bd. 2, Freiburg 1968, S. 458.

10 Zur Kaderpolitik und ihren Folgen vgl. Reinhard Müller, Flucht ohne Ausweg. Lebensläufe aus den geheimen Kaderakten der Komintern. In: Exil 10 (1990) 2, S. 76–95; 11 (1991) 1, S. 46–69; die Beiträge von B. H. Bayerlein, B. McLoughlin, H. Schafranek und R. Müller. In: Hermann Weber u. Dietrich Staritz (Hg.), Kommunisten verfolgen Kommunisten. Berlin 1993; Adibekov u. a., Organizacionnaja struktura Kominterna, S. 137 ff.; Alexander Watlin, Kaderpolitik und Säuberungen in der Komintern. In: Hermann Weber u. Ulrich Mählert (Hg.), Terror. Stalinistische Säuberungen 1936–1953. Paderborn 1998, S. 33–89.

11 Georgi Dimitroff, Tagebücher 1933–1943, hrsg. von Bernhard H. Beyerlein. 2 Bde., Berlin 2000.

12 Vgl. die Beiträge von S. Bahne, R. Müller, B. McLoughlin/H.Schafranek, R. Wörsdörfer. In: Weber u. Staritz (Hg.), Kommunisten verfolgen Kommunisten; David Pike, Deutsche Schriftsteller im sowjetischen Exil 1933–1945. Frankfurt/M. 1981, S. 417 ff.; Reinhard Müller, »Wir kommen alle dran«. In: Mittelweg 36 (1997) 6, S. 1–22; Adibekov u. a., Organizacionnaja struktura, S. 192 f.

13 Šapoval u. a. (Hg.), CK – GPU – NKVD v Ukraini, S. 347 ff.

[14] Antoni Czubinski, Komunistyczna Partia Polski (1918–1938), Zarys historii. Warschau 1985, S. 262; Jaff Schatz, The Generation. The Rise and Fall of the Jewish Communists of Poland. Berkeley 1991, S. 87 ff.; F. I. Firsov u. I. S. Jažborovskaja, Komintern i Kommunističeskaja Partija Pol'ši. In: Voprosy Istorii KPSS (1988) 11, S. 20–35; 12, S. 40–55.

[15] Ju. Zorja u. N. Lebedeva, 1939 god v njurnbergskich dos'e. In: Meždunarodnaja žizn' (1989) 9, S. 124–137; zur sowjetischen Politik der dreißiger Jahre vgl. maßgeblich immer noch Dietrich Geyer (Hg.), Osteuropa-Handbuch. Sowjetunion. Außenpolitik 1917–1955. Köln, Wien 1972; Bianka Pietrow, Stalinismus, Sicherheit, Offensive. Das Dritte Reich in der Konzeption der sowjetischen Außenpolitik 1933–1941. Melsungen 1983; Geoffrey Roberts, The Soviet Union and the Origins of the Second World War. Russo-German Relations and the Road to War, 1933–1941. London 1995; Ludmilla Thomas u. Viktor Knoll (Hg.), Zwischen Tradition und Revolution. Determinanten und Strukturen sowjetischer Außenpolitik 1917–1941. Stuttgart 2001.

[16] Nazi-Soviet Relations, 1939–1941: Documents from the German Foreign Office. Washington 1948; Fal'sifikatory istorii. (Istoričeskaja spravka). Moskau 1948; deutsch: Geschichtsfälscher. (Geschichtlicher Überblick). Der tatsächliche Verlauf der Vorbereitung und Entwicklung der Hitler-Aggression und der Zweite Weltkrieg. Berlin 1948.

[17] Tucker, Stalin in Power, S. 353 ff.; Gerhard Weinberg, The Foreign Policy of Hitler's Germany. Bde. 1–2, Chicago 1980; Jiri Hochman, The Soviet Union and the Failure of Collective Security. Ithaca 1984.

[18] Helen Graham u. Paul Preston (Hg.), The Popular Front in Europe. New York 1987.

[19] Als maßgebl. Darstellung zu den nationalen und internationalen Aspekten des Spanischen Bürgerkrieges vgl. mit Literaturhinweisen Patrick von zur Mühlen, Spanien war ihre Hoffnung. Die deutsche Linke im Spanischen Bürgerkrieg. Bonn 1983; Walther L. Bernecker, Krieg in Spanien 1936–1939. Darmstadt 1991.

[20] Ju. A. L'vunin, Kampanija solidarnosti trudjaščichsja SSSR s nacional'no-revoljucionnoj vojnoj ispanskogo naroda (1936–1939 gg.). In: Vestnik MGU. Serija Istorija (1978) 5, S. 3–16; M. T. Meščerjakov, Ispanskaja respublika i Komintern. Moskau 1981, S. 48 ff.

[21] Igor Lukes, Stalin and Beneš at the End of September 1938: Evidence from Prague Archives. In: Slavic Review 52 (1993) 1, S. 28–48; Ivan Pfaff, Die Sowjetunion und die Verteidigung der Tschechoslowakei 1934–1939. Versuch der Revision einer Legende. Köln 1996.

[22] Jonathan Haslam, Litvinov, Stalin and the Road not taken. In: Gabriel Gorodetsky (Hg.), Soviet Foreign Policy 1917–1991. A Retrospective. London 1994, S. 55–62.

[23] Pietrow, Stalinismus, Sicherheit, S. 178; Heinrich Schwendemann, Die wirtschaftliche Zusammenarbeit zwischen dem Deutschen Reich und der Sowjetunion von 1939 bis 1941. Alternative zu Hitlers Ostprogramm? Berlin 1993, S. 381 f.

[24] Nikolaj Simonov, Voenno-promyšlennyj kompleks SSSR v 1920–1950-e gody: Tempy ekonomičeskogo rosta, struktura, organizacija proizvodstva i upravlenie. Moskau 1996, S. 125 ff.; Jacques Sapir, The Economics of War in the Soviet Union during World War II. In: Ian Kershaw u. Moshe Lewin (Hg.), Stalinism and Nazism: Dictatorships in Comparison. Cambridge 1997, S. 208–236.

[25] Zu den sowjetischen Mobilisierungsplanungen vgl. N. M. Romaničev, Militärische Pläne eines Gegenschlages der UdSSR. In: Ueberschär u. Bezymenski (Hg.), Der deutsche Angriff, S. 90–102 sowie die Dokumente S. 155 ff.

[26] Das rätselhafte Verhalten Stalins im Mai/Juni 1941 ist Gegenstand einer unübersehbaren Literatur. Vgl. Pietrow, Stalinismus, Sicherheit, S. 230 ff.; Gabriel Gorodetzky, Stalin und Hitlers Angriff auf die Sowjetunion. In: Vierteljahrshefte für Zeitgeschichte 37 (1989), S. 645–672; Schwendemann, Die wirtschaftliche Zusammenarbeit, S. 353 ff.; Roberts, The Soviet Union, S. 135 ff.; die Beiträge von Bezymenski und Bonwetsch in: Ueberschär u. Bezymenski (Hg.), Der deutsche Angriff; Bianka Pietrow-Ennker, (Hg.), Präventivkrieg? Der deutsche Angriff auf die Sowjetunion. Frankfurt/M. 2000; zur immer wieder aufgetischten Präventivkriegsthese, nach der Hitler einem Angriff Stalins zuvorgekommen sei, vgl. Bianka Pietrow, Deutschland im Juni 1941 – ein Opfer sowjetischer Aggression? In: Geschichte und Gesellschaft 14 (1988), 5, S. 116–135; Bernd Bonwetsch, Vom Hitler-Stalin-Pakt zum »Unternehmen Barbarossa«. Die deutsch-russischen Beziehungen in der Kontroverse. In: Osteuropa 41 (1991) 6, S. 562–579; zuletzt die Beiträge von G. Ueberschär, W. Wette und A. I. Boroznjak in: Ueberschär u. Bezymenski (Hg.), Der deutsche Angriff.

[27] Helmut Altrichter (Hg.), Die Sowjetunion. Bd. 1, München 1986, S. 352.

[28] Bernd Bonwetsch, Der »Große Vaterländische Krieg«. Vom deutschen Einfall bis zum sowjetischen Sieg (1941–1945). In: Gottfried Schramm (Hg.), Handbuch der Geschichte Rußlands. Bd. 3/2, Stuttgart 1992, S. 910; Ljudskie poteri SSSR v period vtoroj mirovoj vojny. Sbornik statej. St. Petersburg 1995.

[29] J. Stalin, Rechenschaftsbericht an den XVIII. Parteitag über die Arbeit des ZK der KPdSU (B) (1939). In: Ders., Fragen des Marxismus. Berlin 1952, S. 692.

[30] Zur inzwischen kaum noch überschaubaren Literatur zur (Vor-)Geschichte des Hitler-Stalin-Paktes vgl. maßgeblich die oben genannten

Arbeiten von Ueberschär u. Bezymenski (Hg.), Der deutsche Angriff; Pietrow, Stalinismus; Ingeborg Fleischhauer, Der Pakt. Hitler, Stalin und die Initiative der deutschen Diplomaten 1938–1939. Berlin 1990; dies., Diplomatischer Widerstand gegen »Unternehmen Barbarossa«. Die Friedensbemühungen der Deutschen Botschaft Moskau 1939–1941. Berlin, Frankfurt/M. 1991; Geoffrey Roberts, The Unholy Alliance. Stalin's Pact with Hitler. London 1989; Helmut König (Hg.), Das deutsch-sowjetische Vertragswerk von 1939 und seine Geheimen Zusatzprotokolle. Eine Dokumentation. In: Osteuropa 39 (1989), S. 413–458.

31 Rede Molotows vom 31. Oktober 1939 nach Pietrow, Stalinismus, Sicherheit, S. 146 f.

32 L. A. Bezymenski, Stalins Rede vom 5. Mai 1941 – neu dokumentiert. In: Ueberschär u. Bezymenski (Hg.), Der deutsche Angriff, S. 139 f.

33 Lew Besymenski, Die sowjetisch-deutschen Verträge von 1939: Neue Dokumente. In: Forum 2 (1998) 2, S. 77–108, S. 107.

34 Bernd Bonwetsch, Stalins Äußerungen zur Politik gegenüber Deutschland 1939–1941. In: Ueberschär u. Bezymenski (Hg.), Der deutsche Angriff, S. 145–154, S. 146.

35 M. Nikitin, Ocenka sovetskim rukovodstvom sobytij vtoroj mirovoj vojny. (Po ideologičeskim dokumentam maja-ijunja 1941 g.). In: G. A. Bordjugov u. V. A. Nevežin (Red.), Gotovil li Stalin nastupatel'nuju vojnu protiv Gitlera? Moskau 1995, S. 122–146.

36 Čuev, Sto sorok besed, S. 16.

37 O. A. Rževskij u. a. (Hg.), Zimnjaja vojna 1939–1940. Bd. 1: Političeskaja Istorija; Bd. 2: Stalin i finskaja kampanija. Moskau 1998; Bd. 2, S. 275 (Zitat); Max Jacobson, The Diplomacy of the Russo-Finnish War, 1939–1940. Cambridge 1961; J. K. Paasakivi, Meine Moskauer Mission 1939–1940. Hamburg 1966.

38 Stalins 14-Punkte-Direktive für Molotov zu dessen Besuch im November 1940. In: Ueberschär u. Bezymenski (Hg.), Der deutsche Angriff, S. 174 f.

39 Vojtech Mastny, Russia's Road to the Cold War. New York 1979; Charles Gati, Hungary in the Soviet Bloc. Durham 1986, S. 28 ff.

40 Vgl. Čuev, Sto sorok besed, S. 103.

Abkürzungen

Agitprop	Agitation und Propaganda
ASSR	Autonome Sozialistische Sowjetrepublik
BAM	Baikal-Amur-Magistrale
BSSR	Belorussische Sozialistische Sowjetrepublik
ČSR	Tschechoslowakische Republik
EKKI	Exekutivkomitee der Kommunistischen Internationale
FOG	Forschungen zur osteuropäischen Geschichte
Glawlit	Hauptverwaltung für Literatur und Druckerzeugnisse
GPU	Staatliche Politische Verwaltung
GULag	Hauptverwaltung der Lager
ITK	Arbeitsbesserungskolonien
ITL	Arbeitsbesserungslager
JGO	Jahrbücher für Geschichte Osteuropas
kaery, KR	»Konterrevolutionäre«
KMT	Kuomintang
Kolchos	Kollektivwirtschaft
Komintern	Kommunistische Internationale
KPC	Kommunistische Partei der Tschechoslowakei
KPCh	Kommunistische Partei Chinas
KPD	Kommunistische Partei Deutschlands
KPdSU	Kommunistische Partei der Sowjetunion
KPP	Kommunistische Partei Polens
KPZU	Kommunistische Partei der West-Ukraine
KP(B)U	Kommunistische Partei der Ukraine
Krestintern	Bauerninternationale
MGB	Ministerium für Staatssicherheit
MRK	Militär-Revolutionäres Komitee
MTS	Maschinen- und Traktorenstation
MWD	Innenministerium
NEP	Neue Ökonomische Politik
NKID	Kommissariat für Auswärtige Angelegenheiten
NKJu	Volkskommissariat für Justiz
NKPros	Volkskommissariat für Bildung
NKWD	Volkskommissariat für innere Angelegenheiten
OGPU	Vereinigte Staatliche Politische Verwaltung
PCI	Kommunistische Partei Italiens
Profintern	Revolutionäre Gewerkschaftsinternationale
PSR	Partei der Sozialrevolutionäre
RAPP	Russische Vereinigung der proletarischen Schriftsteller

RKP(B)	Russische Kommunistische Partei (Bolschewiki)
RSFSR	Russische Sozialistische Föderative Sowjetrepublik
SDKPiL	Sozialdemokratie des Königreiches Polen und Litauen
Semstwa	allständische Körperschaften der Landbevölkerung
Sowchos	Sowjetwirtschaft/Staatswirtschaft
SSSR	*siehe:* UdSSR
STK	Bund der Werktätigen Bauern
Tscheka	Allrussische Außerordentliche Kommission für den Kampf gegen Konterrevolution und Sabotage
UdSSR	Union der Sozialistischen Sowjetrepubliken, Sowjetunion
USPD	Unabhängige Sozialdemokratische Partei Deutschlands
USSR	Ukrainische Sozialistische Sowjetrepublik
WDNCh	Ausstellung der Errungenschaften der Volkswirtschaft der Sowjetunion
Wikshel	Eisenbahnergewerkschaft
WKP	*siehe* KPdSU
WSNCh	Oberster Volkswirtschaftsrat
ZEK	Zentrales Exekutivkomitee des Allrussischen Sowjetkongresses
ZK	Zentralkomitee
ZKK	Zentrale Kontrollkommission beim Zentralkomitee

Literatur

Nachschlagewerke und Gesamtdarstellungen

Hildermeier, Manfred, Geschichte der Sowjetunion 1917–1991. München 1998.

Hösch, Edgar u. Grabmüller, Hans-Jürgen, Daten der russischen Geschichte. Von den Anfängen bis 1917. München 1981.

Dies., Daten der sowjetischen Geschichte. Von 1917 bis zur Gegenwart. München 1981.

Kolakowski, Leszek, Die Hauptströmungen des Marxismus. Bd. 3, München 1981.

Lenin, W. I., Werke. Bde. 1–40, Berlin 1955–1964.

Schramm, Gottfried (Hg.), Handbuch der Geschichte Rußlands. Bd. 3. 1856–1945. Von den autokratischen Reformen zum Sowjetstaat. Stuttgart 1992.

Sowjetsystem und demokratische Gesellschaft. Eine vergleichende Enzyklopädie, Bde. 1–6. Freiburg 1966–1972.

Stalin, J. W., Werke. Bde. 1–12, Berlin 1955–1964.

Stalin, J. W., Werke. Bde. 14–15, Dortmund 1976–1979.

Torke, Hans-Joachim (Hg.), Historisches Lexikon der Sowjetunion 1917/22 bis 1991. München 1993.

Ders. (Hg.), Lexikon der Geschichte Rußlands. Von den Anfängen bis zur Oktober-Revolution. München 1985.

Wieczynski, J. L. (Hg.), The Modern Encyclopedia of Russian and Soviet History. 58 Bde. Gulf Breeze 1976 ff.

Petrograd, 25. Oktober 1917

Acton, E., Cherniaev, V. Ju. u. Rosenberg, W. G. (Hg.), Critical Companion to the Russian Revolution 1914–1921. London 1997.

Altrichter, Helmut, Rußland 1917. Ein Land auf der Suche nach sich selbst. Paderborn 1997.

Bonwetsch, Bernd, Die russische Revolution 1917. Darmstadt 1991.

Figes, Orlando, A People's Tragedy. The Russian Revolution 1891–1924. London 1996 (deutsch: Die Tragödie eines Volkes. Die Epoche der russischen Revolution 1891–1924. Berlin 1998).

Halfin, Igal, From Darkness to Light: Class, Consciousness and Salvation in Revolutionary Russia, Pittsburgh 2000.

Pipes, Richard, The Russian Revolution 1899–1919. London 1990 (deutsch: Die russische Revolution, 3 Bde. Berlin 1992–1993).
Schlögel, Karl, Jenseits des Großen Oktober. Das Laboratorium der Moderne. Petersburg 1909–1921. Berlin 1991.

Quellen
Anin, David (Hg.), Die russische Revolution in Berichten ihrer Akteure. München 1976.
Emmons, Terence (Hg.), Time of Troubles. The Diary of Iu. V. Got'e. Princeton 1988.
Hellmann, Manfred (Hg.), Die russische Revolution 1917. Von der Abdankung des Zaren bis zum Staatsstreich der Bolschewiki. München 1964.
Suchanow, N. N., 1917. Tagebuch der russischen Revolution. München 1967.

Kapitel 1: Die Arbeiterschaft und die Revolution

Anweiler, Oskar, Die Rätebewegung in Rußland 1905–1921. Leiden 1958.
Bonnell, Victoria E., The Russian Worker. Life and Labor under the Tsarist Regime. Berkeley 1983.
Koenker, Diane, Moscow Workers and the 1917 Revolution. Princeton 1981.
Smith, S. A., Red Petrograd. Revolution in the Factories 1917–1918. Cambridge 1983.
Suny, R. G., The Baku Commune 1917–1918. Class and Nationality in the Russian Revolution. Princeton 1972.

Quellen:
Lorenz, Richard (Hg.), Die russische Revolution. Der Aufstand der Arbeiter, Bauern und Soldaten. München 1981.

Kapitel 2: Der Kampf um den Boden und um die Ernte

Bartlett, Roger (Hg.), Land Commune and Peasant Community in Russia. London 1990.
Eklof, Ben u. Frank, St. P. (Hg.), The World of the Russian Peasant. London 1990.
Kingston-Mann, E. u. Mixter, T. (Hg.), Peasant Economy, Culture, and Politics of European Russia 1800–1921. Princeton 1991.
Manning, R. Th., The Crisis of the Old Order in Russia. Gentry and Government. Princeton 1982.
Shanin, Teodor, The Awkward Class. Political Sociology of Peasantry in a Developing Society: Russia 1910–1925. Oxford 1972.
Wehner, Markus, Bauernpolitik im proletarischen Staat. Köln 1998.

Quellen

Altrichter, Helmut u. Haumann, Heiko (Hg.), Die Sowjetunion, 2 Bde. München 1986–1987.

Lorenz, Richard (Hg.), Die russische Revolution. Der Aufstand der Arbeiter, Bauern und Soldaten. München 1981.

Kapitel 3: Die Geburt des Sowjetstaats im Bürgerkrieg

Brovkin, Vladimir N., Behind the Front Lines of the Civil War. Political Parties and Social Movements in Russia, 1918–1922. Princeton 1994.

Ders. (Hg.), The Bolsheviks in Russian Society. The Revolution and the Civil Wars. New Haven 1997.

Easter, Gerald M., Reconstructing the State Personal Networks and Elite Identity in Soviet Russia. Cambridge 2000.

Hagen, Mark von, Soldiers in the Proletarian Dictatorship. The Red Army and the Soviet Socialist State 1917–1930. Ithaca 1990.

Katzer, Nikolaus, Die weiße Bewegung in Rußland. Köln 1999.

Koenker, Diane P. u. a. (Hg.), Party, State, and Society in the Russian Civil War. Explorations in Social History. Bloomington 1989.

Leggett, George, The Cheka: Lenin's Political Police. Oxford 1981.

Pipes, Richard, Russia under the New Regime. New York 1994 (deutsch: Die russische Revolution, Bd. 3. Berlin 1993).

Raeff, Marc, Russia Abroad. A Cultural History of the Russian Emigration 1919–1939. New York 1990.

Schlögel, Karl (Hg.), Der große Exodus. Die russische Emigration und ihre Zentren 1917 bis 1941. München 1994.

Quellen

Müller, Eberhard u. Schröder, Hans-Henning (Hg.), Partei, Staat und Sowjetgesellschaft. Sozialgeschichtliche Aspekte politischer Macht. Dokumente 1917–1941. Tübingen 1993.

Kapitel 4: Der Bolschewismus als Kult und Heilslehre

Bonnell, Victoria E., Iconography of Power. Soviet Political Posters under Lenin and Stalin. Berkeley 1997.

Ennker, Benno, Die Anfänge des Leninkults in der Sowjetunion. Köln 1997.

Figes, O. u. Kolonitskii, B., Interpreting the Russian Revolution. The Language and Symbols of 1917. New Haven 1999.

Fitzpatrick, Sheila (Hg.), Cultural Revolution in Russia 1928–1931. Cambridge 1978.

Dies., The Cultural Front. Power and Culture in Revolutionary Russia. Ithaca 1992.

Fülöp-Miller, René, Geist und Gesicht des Bolschewismus. Zürich 1926.
Gassner, Hubertus (Hg.), Agitation zum Glück. Sowjetische Kunst der Stalinzeit. Bremen 1994.
Geldern, James von, Bolshevik Festivals, 1917–1920. Berkeley 1923.
Günther, Hans, Der sozialistische Übermensch. M. Gorkij und der sowjetische Heldenmythos. Stuttgart, Weimar 1993.
Kenez, Peter, The Birth of the Propaganda State. Soviet Methods of Mass Mobilization, 1917–1929. Cambridge 1985.
King, David, Stalins Retuschen. Foto- und Kunstmanipulation in der Sowjetunion. Hamburg 1997.
Koenen, Gerd, Die großen Gesänge. Frankfurt/M. 1987.
Luukkanen, Arto, The Party of Unbelief. The Religious Policy of the Bolshevik Party. 1917–1929. Helsinki 1994.
Ders., The Religious Policy of the Stalinist State. A Case Study: The Central Standing Commission of Religious Questions, 1929–1938. Helsinki 1997.
Plaggenborg, Stefan, Revolutionskultur. Menschenbilder und kulturelle Praxis in Sowjetrußland zwischen Oktoberrevolution und Stalinismus. Köln 1996.
Tumarkin, Nina, Lenin Lives! The Lenin Cult in Soviet-Russia. Cambridge/Mass. 1983.
Velikanova, Olga, Making of an Idol: On Uses of Lenin. Göttingen 1996.

Quellen

Garros, Véronique u. a. (Hg.), Das wahre Leben. Tagebücher aus der Stalin-Zeit. Berlin 1998.
Geschichte der Kommunistischen Partei der Sowjetunion (Bolschewiki). Kurzer Lehrgang. Berlin 1952 (Nachdruck 1972).
Hauptmann, Peter u. Stricker, Gerd (Hg.), Die orthodoxe Kirche in Rußland. Dokumente ihrer Geschichte. Göttingen 1988.
Hellbeck, Jochen (Hg.), Tagebuch aus Moskau 1931–1939. München 1996.
Klein, Wolfgang (Hg.), 1935. Erster Internationaler Schriftstellerkongreß zur Verteidigung der Kultur. Reden und Dokumente. Berlin 1982.
Leonhard, Wolfgang, Die Revolution entläßt ihre Kinder. Frankfurt/M. 1976.
Lyons, Eugene, Assignment in Utopia. London 1937.
Rosenberg, William G. (Hg.), Bolshevik Visions: First Phase of the Cultural Revolution in Soviet Russia. Ann Arbor 1984.
Schmitt, H. u. Schramm, G. (Hg.), Sozialistische Realismuskonzeptionen. Dokumente zum 1. Allunionskongreß der Sowjetschriftsteller. Frankfurt/M. 1974.
Sinkó, Ervin, Roman eines Romans. Moskauer Tagebuch. Köln 1962.

Kapitel 5: Alte und neue Welt: vom Dorf in den Kolchos

Altrichter, Helmut, Die Bauern von Tver. München 1984.
Atkinson, Dorothy, The End of the Russian Land Commune, 1905–1930. Stanford 1983.
Lewin, Moshe, Russian Peasants and Soviet Power. London 1968.
Merl, Stephan, Der Agrarmarkt und die Neue Ökonomische Politik. München 1981.
Ders., Die Anfänge der Kollektivierung in der Sowjetunion. Wiesbaden 1985.
Ders., Bauern unter Stalin. Die Formierung des sowjetischen Kolchossystems 1930–1941. Berlin 1990.
Viola, Lynne, Peasant Rebels under Stalin. Collectivization and the Culture of Peasant Resistance. New York, Oxford 1996.

Quellen
Graziosi, Andrea, Collectivisation, révoltes paysannes et politiques gouvernementales à travers les rapports du GPU de février – mars 1930. In: Cahiers du Monde Russe et Soviétique 35 (1994), S. 437–472, S. 439 ff.
Merl, Stephan (Hg.), Sowjetmacht und Bauern. Berlin 1993.
Schmemann, Serge, Ein Dorf in Rußland. Zwei Jahrhunderte russischer Geschichte. Berlin 1999.

Kapitel 6: Ökonomie und sozialistische Lebensweise

Bailes, K. E., Technology and Society under Lenin and Stalin. Origins of the Soviet Technical Intelligentsia, 1917–1941. Princeton 1978.
Davies, Sarah, Popular Opinion in Stalin's Russia. Cambridge 1997.
Davies, R. W., Harrison, Mark u. Wheatcroft, S. G. (Hg.), The Economic Transformation of the Soviet Union 1913–1945. Cambridge 1994.
Fainsod, Merle, Smolensk under Soviet Rule. Cambridge/Mass. 1958.
Fainsod, M., Wie Rußland regiert wird. Köln 1965.
Fitzpatrick, Sheila, Rabinowitch, A. u. Stites, R. (Hg.), Russia in the Era of NEP. Bloomington 1991.
Kotkin, Stephen, Magnetic Mountain. Stalinism as a Civilization. Berkeley 1995.
Maier, Robert, Die Stachanov-Bewegung 1935–1938. Stuttgart 1990.
Rosenberg, W. G. u. Siegelbaum, L. H. (Hg.), Social Dimensions of Soviet Industrialization. Bloomington 1993.
Schröder, Hans-Henning, Arbeiterschaft, Wirtschaftsführung und Parteibürokratie während der Neuen Ökonomischen Politik. Eine Sozialgeschichte der bolschewistischen Partei 1920–1928. Berlin 1982.
Ders., Industrialisierung und Parteibürokratie in der Sowjetunion. In: Forschungen zur osteuropäischen Geschichte 41 (1988).

Siegelbaum, L. H. u. Suny, R. G. (Hg.), Making Workers Soviet: Power, Class, and Identity. London 1994.
Zaleski, Eugene, Stalinist Planning for Economic Growth, 1933–1952. London 1980.

Quellen:
Altrichter, Helmut u. Haumann, Heiko (Hg.), Die Sowjetunion. Bd. 2, München 1987.

Kapitel 7: Die Partei in der Gefangenschaft Trotzkis

Chlevnjuk, Oleg V., Das Politbüro. Mechanismen der politischen Macht in der Sowjetunion der dreißiger Jahre. Hamburg 1998.
Conquest, Robert, The Great Terror. A Reassessment. London 1990.
Getty, J. A. u. Manning, R. T. (Hg.), Stalinist Terror. New Perspectives. Cambridge 1993.
Gill, G., Stalinism. London 1990.
Hildermeier, Manfred (Hg.), Stalinismus vor dem Zweiten Weltkrieg. München 1998.
Medwedew, Roy, Das Urteil der Geschichte: Stalin und Stalinismus. Bde. 1–3, Berlin 1992.
Plaggenborg, Stefan (Hg.), Stalinismus. Neue Forschungen und Konzepte. Berlin 1998.
Stites, Richard, Russian Popular Culture: Entertainment and Society Since 1900. Cambridge 1992.
Tucker, Robert C., Stalin as Revolutionary 1879–1929. A Study in History and Personality. New York 1973.
Ders., Stalin in Power. The Revolution from Above, 1928–1941. London 1990.

Quellen
Chruschtschow erinnert sich. Reinbek bei Hamburg 1971.
Getty, J. A. u. Naumov, V. O., The Road to Terror, New Haven, London 1999.
Kool, Frits u. a. (Hg.), Arbeiterdemokratie oder Parteidiktatur. Freiburg 1967.
Lih, Lars T. u. a. (Hg.), Stalin – Briefe an Molotow 1925–1936. Berlin 1996.
Pirker, Theo (Hg.), Die Moskauer Schauprozesse 1936–1938. München 1963.
Schauprozesse unter Stalin 1932–1952. Berlin 1990.
Serge, Victor, Beruf: Revolutionär. Frankfurt/M. 1967.
Wolter, Ulf (Hg.), Die linke Opposition in der Sowjetunion. Bde. 1–5, Berlin 1975.

Kapitel 8: Die sowjetische Unterwelt: das Lagersystem

Bährens, Kurt, Deutsche in Straflagern und Gefängnissen der Sowjetunion. Bde. 1–3, München 1965 (= Zur Geschichte der deutschen Kriegsgefangenen des Zweiten Weltkrieges, Bd. 5).
Barton, Paul, L'institution concentrationnaire en Russie (1930–1957). Paris 1959.
Courtois, Stéphane u. a. (Hg.), Das Schwarzbuch des Kommunismus. München 1998.
Dahlmann, D. u. Hirschfeld, G. (Hg.), Lager, Zwangsarbeit, Vertreibung und Deportation. Dimension der Massenverbrechen in der Sowjetunion und in Deutschland 1933 bis 1945. Essen 1999.
Jakobson, Michael, Origins of the GULAG. The Soviet Prison Camp System 1917–1934. Lexington 1993.
Solomon jr., Peter H., Soviet Criminal Justice under Stalin. Cambridge 1996.
Solschenizyn, Alexander, Der Archipel GULAG. Bern 1974.
Stettner, Ralf, »Archipel Gulag«. Stalins Zwangslager. Paderborn 1996.

Quellen
Buber-Neumann, Margarete, Als Gefangene bei Hitler und Stalin. München 1949.
Djomin, Michail, Die Tätowierten. Frankfurt/M. 1975.
Gorky, M., Auerbach, L. L. u. Firin, S. G. (Hg.), The White Sea Canal. Beeing an Account of the Construction of the Canal Between the White Sea and the Baltic Sea. New York 1935.
Mandelstam, Nadeshda, Das Jahrhundert der Wölfe. 2. Aufl., Frankfurt/M. 1973.

Kapitel 9: Das sowjetische Imperium und die Konstruktion seiner Nationen

Carrère d'Encausse, Helene, The Great Challenge. Nationalities and the Bolshevik State 1917–1930. London 1992.
Fierman, William, Language Planning and National Development. The Uzbek Experience, Berlin, New York 1991.
Forsyth, James, A History of the Peoples of Siberia. Russia's North Asian Colony 1581–1990. Cambridge 1992.
Gitelman, Zvi Y., Jewish Nationality and Soviet Politics. The Jewish Section of the CPSU, 1917–1930. Princeton 1972.
Kaiser, Robert J., The Geography of Nationalism in Russia and the USSR. Princeton 1994.
Kappeler, Andreas, Rußland als Vielvölkerreich. Entstehung, Geschichte, Zerfall. München 1992.

Kirkwood, Michael (Hg.), Language Planning in the Soviet Union. London 1989.
Krawchenko, Bohdan, Social Change and National Consciousness in Twentieth-Century Ukraine. London, Oxford 1985.
Lewis, R. A., Rowland, R. H. u. Clem, R. S., Nationality and Population Change in Russia and the USSR. Evaluation of Census Data, 1897–1970. New York 1976.
Lindner, Rainer, Historiker und Herrschaft. Nationsbild und Geschichtspolitik in Weißrußland im 19. und 20. Jahrhundert. München 1999.
Martin, Terry D., The Affirmative Action Empire: Ethnicity and the Soviet State, 1923–1938. Ph. Diss. Chicago 1996.
Pinkus, Benjamin, The Jews of the Soviet Union. The History of a National Minority. Cambridge 1988.
Pipes, Richard, The Formation of the Soviet Union. 3. Aufl., Cambridge/Mass. 1997.
Riddell, John (Hg.), To See the Dawn. Baku 1920. First Congress of the Peoples of the East. New York 1993.
Simon, Gerhard, Nationalismus und Nationalitätenpolitik in der Sowjetunion. Von der totalitären Diktatur zur nachstalinschen Gesellschaft. Baden-Baden 1986.
Slezkine, Yuri, Arctic Mirror. Russia and the Small Peoples of the North. London 1994.
Subtelny, Orest, Ukraine. A History. Toronto 1988.
Vetter, Matthias, Antisemiten und Bolschewiki. Zum Verhältnis von Sowjetsystem und Judenfeindschaft 1917–1939. Berlin 1995.

Quellen

Oberländer, Erwin (Hg.), Sowjetpatriotismus und Geschichte. Dokumentation. Köln 1967.

Kapitel 10: Sowjetmacht und internationaler Kommunismus

Braunthal, Julius, Geschichte der Internationale. Bde. 1–3, Berlin, Bonn 1978.
Geyer, Dietrich (Hg.), Osteuropa-Handbuch. Sowjetunion. Außenpolitik 1917–1955. Köln, Wien 1972.
Gorodetsky, Gabriel (Hg.), Soviet Foreign Policy 1917–1991. A Retrospective. London 1994.
Graham, Helen u. Preston, Paul (Hg.), The Popular Front in Europe. New York 1987.
Koenen, Gerd u. Kopelew, Lew (Hg.), Deutschland und die russische Revolution. München 1998.
Mastny, Vojtech, Russia's Road to the Cold War. New York 1979.

McDermott, Kevin u. Agnew, Jeremy, The Comintern. A History of International Communism from Lenin to Stalin. London 1996.
Mick, Christoph, Sowjetische Propaganda, Fünfjahrplan und die Rußlandpolitik 1928–1932. Stuttgart 1995.
Pietrow, Bianka, Stalinismus, Sicherheit, Offensive. Das Dritte Reich in der Konzeption der sowjetischen Außenpolitik 1933–1941. Melsungen 1983.
Sutton, Anthony C., Western Technology and Soviet Economic Development. Bde. 1–2, Stanford 1968–1971.
Thomas, Ludmilla u. Knoll, Viktor (Hg.), Zwischen Tradition und Revolution. Determinanten und Strukturen sowjetischer Außenpolitik 1917–1941. Stuttgart 2000.
Tischler, Carola, Flucht in die Verfolgung. Deutsche Emigranten im sowjetischen Exil – 1933 bis 1945. Münster 1996.
Ueberschär, Gerd R. u. Bezymenski, Lev A. (Hg.), Der deutsche Angriff auf die Sowjetunion. Die Kontroverse um die Präventivkriegsthese. Darmstadt 1998.
Watlin, Alexander, Die Komintern 1919–1929. Historische Studien. Mainz 1993.
Weber, Hermann u. Mählert, Ulrich (Hg.), Terror. Stalinistische Säuberungen 1936–1953. Paderborn 1998.
Weber, Hermann u. Staritz, Dietrich (Hg.), Kommunisten verfolgen Kommunisten. Berlin 1993.
Wegner, Bernd (Hg.), Zwei Wege nach Moskau. Vom Hitler-Stalin-Pakt zum »Unternehmen Barbarossa«. München 1991.

Quellen

Georgi Dimitroff, Tagebücher 1933–1943, hrsg. von Bernhard H. Beyerlein. 2 Bde., Berlin 2000.
Pirker, Theo (Hg.), Utopie und Mythos der Weltrevolution. Zur Geschichte der Komintern 1920–1940. München 1964.

Personenregister

Die Namen werden gemäß der Duden-Transkription wiedergegeben.

Alexander III. 15
Alexander Newski 84, 226
Antonow, A. S. 51f., 55
Antonow-Owsejenko, W. A. 53
Anweiler, Oskar 28

Babel, Isaak 61
Bauer, Otto 199
Bedny, Demjan 93, 226
Berija, Lawrenti P. 186, 203f.
Bogdanow, Alexander A. 80
Brandler, Heinrich 245
Bredel, Willi 252
Bucharin, Nikolai I. 54, 108f., 111, 155, 157ff., 168, 172ff., 240, 246
Budjonny, Semjon M. 61

Campanella, Thomas 80
Chiang Kai-shek 233
Chruschtschow, Nikita S. 212
Churchill, Winston 59
Chwylowy, Mykola 215
Cuno, Wilhelm 244

Denikin, A. I. 58–61, 63
Denis, Wiktor 94
Dimitrow, Georgi 240, 247
Dserschinski, Felix 67f., 85, 204
Durnowo, P. P. 12

Ehrenburg, Ilja 194
Eisenstein, Sergei 7f.
Engels, Friedrich 18, 76, 98, 226

Fischer, Ruth 245
Foch, Ferdinand 59
Franco, Francisco 237, 251
Frunse, Michail W. 203

Galiev, Mirsaid Sultan 214
George, Lloyd 59, 79
Gerö, Ernö 252
Gorki, Maxim 18, 45, 68, 95f., 100, 194

Heydrich, Reinhard 171
Hitler, Adolf 102, 141, 238, 246, 249f., 252ff., 257f.
Hroch, M. 197f.
Hruschewski, Myhailo 221

Jagoda, Genrich G. 53, 167f.
Jaroslawski, Jemeljan 87f.
Jeschow, Nikolai I. 165, 167, 169f. 173, 178, 186, 203, 248
Jessenin, Sergei A. 115
Judenitsch, N. N. 59f.

Kaganowitsch, Lasar M. 74, 158, 170, 203
Kalinin, Michail I. 118, 123, 158
Kamenew, Leo B. 16, 155f., 167ff.
Katharina II. 9
Kautsky, Karl 241
Kerenski, Alexander F. 8f.
Kirow, Sergei M. 147, 158, 164, 166ff., 203
Kokoschkin, F. F. 12
Koltschak, Alexander W. 58f., 61, 63
Kondratjew, Nikolai D. 115
Konjew, Iwan S. 251

Koroljow, S. P. 178
Krasnow, P. N. 58
Kseschinskaja, Mathilda 12
Kuibyschew, Walerian W. 158
Kuusinen, Otto 257f.

Laue, Th. v. 28
Lenin, Wladimir Iljitsch 8, 15–20, 24, 26, 37, 40, 43, 46, 48, 54f., 57, 63, 67, 70, 73, 78, 80, 85, 92–98, 100, 104, 123, 155, 157, 176, 199f., 202f., 205, 214f., 226, 228, 239ff.
Litwinow, Maxim M. 235, 253
Longo, Luigi 252
Luxemburg, Rosa 16

Machno, Nestor 50
Majakowski, Wladimir W. 96
Makarenko, Anton S. 193
Malinowski, Rodion Ja. 251
Manuilski, D. 240
Marchwitza, Hans 252
Marx, Karl 18, 69, 76, 98, 136, 255
Maslow, Arkadi 245
Mielke, Erich 252
Mikojan, Anastas I. 203f.
Mirbach, Wilhelm von 57
Molotow, Wjatscheslaw M. 16, 74, 111, 122, 132, 158, 169, 227, 253, 257f.
Muchina, Wera I. 128
Mussolini, Benito 79

Netschkina, M. 227

Ordschonikidse, Grigori K. 170, 203ff.

Pawlow, D. G. 251
Peter I. (Peter der Große) 84, 226
Peters, Jan 203
Petljura, Simon W. 60
Piłsudski, Josef 248f.
Pjatakow, Ju. L. 101, 168, 173
Pokrowski, Michail N. 226f.
Postyschew, Pawel 212
Primakow, W. M. 170

Radek, Karl B. 101, 168, 244f., 257
Radischtschew, Alexander N. 226
Rakowski, Christian 168
Rathenau, Walter 242
Reed, John 8
Renner, Karl 199
Rudzutak, Jan 203
Rykow, Aleksei I. 109, 168

Schdanow, Andrei A. 164
Schingarjow, A. I. 12
Schlageter, Albert Leo 244
Schljapnikow, A. G. 71
Scholochow, Michail A. 121
Schumsky, Olexandr Ja. 215
Sinowjew, Grigori Je. 16, 94, 155f., 158, 167ff., 171ff., 240, 244f.
Skrypnyk, Mykola 215, 220
Sobelsohn, Karl (s. Radek)
Sokolnikow, G. Ja. 168
Solschenizyn, Alexander I. 171
Sorokin, Pitirim A. 75, 150
Stachanow, Aleksei G. 145
Stalin, Jossif Wissarionowitsch 16, 60, 68, 71, 74, 77f., 87, 90f., 93–102, 107, 109, 111, 114f., 118f., 121ff., 128, 133ff., 139, 145f., 154–160, 162f., 166–175, 177f., 185, 187, 191, 194, 199ff., 203–206, 212, 214, 225–228, 230, 238, 245ff., 249–255, 257f.
Stolypin, Pjotr A. 15, 41
Stresemann, Gustav 242
Suchanow, N. N. 93

Thälmann, Ernst 245
Thalheimer, August 245
Thompson, E. P. 43
Tichon (Patriarch) 85
Togliatti, Palmiro 252
Tomski, M. P. 159
Trotzki, Lew D. 8, 16, 18, 20, 54, 58f., 65, 69, 85, 92, 95, 100, 154–158, 167, 171, 173, 202f., 244f.
Tschajanow, A. W. 115
Tscheremnych, M. 94
Tschernow, Wiktor M. 46
Tschernyschewski, Nikolai G. 16
Tschitscherin, Georgi W. 243
Tuchatschewski, Michail N. 53, 170f.
Tutschkow, Jewgeni A. 88

Uborewitsch, I. P. 53
Ulrich, W. W. 169
Ungern-Sternberg, F. R. von 62

Weniamin 86
Wolobujew, Michail 215
Woroschilow, Kliment J. 158
Wrangell, Peter N. 61, 68
Wyschinski, Andrei Ja. 169f., 174f., 195

Zaisser, Wilhelm 252

Der Autor

Dietrich Beyrau, geboren 1942, Studium der Geschichte und Slavistik in Hamburg und Bonn; Assistent in Tübingen. Wissenschaftlicher Mitarbeiter an der Forschungsstelle Osteuropa in Bremen; ab 1998 Professor für Osteuropäische Geschichte in Frankfurt/M., seit 1994 in Tübingen. Schwerpunkte in Lehre und Forschung: Neuere Geschichte Ostmittel- und Osteuropas im 19. und 20. Jahrhundert.

Publikationen: ›Russische Orientpolitik und die Entstehung des Deutschen Kaiserreiches 1866–1870/71‹ (1974); ›Militär und Gesellschaft im vorrevolutionären Rußland‹ (1984); ›Intelligenz und Dissens: die russischen Bildungsschichten in der Sowjetunion 1917-1985‹ (1993); ›Im Dschungel der Macht. Intellektuelle Professionen unter Stalin und Hitler‹ (Hg., 2000); ›Schlachtfeld der Diktatoren. Osteuropa im Schatten von Hitler und Stalin‹ (2000).

20 Tage im 20. Jahrhundert

Herausgegeben von Norbert Frei, Klaus-Dietmar Henke und Hans Woller

20 Tagesereignisse aus den letzten hundert Jahren bilden den Ausgangspunkt für eine umfassende Darstellung der historischen, gesellschaftlichen und kulturellen Entwicklung vom Beginn des Jahrhunderts bis zum Ende des Jahrtausends. Als Ergebnis liegt damit eine Bilanz des 20. Jahrhunderts vor.

Volker R. Berghahn
Sarajewo, 28. Juni 1914
Der Untergang des alten Europa
dtv 30601

Dietrich Beyrau
Petersburg, 25. Oktober 1917
Die russische Revolution und der Aufstieg des Kommunismus
dtv 30602

Hans Woller
Rom, 28. Oktober 1922
Die faschistische Herausforderung
dtv 30603

Jürgen Osterhammel
Shanghai, 30. Mai 1925
Die chinesische Revolution
dtv 30604

Hans Mommsen
Auschwitz, 17. Juli 1942
Rassenideologie, Genozid und Ausrottungspolitik
dtv 30605

Jost Dülffer
Jalta, 4. Februar 1945
Der Zweite Weltkrieg und die Entstehung der bipolaren Welt
dtv 30606

Detlef Bald
Hiroshima, 6. August 1945
Die nukleare Bedrohung
dtv 30607

Dietmar Rothermund
Delhi, 15. August 1947
Das Ende kolonialer Herrschaft
dtv 30608

Franz Knipping
Rom, 25. März 1957
Die Einigung Europas
dtv 30609

Robert D. Johnson
Washington, 20. Januar 1961
Der amerikanische Traum
dtv 30610

Helmut Mejcher
Sinai, 5. Juni 1967
Krisenherd Naher und Mittlerer Osten
dtv 30611

Norbert Frei
Paris, 13. Mai 1968
Kulturprotest und Gesellschaftsreform
dtv 30612

Brigitte Röthlein
Mare Tranquillitatis, 20. Juli 1969
Die wissenschaftlich-technische Revolution
dtv 30613

Wilfried Loth
Helsinki, 1. August 1975
Entspannung und Abrüstung
dtv 30614

Harold James
Rambouillet, 15. November 1975
Die Globalisierung der Wirtschaft
dtv 30615

Mária Huber
Moskau, 10. März 1985
Die Auflösung des sowjetischen Imperiums
dtv 30616

Franz J. Brüggemeier
Tschernobyl, 26. April 1986
Die ökologische Herausforderung
dtv 30617

Klaus-Dietmar Henke
Berlin, 9. November 1989
Die deutsche Frage
dtv 30618

Walther L. Bernecker
Port Harcourt, 10. November 1995
Aufbruch und Elend in der Dritten Welt
dtv 30619

Michael Jeismann
Boston, 26. Dezember 2000
Schöne neue Welt: Erwartung und Erfahrung
dtv 30620

Deutsche Geschichte der neuesten Zeit

Herausgegeben von Martin Broszat, Wolfgang Benz und Hermann Graml in Verbindung mit dem Institut für Zeitgeschichte, München.

Wolfgang Hardtwig
Vormärz
dtv 4502

Hagen Schulze
Der Weg zum Nationalstaat
dtv 4503

Wilfried Loth
Das Kaiserreich
dtv 4505

Michael Fröhlich
Imperialismus
dtv 4509

Klaus Schönhoven
Reformismus und Radikalismus
dtv 4511

Horst Möller
Weimar
dtv 4512

Hermann Graml
Reichskristallnacht
dtv 4519

Hartmut Mehringer
Widerstand und Emigration
dtv 4520

Wolfgang Benz
Potsdam 1945
dtv 4522

Wolfgang Benz
Die Gründung der Bundesrepublik
dtv 4523

Dietrich Staritz
Die Gründung der DDR
dtv 4524

Kurt Sontheimer
Die Adenauer-Ära
dtv 4525

Ludolf Herbst
Option für den Westen
dtv 4527

Peter Bender
Die »Neue Ostpolitik« und ihre Folgen
Vom Mauerbau bis zur Vereinigung
dtv 4528

Helga Haftendorn
Sicherheit und Stabilität
Außenbeziehungen der Bundesrepublik zwischen Ölkrise und NATO-Doppelbeschluß
dtv 4530

Geschichte des 20. Jahrhunderts

Antisemitismus in Deutschland
Zur Aktualität eines Vorurteils
Hrsg. v. Wolfgang Benz
dtv 4648

Peter Bender
Episode oder Epoche?
Zur Geschichte des geteilten Deutschland
dtv 4686

Wolfgang Benz
Feindbild und Vorurteil
Beiträge über Ausgrenzung und Verfolgung
dtv 4694

Martin Broszat
Der Staat Hitlers
dtv 30172

Marion Gräfin Dönhoff
Namen, die keiner mehr nennt
dtv 30079

Niall Ferguson
Der falsche Krieg
Der Erste Weltkrieg und das 20. Jahrhundert
dtv 30808

Alain Finkielkraut
Verlust der Menschlichkeit
Versuch über das 20. Jahrhundert
dtv 30790

Timothy Garton Ash
Zeit der Freiheit
Aus den Zentren des neuen Europa
dtv 30816

Lothar Gruchmann
Der Zweite Weltkrieg
dtv 4010

Helmut Heiber
Die Republik von Weimar
dtv 4003

Eric Hobsbawm
Das Zeitalter der Extreme
Weltgeschichte des 20. Jahrhunderts
dtv 30657

Andrew Roberts
Churchill und seine Zeit
dtv 24132

Kurt Sontheimer
Antidemokratisches Denken in der Weimarer Republik
dtv 4312

Hermann Weber
Geschichte der DDR
Aktualisierte Ausgabe
dtv 30731

Bücher zum Dritten Reich

Martin Broszat
Der Staat Hitlers
dtv 30172

Hans Buchheim / Martin Broszat / Hans-Adolf Jacobsen / Helmut Krausnick
Anatomie des NS-Staates
dtv 30145

Dimension des Völkermords
Die Zahl der jüdischen Opfer des Nationalsozialismus
Hrsg. von Wolfgang Benz
dtv 4690

Enzyklopädie des Nationalsozialismus
Hrsg. v. Wolfgang Benz, Hermann Graml und Hermann Weiß
dtv 33007

Norbert Frei
Der Führerstaat
Nationalsozialistische Herrschaft von 1933 bis 1945
dtv 30785

Saul Friedländer
Das Dritte Reich und die Juden
Die Jahre der Verfolgung 1933-1939
dtv 30765

Hermann Graml
Reichskristallnacht
Antisemitismus und Judenverfolgung im Dritten Reich
dtv 4519

Joe J. Heydecker
Das Warschauer Ghetto
Foto-Dokumente aus dem Jahr 1941
dtv 30724

Michael H. Kater
Gewagtes Spiel
Jazz im Nationalsozialismus
dtv 30666

Jan Kershaw
Hitlers Macht
Das Profil der NS-Herrschaft
dtv 30757

David Clay Large
Hitlers München
Aufstieg und Fall der Hauptstadt der Bewegung
dtv 30794

Das Urteil von Nürnberg 1946
Mit einem Vorwort von Jörg Friedrich
dtv 2902

Deutsche Geschichte nach 1945

Joseph Rovan

Im Zentrum Europas

Deutschland und Frankreich im
20. und 21. Jahrhundert

dtv premium 24205

Am Anfang der Überlegungen des bekannten Historikers steht der »Eiserne Kanzler« Otto von Bismarck, der 1898 starb. Er hat das »Konzert der europäischen Mächte« in der zweiten Hälfte des 19. Jahrhunderts entscheidend geprägt, wenn nicht sogar dirigiert. Von Machtinteressen geleitet, war er doch immer auf das europäische Gleichgewicht bedacht. Heute sind die europäischen Staaten als ebenbürtige Partner einander nähergerückt. Dazwischen allerdings liegen hundert Jahre des ausufernden Nationalismus und zweier verheerender Kriege, eine Vergangenheit, deren düstere Schatten noch immer nicht ganz vertrieben sind.

Und wie wird es in hundert Jahren sein? Hat Europa eine Zukunft? Joseph Rovan entwirft das Bild einer stabilen und wehrhaften Europäischen Union, die im »Konzert« der Weltmächte eine gewichtige Rolle spielen kann – wenn es gelingt, die Herausforderungen der modernen Welt zu meistern und die demokratische Freiheit, soziale Sicherheit und tolerante Einheit in der Vielfalt weiterzuentwickeln und konsequent nach innen wie nach außen zu vertreten.

»Als kritische Analyse der gegenwärtigen Probleme Europas eröffnet das Buch einen Blick auf die Herausforderungen der nächsten Jahre.«
Frankfurter Neue Presse

»Der Autor scheut sich nicht, heiße Fragen anzugehen und ungeklärte Probleme offen anzusprechen.«
Neue Luzerner Zeitung